KB061388

지구가
평평하다고
믿는
사람과

즐겁고
생산적인
대화를
나누는
법

지구가 평 — 평하다고 —
—— 믿는 👽 사람과
즐겁고 생산적인 ——
— 대화를 💬 나누는 법

리 매킨타이어 지음

노윤기 옮김

위즈덤하우스

인술(仁術)을 베푸는
모하마드 에제딘 알라프(Mohamad Ezzeddine Allaf) 박사님께
이 책을 바칩니다.

신념이 확고한 사람을 설득하는 일은 매우 어렵다.
당신이 동의하지 않으면 그는 마음을 닫아버리고,
사실과 증거를 들이대면 출처를 의심하며,
논리로 호소하면 논점을 오해한다.

● 레온 페스팅거(Leon Festinger), 《예언이 끝났을 때》(1956)

그가 속았다는 사실을 납득시키는 것보다 그를 속이는 일이 더 쉽다.

● 마크 트웨인(Mark Twain, 그의 발언으로 알려져 있음)

차례

머리말

고백건대, 2018 평평한 지구 국제 학회(Flat Earth International Conference) 등록 테이블에서 흰 가운을 입고 미소로 참석자들을 응대하는 젊은 여성에게서 출입증을 건네받아 목에 거는 순간 잠시 멈칫했다. 혹시라도 누군가 아는 체할까 걱정되었고 그가 사진을 찍지나 않을까 우려되었다. 하지만 다시 생각해보니 그럴 가능성은 없잖은가? 나는 지난 15년 동안 연구실만을 오가며 과학 부정론(science denier)을 연구한 사람이다. 플란넬 셔츠와 배지를 착용한 나는 그들의 일원으로 전혀 손색이 없어 보였다. 그 복장은 앞으로 스물네 시간 이상 잠복할 한 과학철학자에게 유용한 '투명 망토'가 되어줄 터였다.

그리고 스물네 시간이 지난 이후에는 상황을 보고 적절히 처신할 생각이었다….

그런데, 갑자기 누군가가 어깨에 손을 대는 느낌이 들어 돌아보니 검은 티셔츠를 입은 남자가 미소를 지으며 악수를 청하는 게 아닌가. 그의 셔츠에는 이런 문구가 쓰여 있었다. '나사(NASA)는 거짓말을 하고 있다.'

"리 선생님, 반가워요. 우리 단체에는 어떻게 가입하게 되셨나요?"

지난 수년간, 적어도 미국에서만큼은 진실이 박해의 대상이 된 것은 분명한 사실이다. 사람들은 더 이상 사실에 귀 기울이려 하지 않는다. 증거보다 감정을 앞세워 행동하며, 이념을 무엇보다 우선시한다. 이전 책《포스트트루스》에서 나는 지금의 세상이 사실(facts)과 현실(reality)마저 누군가에 의해 조종당하는 '탈진실(post-truth)'의 시대가 아닌지, 그렇다면 그러한 세상의 종국은 어떠한지에 대한 답을 찾고자 했다.[1] 내가 알게 된 것은 '현실 부정'이라는 현상의 뿌리가 '과학 부정'이라는 근원으로 연결되어 있다는 사실이다. 과학 부정 현상이 사회문제로 처음 대두된 것은 1950년대 대형 담배 회사들이 홍보 전문들을 영입하여 흡연이 폐암을 유발한다는 과학적 사실을 전략적으로 무력화하면서부터였다.[2] 이들이 보여준 행태와 방식은 이후 진화론이나 백신, 기후변화 문제 등을 백안시하는 자들이 잘못된 정보들을 토대로 하면서도 성공적인 여론 몰이를 할 수 있는 방법론적인 청사진을 제공했다. 그 결과 오늘날 우리는 같은 취임식 사진을 두고도 양 진영이 참석 인원을 현격히 다른 규모로 이야기하는 시대를 살게 되었다.[3][도널드 트럼프(Donald Trump) 전 미국 대통령은 자신의 취임식 사진에서 군중의 상당수가 임의로 삭제됐다고 주장했다—옮긴이]

워싱턴의 정치 공방은 당분간 계속될 것이다. 그리고 그 때문에 과학은 말 그대로 비상사태를 맞이하고 있다. 국제연합(UN) 산하 기구인 기후변화에 관한 정부 간 협의체(Intergovernmental Panel on Climate Change, IPCC)의 최근 보고서는 인류가 매우 중차대한 전환점에 도달했다고 경고했다.[4] 지구온난화의 부작용은 예상보다 빠르게 확산되고 있으며, 많은 나라들은 파리 기후 협정(Paris Climate Agreement)의 설정 계획을 이행할 의향이 없다. 극지방의 만년설은 2030년쯤, 산호초는 2040년쯤에는 사라질 가능성이 있으며, 뉴욕과 보스턴의 해수면은 21세기가 끝나기 전에 최대 152센티미터까지 더 상승할 수도 있다.[5] 몇 년 전, 안토니우 구테흐스(António Guterres) UN 사무총장은 "2020년까지 특단의 해결책을 마련하지 않으면 기후변화의 재앙을 피할 시기를 놓쳐버릴 위험이 있다"라고 경고했다.[6] 그러나 한편에서 백악관 기후 보좌관은[어쩌면 기후변화 부정(否定) 보좌관인지도 모르겠다] 그것이 기후를 연구하는 과학자들의 "정치적 의제"일 뿐이며, 설사 기후변화가 일어나고 있다고 해도 그것은 "인간의 책임"도 아니고 상황을 돌이키는 일도 "어렵지 않다"라는 이해할 수 없는 주장을 지속적으로 펼쳤다.[7] 그리고 안타깝게도 수백만 명이 그의 말에 수긍하고 있다.

이들과 대화하기 위해서 우리는 어떻게 해야 하는가? 어떻게 하면 이들의 생각을 돌이켜 사실에 바탕을 둔 신념을 갖게 할 것인가? 많은 사람들이 그것은 불가능에 가깝다고 이야기한다. 실제로 몇몇은 그런 시도가 반발만 불러일으켰고, 그들을 더욱 잘못된 신념으로 내몰아 문제를 한층 악화시켰다고 토로했다.[8] 그래서 '이 기사는 당신의 생각을 바꿀 수 없다'(〈애틀랜틱〉)라든가 '왜 사실이 우리의 생각을 바꾸지 못하는가'(〈뉴요커〉) 같은 제목의 기사들이 화제가 되기도 했다.[9] 하지만 이러한 비관론이 간과한 한 가지 사실이 있다. 지난 몇 년 동안 학자들이 연구한 바에 따르면 부정적인 신념 체계는 자기 복제 일변도로 진행되지 않는다.[10] 그렇다, 누군가가 사실에 근거한 믿음을 강요받을 경우 고집을 부리고 저항하기 마련이지만 거기에는 변화의 가능성이 내포되어 있다. 그런데도 우리가 변화를 위한 아무런 노력도 기울이지 않는다면 상황은 악화되기만 할 것이다.

최근의 흥미로운 연구 성과 가운데 하나로, 과학 부정론자에 대응할 수 있는 실질적인 근거를 보여주는 기념비적 논문이 2019년 6월 과학 저널 〈네이처 인간 행동(Nature Human Behaviour)〉에 게재되었다.[11] 필리프 슈미트(Philipp Schmid)와 코넬리아 베슈(Cornelia Betsch)라는 두 독일 학자는 명쾌한 온라인 실험을 통해, 잘못된 정보가 방치되면 오류가 가속화되기 때문에 이를 바로잡지 않는 것이 가장 나쁜 선택이라는 점을 도출했다. 연구에서는 두 가지 접근법을 사용했다. 첫 번째는 어떤 사실을 불신하는 이들에게 전문가가 과학적인 사실을 알려주는 내용 반박(content rebuttal) 접근법으로, 제대로 실행되는 경우 매우 효과가 컸다. 두 번째는 기술 반박(technique rebuttal) 접근법인데 과학 부정론자들이 예외 없이 다섯 가지 일반 논증(reasoning)의 오류를 범한다는 가설을 바탕으로 정립한, 비교적 널리 알려지지 않은 방법이다. 놀라운 사실은 두 접근법이 거의 동등한 효과를 보였다는 점이다. 두 접근법은 병행하여 사용해도 부작용이 없으니 필요하면 **누구나 어느 쪽이든 활용하여 과학 부정론자들과 대화할 수 있다!** 심지어 당신이 과학자가 아니어도 상관없다. 그들의 주장에 담긴 공통 오류들에 일단 익숙해지기만 하면 된다. 예를 들어 음모론에 집착하고, 논거를 수집하는 과정에서 체리피킹(cherry-picking, 좋은 대상만을 선별하는 행위—옮긴이)의 습성을 보이고, 가짜 전문가들에 의존하고, 과학에 대해 불가능한 기대치를 주문하는가 하면, 비논리적인 사고를 고수하는 행태들 말이다. 그러면 이제 당신은 모든 형태의 과학 부정론에 대응할 보편 전략을 알려주는 비밀 암호 해독기를 가진 셈이다.[12]

그런데 안타깝게도 슈미트와 베슈가 간과한 부분이 하나 있었다. 과학 부정론자들에게 접근하는 방법은 기본적으로 예방, 개입, 사후 설득 세 단계로 나눌 수 있는데, 슈미트와 베슈는 앞선 두 가지에만 관심을 기울였다.[13] 〈네이처 인간 행동〉 같은 호에서 샌더 밴 더 린든(Sander van der Linden)은 슈미트와 베슈의 방법론이 과학 부정론자들이 사용하는 가짜 기술들을 사전에 식별하는 데 유용할 수 있으며, 이를 통해 그들의 잠재적인 영향력을 최소화할 수 있다고 설명했다. 또한 슈미트와 베슈는 사람들이 과학적으로 잘못된 정보에 비교적 최근에 노출되었다면 그 믿음이 굳어지기 전에 즉시 개입하여 오류를 수정하는 것이 효과적이라는 사실도 보여주었다. 예방과 개입 모두 각자의 상황에 맞게 적용할 수 있는 강력한 수단이 될 수 있다는 주장이었다. 하지만 이들은 이미 수년 동안 과학적으로 잘못된 정보에 노출되어 극렬 과학 부정론자가 된 이들의 믿음을 돌이키는 방법에 대해서는 연구한 바가 없다. 슈미트와 베슈(그리고 밴 더 린든)의 방법론들은 과학 부정론자들에 대처하고자 하는 사람들에게 매우 큰 도움이 된다…. 하지만 이미 과학 부정론에 깊이 물든 이들에게는 어떻게 접근할 수 있을까?

경험을 바탕으로 쓴 책들은 불행히도 독자를 혼란스럽게 하곤 한다. 하지만 여러 구체적인 사례들을 두루 종합해보면 누군가의 신념을 바꾸기 위해 가장 중요한 것은 상대방을 직접 만나 유대 관계를 형성하는 일이다. 그런데 슈미트와 베슈의 연구는 모두 온라인에서 이루어졌다. 사람의 마음을 움직이려 한다면 먼저 신뢰를 구축하는 편이 더 낫지 않았을까? 사람의 신념은 사실관계의 판단으로만 형성되기보다 다양한 사회적 맥락 속에서 만들어지기 때문에, 사회적 맥락을 고려하는 것이 타인을 설득하기 위한 중요한 전제 조건이 아니었을까? 지독한 회의론자이자 과학사가인 마이클 셔머(Michael Shermer)는 자신의 심도 있는 에세이 '잘못된 사실을 믿는 이들을 설득하는 방법'에서 다음과 같은 전략을 조언했다.

내가 경험을 통해 배운 것은 이러하다. 첫째, 소통하기 위해서는 감정을 배제해야 한다. 둘째, 토론하되 공격하지는 말아야 한다. 감정에 호소하거나 히틀러 연관 짓기(reductio ad hitlerum, 예를 들어 히틀러도 채식주의자였다며 채식주의를 폄훼하는 일―옮긴이)는 금물이다. 셋째, 상대의 말을 주의 깊게 듣고 그의 입장을 정확히 이해해야 한다. 넷째, 존중하는 태도를 보여야 한다. 다섯째, 상대방이 그런 의견을 가지게 된 배경을 충분히 이해해야 한다. 여섯째, 사실관계의 변화를 받아들이는 것이 세계관의 변화를 의미하는 것이 아니라는 사실을 이해시켜야 한다.[14]

과학 부정론자였다가 전향한 이들의 경험담을 들어보면 그들은 공통적으로 자신을 믿어준 한 사람이 긍정적인 영향을 끼쳤음을 고백하곤 한다. 그들은 모두 개인적인 친밀함 속에서 여러 의문점들에 진지하게 공감했으며 필요한 정보를 공유해주었다. 요컨대 사실을 확인시키는 작업만으로는 충분하지 않다. 백신 거부자나 예전에 백신을 거부했던 사람(혹은 백신접종을 주저하는 이)을 대상으로 한 최근의 두 연구에서도 비슷한 조사 결과가 나타났는데, 이들의 심경에 변화를 불러온 것은 함께 앉아 인내와 존중의 자세로 이야기를 들어주고 조언해준 사람들이었다. 2019년 워싱턴주 클라크 카운티에서 홍역이 발생했을 때 주 정부는 공중보건 공무원들을 파견해 "주민들과 일대일 혹은 소모임 형식으로 여러 차례에 걸쳐 몇 시간씩 만나 고충을 듣고 해결책을 모색했다." 그 결과, 보고서에 따르면 한 여성은 "백신 상담을 하던 의사가 질문에 두 시간이 넘도록 답변을 해준 데다 어느 한 부분을 이해시키기 위해 화이트보드에 도표를 그려가며 세포의 작용 원리까지 설명하는 모습을 보고 마음을 바꿔 아이들에게 주사를 놓기로 결정했다. 그녀는 그가 사려 깊었고 사실에 입각하면서도 '따뜻한 마음'을 잃지 않았다고 말했다."[15]

다른 사례에서, 사우스캐롤라이나에 거주하는 어느 여성은 〈워싱턴포스트〉에 '나는 원래 백신에 반대했다. 이것이 내가 생각을 바꾼 이유다'라는 글을 기고하며 자신의 이야기를 공유했다.

내가 백신을 반대했던 이유는 대부분 백신의 성분과 작동 원리를 잘못 이해했기 때문이었다. 백신접종을 말리던 사람들은 알루미늄염이나 폴리소베이트 80, 포름알데히드 같은 백신에 첨가된 여러 성분들을 이야기했지만 그 성분의 효과에 대해서는 설명하지 않았다. (중략)

무엇 때문에 마음을 바꾸었냐고? 한 모임을 알게 된 것이 결정적이었다. 그 사람들은 백신을 적극 지지하는 편이었지만 그럼에도 그 문제에 대해 나와 토론할 의향이 있었다. 믿을 만한 연구 결과나 다른 유용한 정보를 제시하며 내가 알고 있는 잘못된 정보들을 교정해주었고 내가 우려하는 부분들을 충분히 설명해주었다.[16]

기후변화 문제를 두고도 비슷한 일화가 있는데, 공화당의 고집 센 정치인 짐 브라이든스타인(Jim Bridenstine)이 그 주인공이다. 트럼프 대통령이 나사 국장에 지명한 인물로, 그는 취임 후 몇 주 지나지 않아 지구온난화에 대한 기존 입장을 바꿨다. 2013년에 그는 의회 연설에서 "지구 온도 상승은 이미 10년 전에 멈췄다"라는 잘못된 주장을 펼친 바 있다. 하지만 지금은 다음과 같이 말한다. "내가 알고 있고 또한 믿는 것은, 기후변화가 현재 진행 중이며 인간이라는 변수가 주요 원인이라는 사실이다. 인간이 대기 중에 온실가스인 이산화탄소를 전에 없던 엄청난 양으로 방사하고 있으니 온실가스가 지구를 덥히지 않을 수가 없다. 이것이 실제로 지구에서 벌어지고 있는 일이며, 우리는 이에 대한 책임을 져야만 한다." 무엇이 그의 마음을 움직였을까? 스스로는 "많은 자료를 읽고 공부를 했기 때문"이라고 언급한다. 하지만 유추해보건대 그는 함께 근무했던 나사 동료들의 성향과 사고방식에 일부 동화되었을지도 모른다. 그는 "많은 전문가들의 말을 경청"한 후에 기후변화에 대해 다음과 같은 결론을 내렸다. "우리는 과학을 의심할 이유가 없다."[17]

존중, 신뢰, 따뜻함, 적극성. 주어진 문제를 자기 일처럼 해결하는 사람들의 공통점이다. 슈미트와 베슈 역시 과학 부정론자들을 대하는 올바른 접근법에 관한 매우 중요한 실험적인 증거들을 제시한다. 그렇다면 그러한 접근법은 누구에게, 어떤 사회적 맥락에서 사용해야 할까? 슈미트와 베슈는 과학 부정론자들을 설득하는 방법과 관련해 탁월한 연구 성과를 내놓았지만, 동시에 가장 근본적인 질문에 대한 해답은 명확히 내놓지 못했다. 이를테면 이러한 질문들이다. 우리는 과연 극렬 과학 부정론자들의 마음까지 되돌려놓을 수 있을까? 만약 그렇다고 한다면 어떤 방법을 쓸 수 있을까?

나는 여러 해 동안 과학 부정론자를 주제로 연구했으며 그들을 어떻게 설득할 것인가라는 문제에 골몰해왔다. 그래서 슈미트와 베슈의 연구가 회자되기 훨씬 전부터 앞에서 언급한 내용 반박과 기술 반박의 방법들을 활용해왔다. 그런데 중요한 것은 현실 세계에서 우리가 직접 대면해야 하는 상대는 과학 부정론자라는 단일한 청중이 아니라 완고하기 그지없는 각각의 과학 부정론자라는 점이다. 심지어 우리는 그들이 완고한 불신론자가 되기 전에 개입하여 약간의 예방 효과를 기할 수 있을 뿐, 그들이 잘못된 정보를 취하기 전의 상황에 관여할 수는 없다. 여러 해 동안 접한 잘못된 정보들로 인해 신념이 이념화되어버린 데다 그들 가운데는 자아와 정체성의 혼란을 겪는 이들도 생겨났다. 이런 사람들의 생각도 바꿀 수 있을까?

나는 가장 최근에 쓴 책《과학적 태도: 과학 부정론과 사기와 유사 과학으로부터 과학을 수호하기(The Scientific Attitude: Defending Science from Denial, Fraud, and Pseudoscience)》에서 과학의 고유한 특징이 무엇인지에 대한 이론을 개진했고, 이를 통해 과학을 비난하는 이들에게서 과학을 보호하는 데 필요한 전략을 마련하고자 했다. 개인적인 생각으로, 과학의 가장 특별한 점은 논리나 방법론이 아니라 고유한 가치와 실천이고 그것들이 사회적 맥락과 밀접하게 관련되어 있다는 점이다. 다시 말해, 과학자들은 증거와 분석을 바탕으로 동료들과 연구를 수행하며, 부인할 수 없는 새로운 사실이 밝혀지는 경우 그것을 겸허히 수용한다. 하지만 과학자가 아닌 일반 대중이 이런 점을 정확히 이해할 수 있을까? 설사 그렇다고 해도 그것을 어떻게 실행에 옮길 수 있을까?

전작 《과학적 태도》의 집필을 마치고 출간에 앞서 검토 작업을 하던 시기에 《포스트트루스》라는 이전에 쓴 책의 홍보 일정을 소화하던 때가 기억난다. 행사 때마다 독자들은 다음의 질문을 끊임없이 반복했다. 과학 부정론자들의 논리를 반박하려면 어떻게 해야 하는가? 진실 부정론자들의 마음을 바꿔놓으려면 무슨 말을 해야 하는가? 나는 언제나 그들과 만나 진지한 대화를 나누라고 조언했다. 그들을 일대일로 만나서 과학적인 태도와 이성의 중요성에 관해 대화할 수 있을 것이다. 그렇게 한다면 과학의 원리를 심각하게 오해한 결과 증거의 중요성을 무시하는 단계로 나아가는 상황은 막을 수 있을 것이다.

그 순간 문득 정작 나는 왜 이 일을 실행하지 않았을까라는 생각이 들었다.

충분히 시도할 가치가 있는 일이었다. 강경한 과학 부정론자들을 모두 돌려세울 수는 없을지라도, 적어도 한 집단에 작은 영향을 끼칠 수는 있을 것이다. 그리고 내가 만일 철학자로서 그동안 함양한 논변의 능력을 발휘한다면 아마도 과학 부정론자들이 **스스로** 과학 원리에 부합한다고 주장하는 논리들에서 여러 맹점을 찾아낼 수 있을 것이다. 어쩌면 그들은 과학 부정론자라기보다 회의론자인지도 모른다. 증거로 설득하지 못한다면 그들의 이야기가 얼마나 논거가 부족한지 보여주는 방법을 택할 수도 있을 것이다. 지금 당신이 손에 들고 있는 이 책은 당시에 내가 가졌던 이와 같은 문제의식들이 집약된 결과물이다.

이러한 까닭으로 나는 2018년 11월, 콜로라도주 덴버의 크라운 플라자 호텔에서 개최된 평평한 지구 국제 학회에 참가하여 손뼉을 치고 소리를 지르는 600여 명의 골수 신도들 틈에 앉아 스스로를 애써 다독이고 있었다. 그때의 복잡한 심정은 오래전 아리스타르코스(Aristarchus, 고대 그리스 천문학자—옮긴이)나 코페르니쿠스(Copernicus)가 정말로 지구가 둥근지 스스로에게 되묻던 때의 외로운 마음에 비할 정도였다. 오랫동안 책상에 앉아 과학 부정론을 연구한 내가 지금은 지구상에서(아니… 세상에서) 가장 눈총받는 과학 부정론자들 무리에 섞여 앉아 있으니, 한편으로는 야수의 배 속에 들어와 앉아 있는 느낌도 들었다. 그렇다면 나는 왜 하필 평평한 지구론부터 시작했을까? 최악 가운데서도 최악을 고르고 싶었기 때문이다. 심지어 다른 과학 부정론자들마저 불편하게 여기는 유형의 과학 부정론자들을 가장 먼저 대면하는 편이 재밌을 것 같았다.

과학 부정론의 가장 기본적인 사례를 연구한다면 기후변화 회의론자들과 같이 다소 온건하여 일반인과 견해차가 크지 않은 이들과 대화하는 법을 더욱 잘 배울 수 있으리라 생각했다. 추정컨대 과학 부정론자들의 종류와 성향은 다양할지라도 그들을 대하는 방법은 대동소이할 것이며, 그러므로 평평한 지구론자들에게 사용한 논증 전략은 기후변화 회의론자들에게도 적용할 수 있으리라 생각했다.

눈앞에 펼쳐진 길 위에서 어떤 일들이 벌어질지 나는 거의 알지 못했다….

평평한
지구 학회에서
배운 것

믿을 수 없겠지만 평평한 지구론이 다시 득세하고 있다. 2000년도 더 전에 기초과학에서 지구의 곡률(曲率)을 증명해냈고 그 공식을 고등학교 물리 시간에 학생들도 배우는데, 같은 시대의 여러 도시들에서는 평평한 지구론자들이 대규모로 모여 집회를 열고, B.o.B[1] 같은 래퍼나 카이리 어빙(Kyrie Irving),[2] 윌슨 챈들러(Wilson Chandler) 같은 NBA 선수 등 유명인들이 평평한 지구론을 지지하는 발언을 한다. 심지어 나 같은 사람이 덴버에서 개최된 2018 평평한 지구 국제 학회에 찾아가기도 한다.

우선 한 가지 질문을 던져본다. 저 사람들은 진지한가? 전적으로, 그렇다. 평평한 지구론을 믿는 행위는 절대 가볍게 생각할 일이 아니다. 왜냐하면 평평한 지구론자들은 자신의 믿음으로 인해 주변의 지속적인 따가운 시선을 각오해야 하기 때문이다. 심지어 직장을 잃고,

교회에서 쫓겨나고, 가족에게서 배척당하는 이들도 있다. 그러니 이들이 자신의 신념을 숨기는 것도 그리 놀랍지만은 않다. 이러한 이유로 평평한 지구론을 믿는 사람들이 실제로 얼마나 많은지 파악하기란 사실상 불가능하다.[3] 평평한 지구 국제 학회장에서 만난 사람들이 거의 축제 분위기였던 것도 이러한 이유 때문일 것이다. 그곳 사람들은 낯선 타인들을 마치 오래 만나온 친구처럼 반가이 맞이했다.

개회식의 첫 발표를 맡았던 연사 가운데 한 사람은 "저는 부끄럽지 않습니다"라는 말을 소리 높여 외쳐 청중의 열렬한 박수를 받았다. 어떤 사람들은 그 구절을 되뇌면서 눈물을 글썽였다. 그들은 정말로 부끄러움을 잊은 것 같았다. 누구라도 자신의 견해 때문에 모욕과 조롱과 무시를 당하는 것은 즐거운 경험이 될 수 없다. 나는 누군가가 평평한 지구론자들을 트롤(인터넷에 불쾌하고 선동적인 글을 올리는 사람—편집자)이나 농담꾼으로 일축하는 이야기를 들을 때마다 당시의 장면들이 떠오른다. 재미 삼아 그런 모욕을 견디는 사람이 누가 있을까? 내가 사람을 쉽게 믿는 편이라서 그랬는지는 모르겠으나, 2018 평평한 지구 국제 학회장에 머물면서 확신에 찬 신념을 보이지 않는 사람은 단 한 명도 만나지 못했다. 실제로 그런 점이 그 회의가 참가자들에게 그토록 의미 있었던 가장 큰 원인이었을 것이다. 행사를 취재하기 위해 참석한 기자 몇 명과 나를 제외한다면 평평한 지구 국제 학회는 사회 부적응자들이 우여곡절 끝에 피붙이와 만나는 부흥회 같았다.

행사장을 둘러보고 알아차린 가장 놀라운 사실은, 참가자가 행사에 대한 사전 지식이 없다면 행사를 체험할 수조차 없다는 점이었다.

모든 참가자는 지극히 '정상적'으로 보였고, 은박지 모자(tinfoil hat, 외계인의 공격을 막아준다고 믿는 도구─옮긴이) 따위를 쓴 사람은 없었으며, 남녀노소는 물론 인종과 계층을 가리지 않고 다양한 사람들이 뒤섞여 있었다.⁴ 검은 티셔츠를 입은 사람들이 많았지만(일부는 매우 재미있는 로고가 새겨져 있었다) 이 행사가 비주류 모임임을 드러내는 표식 따위는 없었다. 행사장 전면의 대형 스크린을 보고 있노라니 마치 그룹 메탈리카(Metallica) 콘서트장에 도착해 공연이 시작되기를 기다리고 있는 느낌이었다. 내가 입고 있던 셔츠와 청바지도 거기에 딱 어울렸다.

뒤쪽에 앉은 내 또래 부부는 캘리포니아주 패러다이스에서 왔다고 했다. 그 지역에서 산불이 난 지 몇 달 지나지 않은 때였기에 나는 복구 상황이 어떤지 물었다. 남자는 이렇게 답했다. "글쎄 뭐, 살던 집이 불에 타버렸어요. 집으로 돌아갈 수 없죠. 장모님이 연로하시고 치매도 앓고 계신데 그 난리 통에 실종되셨어요. 지금까지도 행방을 모른답니다." 나는 조금 놀랐다. 아내 쪽을 슬쩍 보았지만 그녀는 별다른 반응이 없었다. 사정이 그런데도 그들은 트럭에 짐을 싣고 평평한 지구 국제 학회에 참석하러 덴버까지 왔단 말인가? 나는 계속 그들의 말에 호응하며 산불 이야기를 이어갔다. 그는 정부가 산불을 진압하기는커녕 불길이 번지는 약품을 살포했다고 믿고 있었다. 그는 머리 위를 지나는 켐트레일(chemtrail, 항공기로 살포하는 생화학 성분의 구름으로, 음모론자들은 정부나 일루미나티가 인구 조절이나 식량 조절, 병기 실험 등을 위해 살포한다고 주장한다─옮긴이)을 본 적도 있다고 했다. 그의 아내는 이런 말을 했다. "불이 난 것부터 이상했어요. 지역이 고립됐고 사람들은 격

리됐죠." 뒤쪽에 엄마와 함께 앉아 있던 예닐곱 살쯤으로 보이는 남자아이가 '성경 연구'라고 쓰인 스프링 노트를 들고 있는 것이 보였다. 그리고 곧 행사가 시작되었다.

떠들썩한 음악 연주가 끝나자 행사 주최자인 로비 데이비드슨 (Robbie Davidson)이라는 사람이 개회사를 했다. 그는 '둥근 지구론자 (globalist)'였던 자신이 사실을 탐구하는 과정에서 어떻게 평평한 지구론을 믿게 되었는지 이야기했다. 그는 과학을 부정하는 것 같지는 않았지만, '과학주의(scientism)'를 설명하면서 "진리가 너희를 자유케 하리라!"라는 성경 구절을 인용했다. 그 순간 패러다이스에서 온 부부가 벌떡 일어나 "예수님을 찬양합니다"라고 외쳤다. 그러자 다른 사람들도 손뼉을 치기 시작했다. 나는 그저 펜을 만지작거리며 앉아 있을 수밖에 없었다. 부부는 다시 자리에 앉으며 내 쪽으로 잠시 시선을 주었다. 아마도 취재기자들을 의식해서 한 말이었겠지만, 데이비드슨은 이 행사가 평평한 지구 협회(Flat Earth Society)와 아무런 관련이 없다고 반복적으로 주장했다. 심지어 지구가 "우주에 떠 있는 둥근 판"이라고 믿는 사람들을 조롱하는 듯한 발언도 서슴지 않았다.[5] 그런데 만일 군중 가운데 회의론자가 있어서 자신들을 비웃고자 한다면 그들이 실제로 믿는 것이 무엇인지 잘 알아보고 각자가 판단하라고 당부했다. 학회가 모두 끝날 때까지 자리를 지켜야 하며, 의문점이 있으면 직접 확인해야 한다는 말도 덧붙였다. 과학은 수백 년 동안 우주에 대한 인간의 믿음을 옥죄어왔다면서 이렇게 말했다. "하지만 근간이 무너지고 있습니다!" 그러자 청중들은 또다시 환호했다.

행사가 전부 강연과 문답 형식이었던 것은 아니다. 좌중을 들썩이게 했던 래퍼의 공연은 물론, 청중이 모두 이미 알고 있는 듯했던 록스타 지망생 플랫어스맨(Flat Earth Man)의 영상 공연도 이루어졌다. 영상의 제목은 '우주는 가짜다(Space Is Fake)'였고 반응이 좋았다(실제로 잘 만들었다). 그가 사진을 조작할 정도면 정부도 충분히 그럴 수 있다는 메시지를 강조하려 한 듯 영상에는 온갖 종류의 조잡한 합성사진들이 연속해서 나열되었다. 특히 나사는 대다수 농담의 집중 표적이었다. 그곳에서 알게 된 것은, 행사에 모인 사람들이 우주에서 촬영한 지구 사진은 모두 가짜이고, 인간은 달에 착륙한 사실이 없으며, 나사 직원들과 이에 동조하는 수백만 명이 지구가 평평하다는 진실을 은폐하기 위한 "음모에 가담"하고 있다고 믿는다는 사실이었다. 그들에 따르면 평평한 지구론자가 아닌 이들은 모두 진실을 은폐하는 일당이거나 아니면 세상 물정 모르는 순진한 어린양일 뿐이었다. 주장을 뒷받침하기 위해 미국항공우주국(National Aeronautics and Space Administration)의 알파벳 자릿수를 모두 더하면 666이 된다는 주장이 영상에서 흘러나왔다(Z=1, Y=2, X=3 ⋯ C=24, B=25, A=26으로 설정하여 모든 알파벳 숫자를 더하면 666이 된다는 주장—옮긴이).

영상이 끝난 후 나는 별나라에서 온 이 남자에게 이 모든 사태의 배후에 누가 있는지 물었다. 그는 내가 순박한 초짜인 줄 알았고, 그래서 내 정체가 완전히 들통나지는 않은 듯했다.[6] 그는 "적(敵)"이라고 말했다. 좀 더 구체적으로 말해달라고 하자 "악마"라고 했다. 심지어 그는 악마가 세상의 권력자들을 돕고 있으며 그 권력자들 중에는 전 세계 지도자들이 포함되어 있다고 했다. 즉 모든 국가원수와 우주 비행사, 과학자, 교사, 항공기 조종사, 그 밖의 많은 사람들이 평평한 지구론을 은폐하는 대가로 악마에게서 보상을 받는다고 했다.[7] 그는 또한 "이 모든 주장은 성경에 근거를 두고 있다"라고 주장했다. 만일 지구가 둥글었다면 노아 시대에 홍수는 일어나지 않았을 것이라고 했다.[8]

이후 마흔여덟 시간 동안 나는 여러 다른 사람들에게서 비슷한 이야기를 들었다. 그들은 대체로 물리학과 기독교 근본주의 교리가 비합리적으로 뒤섞인 논거들을 제시했다.[9] 그래도 인상 깊었던 것은 많은 사람들이 종교적 관점으로 세상을 보는 듯한데도 그것만을 평평한 지구에 대한 신념의 근거로 삼고 있지는 않았다는 점이다. 오히려 그들은 평평한 지구론을 지지하면서 동시에 '둥근 지구론' 가설에 반박하는 증거들을 모으고 이에 바탕을 둔 신념을 만들어가고 있었다. 그들은 참가자들이 온몸으로 진실을 보고 느껴야 한다고 강조했다.[10] 데이비드슨에 따르면 학회에서 가장 중요한 것은 '교육적' 목적을 위해 수집된 자료들을 널리 알리는 일이었다. "권위에 짓눌려 믿음을 강요받지 마십시오"라는 이야기가 수시로 반복되었다. 실제로 일부 연사들은 그들의 주장을 그들이 주장했다는 이유만으로 믿지 말고 그것을 활용해 개개인의 연구로 도약하는 출발점으로 삼아야 한다고 진심을 담아 호소했다.

중요한 것은 얼마나 많은 평평한 지구론자들이 전향하느냐였다. 어떤 사람이 과거에 자신은 둥근 지구론을 믿었는데[이러한 사람을 '글로브타드(globetard, 둥근 지구를 믿는 저능아라는 뜻—옮긴이)'라는 써서는 안 될 말로 지칭하는 이들도 많다] 평평한 지구론을 반박하려 했지만 그럴 수 없었고 결국 평평한 지구야말로 사실일 수밖에 없다고 고백하는 것을 몇 차례나 들었다. "조심해야 합니다. 우리도 당신들 같은 때가 있었어요"라고 어느 연사는 경고했다. 많은 사람들이 평평한 지구론이 엉터리일 것이라고 생각하고 이를 확인하기 위해 유튜브 동영상 등을 시청한 후 오히려 그것이 사실이라는 확신을 갖는다고 했다. 실제로 평평한 지구론자들은 이것을 하나의 교육 방법론으로 활용하기도 한다. 지구가 둥글다는 사실을 증명하지 못하면 지구가 평평하다는 사실을 믿어야 한다는 식이다.[11] 그리고 그들은 '연구'의 대부분이 온라인 동영상 시청이라는 사실을 조금도 이상하게 생각하지 않았다. 실제로 평평한 지구론자들을 연구한 텍사스공과대학 심리학 교수 애슐리 랜드럼(Ashley Landrum)에 따르면 평평한 지구론에 입문하는 거의 모든 사람이 유튜브를 통해 들어왔다.[12]

인간에 관해서, 평평한 지구론자들은 권위에 대한 깊은 불신을 보이지만 개인들의 일인칭 감각경험은 깊이 신뢰하는 편이다. 그리고 그들이 가지는 믿음의 기준은 그에 바탕을 둔 증거들이다. 그들의 인식 체계에서는 어떤 믿음이 의심을 받는 것만으로 그것이 거짓일 수밖에 없다는 결론으로 이어지기에 충분했다. 그렇다면 대체 그들 자신의 고유한 신념 체계는 무엇이란 말인가? 평평한 지구론자들과 같이 회의적인 단체가 자신들 신념의 기본에 대해 실질적인 검증을 수행하지 않는 이유가 궁금했다. 사람들이 지구가 평평하다는 증거를 보여달라고 그들에게 요구하면 그들은 대체로 둥근 지구론자에게 그 책임을 돌린다. 그리고 일반 대중은 둘 중 하나를 선택해야 하는 상황으로 내몰린다. 지구가 둥글다는 사실을 증명하지 못하는 사람은

(무슨 증거를 제시하든 편견이나 사기라는 편집증적인 의심을 받기 때문에) 지구가 평평해야 한다는 주장으로 피신할 수밖에 없다.

또한 자신들의 신념 체계가 증거와 실험에 기반한다고 주장하는 평평한 지구론자들이 개인적인 심경의 변화를 일종의 계시처럼 이야기한다는 부분이 의아했다. 어느 날 잠에서 깨어나니 자신들에게 거짓말을 해오던 모든 사람이 세계적으로 연대하여 모종의 음모를 꾸미고 있다는 사실을 깨달았다는 식이었다. 은폐의 정도가 어느 만큼인지 묻자 그들은 평평한 지구의 비밀은 토끼 굴에서도 저 아래 바닥쯤에 놓여 있다고 했다. "자신의 눈을 믿으라"라는 말은 그들이 외는 주문처럼 되었다. "물은 고이게 마련이다"라든가 "우주는 가짜다"라는 주장도 그렇고 "9.11 테러에 대해 거짓말을 하고 달 착륙에 대해 거짓말을 하는 정부는 평평한 지구에 대해서도 거짓말을 할 수 있다"라는 주장도 마찬가지다. 평평한 지구론자들은 한결같이 자신들의 전향을 신비주의에 가까운 체험처럼 이야기한다. 그것은 이를테면, 어느 날 "빨간 알약을 먹고"(그렇다. 그들은 영화 〈매트릭스〉를 좋아한다) 그동안 잘못된 교육에 세뇌되어 평생 동안 보지 못했던 진실을 깨닫는 것이다. 그래서 지구는 평평하다.

지구가 평평하다는 것은 어떤 의미인가? 그들이 믿고 있는 것은 정확히 무엇인가? 지구는 평평할 뿐 아니라 남극대륙은 실제로 대륙이 아니며, 지구 둘레를 따라 세워져 있는(물이 바깥으로 흘러내리지 않게 하는) 얼음벽이다. 이 모든 구조물은 투명한 돔으로 덮여 있으며, 인간이 바라보는 태양과 달과 수많은 행성 및 별들은(이들은 매우 가까이 있다) 그 외곽에서 반짝이고 있을 뿐이다. 이 가설에 따르면 당연히 모든 우주여행은 사기다(우주선이 그 돔을 어떻게 통과할 수 있겠는가?). 또한 지구는 자전과 공전을 하지 않는다(만약 그렇다면 인간이 그 움직임을 느껴야 하지 않겠는가?).

이런 사실을 나열하다 보면 다음과 같은 일련의 질문들이 제기될 수밖에 없다.

그렇다면 중력이란 무엇이고 별자리란 무엇인가, 시차가 발생하는 이유는 무엇이며 일식은 왜 일어나는가? 그리고 평평한 지구 밑에는 무엇이 존재하는가? 평평한 지구론자들은 이런 질문을 좋아할 뿐 아니라 그에 대한 모든 답을 가지고 있다. 저마다 내용이 조금씩 달라질 수는 있겠지만 말이다. 이런 질문에 대한 해답을 구하는 것이 학회 내용의 전부였다.[13]

이런 비밀을 지키고 있는 이들은 누구인가? 정부, 나사, 항공기 조종사, 기타 등등.

이 모든 일은 누가 조종하는가? '적'(악마)이다. 그는 하느님의 진리를 은폐하는 자들에게 큰 보상을 내린다.

사람들은 왜 진실을 깨닫지 못하는가? 철저히 속고 있기 때문이다.

평평한 지구론을 믿으면 어떤 점이 좋은가? 진실을 알게 된다! 그리고 그것은 성경의 내용과 일치한다.

둥근 지구론의 과학적 근거는 어떻게 보아야 하는가? 거기에는 모두 오류가 있으므로 이를 배우는 것이 학회의 또 다른 부분이다.

이틀 동안 참석한 여러 세미나들의 주제는 대체로 이랬다. '둥근

지구 파괴자들', '과학으로 배우는 평평한 지구', '평평한 지구 행동
주의', '나사와 사이비 우주론들', '성경이 전하는 평평한 지구의 증
거 열네 가지', '가족과 친구에게 평평한 지구 알리기'. 이런 이야기들
이 난무하는 곳에서 나는 꼬박 이틀을 견뎠다. 그 논거들은 터무니없
지만 복잡했고 미묘하게 설득력이 있었는데, 즉각적인 일인칭 감각
증거에 대한 평평한 지구론자들의 주장에 공감하면 특히 그랬다. 그
리고 참가자들이 마침내 그들 스스로와 함께하며 느끼는 듯한 사회
적 강화(social reinforcement) 또한 명백했다. 심리학자들은 사회적 공감
이 신념 형성에 영향을 미친다는 사실을 오랫동안 알고 있었으니, 그
들에 따르면 2018 평평한 지구 국제 학회는 종족의 논증을 목적으로
한 일종의 실험장이었다.

　다음 발표를 위해 등장한 사람은 평평한 지구론 분야의 슈퍼스타
중 한 명인 로버트 스키바(Robert Skiba)였는데, 그의 주장들은 손에 꼽
히는 '과학적' 발언으로 인정받고 있었다. 처음에는 그도 이렇다 할
학력이 없다는 점을 지적받았으나, 항상 흰 가운을 입고 사람들 앞에
등장하면서 그가 필요로 했던 신용이 생겼다. 강단에 선 그는 10포
인트 글자로 가득한 슬라이드 쇼를 활용해 평평한 지구에 대한 '증
거'(대부분 둥근 지구론을 반박하는 '증거'들로 구성되어 있었다)들
을 강의하기 시작했다. 푸코(Foucault)의 진자?(프랑스의 과학자 푸코는 실에
매달린 쇠구슬의 운동으로 지구의 자전을 설명했다—옮긴이) 그에 따르면 사기였
다! 그것이 사실이라면 왜 진자를 계속 움직이기 위한 장치를 달아
야 하는가? (물리학은 이를 마찰을 통해 설명한다.) 우주에서 촬영
한 사진? 그에 따르면 그것들은 모두 나사에서 조작했거나 그린 것

이다(하지만 당시는 포토샵이 없었다). 강연 중에 나는 스키바가 중력에 대한 완전히 새로운 학설을 내세운다는 사실을 알았다(나는 그이론을 지면에 풀어놓고자 했지만 너무 어려워서 그럴 수 없었다). 그 이론에 의하면 평평한 지구는 신이 세운 기둥에 의지하고 있었다 (그것이 무엇에 기대고 있는지, 그는 언급하지 않았다). 그는 어떻게 물이 '회전하는 둥근 지구'에 달라붙어 있는지 납득할 수 없다고 했다. 비치 볼을 회전시켜놓고 물 한 컵을 그 위에 부어보라. 어떤 일이 일어나는지! 맙소사. 그는 자신이 한때 정말로 믿었던 것이 이런 것이었다며 어느 노부인이 한 손으로 9톤짜리 바위를 밀고 있는 영상을 보여줬다. 둥근 지구가 가능했다면 과학자들은 이미 반(反)중력 원리를 알았어야 하고, 그게 진실이라면 거대한 창고에서 가짜 달 착륙 영상을 만들 필요도 없었을 것이라고 했다.

이쯤 되자 머릿속이 복잡해졌다. 이런 식이라면 아무것도 의미가 없었다. 다음으로 그는 내가 예전에 배운 물리학을 어렴풋이 떠올리게 하는 주제를 이야기하기 시작했다. 바로 코리올리 효과(Coriolis effect, 운동하는 물체가 지구의 자전 효과로 북반구에서는 오른쪽으로, 남반구에서는 왼쪽으로 향하는 현상—옮긴이)였다. 스키바는 동쪽에서 서쪽으로 총을 쏠 때는 영점조정을 하고 북쪽에서 남쪽으로 쏠 때는 왜 그렇게 하지 않는지 이유를 알고 싶다고 했다. 지구가 '옆으로' 회전하는 운동 때문에 그런 걸까? 만일 그렇지 않다면 지구가 회전하지 않는다는 뜻이 아닐까? 그의 설명 중에서 내가 기억하는 코리올리 효과와 일치하는 이야기는 하나도 없었다(이 현상에 대한 그의 설명이 실제와 상충하는 부분을 정확히 짚어낼 만큼 과학 원리를 자세히 알지 못한다는 사실을 고백한다). 다만 내가 알아차린 것은 스키바가 관성의 원리를 정확히 이해하지 못하는 듯하다는 점이었다. 그는 일정한 속도로 달리는 기차에서 야구공을 던지면 포수의 미트가 아니라 투수의 등 뒤로 날아가리라고 생각한 것 같다. 그가 총알에 대해 설명한 것이 이런 뜻 아닌가?

나는 이 수수께끼 같은 문제를 계속 고민했고(내가 배운 물리학을 더 기억해내고 싶었다) 대학 시절 천문학 강의에서 들었던 내용을 소환해낸 순간 바로 그 주제로 이야기가 옮겨 갔다. 스키바는 미시간 호수에서 약 97킬로미터 떨어진 지점에서 찍은 시카고시의 먼 전경 사진을 화면으로 보여주었다.[14] 나는 사진을 주의 깊게 살폈는데, 대학 강의에서 지구의 곡률 때문에 멀어져가는 배가 하단부터 가라앉듯 사라지는 현상에 대해 들은 기억이 났기 때문이었다. 대학 1학년 이후로 오랜 시간이 흘렀지만 화면에 나타난 그림을 자세히 보니 내 기억이 맞았다. 97킬로미터 밖에서 촬영한 사진이라면 시어스 타워(Sears Tower, 시카고 도심의 110층 빌딩—옮긴이)는 이미 지평선 아래로 가라앉아 있어야 했다. 촬영을 위해 그렇게 멀리 갈 필요도 없었다…. 계산해보면 72킬로미터 정도의 거리에서도 충분했을 것이다! 그런데 저 화면에는 97킬로미터 밖에서 촬영했다는 시카고의 전체 스카이라인이 반짝이고 있었다. 저게 증거라고? 글쎄, 회의론자 그룹에서 그 사진이 아마 위조됐을지도 모른다고 문제를 제기한 사람이 있었던가? 우리는 지금껏 나사가 제시한 사진 대부분이 조작이라는 설명을 들었는데, 이 사진은 그렇지 않다고 확신할 수 있을까?

발표가 끝난 후에 인접한 대연회장의 평평한 지구 기념품 판매 부스에서 나는 스키바와 마주쳤다.[15] 판매 부스에는 평평한 지구 지도와 티셔츠, 모자는 물론이고 각종 장신구도 많았다. 나는 놀랍게도 매우 중독성 있고 완성도도 높은 음악 CD와 아내에게 줄 스티커, 목걸이를 구매했다. 처음에 자신에게 다가와 강연 내용에서 궁금한 게 있다고 말을 건네는 나를 스키바는 팬이라고 생각했을 것이다.

밝혀진바, 그 사진은 조작되지 않았다. 실제 이미지이지만 설명이 필요했는데, 강연에서 스키바는 사진에서 설명되었어야 할 적절한 과학적 요소를 외면했다. 그것은 위 신기루(superior mirage) 현상이었다. 이는 (예를 들어 수면과 닿아 있는) 차가운 공기층 위에 뜨거운 공기층이 쌓여 있을 때 발생한다. 이러한 공기층을 통과하는 빛은 렌즈를 통과할 때처럼 굴절되는데, 관찰자는 아래쪽 공기층의 이미지를 공중에 떠 있는 것으로 인식한다.[16] 이는 신비로운 현상이 전혀 아니다. 뜨거운 포장도로를 운전할 때 도로 표면에 보이는 '웅덩이'(접근하면 사라진다)는 아래 신기루(inferior mirage) 현상이다. 이는 도로 표면이 위쪽 공기보다 뜨거울 때 발생한다. 이런 경우에 신기루 이미지는 실제보다 아래쪽에 나타난다. 위 신기루 현상에서 이미지가 실제보다 위에 나타나는 것과 반대다. 이런 이미지들은 환영이지만 '조작'은 아니다. 누군가 사진으로 촬영한다면 포착이 되는 실제 현상이다. 특정 조건하에서는 지평선의 곡률 너머 먼 곳에 있는 도시의 불빛이 영상에 담기기도 한다. 꽤 멋진 현상이긴 하다.

스키바에게 위 신기루 현상에 대해 질문을 던졌지만 그는 인정하지 않았다.

"강연에서 다 이야기했어요." 그가 말했다. "다 설명을 했지요."

"그 얘기는 안 하셨습니다." 내가 반박했다. "선생님은 그 현상을 믿지 않는다고만 하셨죠."

"흠, 전 안 믿어요."

우리는 사진에 대해 더 이야기했는데, 그는 자신의 말을 무조건 믿으라고 주장하는 게 아니라고 했다. 직접 미시간 호수에 가서 74킬로미터 떨어진 곳의 풍경을 확인했다고 했다. 두 눈으로 똑똑히 보았다는 것이다.

대화가 길어지자 스키바의 팬들이 호기심에 모여들기 시작했고 '과학자'는 조금씩 기분이 언짢아지는 듯 보였다. 그쯤 되자 그도 내가 평평한 지구론자가 아니라고 짐작했겠지만, 팬들에게 둘러싸인 상태였기에 어느 정도 체면을 구기지 않고서는 그곳을 벗어날 수 없게 되었다.

그러나 나는 질문을 그칠 수 없었다.

"그렇다면 왜 160킬로미터 정도 떨어진 지점까지 가보지 않으셨어요?" 내가 물었다.

"뭐라고요?"

"160킬로미터요. 그 정도 거리였으면 도시는 보이지만 위 신기루 현상은 없었을 텐데요. 그랬다면 더 확실한 증거 사진을 얻으셨을 거예요."

그는 고개를 저었다. "선장에게 그렇게 멀리 가달라고 할 수 없었어요."

이런 대답을 듣자 본격적으로 공세를 펼쳐야겠다는 생각이 들었다. "뭐라고요? 평생을 이 일에 바친 분이 그 정도도 안 하셨다고요?

손만 뻗으면 닿는 곳에서 결정적인 증거를 얻을 수 있는데 88킬로미터를 더 안 움직이셨어요?"

그는 고개를 돌려 다른 사람과 이야기를 하기 시작했다.

돌이켜 생각해보면, 나는 그를 비난하지 않을 수도 있었다. 너무 흥분했고, 너무 대립각을 세우고 달려들었다. 자신의 신념이 도전을 받는 상황에서 침착함을 유지하기란 매우 어렵다. 나 자신이 산 증인이었다.

이후 마흔여덟 시간 동안 나는 평평한 지구론자들의 '증거'에 대해 덜 열띤 대화를 나누었다. 지구가 평평하고, 우리가 아는 남극대륙은 존재하지 않으며, 지구 상층에 거대한 돔이 있고, 지구가 움직이지 않는다는 등의 주장에 대해 그들은 평평한 지구 가설의 정확성을 입증할 충분한 기회를 마련했어야 했다. 하지만 이틀에 걸쳐 푸코의 진자와 일식 기간에 드리우는 그림자 모양, 국제우주정거장 문제, 물이 중력의 영향을 받는다는 사실, 대학 천문학 강의 수준에서 제기되는 여러 문제 등이 논의되는 동안 나는 단 한 번도 평평한 지구론자들의 믿음을 방해하지 못한 것 같았다.

이런 행사에서는 평평한 지구를 물속으로 던져버릴 만한 거창한 실험이나 과학적 발견이 나와야 하지 않을까 하는 생각이 일었다. 나는 속이 시원할 정도로 진실을 폭로하고 싶었다. 하지만 애초의 목표가 평평한 지구론자들이 자신들의 오류를 인정하도록 하는 것이라면 최소한 그런 방식은 적절하지 않았다. (달이 둥글면 지구도 둥글어야 한다고 주장한) 피타고라스(Pythagoras)나 (북쪽에서 남쪽으로 걸으면 새로운 별을 볼 수 있다고 말한) 아리스토텔레스(Aristoteles), 혹은 (멀리 떨어진 두 막대기의 태양 그림자를 측정하여 지구의 둘레를 계산한) 에라토스테네스(Eratosthenes) 이후에도 지구가 둥글다는 증거는 무수히 많았다.[17] 이 증거는 2300년 동안 존재했던 것으로, 평평한 지구론자들도 이미 알고 있었지만 확신을 하지 못하고 있었다. 그들은 모든 것에 핑계가 있었다.[18] 2000년 동안 존재했던 물리학으로도 확신하지 못하는 이들이 내 말을 믿으려 할 것인가?

나는 생각을 정리할 필요를 느꼈다.

나는 물리학자가 아니었고, 어쨌든 평평한 지구를 반박하는 과학적 증거에 대해 대화하기 위해 이 학회에 온 것도 아니었다. 나는 철학자였고 그들이 논증하는 방식을 알기 위해 행사에 참석했다. 평평한 지구론자들에게 실망스러웠던 점은 자신들의 주장이나 실험의 맹점을 논박당하면 "그래요, 하지만…" 하면서 다른 주제로 넘어가 버린다는 것이었다. 그들은 수백 개의 '논점'을 가지고 있으며 두더지 잡기 놀이를 하듯 모두를 쓰러뜨리지 않는 한 결코 패배를 인정하지 않을 것이다. 그들에게 '결정적 실험'이란 것은 존재하지 않는다. 그들은 X 때문에 지구가 평평하다고 말하면서도 X가 사실이 아니라는 사실을 입증하면 즉시 다음 논점으로 넘어갈 것이다.

과학자들은 절대 이러한 태도를 보이지 않는다. 졸저 《과학적 태도》에서 나는 과학과 비과학을 구별하는 가장 중요한 특징이 증거에 부합하지 않는 가설을 기꺼이 변경하려는 수용적 태도라고 주장했다.[19] 이는 과학자 개인의 헌신을 통해서가 아니라, 구성원들이 서로의 작업을 검토하고 최고 수준의 검증 과정을 거쳐 과학계 전체의 공동체 규범을 수립해야만 강화된다. 평평한 지구론자들의 노력이 여기에 근접할 수 있을까?

다행히도 일부 평평한 지구론자들은 자신들의 고집을 굽히며 명확한 증거가 제시된다면 신념을 바꿀 의향이 있다고 말하기도 한다. 직접 만든 로켓에 올라 지구의 곡률을 관찰하여 유명해진 '미친' 마이크 휴스(Mike Hughes)를 2018 평평한 지구 국제 학회에서 만나 매우 반가웠다. 그가 엄청나게 멀리까지 올라갔던 것은 아니다. 첫 번째 시도에서 그는 약 830미터 높이의 마천루인 두바이 부르즈 칼리파보다 낮은 약 570미터까지만 올라갔다. 그는 로켓을 만드는 대신 엘리베이터를 탈 수도 있었을 것이다. 그리고 60도 이상의 시야가 확보되지 않으면 지구의 곡률은 12킬로미터 이상 상승할 때까지 보이지 않는다. 그 이하의 높이에서는 아무리 자세히 관찰해도 지구 곡률의 문제를 해결할 수 없다. 휴스가 9킬로미터 높이까지 올라갔다고 해도 대부분의 민간 여객기에서 볼 수 있는 전망에 만족해야 한다.[20]

2018 평평한 지구 국제 학회에서 자신의 로켓 옆에 서 있는 휴스를 만났을 때 나는 그의 실험적인 사고방식에 감탄하지 않을 수 없었다. 그는 다소 왜곡된 생각을 가졌지만 용감하게 도전에 임했다. 학회가 열리고 나서 약 1년 후인 2019년 12월에 휴스는 자신의 로켓을 대기권 상공 약 100킬로미터 높이인 카르만 라인(Kármán line, 지구와 우주의 경계선으로 합의된 지점—옮긴이)까지 쏘아 올릴 것이라고 발표했다. 그곳에서라면 지구의 곡률을 관찰할 수 있을 것이기에 나는 그의 실험 소식을 듣고 매우 기뻤다. (2018년에) 발사를 앞두고 휴스는 다음과 같이 말했다. "저 높은 곳에 올라 평평한 둥근 판을 보게 될 거예

요. (중략) 달리 할 말이 없어요. 만일 지구가 둥글거나 공 모양이라면 지상에 내려와서 이렇게 말할 겁니다. '이봐요, 내가 나쁜 놈이에요. 지구는 공 모양이에요, 됐어요?'"[21] 안타깝게도 그에게 기회는 주어지지 않았다. 2020년 2월 22일 휴스의 로켓은 이륙 직후 오작동을 일으켜 지구로 추락했고 그는 사망했다. 휴스에 대하여 여러 가지 의견이 있을 수 있겠지만 나는 그를 비판하지는 않으려 한다. 자신의 신념을 검증하기 위해 도전적인 열정과 헌신을 보였고 실패할 경우 승복하겠다고 약속한 모습이야말로 과학적 태도의 근간이기 때문이다. 하지만 평평한 지구론을 주장하는 그의 동료들도 같은 태도를 보이는가?

〈비하인드 더 커브(Behind the Curve)〉라는 유쾌한 다큐멘터리에서 제작진은 평평한 지구인 모임(대부분 평평한 지구 국제 학회와 관련 있는 사람들로 보였다) 구성원들이 자신들의 견해를 자랑하고 때때로 그것을 검증하는 과정을 추적한다. 처음에는 이 영화가 평평한 지구론을 찬양하는 것으로 보일 수 있지만, 등장인물들이 본격적으로 활동하기 시작하면 웃음이 터져 나온다. 한 장면에서 평평한 지구론자 두 명이 핵심 이론 중 하나인 지구가 움직이지 않는다는 사실을 증명하기 위해 레이저 자이로스코프를 구매하는 데 2만 달러를 지출했다. 하지만 실험을 시작하고 장비를 작동하자 지구가 시간당 15도씩 이동하는 현상이 관찰되었다. 실험 참가자 한 사람은 이렇게 말했다. "오, 그게 문제였어요. 우리는 그 사실을 받아들일 준비가 안 되어 있었죠. 그래서 지구의 움직임이 정말로 기록되고 있는 상황에서 그걸 반증할 방법을 찾기 시작했어요." 그들은 성공할 수 없었다. 그리고 내가 덴버에서 참석했던 바로 그 학회에서도 그들은 영화 촬영 중이었는데, 이렇게 말하는 모습이 영상에 포착되었다. "우린 이 실험을 망치고 싶지 않아, 그렇잖아? 이 빌어먹을 기계에 2만 달러나 들어갔다고. 우리가 지금 관찰한 장면을 외면한다면, 좋은 일은 아니지. 좋은 일은 아니야. 내가 조금 전에 한 말은 비밀이야."[22] 실제 과학자가 이렇게 말하는 것을 우리는 상상할 수 있을까?[23]

이것 못지않게, 영화 막바지에 논란이 예상될 정도로 심각한 또 다른 실험 장면이 나온다. 평평한 지구론자들은 야외에서 크기가 같은 세 개의 막대기를 멀리 떨어뜨려 놓고 광선이 같은 지점을 지나는지 확인하고자 했다. 그들의 이론에 따르면 광선이 세 막대기의 같은 높이를 지나면 지구에 곡률이 없다는 사실이 증명될 것이었다. 사실 이 실험은 19세기에 유행했던 베드퍼드 수준기(Bedford Level) 실험과 다르지 않기 때문에 괜찮은 증명법이었다. (진화론으로 유명한) 앨프리드 러셀 월리스(Alfred Russel Wallace)는 지구의 곡률을 '증명'하는 이 실험을 위해 모금을 하기도 했다.[24] 그래서 결국 평평한 지구론자들은 무엇을 발견했을까? 영화의 마지막 장면에서 우리는 실험자들이 장치의 '바로 그' 구멍을 통과하는 광선을 찾지 못해 당황해하는 모습을 볼 수 있다. 그들이 막대의 높이를 올리자 그제야 빛이 통과한다. 그리고 엔딩 크레디트가 올라간다.

모든 실험이 실패한 뒤 드러난 결과는 뭘까? 2019 평평한 지구 국제 학회도 예정대로 진행됐다. 내가 말했다시피 평평한 지구론자들에게는 결정적인 실험 같은 것이 존재하지 않는다. 그들은 과학자들보다 더 증거를 강조하며 스스로 과학의 수호자인 양 허풍을 떨지만,

진실은 그들이 과학적 논증의 기본조차 이해하지 못한다는 것이다. 그들의 무지는 과학적 사실에 대한 것이 아니라 과학자들이 사고하는 방식과 관련된 것이다. 평평한 지구론자들은 어떻게 사고하는가? 그들이 내세우는 논증 전략의 기본(혹은 취약점)은 무엇인가?

우선, 증거에 대한 그들의 집착은 과학 작동 원리에 대한 철저한 오해에 기반을 두고 있다. 어떠한 경험적 가설이든 향후에 그것을 반증할 증거가 나타날 가능성은 상존한다. 과학의 성과 발표 이후에도 오차막대가 적잖게 관찰되는 것도 이 때문이다. 과학적 논증에는 언제나 일정한 불확실성이 수반된다. 하지만 그렇다고 해서 그 과학 이론이 취약하다는 뜻은 아니며, 모든 데이터가 갖춰질 때까지는 대립가설이 과학적 가설과 동등한 위치에 놓일 수 있는 것도 아니다. 과학에서는 결코 모든 데이터가 완벽히 준비될 수 없다! 그렇다고 해서 잘 입증된 과학 이론이나 가설이 신뢰할 가치가 없다는 의미는 아니다. 과학에서 필수 기준으로 증거만을 요구하는 것이 어불성설이란 말이다.[25]

하지만 과학자들이 종종 수행하는 일은 어떤 사실에 대한 반증이다. 당신의 가설에서 X는 참이어야 하는데 동시에 X는 참이 아니라고 말한다면, 그것은 당신의 가설이 틀렸다는 의미다![26] 예를 들면 (〈비하인드 더 커브〉에 나온 사례처럼) 평평한 지구론자들은 움직임이 없으리라 예측했지만 실제로는 발견되었다. 이는 그들의 가설이 반증되었음을 뜻한다. 물론 과학자들도 이전 단계로 돌아가서 장비의 문제는 없는지, 혹은 실험에서 도출된 결과에 대해 간과된 다른 사항이 없는지 확인할 수 있다. 하지만 허용되는 범위를 넘어섰는데도 계속해서 변명을 늘어놓는 것은 매우 어리석은 일이다. 증거의 중요성을 그렇게 강조하던 평평한 지구론자들의 주장을 고려할 때, 나는 그들의 가설을 반증한 여러 실험들에 대해 그들이 보인 무관심한 태도에 놀라지 않을 수 없다.

평평한 지구론자들이 보이는 또 다른 논증상 맹점은 증거가 가설을 보증해준다는 오해와 관련된다. 하나의 믿음이 정당화된다는 것은 그것이 일정한 증거에 기초한다는 뜻이다. 증거가 많을수록 가설의 신뢰도는 상승한다. 물론, 증거가 적을수록 신뢰도도 하락한다. 하지만 완벽하게 입증되기 전까지는 어떤 주장에 대해서도 신뢰를 쌓을 만한 증거가 결코 만들어질 수 없는 것일까? 만일 그렇다면 우리는 수학과 연역적 논리의 진실만을 신뢰해야 한다는 결론을 받아들여야 한다. 다시 말해 물리학과 평평한 지구를 모두 창밖으로 던져버려야 할 것이다. 하지만 평평한 지구론자와 이야기할 때마다 그들은 자신들의 논리를 증거로 반박하지 못하는 상대방을 보며 자신들의 가설이 입증이라도 된 듯 만족한 표정으로 "그렇지"를 되뇐다. 그러나 그것은 과학이 작동하는 방식이 아니다. 내 가설이 입증되지 않았다고 해서 당신이 주장하는 삼각형 지구론과 사다리꼴 지구론 혹은 도넛 모양 지구론 가설이 더 유력해지는 것은 아니다.[27] 또한 반대를 위한 반대는 물론이고 근거 없는 의혹에 따른 갑론을박과 입장 번복은 신뢰를 더욱 훼손할 뿐이다. 이 또한 과학자들이 논증하는 방식이 아니다. 선호하는 가설을 유지하기 위해 수많은 증거들을 끝없이 받아들이고 논리를 수정할 수는 없는 노릇이기 때문이다. 그렇지만 평평한 지구론자들은 증거에 대해 이중 잣대를 적용하는 경우가 많다. 자신들이 믿고 싶어 하는 사항들은 가능한 모든 수단을 통해 허용 기준치 내로 끌어들이는 반면 믿고 싶어 하지 않는 대상에 대해서는 입증되어야 한다고 주장하지 않는가?[28] 왜 그럴까?

평평한 지구론이 음모론적인 사고방식에 깊이 뿌리내리고 있는 것이 나는 매우 우려스럽다. 실제로 현존하는 가장 큰 음모론으로 평평한 지구론을 드는 사람들도 있다.[29] 나 역시 2018 평평한 지구 국제 학회에서 다른 음모론을 믿었던 경험을 고백한 사람들을 여럿 만났다. 예를 들면 켐트레일, 정부가 날씨를 통제한다, 국민 의식을 통제하기 위해 물을 불소화하고 있다, 샌디훅(Sandy Hook) 초등학교와 파크랜드(Parkland) 고등학교의 총격 사건은 거짓이었다, 9.11 테러 공격이 내부 소행이었다 등등 그 목록은 끝도 없다.[30] 한 연사는 실제로 이런 발언을 하기도 했다. "여기 있는 모든 사람이 음모론 상위 스무 개 목록을 당신에게 줄 수 있을 거예요." 그리고 실제로 음모론에 취약한 자신의 성향 때문에 애초에 평평한 지구론을 연구하게 되었을지도 모른다고 고백한 이들도 더러 있었다. 그런데 놀라운 것은 그들이 이런 사실을 전혀 부끄러워하지 않는다는 점이었다. 한 동료는 이를 다음과 같이 설명했다. "평평한 지구론자들은 다른 사람들보다 음모론에 더 '민감해.'" 하지만 그들은 세상의 모든 국가 지도자들이 지구가 평평하다는 비밀을 엄중히 지키고 있다고 믿을까? 도널드 트럼프 전 미국 대통령과 보리스 존슨(Boris Johnson) 전 영국 총리가 그토록 철저하게 비밀을 지킬 수 있을까? 그들은 당연히 그렇다고 한다. 평평한 지구론자들은 음모론에 대한 믿음이야말로 자신들 논증의 근간이라고 몇 번이나 털어놓았다.[31] (실제로 평평한 지구론 신도를 모집하는 방법을 연구하는 세미나에서 어느 연사는 이렇게 말했다. "당신이 접근한 사람이 음모론을 믿지 않는다고 말한다면 그냥 물러나세요.")

부정론자들의 논증 속에서 작동하는 음모론의 역할은 2장에서 자세히 다룰 것이다. 여기서는 음모에 근거한 논증은 과학적 실천에 대한 저주이고 또한 그래야만 한다고 주장하고자 한다. 왜 그럴까? 왜냐하면 그것이 당신의 이론에 대한 보증으로서 검증된 것과 검증되지 못한 것 모두에 집착하도록 만들기 때문이다. 당신이 믿는 이론이 증거에 의해 검증되었다면 그건 괜찮다. 하지만 그렇지 않다면 당신은 악한 의도로 진실을 숨기고 있는 누군가를 찾으려 한다. 이에 대한 증거가 없다는 사실은 단순히 공모자들이 얼마나 유능한지 보여주는 방증일 뿐이며 이 또한 당신의 가설을 지지하는 근거가 된다.

평평한 지구론의 사고방식에 크게 기여하는 것이 확증편향(confirmation bias)이다. 평평한 지구론은 동기부여된 논증(motivated reasoning)의 대표적인 예라고도 할 수 있다. 그들은 자신의 신념을 뒷받침하는 증거를 편향적으로 선택하거나 혹은 오해하면서도, 신념에 반하는 증거는 극단적인 편견을 앞세워 거부한다. 모든 과학 부정론에 나타나는 다섯 가지 수사(trope) 중 하나인 체리피킹의 문제도 2장에서 다룰 것이다. 여기서 간단히 언급하고자 하는 것은, 내가 2018 평평한 지구 국제 학회에서 만난 거의 모든 평평한 지구론자들은 자신의 견해에 신뢰를 더해주는 이야기라면 뭐든 적극적으로 수렴하고 그렇지 않은 것은 무시하거나 외면하는 행태를 보였다는 사실이다. 〈비하인드 더 커브〉에서 조작된 실험에 대한 반응을 기억하는가? 결정적인 실험을 세팅해놓고 그 결과에 따르며 생각한다는 아이디어는, 그들에게 저주가 되었다. 그들은 과학자의 사유에 전혀 근접하지 못했다. 그들은 신실한 신도였고 평평한 지구론의 전도자였다.

당연한 일이지만, 나도 평평한 지구론자들(그리고 모든 과학 부정론자들)이 사고하는 방식에 대해 진작부터 의심의 눈초리를 보내고 있었다. 하지만 여전히 그 이유는 알지 못했다. 만일 내가 평평한 지구론자들을 설득할 수 있기를, 그리고 그들의 주장뿐 아니라 논증 전략이 잘못됐음을 알려주기를 바란다면, 그들이 이런 특이한 신념을 갖게 된 이유가 무엇인지 조금 더 생각해봐야 했다. 또다시, 나는 내 능력의 한계를 절감했다. 나는 물리학자도 아니고 심리학자도 아니다. 하지만 지금까지 나눈 대화들을 통해 판단해보자면, 그들의 이야기에서 믿음의 동기와 사고방식을 밝힐 수 있는 일정한 유형이 보였다.

학회에서 나는 말 많은 연사들이나 평평한 지구론계의 몇몇 스타를 만났지만 행사장을 찾은 일반 참석자들과도 많은 대화를 나누었다. 빈 의자가 꽤 보일 정도로 행사장에 일찍 도착하면 가까이 있는 사람들과 대화하기 쉽다는 사실을 알게 되었다. 가장 흥미로웠던 경험 중 하나는 유럽에서 온 나이가 다소 들어 보였던 여성과의 대화였다. 그녀는 다큐멘터리 영화 제작자라고 자신을 소개했다. 처음에 나는 그녀가 평평한 지구론을 믿는 사람이 아니라 나처럼 집회를 관찰하러 온 사람 중 한 명일 수 있다고 생각했기 때문에 조금 실망했다. 그래서 방어막을 낮췄다.

"그러니까 감독님도 이 모든 걸 믿지는 않는다는 말씀이시죠?"

"저는 믿지 않아요, 그냥 아는 거예요."

오 이런, 내가 잘못 판단했다. 이후에는 매우 즐거운 상황이 벌어졌고 그녀는 자신이 살아온 이야기를 들려주었다. 그녀는 자신이 과학자였고 물리학과 화학과 심리학을 공부했다고 했다. 하지만 남편과 이혼한 후 인생의 위기를 겪었다(그것이 무엇인지는 밝히지 않았으나 건강상 문제라는 인상을 받았다). 그런 나쁜 상황에 몰리자 그녀는 모든 것에 의문을 품기 시작했다. 그녀의 인생은 무슨 의미인가? 이제는 누구를 믿고 의지해야 하는가? 그 시점에 평평한 지구론을 소개한 영상을 보았는데 처음에는 믿지 않으려 애썼지만 곧 설득되어 확신하게 되었다고 했다! 그때까지 스스로 '둥근 지구론'을 의심하지 않았다는 사실이 오히려 당혹스러웠다고 했는데, 그녀는 이전에 꽤 엄격한 교육을 받았던 듯했다.

그 대목에서 나는 이렇게 물었다. "당신의 마음을 다시 바꿀 만한 것이 있다면 무엇일까요?" 어쨌든 그녀는 신념의 변화를 한 차례 겪었고 그것을 다시 바꿔놓을 만한 요소가 무엇일지 궁금했다. 그녀는 아무것도 그럴 수 없다고 답했다. 나는 그녀가 그렇게 말한 이유를 약간 고심했고 어쩌면 그녀의 종교적 신념과도 관련 있을지 모른다는 생각이 들었다. 나는 조금 더 민감한 질문을 던져보기로 했다.

"감독님도 하느님이 평평한 지구를 창조했다고 믿는 사람들 중 한 명인가요?"

"그렇지 않아요. 그렇게 믿지는 않습니다."

나는 처음으로 무신론자인 평평한 지구론자와 조우한 사례를 접했다고 생각했다.

"그러면 감독님은 평평한 지구론자이자 무신론자군요?"

"아닙니다. 그건 또 아니에요. 왜냐하면 제가 바로 창조자거든요."

만일 그녀가 부드럽고 유쾌한 말투로 이야기하지 않았다면 농담하는 줄 알았을 것이다. 하지만 그녀가 정말로 진지하다는 사실을 금세 알 수 있었다. 그녀는 미소를 지으며 말을 이어갔다. 만일 하느님이 그녀와 별개로 분리되어 있다면 그녀는 희생자일 뿐이라고 했다. 하지만 그런 일은 있을 수 없는데, 그녀는 더 이상 희생자가 아니기 때문이다. 그래서 그녀 자신이 하느님이어야 했다. 그녀는 이 우주를 창조했고 이 평평한 지구 또한 그녀가 창조했다. 그녀는 기독교와 예수에 대해 이야기하는 다른 모든 평평한 지구론자들과 생각이 달랐다. 그녀가 믿는 것은 자기 자신뿐이었다!

그리고 나선 현재의 삶에 대해 들려주었다. 그녀는 지금 미국에서 남편과 다시 살기 시작했으며 영화를 만들고 있다고 했다. 그녀도 나에 대해 질문했고 나는 내가 회의론자라고 이야기했다. 평평한 지구론을 믿지 않는다고 말했다. 그녀는 그런 건 상관없다고 했다. 나는 다른 사람들이 믿고 있는 것이 무엇인지 확인하기 위해 학회에 참석했다고 했는데 그녀는 이를 반겼다. 하지만 그래도 조심할 필요는 있다고 말했다. 그녀는 세뇌 현상을 연구한 적이 있는데 둥근 지구론자들이야말로 세뇌되어 있다고 생각한다고 했다. 그녀는 내 질문에 화를 내거나 모욕을 느끼기보다는 오히려 미안한 듯한 표정을 지어 보였다. 우리는 서로 가까운 자리에 앉아 있었는데 연사가 좋은 말을 할 때마다 그녀는 나를 바라보며 미소 지었다. 이어지는 발표 내내 그랬다.

들은 내용을 계속 되새기다 보니 강의에 집중하기가 어려웠다. 이 여성이 제정신이 아니라고 치부해버릴 수도 있었지만, 한 가지 흥미로웠던 것은 그녀의 말 가운데 몇 가지가 다른 사람들이 했던 것과 비슷했다는 점이었다. 나는 모든 평평한 지구론자들이 망상에 사로잡혀 있다고 말하려는 것이 아니다. 그들의 생각에도 숙고해볼 공통된 맥락이 있음을 지적하고 싶다. 그녀는 자신이 인생에서 겪은 트라우마를 이야기했다. 생각해보니 그녀처럼 과거에 상처받은 경험을 이야기한 평평한 지구론자들이 유독 많았다. 그 경험이 평평한 지구론에 관심을 갖게 된 계기가 되었다는 점도 비슷했다. 특히 9.11 테러가 그들의 상처였던 경우가 많았다. 이 사건은 많은 이들에게 개인적인 비극이었고, 어떤 이들에게는 정확히 이 여성의 경우처럼 자신의 삶에 밀고 들어와 모든 것에 의문을 품게 만든 사건이 되었다. 자신이 신이라는 그녀의 결론은 이런 상황이 만들어낸 이상점(outlier, 데이터의 전반적인 흐름에서 벗어나는 관측점—옮긴이)이었다. 자신의 정신적인 상처를 치유하고자 노력하던 한 여성이 음모론의 대표 격인 평평한 지구론에 사로잡혔다는 바로 그 생각이 내 머릿속을 계속 짓눌렀다.

나는 이미 수많은 평평한 지구론자들이 사회에서 소외되거나 주변부로 밀려난 이들로 보인다는 의견을 피력했다. 그런데 그 이유가 평평한 지구론을 믿는 그들의 믿음 자체 때문이라고 생각하기 쉽다. 앞에서 말했듯 평평한 지구론자들은 자신들의 견해 때문에 고초를 겪어야 하며 가족과 친구는 물론 지역사회와 직장 등에서 적지 않은 대가를 치러야 한다. 그때 문득 이런 생각이 들었다. 처음부터 외면받고 소외된 사람들이라면 어떨까? 그런 여건이 그들을 평평한 지구론으로 이끌 개연성도 생각해볼 수 있을 것이다. 다시 말해서, 나는 심리학자가 아니지만 무언가가 정확히 맞아 들어간다는 느낌을 받았다. 당신이 만일 자신의 삶에서 언제나 소외받는다고 느끼는 사람이라고 생각해보자. 한 번도 사회에 제대로 적응하지 못했고 기회도 없었다. 원하는 직업을 가지거나 원하는 대로 삶을 영위한 적도 없다. 그렇다면 당신은 적어도 얼마간은 사람들이 당신을 따돌리고 거짓말을 하고 있으며 어쩌면 처음부터 당신의 인생을 망쳐놓았다고 생각했을 수도 있다. 그렇다면 몇몇 거대한 음모론으로 이 모든 것을 설명하고 싶은 유혹에 빠져드는 것도 충분히 가능하지 않을까? 당신은 이제 소외된 자가 아니라 엘리트의 일부가 되었다. 수십억 명이 알지 못하는 진실을 정확히 알고 있는 인류의 구원자 가운데 한 사람이다. 그리고 당신이 속한 집단이 소수인 것은 그만큼 세상의 음모가 뿌리 깊다는 사실을 반증한다. 영화 〈매트릭스〉의 이야기는 실제로 존재했다.

내가 행사장에 앉아 있으면서 내린 결론은 이랬다. 평평한 지구론은 이들이 실험적 증거를 기반으로 수용하거나 거부하는 신뢰의 대상이 아니라 이들의 정체성 그 자체였다.[32] 그 정체성은 이들의 삶에 목적을 제공한다. 공동체에 가해지는 박해에 대항하여 즉각적으로 단합된 공동체를 형성한다. 또한 권력을 가진 엘리트들은 모두 부패했고 음모를 꾸미고 있다고 주장하며 자신들의 인생에서 마주하는 고난과 상처의 상당 부분을 해명한다.

이런 생각의 타당성을 객관적으로 규명하는 학문적 작업은 다른 이들의 몫으로 남겨두고자 한다.[33] 하지만 그때 그 장소에서 나는 혼자 하나의 작업가설을 정립한 셈이고, 이를 통해 학회의 나머지 행사들을 대하는 사고의 틀이 바뀌었다. 만일 내 생각이 옳다면 평평한 지구론에서 증거는 완전히 무관하다. 그들이 말하는 '증거'는 자신의 사회적 정체성에 대한 거대한 합리화의 일부일 뿐이다. 내가 그들의 믿음에 의문을 제기했을 때 평평한 지구론자들이 그것을 그토록 개인적으로 받아들였던 이유도 여기에 있었다. 그들의 믿음은 우연히 가지게 된 것이 아니고 그들의 정체성 자체였다. 그 말은 내가 그들에게 정체성을 바꾸라고 요구하지 않는 이상 그들의 신념을 바꾸기란 어렵다는 뜻이다. 마치 실패하는 레시피처럼 들렸다. 어떻게 하면 내가 누군가의 신념이 잘못되었음을 설명하면서도 그가 인신공격을 받는 것처럼 느끼지 않게 이야기할 수 있을까?

어쩌면 나는 그들의 '증명' 경쟁에서 벗어나 그들을 개별적인 인간으로 진지하게 대하면서 관계를 이어갈 수 있을 것이다. 내가 알고 있는, 지구가 둥글다는 증거들을 강요하지 않고 그들에게도 그들이 옳다는 증거를 요구하지 않을(혹은 비판하지 않을) 수도 있다. 그 대신 그들과 대화를 나누고 그들 스스로의 이야기를 경청할 수 있다. 이런 식으로 나는 평평한 지구론자들을 내가 원하는 방향으로 끌어올 수도 있겠다고 생각했다. 이를 위해 우선 스스로 무장을 해제해야 했다. 그리고 내 접근법에는 평평한 지구를 믿는 그들의 신념을 헤아리는 마음도 포함되어야 한다는 사실 또한 알고 있었다. 나는 그들의 믿음을 출발점으로 삼지만, 궁극의 목표는 그들이 왜 그런 믿음을 가지게 되었는지 말하도록 하는 일이었다.

어쩌면 나는 그들에게 일찍이 들어본 적 없는 질문들을 던질지도 모른다. 물론 그것들은 과학자라면 어려움 없이 답할 수 있는 문제들이다. 그리고 그들의 생각을 직접 바꾸려고 하기보다는 그들이 내 질문에 답변하지 못해 불편해하는 마음이 인지부조화로 뒤덮이는 상황을 지켜볼 것이다.[34]

칼 포퍼(Karl Popper)는 1959년에 발간한 저서《과학적 발견의 논리 (The Logic of Scientific Discovery)》에서 '반증(falsification)' 이론을 제시하며, 과학자는 언제나 자신의 이론을 확증하는 일보다 반증에 주력해야 한다고 주장했다.[35] 졸저《과학적 태도》에서 나는 칼 포퍼의 이야기로부터 핵심 통찰을 얻어, 과학자가 되기 위해서는 새로운 증거에 기반해 기꺼이 마음을 바꿔야 한다는 논지를 전개했다. 그렇다면 이런 질문은 어떤가. '만약 증거가 실재한다면, 당신이 틀렸다는 사실을 확인하는 데에는 어떤 증거가 필요할까?'

나는 이 질문을 좋아하는데, 왜냐하면 철학적으로도 바람직할 뿐만 아니라 개인적인 취향에도 부합하기 때문이다. 이는 단지 신념의 문제를 넘어서 상대방에 관한 문제이기도 하다. 지금까지 나는 학회에 참석한 모든 이들을 존중하는 마음으로 연구했으며 앞으로도 그럴 생각이다. 그런데 이제는 내 전략을 약간 수정해야 할 필요를 느낀다. 그들이 제시하는 증거를 따지고 들며 그들과 논쟁하는 대신 이 증거를 근거로 그들이 믿음을 **형성한** 방식에 대해 이야기하고자 한다.

다음 세션의 주제는 '평평한 지구 행동주의'(그들은 "사람들을 깨우치기" 위해 거리에 나가 상담을 하고 새로운 회원을 모집하는 방법을 논했다)였고 평평한 지구론자들 가운데 최고의 유명 인사가 진행을 했다. 그는 젊고 날씬했으며 자주 두리번거렸는데, 그 때문에 강렬한 인상을 주는 동시에 불안해 보이기도 했다. 부드러운 말투로 이야기했고 차분했으며 매우 지적인 인상이었다. 스스로 신념이 강한 사람처럼 보였을 뿐 아니라 내가 확인한 바로도 학회에 참석한 많은 사람들을 설득하여 그를 신뢰하도록 만들었다. 그는 타고난 리더였고 그건 매우 좋은 일이었다. 평평한 지구론을 설파하는 과정에서 둥근 지구론을 포기하도록 (때로는 대면하여) 사람들을 설득하는 가장 힘든 일을 해내는 남다른 능력이기 때문이었다.[36]

나는 즉시 의아한 생각이 들었다. 이상하게도 이 남자는 내가 하려고 했던 바로 그 일을 하고 있었다. 나야말로 평평한 지구론자들이 신입 회원을 어떻게 모집하는지 알아보기 위해 그 세션에 참석하지 않았던가. 어쩌면 그들에게서 실제로 활용할 수 있는 기술들을 배울 수 있을지도 몰랐다. 그는 사람들을 모집하는 데 필요한 기술을 몇 가지 보여주기 위해 자신의 길거리 진료소 중 한 곳을 촬영한 영상을 보여주면서 시작했다. 그의 핵심 조언은 활동가들이 침착해야 한다는 것이었다. 감정을 통제하는 일이 중요하다고 했다. 둥근 지구론을 믿는 사람들을 바보나 정신병자로 여기지 않는 편이 도움이 된다고 했다. 사람들을 존중하는 자세를 보여야 한다고 했다. 그들에게 당신이 믿는 평평한 지구론에 대해 솔직하게 이야기해야 한다. 하지만 일부는 "아직 준비가 되지 않았다"는 점도 인정해야 한다. 그는 사람들을 놓쳐버리는 경우가 너무 많다고 했다. 매번 성공을 기대할 수는 없다. "여러분은 현실을 완전히 부정하는 사람들과 마주할 거예요." (그렇다, 그는 정말로 이렇게 말했다.)

나는 웃을 수밖에 없었다. 그가 평평한 지구론으로 누군가를 끌어

오기 위해 묘사한 내용은 내가 그들을 되돌리고자 하는 방식으로, 나쁜 전략이라고 할 수 없었다. 여기에서 '평평한 지구론자'와 '둥근 지구론자'를 맞바꾸면, 사람들이 어떻게 백신이나 기후변화를 인정하지 않던 생각을 버리게 되는지 보여주는 내가 읽은 거의 모든 개인적 설명을 그가 이야기하고 있는 셈이었다.

그러고 나서 연사는 평평한 지구론에서 활용되는 몇 가지 표준 문구를 공유하는 것으로 세션을 이어갔다: 물은 저절로 수평을 이루고, 나사에 근무하는 직원들은 모두 비공개 계약에 서명해야 하며, 나사가 촬영하는 모든 가짜 사진은 수중에서 촬영된다. 아, 그런데 '보라색 기둥(purple pillars)'을 이야기하기 시작했을 때 나는 그가 조금 분노하고 있다는 사실을 알았다. 보라색 기둥이란 대부분의 다른 음모론을 믿으면서도 평평한 지구론자만큼은 미쳤다고 주장하는 사람들을 말한다. 저들이 제정신인가? 이런 생각 때문에 그는 화난 듯했다. 그는 음모론이 평평한 지구론에 기여하는 측면을 잘 알고 있으면서도 이에 대해 해명하지 않는 사람 가운데 한 명이었다. 만일 누군가가 9.11이 내부 자작극이거나 파크랜드 총격 사건이 사기라고 믿는다면 평평한 지구론도 전적으로 믿어야 한다고 그는 생각하는 것 같았다. 하지만 그는 스스로의 정신 건강을 위해 인생의 모든 것을 음모로 간주하는 지경까지 이르러서는 안 된다고 조언했다. 그는 자신의 삶과 여전히 극복 중인 건강 문제에 대한 사적인 이야기를 한동안 토로하기도 했다. 이에 대해서는 여기서 언급하지 않으려 한다.

발표가 끝난 후 나는 다시 태어난 기분이 들었다. 이것이 내가 이 학회에 참석한 이유였다. 그날 저녁 늦은 시간에는 스키바가 회의론자로 추정되는 사람과 만나 평평한 지구론에 대한 '토론'을 벌이는 행사가 열렸다. 오 이런, 나는 지금 바로 평평한 지구론을 놓고 나만의 토론을 하고 싶었다! 이 친구와 대화를 하고 싶었다.

나는 그 행사가 모두 끝날 때까지 복도에서 참을성 있게 기다렸다. 그리고 그가 혼자 모습을 드러냈을 때 그를 불러, 혹시라도 시간을 내어 함께 식사를 하며(내가 살 작정이었다) 평평한 지구론에 대해 무제한 토론을 벌일 생각이 있는지 물었다. 그가 거절할 리 없잖은가? 사실 이런 식의 제의를 거부하는 사람은 많았지만 나는 그의 연설이 매우 훌륭하다고 느꼈고 진심을 다해 요청하면 흔쾌히 수락하리라고 낙관했다. 나는 솔직하게, 내가 회의론자라고 말했다. 또한 나는 철학자이며 과학 부정론을 연구하는 학자이기도 하다고, 심지어 이 주제로 책을 쓰고 있는데 함께 이야기를 나누고 싶다고 했다. 기쁘게도 그는 한 가지 단서를 내걸고 받아들였다. 내가 그를 설득하려 한다면 그 또한 나를 설득할 것이라고 했다!

호텔 레스토랑에서 식사를 하기로 했기 때문에 많이 걸을 필요도 없었다. 우리 둘은 작은 테이블을 두고 마주 앉았다. 나는 대화를 기록해도 되는지 물었고 그는 허락했다. 심지어 원한다면 대화를 녹음해도 좋다고까지 했다. 나는 대화에 방해가 될까 봐 그렇게 하지는 않았다. 나는 우리가 상대방을 위해 '연기'를 하기보다는 솔직하게 면대면으로 마음을 주고받으면 좋겠다고 생각했다. 그도 동의했다. 우리는 음식을 주문했고 바로 본론으로 들어갔다.

나는 그에게 지내온 삶을 조금 더 이야기해달라고 요청하며 대화를 시작했다. 쉽지 않은 인생이었다. 그는 생명을 위협하는 질병을 않았고 트레일러에서 생활했지만 주차장에서도 쫓겨나 어머니가 살던 차고로 옮겨 갔다. 하지만 땅 주인의 요구로 그곳에서도 나와야 했으며 트레일러도 팔아야 했다. 평평한 지구론 커뮤니티에서 컬렉션들을 판매한 돈을 모아 구매한 것이었기 때문에 매우 고통스러운 일이었다. 그가 지금 어디에 사는지는 분명히 듣지 못했는데, 내가 묻지 않았기 때문이다.

이제 그의 차례였다. 그는 나 같은 사람이 평평한 지구 학회에 참석하기로 한 결정에 흥미를 느낀 듯했다. (물론) 그는 신중했지만 상대방이 마음의 벽을 쉽게 허물 정도로 허심탄회하고 직설적인 언행을 보였고, 나에게도 질문을 던지고 싶다고 했다. "우리에 대해 조금 공부한 외부인의 입장에서 볼 때 평평한 지구론이 너무 시대를 앞서간다고 생각하십니까?" 솔직하게 이야기하면 곧바로 분위기가 깨질까 봐 걱정이 들었고 나는 이렇게 답변했다. "이 이야기는 나중에 다시 하면 어떨까요. (중략) 저는 당신에게 배우고 싶어서 이 자리에 왔습니다." 우리는 이 문제를 결코 다시 거론할 수 없었다. 내 대답은 아마도 이랬을 것이기 때문이다. "아니요, 당신들은 500년쯤 뒤처졌어요."

그러고 나서 우리는 본격적인 대화를 나누었다. 추측건대 이런 기회가 다시 오기는 쉽지 않을 것 같았다. 드디어 나는 지적이고 진실하면서도 토론 경험이 풍부한 평평한 지구론자와 대화하고 있었다. 나는 그에게 호감마저 느껴졌다. 우리가 잠시나마 쌓아놓은 선의와 신뢰를 던져버리고 싶지 않았지만 그것이 우리 대화의 마지막까지 남아 있으리라는 무모한 기대도 하지 않았다. 그래서 내가 품고 있던 가장 중요한 질문을 던지기 시작했다. "선생님의 견해가 창조주에 대한 믿음과 양립할 수 있다는 점을 이해합니다만, 믿음만을 근거로 그런 주장을 하시는 것 같지는 않습니다. 당신들이 증거를 수집하는 걸 보면 믿음을 형성하는 데 증거가 중요하다고 보는 듯해요. 그렇다면 평평한 지구를 주장하는 선생님의 믿음이 틀렸다는 것을 증명하려면 구체적으로 어떤 증거가 필요할까요?"

그가 곤혹스러운 표정을 지어 보였다. 지금까지 이런 질문을 받아 본 적이 없는 듯했다. 하지만 얼굴을 다소 찌푸리면서도 내 질문을 진지하게 고민하는 모습을 보여주었다. "글쎄요, 뭐든 실험을 통해 이루어져야 하겠지요. 그렇지 않으면 저는 믿지 않을 것 같습니다." 나도 동의했다. 그는 이야기를 이어갔는데, 만일 100킬로미터(우주가 시작되는 가상의 지점) 위까지 올라갈 수 있는 로켓이 전액 지원된다면 직접 확인할 수 있다고 했다. 나는 폭격기가 24킬로미터 높이까지 올라갔고 그곳에서도 지구의 곡률을 확인할 수 있었다고 설명했다. 하지만 그는 유리창이 곡면이어서 착시가 있었으리라는 식으로 반론을 폈던 것 같다. 그는 어떻게 확신할 수 있었을까?

우리는 우주의 한 지점까지 올라가서 창밖을 내다본다는 것이 어떤 의미일지 생각하며 잠시 앉아 있었다. 그는 평평한 지구론 운동가들이 자신을 사랑하며, 그가 로켓 여행에서 돌아와 더 이상 평평한 지구를 믿지 않는다고 한다면 모두 절망할 것이라고 했다. 많은 이들이 믿음을 버릴 것이 당연하거니와, 그가 그 높은 곳에 오른다는 생각도 비현실적이라고 했다.[37]

그런 뒤에 나는 스키바가 세미나에서 언급한 실험을 해볼 생각은 없는지 물었다. 우리는 미시간 호수에서 보트를 타고 멀리 나아가 수평선을 관측하며 위 신기루 현상을 지켜볼 수 있을 것이다.[38] 아마도 160킬로미터 지점에서 시카고의 마천루가 보인다면 평평한 지구론은 옳다. 하지만 그렇지 않다면 틀렸다. 이 실험이야말로 결정적인 증거가 되어줄 것이다. 하지만 그는 동의하지 않았다. 날씨나 대기의 습도에 따라서 변수가 너무 많기 때문이라고 했다. 나는 그가 원하는 '완벽한 조건'이 갖춰질 때까지 얼마든지 기다릴 수 있다고 했지만 그는 거부했다…. 많은 변수들을 감당할 수 없다고 했다.

나는 그의 표정에서 마음의 갈등을 읽었다. 내가 평평한 지구의 허상을 밝히고 싶었던 만큼 그 역시 결정적 증거로 간주될 무엇인가를 제시하고 싶어 했다. 그는 내가 던진 질문의 함의를 이해할 만큼 영리한 사람이었다. 그가 모든 증거를 거부했다면, 그것은 아마도 그의 이론이 결국 신앙에 근거하고 있다는 의미일 것이었다.

한동안 그는 아무 말도 하지 않았다. 잠시 후 나는 함께 남극대륙을 비행하자고 제안했다. 그날 다른 연사 몇 사람이 남극은 대륙이 아니며 이 사실을 은폐하려는 음모의 증거는 남극대륙을 가로지르는 직항 노선이 없다는 사실이라고 주장한 것이 떠올랐기 때문이다. 그 순간 그가 대답했다. "하지만 남극을 가로지르는 항공노선이 없잖습니까." 나는 이렇게 말했다. "없다고요?" 그리고 뒷주머니로 손을 가져갔다. 칠레 산티아고에서 뉴질랜드 오클랜드로 가는 직항 일정표를 미리 준비해둔 터였다. 만일 평평한 지구가 옳다면 그런 항공편은 존재할 수가 없다.[39]

"그 항공편을 이용해본 적 있나요?" 그가 물었다.

"아니요, 하지만 운행 중인 항공편입니다."[40]

그는 사실 확인을 하려면 직접 비행기를 타봐야 한다고 말했다. 만일 자신의 장비를 가져가서 비행기 안에서 원하는 실험을 할 수 있다면 지구가 둥글다는 사실을 인정하겠다고 했다.

와! 나는 감동했다. 이 학회에 참석한 뒤로 내가 던진 단도직입적인 질문에 답을 얻은 것은 그때가 처음이었기 때문이었다. 어떤 면에서 마이크 휴스도 카르만 라인에 올라가서 둥근 지구를 관측할 경우 자신의 이론을 포기하겠다고 공언하면서 유사한 약속을 하긴 했다. 하지만 집에서 만든 로켓으로 그런 일을 실행한다는 것은 지극히 비현실적이었다. 그러나 지금은 실제로 운행되는 상업용 항공기로 같이 여행하겠다는 평평한 지구론자 맞은편에 앉아 있다. 우리는 함께 거사를 실행할 수 있었다.

항공료는 인당 800달러였다. 그는 돈이 없다고 했다. 하지만 내가 집에 가서 철학이나 과학을 연구하는 동료들을 대상으로 이런 여행을 위해 페이스북이나 고펀드미(GoFundMe)로 기금 마련 행사를 추진하는 일이 과연 힘들겠는가? 평평한 지구론자가 존재하지 않는다고 주장한 비행기를 타고, 그 비행기가 남극대륙 상공을 날아갈 때 그 결과를 받아들여야만 하는 상황을 지켜보는 일에 당신이라면 50달러라도 지불할 의향이 있는가? 나는 그에게 내가 비용을 내겠다고, 시기는 아마도 보스턴으로 돌아갈 때쯤이 될 거라고 했다.

이쯤 되자 내 저녁 식사 친구가 몹시 불편한 기색을 보이기 시작했다. 그리고 사실을 말하자면 나도 약간 걱정이 되었다. 상황이 심각해지기 시작했다. 우리가 실제로 이 일을 실행한다면 모든 일이 끝났을 때 그가 "그러니까, 유리창이 구부러져 있었단 말입니다"와 같은 말들을 하지 않을 일종의 보험이 필요할 수도 있었다. 게다가 그가 해보고 싶다는 실험은 뭐였을까? 나는 타인의 돈 1600달러를 모금하여 썼는데, 그가 마지막에 취소하는 것을 원치 않았다. 우리에게는 일종의 규약이 필요했다.

나는 만일 우리가 이 문제에 진지하다면 평평한 지구를 '성공적으로' 확인하거나 혹은 반박할 만한 근거를 발견할 경우 이에 동의할 것을 미리 합의하자고 부드럽게 제안했다. 나는 연료가 부족한 경우에도 대책이 있으리라고 말했다. 만일 내 말이 옳고 남극이 가로로 1600킬로미터에 불과한 대륙이라면 연료 보급을 위해 중간에 멈추지 않고 여행할 수 있을 것이다. 실제로 닥칠 일을 생각해보면 비행기에 발을 들이는 순간부터 믿음은 확신으로 변할 것이었다. 만일 우리가 해낼 수 있다고 믿지 않는다면 남극에서 연료를 얻기 위해 어디에서 멈춘단 말인가? 만일 남극이 3만 8000킬로미터가 넘는 산맥이라는 그의 말이 옳다면 우리는 연료탱크 하나를 채워서는 결코 비행할 수 없을 것이다. 최장거리 비행의 경우에도 멈추지 않고 약 1만 6000킬로미터를 이동할 수 있을 따름이다.[41] 멈추지 않고 세계를 일주하는 항공편은 (동쪽에서 서쪽으로 이동한다 해도) 존재하지 않는다. 그래서 일이 어떻게 되었을까?

기쁘고 놀랍게도 그가 제안에 동의했다. 우리는 악수를 나눴다. 나는 몹시 흥분했는데 왜냐하면 당시에 나는 그를 포섭하는 데 성공한 줄 알았기 때문이다. 그런데 어느 순간 그도 그런 느낌이 들었던 모양이다. 그가 천천히 고개를 저었다. "아, 못할 것 같습니다. 제 말을 취소해야겠어요." 내가 물었다. "왜요?" 그는 연료 주입을 위해 멈춰야 한다는 생각은 환상일 뿐이라고 답했다. 어쩌면 우리는 다른 모든 비행기들처럼 연료를 보급받으려면 멈춰야 한다고 생각하도록 암묵적으로 강요받아왔을지도 모른다. 그래서 우리가 남극대륙을 건너는 날이 되었을 때 평평한 지구론자들은 연료 보급을 위해 멈춰야 한다고 말하게 되었을 것이다. 하지만 그러지 않아도 된다면 어떨까? 제트 연료탱크 하나만으로 전 세계를 완전히 일주할 수 있다면? 다른 모든 비행기들은 우리가 음모를 눈치채지 못하도록 한통속이란 말인가?

나는 이 상황을 받아들일 수 없었다.

"그럼 단도직입적으로 말할게요. 선생님은 지금 이 나라와 전 세계의 모든 제트기 회사들이 당신과 제가 태어나기 전부터 줄곧, 우리가 지금 여기 앉아서 지구가 평평한지 측정하려고 획책하는 것을 막으려고 음모를 꾸며왔다는 말씀입니까?"

그는 그렇다고 답했다.

이쯤 되면 의도와 목적이 어찌 되었건 우리의 저녁 식사는 사실상 끝난 셈이었다.[42] 그의 주장은 의미 없어졌고 우리는 식사를 마저 끝내지도 못했다. 하지만 그대로 일어나서 자리를 파하는 대신 그의 세미나 자료의 한 페이지를 떠올리며 말을 걸 기회를 차분하게 엿보았다. 만일 내가 떠났다면 무례한 행동이 되었을 것이다. 그리고 대화를 진전시킬 어떤 기회도 얻을 수 없었을 것이다. 누구도 자신의 방에 들어앉은 채로 다른 사람에게 "그게 옳았어"라고 깨닫게 하지는 못한다. 하지만 한편으로는 "한 번 죽은 사람을 그 이상으로 죽이는 데 몰두하기에 인생은 너무 짧다"라는 토머스 헨리 헉슬리(Thomas Henry Huxley)의 가르침도 되새기고 있었다. 어떻게 해야 할까?[43]

나는 그가 조금 화가 났음을 느꼈고, 조금 친숙한 주제로 이야기를 옮겨 그의 말을 들어보고자 했다. 그는 내가 영적인 부분에 관심이 있는지 물었다. 나는 아니라고 답했다. 그러자 그는 신과 악마의 관계에 대해 계속 설명했고, 아예 평평한 지구학 개론 미니 세미나를 열었다. 그래도 괜찮았다. 그래서 조금 더 캐묻기로 했다. "그런데 악마가 그렇게 거대한 진실을 숨길 만큼 유능하다면 왜 선생님이 알아낼 만한 단서들을 그렇게 많이 남겼을까요?" 그는 진실은 드러나지 않는 경우가 많다고 답했다. 사람들을 통제하면 세상의 이야기들도 통제할 수 있다고도 했다. 파크랜드 총격 사건에서 벌어진 일들이 그랬다는 것이다.

혈압이 급격히 오르는 느낌이 들었다. 나와 아내가 함께 좋은 친구로 지내던 지인은 샌디훅 참사(2012년 샌디훅 초등학교에서 총기 난사 사건이 발생하여 유치원생 스무 명 등 스물일곱 명이 목숨을 잃었다—옮긴이) 때 아이를 잃었다. 내가 만일 화를 냈더라면 그 저녁 식사는 정말로 중단되었을 것이다. 하지만 어떻게 그런 말도 안 되는 상황에서 그를 놓아줄 수 있을까? 그는 파크랜드 아이들이 어떻게 "피해자 행세"를 했는지 설명하기 시작했다. "희생자"의 엄마가 "생각도 하기 싫고 기도조차 하기 싫어요. 그저 총기가 규제되기를 바랍니다"라고 언급한 부분이 다소 의심스럽다고 했다. "총기를 반대하는 단체들이 그녀에게 원했던 것이 이런 발언 아닐까요?" 이야기가 여기에 이르자 우리의 대화는 음모론, 입증책임의 부담, 오컴(Occam)의 면도날(논리적으로 가장 단순한 것이 진실에 가깝다는 원칙—옮긴이)까지 번져갔다. 추측과 의심을 증거로 삼을 수 있다는 그의 생각에 왜 내가 그토록 커다란 문제의식을 느꼈을까. 이런 말도 안 되는 소리 때문에 끔찍한 트라우마를 겪은 가족을 알고 있다는 사실을 털어놓으면 안 되겠다고 내 나름대로 신중한 결정을 내렸다. 나중에 나는 이것을 후회했다. 그에게 훈수라도 두었어야 했는지도 몰랐다. 세상에 안타까운 사정을 가진 사람은 그뿐만이 아니다. 어쩌면 그는 자신이 활용하는 논리가 현실의 사람들에게 현실적인 영향을 미치는 사례를 들을 필요가 있었다.

테이블 위의 접시가 치워졌을 때(이제 이야기는 두 시간이 넘도록 이어지고 있었다) 대화 주제가 과학 부정론으로 옮겨 갔다. 그는 기후변화 부정론자들과 백신 거부자들을 무시하는 세태가 마음에 들지 않는다고 했다. 또한 과학자들이 내보이는 '도덕적 우월성'에도 분개하고 있었으며 그들이 진정한 과학자라면 평평한 지구론을 검증할 필요를 느껴야 한다고 했다. 나는 과학 분야에서 인정받으려면 논의의 장으로 들어가야 하며, 과학자들이 세상의 음모론을 찾아다니며 검증하지는 않는다고 말했다. 그러자 그는 이렇게 답했다. "그러니까, 제가 과학을 불신하는 게 아닙니다. 제가 불신하는 건 유사과학(pseudoscience)이에요." "그건 저도 마찬가지입니다." 우리는 한 가지에 대해서는 합의를 이루었다.

식사를 마치고 일어서면서 나는 식비를 지불했고 그는 여자 종업원을 위해 테이블 위에 평평한 지구론 소책자를 올려놓았다. 우리는 악수를 했고 최고의 덕담을 나누며 헤어졌다. 그는 한 치의 양보도 하지 않는 노련하고 집요한 토론자였다. 그가 근거 없는 믿음을 너무도 많이 가지고 있다는 사실이 나에게는 충격이었다. 그리고 나는 지적인 사람이 어떻게 그럴 수 있는지 의아했다. 사람들은 흔히 평평한 지구론자들이 미쳤거나 멍청한 것 같다고 무시하지만 나는 그런 말이 현상을 제대로 설명하고 있다고 생각하지 않는다. 물론 그런 면이 있다. 기초 물리학에 매우 무지하고, 거기에는 병리학적 잣대를 들이밀어야 할 정도로 고의적인 무지와 저항의 모습이 보인다. 하지만 그 사고방식을 들여다보면 뭔가 달랐다. 여기에 한 사람이 있었다. 내가 건넨 어떤 말도 (적어도 그가 만족하는 범위 내에서) 능히 반박할 수 있는 수사학적 지식을 가진 이였다. 물론 그는 틀렸다. 하지만 그가 이 사실을 알까? 만일 그랬다면 자신의 오류를 인정하려 할까? 아마도 그러지 않을 것이다. 그렇다고 그가 미친 사람이라고 치부할 수는 없다. 세상에 이런 사람들은 무수히 많다.

그가 저녁 식사를 하면서 주장했던 이야기들은 대부분 다른 부정론자들의 믿음과 같은 양상을 나타냈다. 기후변화 부정론자들과 백신 거부자들이 평평한 지구론자들보다 덜 극단적으로 보일지 몰라도 그들은 같은 각본을 사용하고 있다. 심지어 지지자들조차도 평평한 지구가 극단적인 주장이라는 점을 인정하곤 한다. 어떤 이들은 영광스럽게 배지까지 착용한다. 하지만 나는 그 영광을 우스꽝스럽게 만드는 것이 평평한 지구론의 구체적인 내용은 아니라고 생각한다. 문제는 그들이 논증하는 방식이었다. 그리고 그것은 평평한 지구론 그 자체에만 국한되지 않았다.

그날 저녁에 있었던 학회의 본 행사에서 실제로 벌어진 토론은 엉망이었다. 그들은 각본에 짜인 역할을 수행했고 나는 10분 만에 자리를 폈다. 연사는 자신이 가톨릭 신자이고 45년 동안 성경을 해석해왔으며 그것을 "최고치의" 권위로 생각한다고 하면서 행사를 시작했다. 그는 성경이 물리학에 입장을 표명한 일이 없다고 했지만 그도 알 수 없는 일일 것이다. 나는 그가 다음과 같이 말하는 것을 듣고 자리를 털고 일어났다. "우리 모두는 하느님의 말씀 앞에 겸손해야 합니다."

이것이 첫째 날의 마지막 풍경이었다.

다음 날 아침에 나는 복도를 걷다가 학회 주최자 로비 데이비드슨을 만나 짧은 대화를 나누었다. 그는 내가 평평한 지구론자가 아니라는 사실을 몰랐기 때문에 나는 이렇게 물어보았다. "이곳에서 만난 여러 연구자들이 실험 자금이 부족하다고 토로하는 것을 들었습니다. 선생님은 이 학회를 개최하면서 금전적인 후원을 많이 받을 텐데, 그들에게도 지원을 하시는지요?" 그가 답했다. "행사로 돈을 많이 벌지는 못합니다. 진행비가 많이 들거든요. 첫 행사에서 아내와 저는 적자를 봤어요." 나는 앞으로도 학회를 개최할 텐데, 연구자들을 지원하는 명목으로 기부금을 모금할 수도 있지 않겠느냐고 말했다. 그러자 그는 한번 고려해보겠다고 답했다.

어제 있었던 일들을 생각하니 대부분의 세션이 복습처럼 느껴졌다. 그들은 차례차례 등장해 모두 같은 재료를 가지고 재주를 부리는 것 같았다. 내가 정말로 기대했던 유일한 순서는 '평평한 지구를 주제로 가족이나 친구들과 대화 나누기'였다. 이번에도 나는 행사장에 매우 이른 시간에 도착했다. 평평한 지구론 '연구자' 두 명이 등장해 행사를 진행했는데, 그들은 다소 능청스러워 보였지만 서로 다른 관점에서 사실을 보여주겠노라고 공언했다. 한 사람은 자신이 평평한 지구론에 이끌린 것은 기독교 때문이라고 했고, 다른 사람은 자신이 세속적인 믿음을 가지고 있다고 했다." 세속인의 경우에는 자신이 9.11 테러 당시 세계무역센터 근처에 살았고 창밖으로 당시의 사건을 지켜보았다고 했다. 그가 실제로 본 것은 뉴스에 보도된 장면들뿐이 아니었다. 이를 계기로 그는 세상일을 의심하게 되었다고 했다. 이후 평평한 지구론을 접하고 믿게 되었다. 처음에는 인터넷 동영상을 시청했으며, 그렇게 알게 된 사실들을 반박하고자 했지만 불가능했다고 했다(그리고 자신처럼 지능이 높은 사람이 반박할 수 없다면 그것들은 사실이 틀림없다고 했다). 그는 자신의 관점이 성경에 근거하지 않는다고 말했다. 자신이 믿는 것은 '증거'뿐이라고 했다. [나는 익숙한 논리에 주목했다. 유일한 기준은 증거다. 따라서 지구가 둥글다는 것을 증명할 수 없다면 지구는 평평해야 한다. QED(Quod erat demonstrandum, 수학에서 증명을 마칠 때 쓰는 기호—편집자)].

다음 연사는 자신의 견해가 성경에 근거했으며 성경에 대한 자신의 믿음과 완벽히 일치하기 때문에 평평한 지구론에 끌렸다고 했다. 그는 지구의 모양에 의문을 품기 전에는 9.11 테러에 대해서조차 의문을 품어본 적이 없다고 했다. 학회에 참석한 다른 여러 사람들처럼 평평한 지구론은 다른 음모론으로 통하는 관문 같았다. 그는 계속해서 둥근 지구에 이의를 제기하면서 나사도 의심하게 되었다고 했다. "우리는 생각하는 방법을 배운 것이 아니고, 우리가 무엇을 생각해야 하는지를 배워왔습니다." 그는 우리가 세뇌당하고 있으며, 식수에 첨가된 불소가 생각하는 법을 배우는 일을 더 어렵게 만들고 있다고 주장했다. 그러고 나서 두 연사는 대중의 찬사를 받았던 영화 〈매트릭스〉의 '빨간 알약' 장면을 흥미진진하게 설명했다. 모두가 그 영화를 좋아하는 것 같았다. 참석자들은 모두 진실을 아는 사람들이었고 오늘 강연의 주제인 '다른 사람들을 일깨우기' 위해 이곳에 온 사람들이었다.

그들은 인과관계(causation)와 상관관계(correlation) 사이에는 차이가 있다는 흥미로운 철학적 관점을 제시하며 본격적인 이야기를 시작했다. 그들에 따르면 무언가를 뒷받침하는 것으로 보이는 증거를 갖는 것은 증거에 해당하지 않는다! 둥근 지구를 지지하는 증거들은 둥근 지구를 증명할 수 없다. 그들 사이에는 단지 상관관계가 있을 뿐이다. 그런데 (그들 말에 따르면) 평평한 지구론 역시 상관관계로 설명된다. 그래서 사람들과 대화하는 경우 상대방이 먼저 질문을 던지도록 만들어야 한다고 했다. 실제로 가장 효과적인 전략 중 하나는 상대방이 당신에게 질문하도록 만드는 일이다.

평평한 지구론이 월트 디즈니(Walt Disney)와 (아폴로 우주 계획의 선구자로 로켓을 설계한) 베른헤르 폰 브라운(Wernher von Braun)의 협업 의혹과 관련 있다는 우스꽝스러운 '증거'가 제기된 후, 나는 놀라운 영감의 세계로 안내당했다. 월트 디즈니의 서명을 자세히 살펴보면 필적에 숫자 6 세 개가 숨겨져 있음을 볼 수 있다! 물론 이것이 구체적으로 어떤 것을 '증명'하지는 못했지만 이것이야말로 그들의 증거가 될 가능성이 다분해 보였다. 이것은 반드시 해명되어야 했다. 그리고⋯.

드디어 발표 내용이 이웃들에게 평평한 지구를 믿도록 설득하는 방법으로 다시 돌아왔을 때, 그들은 모든 사람이 전향하지는 않는다고 했다. 예를 들어 어제 함께 '토론'했던 연사는 설득에 실패한 사례를 보여주었다. "잃을 것이 너무 많은 사람이라면 우리는 결코 그를 설득할 수 없을 것입니다." 연사들 가운데 한 사람이 말했다. 비슷한 이유로 가장 강력한 수준으로 세뇌된 교사와 과학자도 설득하기 어려운 부류라고 했다! 약간의 실질적인 조언을 덧붙인다며 그들은 음모론을 믿지 않는다고 말하는 사람을 멀리하라고 했다. 거기에 시간을 들일 가치가 없었다. 하지만 지구의 운동에 대한 세부 지식은 필수적으로 갖추고 있어야 했다. 지구가 공전하고 자전하는 (추정) 속도도 알아야 했다. 그들은 둥근 지구론자들이 자신들이 살고 있는 곳의 원리조차 알지 못하기 때문에(어쩌면 사실일 수 있다) "사실을 알고 있는" 그들의 세상으로 사람들을 인도하는 것이 바람직하다고 했다. 이런 대화법은 낯선 사람들과 이야기할 때 특히 도움이 된다고 했다. 왜냐하면 그 사람을 다시 만날 일이 없기 때문이다. 그에 반해 가족이나 친구들과 대화하는 것은 가장 힘든 일이라고 했다.

그들은 평평한 지구 활동가들이 수행할 목표는 의심의 "씨앗을 심는 일"이라고 했다. 특히 가족이나 친구들에게 믿음을 강요해서는 안 됐다. 낯선 사람을 대상으로 해야 하며 그들이 이 문제를 숙고할 충분한 시간을 제공해야 한다. 치고 빠지기는 금물이다. "나에게 질문할 수 있지만 내 말이 끝날 때까지 기다려야 한다"와 같은 몇 가지 대화의 기본 규칙을 설정하는 것도 좋다. 입증의 책임은 여기에서 본질적인 문제가 아니다. 그들의 전략은 누군가가 자신의 믿음을 의심하게 만들거나 특정 영역에 대해 매우 무지하다고 생각하도록 만들고 그 이후의 상황에 관여하는 일이었다.

그 '세속적' 평평한 지구론자는 이런 말도 했다. "뉴스에 보도된 9.11 테러를 그대로 믿는 사람이 있다면 그 사람은 눈앞의 삶이 매우 힘든 상태일 거예요." 하지만 그 자리에서 누군가를 설득하지 않더라도 나중에 결실을 맺을 의심의 씨앗을 뿌리는 일도 효과가 있다는 점을 알아야 한다고 했다. 상대방에게 약 2주 동안 남들에게 알리지 않고 평평한 지구에 대해 개인적으로 연구해보라고 제안할 수도 있다. 이후에 확신이 생긴다면 이 문제를 지인과 상의해도 좋았다.[45] 그러고 나서 학회 전체를 통틀어 가장 놀라운 조언 중 하나를 들었다. 이 말을 들은 뒤에 나는 평평한 지구 커뮤니티를 통해 만난 사람과 관계를 맺기가 더욱 쉬워졌다. "고개를 돌려 모임에 온 사람들을 한 번 둘러보세요!" 이 말은 대연회장에 모인 청중에게서 큰 박수를 받았다. 마치 자신의 신념에 의문을 품게 할 수도 있는 다른 사람들로부터 그들 자신을 고립시키려는 듯했다.

다음은 질의응답 시간이었다.

첫 번째 질문은 어떻게 하면 교회가 평평한 지구론을 받아들이게 할 것인가 하는 문제였다. 그 사람은 자신의 교회 전도사와 불화가 있는 것 같았다. 자신이 속한 공동체에서 소외되는 것도 우려스럽다고 했다. 연사의 조언은 교회의 다른 신자들을 공략하라는 것이었다. 교회 좌석에 비치된 성경 책에 평평한 지구 홍보 자료를 끼워 넣을 수도 있다고 했다.

두 번째 질문은 이러했다. "기독교 신앙을 최우선으로 생각하려고 하는데요. 평평한 지구론에 집중하다 보면 성경의 가르침과 배치되는 부분들을 발견합니다. 어떻게 하면 좋을까요? 세상은 종말을 향해 가고 있습니다. 저는 사람들에게 구원을 전하는 일을 해야 하는데 말이죠." 답변은, 회중에 은밀히 스며들도록 노력해보라는 것이었다.

세 번째 질문은 다음과 같았다. "제가 평평한 지구 활동가라고 가정하고, 어떤 집단에 속해 있는데 그 집단이 저에게 반감을 품고 있다면 어떻게 해야 할까요?" 답변은, 규칙을 정해보라는 것이었다. 한 사람이 하나의 질문을 할 수 있고 질문자는 대답을 들을 수 있다. 사람들은 대체로 까다로운 질문으로 분위기를 망치고 답변자가 당황한 나머지 "그게 무슨 상관이에요?"라고 말한 뒤 뒤돌아 가버리는 경험을 하고 싶어 하지 않는다.

그때, 한 연사가 자신이 겪은 가장 곤혹스러웠던 대화 중 하나라며 사례를 소개했다. 어떤 남자가 정중한 태도로 계속해서 이런 질문을 던졌다고 했다. "맞습니다. 지구는 평평합니다. 그런데 생김새는 왜 완벽한 원형이죠?" 그가 설명을 했지만 남자는 다시 질문을 했다. "알겠습니다. 그런데 왜 완벽한 원형으로 생긴 겁니까?" 이때 나는 거의 웃음을 터뜨릴 뻔했다. 만일 내가 하버드 광장(Harvard Square)에서 평평한 지구론자를 만난다면 이제는 그들에게 어떤 말을 해야 할지 정확히 안다. 연사는 고개를 저으며 말했다. "어떤 이들은 배우려고 하지를 않습니다."

드디어 내가 거의 쓰러질 뻔한 질문이 던져졌다. 정말이었다. 지금까지 나는 대부분의 시간 동안 냉정함을 유지해왔고 지난밤 저녁 식사 자리에서도 마찬가지였다. 그런데 이제는 내가 냉정함을 잃으면 어떻게 될지 궁금해질 지경이었다. 그 질문은 옆에 대여섯 살쯤 돼 보이는 작은 여자아이를 둔 어느 남자가 던졌다. 그는 이렇게 말했다. "제 딸이 학교에서 놀림을 당하지 않으려면 어떻게 해야 할까요? 우리는 성인이고 많은 일들을 감당해낼 수 있습니다. 하지만 아이는 부모의 신념 때문에 고통받고 있어요." 이 말을 듣자 내 마음도 몹시 아팠다. 학회에서 아이들을 몇 명 보기는 했지만 문제의 심각성을 그제야 느꼈다. 남자의 이야기에 따르면 자신들도 모두 둥근 지구론자들이었지만 유튜브 동영상을 보고 평평한 지구를 믿게 되었다. 그들이 한 차례 세계관을 바꿨다면 이를 되돌리는 일도 가능할 것이다. 그런데 아이가 컬트(cult) 집단에서 자랐다면 어떤 기회가 있었을까? 과학을 믿지 않고 날마다 음모론에 빠져 지내는 가정에서 성장했다면?[46] 저 작은 소녀 역시 기회를 얻지 못했을 것이다.

연사의 대답을 기다리는 내 손이 떨리기 시작했다.

먼저 청중은 자신의 신념을 굳게 지키는 어린 소녀에게 박수갈채를 보냈다. 그러고 나서 연사는 얼굴에 묘한 미소를 지어 보였다. "아이들은 순종을 보여주는 최선의 존재들입니다." 그는 수업 시간에 평평한 지구 이야기를 하면 교사가 주의를 줄 테니 교사가 없는 놀이터에 나가서 아이들과 이야기를 나누라고 조언했다. "어떤 아이들은 기꺼이 배울 준비가 되어 있습니다."

나는 주변을 둘러보았다. 나처럼 별난 생각을 하는 사람은 1퍼센트도 안 돼 보였다. 내가 만일 손을 들고 목청껏 "엉터리 같은 소리!"라고 외친다면 어떤 일이 벌어질까?

그 대신 나는 자리에서 일어나 행사장을 떠났다.

그날 밤에 나는 평평한 지구론자 누구와도 저녁을 먹지 않았고, 어서 호텔을 벗어나야겠다고 다짐했다. 어쨌든 학회의 마지막 날이었고 나는 덕담만이 은혜롭게 펼쳐지는 만찬장에서 두리번거리고 싶지 않았다. 나는 학회장을 벗어나 인근 지역 식당에서 식사를 했다.

그러는 동안 온갖 생각이 빠르게 휘몰아치기 시작했다.

평평한 지구론자들이 사회에 해악을 끼치는 것은 아니며, 그들을 대하는 최선의 방법은 무시하거나 비웃는 것이라고 주장하는 사람들이 있다면, 직접 경험해본 뒤에도 그런 생각을 고수할지 궁금했다. 내가 겪은 바에 따르면, 평평한 지구론자들은 단지 틀린 것이 아니라 위험했다. 그들은 조직적이고 그 조직에 헌신한다. 그리고 새로운 회원들을 날마다 충원한다. 학회를 개최하는 일은 둘째치고 행사 동안 신입 회원 모집 세션을 두 차례나 가졌다는 사실만으로 그들이 세력을 확장하고 있음을 알 수 있었다. 그들은 광고판을 차지하기 위해 모금을 했고, 인기 연예인들을 포섭했다. '사람들을 일깨우기 위해' 길거리 진료소를 운영했다. 이것만 봐도 그들은 최소한 과학과 교육 분야에 위협이 되고 있었다. 또한 그들이 지난 몇 년 동안 이 나라에 확산된 부정적인 문화에 기여한 끝에, 수십만 명이 자녀의 예방접종을 거부했고, 기후변화에 대응하기 위한 정치인들의 정책에 반대했으며, 전염병이 퍼져 나가는 와중에도 총기를 소지하고 시위를 했다.

그뿐이 아니다. 내 생각에 평평한 지구론자들은 존재 자체로도 위험하다. 지금 대부분의 사람들은 그들을 비웃지만, 그들의 학회 같은 곳에 참석해보면 웃음기가 싹 사라질 것이라고 나는 확신한다. 우리는 반(反)진화론자들을 비웃곤 한다. 하지만 물리학 수업에서 "논쟁을 가르쳐야 한다(Teach the controversy)"(학교에서 창조론도 가르쳐야 한다고 주장하는 일부 보수 단체의 구호—옮긴이)라는 기치를 내건 평평한 지구론자가 지역 교육감에 출마할 날이 곧 도래하지 않을까? 만일 당신이 그런 일이 벌어지지 않으리라 생각한다면, 혹은 그렇게 사태가 악화되지는 않으리라 생각한다면 이런 점을 고려해보아야 한다. 브라질에서는 1100만 명가량이 평평한 지구론을 믿는다. 이는 인구의 7퍼센트에 해당한다.[47]

나는 2018 평평한 지구 국제 학회에서 두 가지를 얻었다. 첫째, 평평한 지구론자들의 기본적인 사고방식이 기후변화 부정론자와 반진화론자, 백신 거부자 등이 주장하는 논리와 동일하다고 본 내 생각이 옳았다. 그들이 믿는 내용뿐 아니라 그들을 그곳에 이르게 한 논증 과정은 터무니없었다. 또한 역설적이게도 나는 평평한 지구론자들에게서 그들을 반박하는 가장 좋은 방법을 조금 배웠다. 조용히 들어주고, 존중을 보여주고, 대화에 호응하고, 약간의 신뢰를 쌓는 것이다. 그리고 그들의 믿음과 논증에 대해 무슨 조치를 취할지 말하면 된다. 그들의 전향 전술은 옳았다. 누군가의 신념을 변화시키고자 한다면 그들의 정체성을 변화시켜야 한다.

다음 날 비행기를 타고 집으로 갈 준비를 하면서 일정을 되돌아보는 시간을 더 가졌다. 나 자신은 과학 부정론자들과 대화하는 방법을 배웠다고 하지만, 평평한 지구론자들의 신념에 흠집 하나라도 냈을까? 그 여부를 내가 알 수나 있을까? 아니었다. 나는 아무도 전향시키지 못했다. 누구도 구속의 사슬을 벗어던지고 나를 따라 주차장으로 나오지 않았다. 하지만 그게 중요했던가? 그것이 핵심이었던가? 나는 사람들의 마음을 바꿔놓기 위해서가 아니라 그들의 마음이 작동하는 모습을 관찰하기 위해 2018 평평한 지구 국제 학회에 참석했다. 나는 영향력을 행사하고 싶은 마음이 컸지만, 그렇다고 해서 스스로의 정체성을 강화할 목적으로 학회에 참석한 군중 가운데서 누군가를 현장에서 전향시키기 위해 할 수 있는 마법 같은 말은 없었다.

그리고 나는 적어도 사람들에게 의심의 씨앗을 몇 차례 던져주지 않았던가? 무대에서 내려온 스키바와 당혹스러운 장면을 연출했을 때 꽤 많은 청중이 모여들었다. 또 다른 연사와 저녁 식사를 할 때도 비록 그가 설득되지는 않았지만 의심의 이유는 충분히 설명했다. 그와 같은 신념의 소유자를 전향시키는 일은 아마도 기나긴 싸움이 될 것이다. 서로 신뢰를 쌓는 데만도 시간이 걸릴 것이다. 딱 한 차례 진실을 알리고 이내 기적을 기대할 수는 없었다. 하지만 나는 적어도 시도를 했다. 물론 더 고민했어야 했다. 그런데 먼 훗날 더 많은 사람들이 이 문제를 인식했을 때 내가 하려고 했던 일을 그들이 실행한다면 어떻게 될까?

덴버 공항 출국장에 앉아 나는 메이저 민간항공사 복장의 조종사가 지나치는 모습을 무심코 바라보았다. 갑자기 내가 〈매트릭스〉 세계에 있는 듯했다. 저 사람은 알고 있을까? 그도 음모에 가담한 것일까? 이상한 느낌이었다. 나는 지구가 평평하다는 놀라운 음모를 믿는 사람들에 둘러싸여 마흔여덟 시간을 보냈다. 그리고 지금은 그런 것 따위는 거의 확실히 믿지 않을 인파에 둘러싸여 있다. 하지만 누가 알겠는가? 신기하게도 나는 다시 문명으로 돌아왔지만 고립된 기분은 여전했다. 무언가에 감염된 것 같았다. 어쩌면 또 다른 매트릭스가 있는지도 모르겠다….

　나는 조금 서둘러서, 기둥에 기대 휴대전화로 문자를 보내고 있는 조종사에게 다가갔다. "실례가 안 된다면 하나만 물어봐도 될까요?" 그는 고개를 끄덕였지만 어떤 대화를 나누게 될지 영문을 모르겠다는 표정이었다. "저는 평평한 지구 학회에 이틀 동안 참석하고 이제 막 돌아가는 길입니다. 물론 걱정하실 필요는 없습니다. 저는 그 이론을 믿는 사람이 아니니까요. 저는 그런 엉터리 이론을 믿는 사람들을 어떻게 설득해야 할지 연구하는 학자입니다. 그런데 학회 연사들 가운데 몇몇이 제가 아는 항공기 비행이나 지구의 곡률에 관해서 잘못된 이야기를 했는데, 혹시 질문을 하나 해도 괜찮을까요?"

　그가 내 이야기를 그대로 믿으리라고는 확신하지 못했다. 내가 사실만 말했다고 해도 이런 제안을 수락하기란 쉬운 일이 아니었다. 그런데 그는 "좋습니다" 하고 고개를 끄덕였다. 우리 둘 다 탑승 전까지 시간이 조금 남아 있었다.

　그는 나침반이 남극 상공에서 재미있는 모습을 보여준다는 말은 옳다고 했다. 그가 나에게 보내주겠다고 했던 문서가 하나 있었다(실제로 그는 보내주었다). 그런데 남극대륙 상공 비행과 관련한 주장에는 오류가 있었다. 그는 한 가지는 알고 있지만 많이는 모르겠다고 했다. 항공 규정상 777이나 그 이상의 기종만 그 항로를 비행하도록 정해져 있는데, 비상 상황이 발생하면 착륙할 수 있도록 '불시착'이 가능한 지역에서 몇 시간 이내로 거리를 유지해야 하기 때문이다. 그래서 남아메리카와 오스트레일리아를 연결하는 가장 빠른 경로가 남극을 통과하는데도 민간 항공기들은 그 항로를 이용하지 않고 있

었다.[48]

비행 중에 지구의 곡률을 볼 수 있는지 묻자 그는 미소를 지었다. "9킬로미터 정도 높이에서는 안 보입니다. 어떤 폭격기들은 18킬로미터까지 올라간다고 들었어요. 그 정도 올라가면 곡률을 볼 수 있지만, 제가 직접 본 적은 없어요."

"그렇다면 조종사님도 음모론에 동조하는 건 아니죠?"

"아닙니다. 그럴 수가 없다고 봅니다." 그는 웃으며 말했다.

우리는 명함을 교환했고 나중에 이메일도 몇 차례 주고받았다. 나는 뜬금없는 질문을 던져서 미안하다고 한 뒤 서둘러 비행기를 타러 갔다. 하지만 그도 특별한 날이 되었을지 모른다고 생각했다. 그도 소소한 이야깃거리가 하나 생겼기 때문이다.

보스턴에 도착했을 때는 기분이 훨씬 나아져 있었다. 드디어 집에 왔다. 지난 이틀이 한 달처럼 느껴졌지만 이제는 그 수렁에서 벗어났다. 충분히 가치 있는 경험이었으나 이상하게 스트레스를 많이 받았다. 나는 비현실적인 몽상에 빠져 스스로에게 이렇게 묻기도 했다. '내가 옳을까 그들이 옳을까?' 나는 짐을 찾으러 가기 전에 화장실에 들렀다. 문을 잠그자 벽면에 시선이 닿았고 상단에 누군가 이렇게 낙서해놓은 문구가 보였다(농담이 아니다). "지구는 평평하다."

이쯤에서 1장을 끝마치는 것이 현명할 테지만 이야기는 아직 끝나지 않았다. 집으로 돌아왔을 때 나는 내가 보고 들은 이야기를 주변에 풀어놓으면서 지역 유명 인사처럼 지냈다. 파티라도 참석하면 사람들이 주위로 모여들었고 내가 평평한 지구 국제 학회에서 경험한 이야기들을 경청하곤 했다. 이 경험을 책으로 출간할 계획을 진작부터 하고 있었지만 떠오르는 생각들이 너무나 많아서 더 이상 기다릴 수 없겠다고 판단했다. 7개월 후에 나는 2019년 6월 14일 자 〈뉴스위크〉 표지 기사로 '지구는 둥글다'라는 놀라운 제목의 기사를 투고했다.[49]

이후에도 라디오 쇼 몇 개와 여러 행사에서 홍보활동을 했고, 그 덕분에 내가 NPR(미국 공영방송—옮긴이)에 출연한 뉴스를 본 어느 물리학자와 점심 식사를 하게 되었다. 그의 요청으로 〈미국 물리학 저널(American Journal of Physics)〉에 '모든 물리학자 불러 모으기'라는 기고를 할 수 있었다.[50] 이 기고문에서 나는 내가 겪은 이야기를 (다시) 서술하면서 동시에 더 많은 과학자들이 평평한 지구론을 진지하게 받아들여야 한다고 간곡히 주장했다. 나는 학회에 참가해 논증 전략을 고민하는 데 이틀을 썼지만, 다음에는 물리학 교육을 받은 전문가가 와서 평평한 지구 국제 학회에 도전장을 내밀고 제대로 된 '내용 반박'을 해달라고 청했다.

놀랍게도 나는 회신 하나를 받았다. 브루스 셔우드(Bruce Sherwood)라는 텍사스에 사는 은퇴한 물리학자였다. 그와 아내 루스 차바이(Ruth Chabay)는 컴퓨터 모델링을 활용해 물리학을 가르치는 법을 기술한 유명한 물리학 교과서의 공동 저자였다. 셔우드는 집중해서 내 이야기를 묵묵히 들어주었는데 완전히 빠져든 것 같았다. 심지어 그는 몇몇 부분에서 "그것 참 흥미롭군요"라고 말할 정도로 상황을 진지하게 받아들였고, 실제로 행사에 참석해서 연구를 해보겠다고 약속하기까지 했다. 셔우드는 나를 포함해 그의 동료 중 한 사람인 데릭 로프(Derek Roff)와 여러 차례 사전조사도 진행했는데, 로프가 어느 날 평평한 지구의 3D 컴퓨터 모델을 만들었다고 알려왔다!

나는 믿을 수가 없었다. 내가 그 모델을 살펴보자 그는 이것을 활용하면 평평한 지구론자들이 자신들의 이론을 점검할 수 있고 예측과 이론이 일치하는지 확인할 수도 있을 것이라고 설명했다. 하지만 그것은 쉽지 않은 일이었다. 예를 들어 남극대륙이 지구를 둘러싼 산맥이라고 믿는 사람이 있다면 그에게 다른 행성을 관측하는 일이 어떤 의미가 있을까?

셔우드는 이렇게 설명했다. "모델 내부로 들어가서 위를 올려다보세요. 북극에 서 있다면 북극성이 머리 바로 위에 위치해야 합니다. 당연한 일입니다. 하지만 당신이 '지구의 가장자리'에 서 있고 북극성이 머리 위 수천 킬로미터에 위치해 있다면 그것은 비스듬한 각도로 관측되지 않을까요? 반면 당신이 실제로 남극대륙에 서 있다면 북극성을 전혀 볼 수 없습니다. 평평한 지구론은 물리적 관측 결과와 배치됩니다. 그들이 직접 보고 확인할 수 있어요."

이 모형은 후주의 링크를 통해 확인할 수 있다.[51] 독자들도 한번 확인해보라.

평평한 지구론을 진지하게 검토하고 직접적인 관측 증거를 원하는 그들의 요구에 부응하는 장치를 만들어낸 그의 재능이 놀랍기만 하다. 이 모델은 둥근 지구를 증명하지는 못하지만 평평한 지구론이나 혹은 적어도 평평한 지구 국제 학회 사람들이 주장했던 이론을 반증할 수는 있다. 그들은 자신들의 모순을 어떻게 설명할까? 이제 증명의 책임은 그들에게 돌아갔다.

가장 기대되는 것은 이 지점이다. 셔우드와 나는 나중에 기회가 되는 대로 앞으로 개최될 평평한 지구 국제 학회에 참석할 예정이며 홍보 행사 때는 부스를 하나 빌려서 참석자들에게 그 모델을 체험해보도록 할 생각이다.[52] 물리학자인 그와 철학자인 내가 함께 있을 것이기 때문에 내용 반박과 기술 반박이 모두 가능할 것이다. 평평한 지구 활동가들이 직접 언급했듯 이는 단지 학회 하나의 문제가 아니다. 진중하게 앉아서 서로 신뢰를 구축하는 일이다. 그리고 이를 위해 우리는 지속적으로 활동해야 한다.

끝내 실제로 누군가를 설득하고야 말지 누가 알겠는가. 그런데 만일 나와 저녁 식사를 함께했던 남자가 그 자리에 다시 나타난다면 매우 흥미롭지 않을까?

과학 부정론이란
무엇인가?

평평한 지구, 백신 거부, 지적 설계론(Intelligence Design, 복잡한 우주와 생명체가 누군가, 즉 신에 의해 설계되었다는 주장—편집자), 기후변화 부정론 등을 신봉하는 이들을 오랫동안 가까이서 봐온 사람이라면 그들이 보여주는 사고 유형을 점차 간파하기 시작한다. 그들의 전략은 한결같다.[1] 각자가 가진 신념 체계의 내용은 서로 다를지라도 모든 과학 부정론은 인간의 논증에 나타나는 몇 가지 동일한 취약성에 근거하고 있는 것 같다. 이것은 마크 후프네이글(Mark Hoofnagle), 크리스 후프네이글(Chris Hoofnagle), 파스칼 디텔름(Pascal Diethelm), 마틴 매키(Martin McKee), 존 쿡(John Cook), 스테판 레반도프스키(Stephan Lewandowsky) 등 연구자들의 주장으로, 이들은 다음의 다섯 가지 공통점에 합의했다.[2]

(1) 체리피킹 방식으로 증거를 수집한다.

(2) 음모론을 믿는다.

(3) 가짜 전문가에 의존한다(그리고 진짜 전문가를 무시한다).

(4) 논리적 오류를 범한다.

(5) 과학이 달성할 수 있는 범위를 뛰어넘는 불가능한 목표를 설정한다.

이것들은 과학 부정론자들이 학계의 과학적 합의에 도전하고자 하는 어떤 주제에 대해서도 반대 담론을 내놓을 수 있는 청사진을 제공한다. 후프네이글 형제는 과학 부정론을 "실제는 아무것도 아닌 주장을 합리적인 논쟁이나 정당한 토론처럼 보이도록 수사학적 전술을 사용하는 일"로 정의한다.[3] 왜 이런 일을 하고 싶어 할까? 아마도 자신의 이익이나 이념을 위해서일 것이다. 또는 일정한 정치적 노선에 따르기 위해서일 수도 있다. 과학적 합의가 자신들의 신념과 배치될 때, 누군가는 거짓 현실을 만들고자 하고 누군가는 그 거짓을 수용하는데, 여기에는 다양한 이유가 있다. 우리는 이 부분을 짚어보고자 한다. 이를 위해 우선 앞의 다섯 가지 논증 오류를 각기 자세히 분석하여 과학 부정론이 어떻게 경험적 판단의 문제가 되는지 알아본다. 이후에는 그것이 왜 그들의 주장을 뒷받침하는 공통의 대본이 되었는지, 그와 관련해 우리가 무엇을 할 수 있는지도 언급할 것이다.

물론, 가짜 전문가나 비논리적 논증에 의존하고 과학은 완벽해야 한다고 주장하는 것은 어떤 경우에도 바람직해 보이지 않는다. 그렇지 않은가? 그와 관련해 뭐가 잘못됐는지 누구나 알 수 있다. 그런데 증거를 체리피킹하는 행위는 어떤가? 혹은 음모론을 믿는 문제는?

이때 가장 필요한 것이 과학적 판단(scientific judgment)이다. 여기에는 이미 믿고 싶은 것을 확인하려 하거나 어떤 증거도 없이 성급하게 결론을 내려버리는 대신, 현실에 대해 이론을 시험하려는 선의의 노력이 수반되어야 한다. 과학자들은 눈앞의 진실이 그들의 기대에 부합하지 않을 때 이를 왜곡하지 않고 참된 진실을 추구하는 이들이다. 만일 이념이 이론에 맹렬히 개입한다면(그에 반하는 증거는 모조리 기각하고, 유리한 증거도 무시한다면) 과학자들은 미래의 경험으로부터 어떻게 배울 것인가?

과학 부정론자들이 사용하는 허술한 논증 전략이 과학의 실제 작동 원리와 얼마나 배치되는지 알게 된다면 많은 사람들은 놀랄 것이다. 졸저《과학적 태도》에서 내가 검토했던 것도 이와 관련된 몇 가지 오해였다. 과학의 핵심은 증거에 반응하는 방식이라는 점을 제외하고는 그에 대한 언급은 반복하지 않고자 한다. 과학자들은 증거를 중요시하고 새로운 증거를 기반으로 의견을 수정할 준비가 되어 있다. 과학이 증거에 구속될 수 없는 이유가 이것이다. 과학은 충분히 신뢰할 수 있는 증거를 갖고 있으며 이에 대한 엄중한 검증 과정을 통해 정당화된다.[4] 이념(ideology)이나 도그마(dogma)는 이와 조금 다른 개념이다.

과학 부정론의 구성요소

1장에서 살펴본 것처럼, 과학 부정론의 다섯 가지 수사는 서로를 강화한다. 과학 부정론자들은 결코 하나의 전술만을 사용하지 않고 음모론부터 논점 흐리기(red herring)까지 다변화 전략을 활용하며, 촘촘한 의심의 그물망을 만들면서 전문가들이나 증거에 대한 의혹을 키운다. 물론 그 다섯 가지 수사를 개별적으로 검토할 가치는 충분하다. 이를 통해 우리는 지금까지 살펴본 과학 부정론의 사례인 평평한 지구론뿐 아니라 앞으로 다룰 과학 부정론의 또 다른 사례들, 이를테면 기후변화나 유전자변형생물체(Genetically Modified Organisms, GMO), 코로나바이러스 등의 영역에서도 이런 오류들을 찾아볼 수 있다는 사실을 확인할 것이다. 앞에서 언급했듯이 2장에서 우리가 중점적으로 살펴볼 것은, 모든 과학 부정론이 공통적으로 보이는 일정한 유형이다. 뒤에서는 이런 유형이 나타나는 이유도 살펴보고자 한다.

체리피킹

만일 누군가가 자신의 유사 과학 이론이 학문적으로 가치가 있다고 주장하고자 한다면 이를 지지할 증거들을 선택적으로 수집하는 것이 매우 유리한 전략이 될 수 있다. 단지 믿음에만 근거한 채 변두리 가설(fringe hypothesis)을 주장하는 것은 그다지 과학적으로 보이지 않는다. 실질적인 증거가 있다고 주장하는 편이 더 신뢰가 간다. 그럼에도 불구하고 체리피커(cherry-picker)에게는 어떤 증거를 선택하느냐도 매우 중요하다. 당신은 자신의 가설을 뒷받침하는 증거만 고수해야 하고 나머지는 무시하거나 반박해야 한다. 그러지 않으면 당신의 이론이 유지될 수 없다.

우리는 평평한 지구론자들이 미시간 호수 72킬로미터 밖에서 시카고를 때때로 관측할 수 있다는 주장을 펼치며 이 전략을 사용한 경우를 보았다. 그들이 언급하지 않은 것은 그런 광경을 볼 수 있는 날이 매우 적다는 사실이다. 관측이 가능한 경우 설명이 필요하다는 것은 분명하다. 하지만 관측이 불가능한 경우도 설명되어야 하는 것은 마찬가지다. 그런데 당신이 이 사실을 자세히 알고 싶어 한다고 해도 평평한 지구론자들은 시카고가 때때로 보인다는 사실에만 관심이 있고(이는 지구가 평평하다는 그들의 이론에 부합한다) 그것이 왜 때에 따라 보이지 않는지(이는 그들의 이론으로 설명할 수 없다)에는 전혀 관심이 없다. 사실 우리가 보았듯이, 그들은 정말로 도시가 왜 항상 보이지 않는지를 설명할 수 없는 자신들의 이론을 지지하면서, 도시가 보일 때도 있고 보이지 않을 때도 있다는 사실을 모두 설명할 수 있는 믿을 만한 과학 이론을 거짓이라고 거부한다.

이것은 확증편향이라는 일반적인 인지 오류에 깊이 뿌리를 두고 있으며, 체리피킹으로 증거를 수집하는 방식의 핵심이라고도 할 수 있는 일종의 선택편향(selection bias)의 완벽한 예다.[5] 확증편향이 작동하면 우리는 믿고 싶은 것과 일치하는 사실을 찾고자 노력하며 그렇지 않은 사실은 무시한다. 예를 들어 기후변화 부정론자들은 간혹 1998년부터 2015년까지 17년 동안 지구의 기온이 오르지 않았다고 주장한다. 그것은 그들이 1998년을 기준연도로 채택했기 때문이다 [그해는 엘니뇨(El Niño)현상 때문에 비정상적으로 기온이 높았다].[6]

여기서 문제는 일종의 나쁜 믿음이다. 여기에 익숙해지면 제시된 제안을 시험하기 위해서가 아니라 단지 확인하기 위해 증거를 찾는다. 그러나 이는 과학이 작동하는 방식이라고 할 수 없다. 과학자들은 그들이 참이기를 바라는 것을 대중이 지지해주기만을 원하지 않는다. 그들은 자신들이 제기한 가설이 거짓인지 여부를 판별할 방법을 모색한다.[7] 비록 결정적인 실험 하나로 문제가 해결되지 않고 연구 기간도 매우 길어질 수 있지만, 가설을 집요하게 검증하는 노력을 기울이기보다 하나의 결론을 즉시 확증하고자 하는 체리피킹 방식의 증거 수집은 잘못된 태도임이 분명하다. 체리피킹의 태도를 버리지 않는다면 우리는 증거 전체를 숙고했을 경우 이미 오래전에 논박되었을 가설을 끝까지 붙들고 지지할 가능성이 높다.

그런데도 여전히 대부분의 과학 부정론자들은 비과학인 자신들이 체리피킹으로 수집한 사실들에 대해 과학자들이 연구를 중단하고 찾아와 관심을 보이지 않는다는 이유로 편향적이라며 그들을 끊임없이 비판한다. 2018 평평한 지구 국제 학회에서 나는 과학자를 자처하는 수많은 사람들을 만났는데 그들은 "과학이 설명하지 못하는 100가지 증거를 보세요!"라고 소리를 높였다. 그런데 만일 내가 인내심을 발휘하여 그중 아흔아홉 가지 증거에 하나씩 과학적 반론을 제기하며 목록을 삭제해나간다고 해도 전형적인 평평한 지구론자라면 이렇게 말할 것이다. "아, 그렇지만 마지막 증거는요!" 즉 그들은 노골적으로 선택적이다. 그리고 논박에 신경 쓰지 않는다.[8]

음모론

음모론에 대한 믿음은 인간의 논증에서 가장 해로운 형태 가운데 하나다.[9] 그렇다고 해서 음모가 존재하지 않는다는 것은 아니다. 워터게이트사건은 물론이고 흡연과 암 사이의 연관성을 희석하려는 담배 회사들의 공모도 사실이었고, 민간 인터넷 사용자를 비밀리에 염

탐한 조지 W. 부시(George W. Bush) 시대의 NSA 프로그램도 실재했다. 이 모든 사건이 증거를 통해 밝혀졌고 철저한 조사 끝에 폭로되었다.[10] 반면 음모론을 활용한 논증을 그토록 혐오스럽게 만드는 것은 증거의 존재 여부와 상관없이 그 이론을 사실이라고 주장하는 태도다. 이 때문에 과학자들이나 폭로자들이 검증하고 논박한 결과물들이 그들에게 닿을 가능성조차 사라진다. 따라서 우리는 실제 음모(일부 증거가 있어야 함)와 음모론(신뢰할 수 있는 증거가 통상적으로 없음)을 구별해야 한다.[11]

음모론은 "어떤 악한 목표를 이루기 위해 활동하는 악의 세력에 관한 이론"으로 정의할 수 있다.[12] 결정적으로 "추측을 기반으로 하는 경우가 많고 증거에 근거하지 않는다. 실질적인 근거가 없는, 말 그대로 순수한 추측이다"라는 사실을 덧붙일 필요가 있다.[13] 따라서 우리가 과학적 논증을 통해 음모론의 위험성을 이야기한다면 그것의 비경험적 특성에 주목해야 한다. 이는 우선 검증을 시도할 수 있는 성질의 것이 아니라는 뜻이다. 음모론의 문제점은 이미 반박당했다는 것이 아니라(다수가 그렇게 되었는데도), 수천 명의 잘 속아 넘어가는 사람들이 폭로가 이루어졌을 때조차 그것들을 계속해서 믿는다는 것이다.[14]

당신이 만일 과학 부정론자를 알고 있다면 그는 음모론자일 가능성이 크다. 안타깝게도 음모론은 일반 대중에게 흔히 보이는 것 같다. 에릭 올리버(Eric Oliver)와 토머스 우드(Thomas Wood)의 최근 연구에 따르면 미국인의 50퍼센트는 적어도 하나의 음모론을 믿는 것으로 나타났다.[15] 이 음모론에는 9.11 음모론과 버락 오바마(Barack Obama)

의 시민권 음모론(출생지가 미국이 아니어서 대통령 자격이 없었다는 주장—옮긴이)뿐 아니라, 미국식품의약국(Food and Drug Administration, FDA)이 의도적으로 암 치료제 허가를 보류하고 있으며, 연방준비제도(Federal Reserve System)가 2008년 금융위기를 일부러 조장했다는 주장도 포함되어 있다. [존 F. 케네디(John F. Kennedy) 암살 음모론은 워낙 널리 알려져 있어 굳이 언급하지 않았다.][16] 인기와 기이함 사이에 놓인 여러 음모론 가운데는 비행기가 남긴 '켐트레일'이 비밀 정부가 국민의 정신을 지배하기 위해 약물을 뿌리는 프로그램의 하나라는 주장이 있는가 하면, 샌디훅과 파크랜드의 총격 사건은 '위장 전술(false flag)' 작전이었고, 정부는 UFO에 대한 진실을 은폐하고 있으며, 평평한 지구론 같은 좀 더 '과학과 관련된' 사실들 또한 숨겨져 있다는 주장도 있다. 지구온난화는 거짓이고, 일부 기업들은 고의로 유독한 GMO를 만들고 있으며, 코로나19는 5세대 이동통신(5G) 이동통신 송전탑이 유발했다는 주장도 난무한다.[17]

음모론의 가장 기본적인 형태는 사실일 가능성이 매우 낮은 어떤 것이 증명의 과정 없이 사실로 정당화된 믿음이다. 하지만 이를 조장하는 힘센 집단의 조직적인 캠페인이 있기 때문에 우리는 미처 알아채지 못한다. 어떤 이들은 거대한 사회적 격변이 있는 시기에 음모론이 만연한다고 주장했다. 이러한 주장들은 당연하게도 음모론이 오늘날에만 존재하는 독특한 현상이 아님을 충분히 설명한다.

서기 64년 로마 대화재 때 우리는 음모론이 횡행한 사례를 알고 있다. 로마 시민들은 일주일 동안 거의 도시 전체를 쑥대밭으로 만든 화재의 원인에 대해 의문을 품었다. 물론 네로 황제는 그냥 도시를 떠나버렸다. 이후 네로(Nero)가 자신의 계획에 따라 도시를 재건하려 했다는 소문이 퍼지기 시작했다. 이것이 사실이라는 증거는 없었지만(도시가 불타는 동안 네로가 노래를 불렀다는 전설 역시 마찬가지다) 네로는 자신에게 쏟아지는 비난에 너무도 화가 나서 그와 관련된 음모론 유포에 책임이 있는 것으로 알려진 기독교인들을 산 채로 화형에 처했다.[18]

여기에서 우리는 음모론이 왜 과학적 논증에 저주가 되는지 바로 이해할 수 있다. 과학에서 우리는 반대되는 증거를 찾아 현실과 대조하며 믿음을 검증한다. 만일 우리가 스스로 설정한 이론에 합당한 증거를 찾는다면 그것이 진실일 수 있다. 하지만 그 이론에 부합하지 않는 증거가 발견된다면 그것은 가치를 상실한다. 그런데 음모론의 경우에는 반증이 발견됐음에도 불구하고 기존의 이론을 포기하지 않는다(그들은 애초에 그 이론이 사실이라고 육감적으로 믿는 경향이 있기 때문에 많은 증거를 고려하지도 않는다). 그 대신 음모론자들은 음모 자체를 증거가 부족하거나(영리한 공모자들은 반드시 그 뒤로 숨어야 하기 때문이다) 확인될 수 없는 증거가 존재하기 때문에(어차피 확인이 안 될 수밖에 없기 때문이다) 발생하는 현상이라고 설명하곤 한다. 따라서 음모론을 지지하는 증거가 부족하다는 사실은 음모론 자체의 특성으로 설명되기도 한다. 즉 지지자들은 증거와 증거 부족 모두를 음모론을 뒷받침하는 근거로 활용한다.

나는 대다수의 음모론자들을 '카페테리아 회의론자(cafeteria skeptics)'라고 부른다. 그들은 가장 높은 수준으로 논증한다고 공언하지만 거기에는 일관성이 없다. 그들은 증거에 이중 잣대를 들이대는 것으로 유명하다. 믿고 싶지 않은 문제와 관련해서는 터무니없이 높은 수준의 증거를 요구하며, 믿고 싶은 것이라면 증거가 빈약하든 혹은 존재하지 않든 상관없이 수용한다. 우리는 체리피킹한 증거를 활용한 선택적 논증의 이런 형태가 가진 맹점을 이미 살펴보았다. 여기에 대부분의 음모론적 사유의 기저에 깔려 있는 일종의 편집증적 의심이 더해져 거부하기 힘든 의심의 벽과 마주한다. 어떤 음모론자가 백신, 켐트레일, 불소 등이 위험하다는 혐의를 제기하다가 이를 덮을 만한 반론이나 반증을 마주한다고 해도, 사실관계와 상관없이 그들은 완전히 봉인된 의심의 상자 안에 자신을 가둔 채 빠져나오지 못한다. 대부분의 음모론자들은 회의주의에 강력한 거부감을 드러낸다고 하지만 실제로는 매우 쉽게 속는다.

지구가 평평하다는 믿음이 좋은 예다. 2018 평평한 지구 국제 학회에서 나는 연사들이 지구의 곡률을 증명하는 과학적 증거들이 모두 조작되었다고 주장하는 것을 수없이 들었다. "달 착륙은 없었다. 할리우드 세트장에서 촬영한 것이었다." "모든 항공기 조종사와 우주 비행사는 속임수에 빠져 있다." "우주에서 촬영한 사진들은 포토샵으로 조작되었다." 이런 주장에 대한 반증은 평평한 지구론자들의 믿음에 전혀 영향을 주지 않았을 뿐 아니라, 음모를 만들어내는 더 많은 증거로 활용되었다! 게다가 당연한 수순처럼 평평한 지구를 은폐하는 세력의 배후에는 악마가 존재한다고 주장하기까지 했다…. 이보다 더 큰 음모론이 존재할 수 있을까? 대부분의 평평한 지구론자들도 이것만은 인정할 것이다.

유사한 일련의 논증이 기후변화 부정론에도 사용된다. 트럼프 대통령은 지구온난화가 미국의 제조업 경쟁력을 약화하려는 "중국의 사기극"이라고 오랫동안 말했다.[19] 일부에서는 기후과학자들이 연구비 지원과 관심 등의 이익을 얻고 있기 때문에 데이터를 조작하거나 편향된 행태를 보인다고 주장했다. 어떤 사람들은 그 음모가 훨씬 더 극악하다고 강조한다. 이를테면 정부가 더 많은 통제권을 쥐기 위한, 혹은 세계 경제에 영향력을 행사하기 위한 수단으로 기후변화 문제가 이용되고 있다는 것이다. 이러한 주장에 반박하는 모든 증거들은 음모의 일환이라고 설명한다. 자료들은 위조되었거나 편향적이고 적어도 불완전하며 실제 진실은 은폐되고 있다. 아무리 많은 증거가 제시되어도 증거를 수집한 사람들을 불신하는 강경한 과학 부정론자들은 설득당하지 않는다.[20]

그렇다면 중요한 것은 무엇인가? 왜 (과학 부정론자와 같은) 몇몇 다른 사람들이 관심을 갖지 않는 음모론에 빠져드는가?[21] 이에 대한 다양한 심리학 이론들에 따르면 과한 자신감과 자기애에서 비롯되거나, 낮은 자존감에서 기인했을 수 있다.[22] 좀 더 대중적인 의견은, 어떤 사람들에게 음모론은 거대하고 감당하기 힘든 사건에 직면했을 때 통제력 상실과 불안에 대처하는 일종의 대응체계로 작용하는 것처럼 보인다는 것이다. 인간의 뇌는 우연한 사건을 좋아하지 않는데, 그런 사건에서 아무런 교훈을 얻을 수 없고 그에 대비하여 계획을 세울 수도 없기 때문이다. 우리는 (이해의 부족이나 사건의 규모, 개인적인 영향력의 수준, 혹은 사회적 지위 등으로 인해) 어떤 일에 무력감을 느낄 때, 맞닥뜨린 적을 식별하게 해주는 적절한 설명에 매료된다. 이는 합리적인 대응이 아니며, 음모론을 연구한 사람들은

'직감에 따라 행동하는' 경향이 있는 사람들이 음모론에 기반한 사고에 빠져들 가능성이 크다는 점에 주목했다. 이것이야말로 무지(無知)가 음모론에 대한 믿음과 높은 상관관계를 보이는 이유다. 우리가 우리의 분석 능력을 바탕으로 뭔가를 이해하기 힘들 때 그로 인해 매우 큰 위협을 느낄 수 있다.[23]

또 다른 이유로 많은 사람들은 '숨겨진 진실'이라는 아이디어에 매료되곤 한다. 다수가 알지 못하는 것을 알고 있는 소수에 포함된다는 생각이 자존심을 만족시키는 데 도움이 되기 때문이다.[24] 음모론을 기반으로 한 사고에 대한 가장 뛰어난 연구자 중 하나인 롤런드 임호프(Roland Imhoff)는 임의로 음모론 하나를 만들어낸 다음 그것이 나타낸 유의미한 인식론적 맥락에 따라 얼마나 많은 피험자들이 믿었는지 측정했다. 그가 만든 음모는 매우 허술했다. 그는 독일의 한 제조업체가 연기를 감지하는 경보기를 개발했는데 이 장비가 사람들에게 메스꺼움과 우울증을 유발한다고 주장했다. 제조업체는 이 문제를 알고 있었지만 개선 요구를 거부했다고 했다. 이것이 사람들에게 알려지지 않은 비밀 정보라는 이야기를 들었을 때 더 많은 피험자들이 신뢰를 보였다. 하지만 임호프가 널리 알려진 정보라고 말했을 때 사람들이 이것을 사실이라고 생각하는 확률은 떨어졌다.[25] 이쯤 되면 누구라도 저 덴버의 대연회장을 가득 메웠던 600명의 감성주의자들을 생각하지 않을 수 없다. 지구에서 살아가는 60억 명 가운데 그들은 자칭 선택받은 엘리트 중의 엘리트였다. 지구가 평평하다는 '진실'을 알고 있으며 이제는 다른 사람들을 일깨워야 하는 임무를 부여받은 소수자들이었다.

음모론에서 무엇이 유해할까? 어떤 음모론들은 매우 유익해 보이기도 한다. 하지만 음모론임을 드러내는 가장 특징적인 요소는 다른 이론에 보이는 맹신이다. 그리고 그 이론들이 모두 무해하지는 않을 것이다. 티메로살(thimerosal, 백신 보관을 용이하게 하기 위한 방부제 성분—옮긴이)에 대한 데이터를 정부가 은폐하고 있다고 믿는 백신 거부자의 아이가 계속 홍역을 앓았던 사건은 어떻게 봐야 하는가? 아니면 인위적인(인간에 의해 발생한) 기후변화는 단지 사기일 뿐이니 대책 마련을 게을리하는 정부 지도자들을 정당화해줘야 하는가? 재난을 알리는 시계가 쉼 없이 돌아가는 가운데 인간이 방치하고 있는 후자의 재앙은 가늠이 되지 않을 정도의 비극을 불러일으킬 수도 있다.

가짜 전문가에 의존(진짜 전문가를 무시)

과학 부정론의 특징 가운데 하나는 어떤 이론이 100퍼센트 '확증'되기 전까지는(이것은 어떤 이론도 가능하지 않다) 모든 비판을 허용해야 한다는 생각이다. 이를 근거로 완전한 합의가 없는 경우 소수 전문가의 의견을 다수의 의견에 우선시하는 행위를 정당화한다. 과학 부정론자들이 이 가운데 어떤 것을 선택할지는 자명하지 않은가?

우리가 살펴본 것처럼 과학 부정론의 요점은 자신들이 선호하는 이념과 충돌하는 문제에서 과학적 합의에 도전하는 반론의 서사를 만드는 일이다. 흡연이 암을 유발한다거나 기후변화가 실제로 벌어지고 있다는 주장에 모든(혹은 대부분의) 과학자들이 동의한다고 해도 약간의 의심을 품는 것은 가능하지 않을까?[26] 괴짜 이론들(또는 이론가들)을 꾸며내든 미개척지에서 찾아내든 과정은 그다지 중요하지 않다. 핵심은 실제 과학자들의 생각을 바꾸는 것이 아니라, 과학자들끼리도 구별하기 쉽지 않은 과학 이론에 대해 청중의 관심을 끌어들이기 위해 로비를 벌이는 일이다. 그래서 논란이 없는 문제도 논란이 있어 보이게 만드는 것이 이들의 목표다. 과학이 모호해 보이거나 결론에 논란의 여지가 있어 보일 때 부정론자들이 승기를 잡는다.

톰 니컬스(Tom Nichols)는 저서 《전문가와 강적들》에서 사실적이고 경험적인 이슈를 마치 정치적 다툼 속에 놓인 당파론이나 극단화된 논쟁거리로 만들어버리는 문제적 상황을 서술했다. 이렇게 되면 "갈등 상황을 피할 수 없다. 간혹 의견 불일치에 대한 점잖은 합의가 도출되기도 하지만, 많은 경우 심판 없는 하키 게임이 되어 관중이 수시로 빙판 위로 난입하는 아수라장이 연출되고 만다."[27] 이것이 바로 과학 부정론자들이 과학적 문제를 두고 벌이는 행태다. 즉 그들은 과학을 이념 문제로 만들어버린다.[28]

이런 전략은 '전문가'가 편향되어 있음을 드러낼 때 가장 효과적으로 진행된다. (예를 들어) 기후변화가 실재한다고 주장하는 과학자들이 진보주의자라거나, 대학교에서 관련 교육을 이수했다거나, 연구비를 지원받았다는 사실이 알려지면 사람들은 그 과학자의 연구 동기뿐만 아니라 성과까지 불신하며 문제를 제기하지 않겠는가? 니컬스가 논했듯이 전문가에 대한 포퓰리즘적 불신을 통해 과학 부정론자나 다른 이데올로그들은 자신의 전문성을 대중적으로 홍보할 기회를 얻는다. 누군가 그들이 편향되었다고 비판하고 싶을 수는 있겠지만 적어도 그들은 과학적 공론장에서 반대쪽에 버티고 있다. 단지 과학이 '객관적'이기를 바라는, 자세한 상황을 잘 모르는 외부인에게는 공정해 보이는 적절한 종류의 균형을 이룬 셈이다. 당연하게도 이는 거짓 균형의 일종일 뿐이지만, 과학 부정론자들은 자신이 편향되어 있다고 주장하는 사람들에 대응해 친분 있는 '전문가들'(심지어 그들은 전문적인 교육도 전혀 받지 않았다)을 내세우며 당당해한다.

앞서 언급했듯이 이러한 유형의 논증은 2018 평평한 지구 국제 학회에서 전면적으로 나타났다. 로버트 스키바는 무대에 오른 뒤 자신은 과학자로서의 교육은 받지 않았지만 흰색 실험실 가운을 입었다고 말했다. 이는 '전문가'처럼 보이려는 노력으로 볼 수도 있지만, 한편으로 청중을 욕되게 하는 행위가 아닐까? 그들은 복장만 보고 그에게 신뢰를 보낼 수밖에 없기 때문이다. 그렇게 해서 얻은 것은 무엇인가? 명시적으로 언급한 이유는 '반대편' 전문가들이 특정 관점에 편향되어 있거나 '한통속'이라는 것이다. 그들은 자신들의 주장에 대한 대가를 받았거나 부패했기 때문에 신뢰할 수 없다. 과학 부정론자들의 이면에는 깊은 피해의식이 존재한다. 그들은 소위 '진짜' 과학자들이 자신들을 진지하게 받아들이거나 자기네 전문가들의 데이터를 검토하려 하지 않는다고 불평한다.

당연하게도 이때 음모론은 체리피킹과 마찬가지로 중요한 역할을 한다. 과학 부정론의 다섯 가지 수사는 서로의 영향력을 강화하는 방식으로 작동하는데, 가짜 전문가에 의존하고 진짜 전문가를 외면하는 행위는 단순히 과학 부정론의 수사를 정의하는 데서 그치는 것이 아니라 음모론, 과학에 대한 불가능한 기대를 품는 것, 나머지 다른 특징들을 믿는 결과를 필연적으로 낳는다. 이것은 자화자찬 순환 고리다. 가짜 전문가는 과학적 논증의 결과로 합의된 내용에 의문을 제기하는 데 사용할 체리피킹한(혹은 임의로 꾸며낸) '증거'를 제시한다. 이 증거가 심각하게 받아들여지지 않으면 의혹을 더욱 키우며 집단적 논증을 이어간다. "저들에 맞서 우리"가 벌이는 전쟁에서 과학적 논쟁은 정치적 논쟁을 닮아가기 시작한다. 일단 반대편이 충분히 악마화되면 음모를 암시할 수 있는 단서를 어느 정도 찾기가 쉬워진다. 그러면 반대편이 아닌 자기편 전문가에 대한 의존이 한층 정당화된다.

세상만사는 신뢰를 바탕으로 이루어진다. 그러나 이 경우 차라리 신뢰의 부족을 토대로 구축된다고 해야 할 것이다. 이렇게 되면 과학적 논쟁을 해소하는 증거에 대한 냉정하고 객관적인 검증은 불가능해진다.

그렇지 않으면 적어도 전반적인 과정이 의심의 구렁텅이에 빠진다. 그리고 의심은 과학 부정론자에게 필요한 전부다.

비논리적 논증

비논리적인 사람이 되는 방법은 무수히 많다. 후프네이글 형제와 동료들의 연구에 따르면 과학을 부정하는 논증에서 기본적으로 나타나는 가장 큰 약점과 오류는 다음과 같다. 바로 허수아비 논법(straw man argument, 상대의 주장에서 약점을 찾아 집중적으로 공격하는 수법—옮긴이)이나 논점 흐리기, 잘못된 유추(false analogy), 잘못된 이분법(false dichotomy), 속단하기다.[29]

만일 과학 부정론자 다수가 비형식 논리학(informal logic, 형식논리의 틀을 넘어서 진술의 의미까지 추론한다—옮긴이)을 공부했다고 한다면 나는 충격을 받았을 것이다. 그들은 위의 오류를 이해하는 훈련은커녕 자기 이름의 뜻을 배우는 교육조차 받지 않았을 것이다. 하지만 그들은 실용적인 활용에 있어서는 전문가다. 기후변화 부정론자가 "이산화탄소는 기후변화를 일으키는 유일한 요소가 아니다"라고 말하는 경우, 이것이야말로 상대방의 주장 중 가장 약한 고리를 공격하는 허수아비 논법의 완벽한 예다. 그것이 상대를 쓰러뜨릴 수 있는 가장 취약한 부분이기 때문이다. 책임감 있는 기후과학자라면 자연적 요인을 포함하여 기후변화의 요인이 많다는 사실을 부인하지 않을 것이다. 하지만 그건 중요하지 않다. 지금 시점에서 지구온난화를 초래하는 가장 심각하면서도 급속도로 증가하는 동인은 인간이 야기하는 이산화탄소 배출이다. 하지만 기후변화 부정론자는 여기에 초점을 맞추고 싶어 하지 않는다.[30] 심지어 누구도 인간 활동이 지구온난화의 유일한 원인이라고 말하지 않았는데도 말이다.

마찬가지로, 평평한 지구론자가 "월트 디즈니의 서명에 숫자 6이 세 개 보인다는 사실을 알고 있었습니까?"라고 말할 때, 이것이 논점 흐리기가 아니고 무엇일까? 실제로, 숫자 6은 누구나 볼 수 있다. (사실 한번 보면 못 본 척할 수 없다는 사실이 당혹스러울 뿐이다.) 그런데 이런 사실은 무엇을 증명할까? 월트 디즈니가 평평한 지구에 대한 진실을 은폐하기 위해 음모라도 꾸몄다는 말일까? 만일 그렇다면 숨겨진 사실들이 드러나기 위해 몇 가지라도 실제적인 증거가 나와야 한다. 서명 하나만으로는 지구의 모양을 증명할 수 없다.

그런 허황된 주장들에 의존함으로써 과학 부정론자들은 지난

2300년 동안 논리학자들과 철학자들에 의해 연구되고 확인된 후 배제된 일련의 논증 오류에 관여하고 있다. 지금 이 지면에서 길게(혹은 심지어 짧게라도) 논리학 강의를 늘어놓는 것은 적절하지 않다.[31] 과학 부정론자들의 비논리적 논증의 무수한 예를 열거할 수도 없다. 만약 누군가가 평평한 지구론, 백신 거부, 진화론 반대, 혹은 기후변화 부정을 논증하는 과정에서 이것들과 다른 논리적 오류들이 그 핵심에 있음을 보여주기 위해 더 많은 자료를 원한다면, 훌륭한 자료들이 매우 많다.[32] 뒤따르는 챕터들에서 더 많은 예시를 들 것이다.

과학이 완벽해야 한다는 주장

과학이 완벽해야 한다고 주장하는 사람은 과학을 한 번도 공부해본 적 없는 이들뿐이다. 그럼에도 불구하고 우리는 과학 부정론자들이 이렇게 주장하는 경우를 흔하게 본다. "백신이 100퍼센트 안전한가요?" 혹은 "지구온난화에 대한 다른 증거들이 나올 때까지 기다려야 하지 않나요?" 그렇지 않으면 "흡연과 폐암 사이의 인과관계는 결정적으로 밝혀진 적이 없습니다." 앞에서 논의했듯이 이것은 단순한 회의론이 아니다. 실증적 증거에 바탕을 둔 사실상 저항하기 힘든 합의를 믿고 싶지 않을 때 누군가가 제기하는 이념적 동기가 부여된 부정론의 일종이다.

귀납적 논증의 특성을 감안할 때 과학적 가설의 기초에는 언제나 약간의 잔여 불확실성(residual uncertainty, 해소되지 않고 남아 있는 불확실성—옮긴이)이 존재한다. 과학 이론을 수정하거나 심지어 뒤집는 새로운 증거가 항상 나올 수 있다는 기초적인 생각을 포기하지 않는 한, 과학이 수학이나 연역 논리에서 발견되는 증명과 확실성의 동일한 기준에 부합하기를 기대할 수는 없다. 하지만 과학 부정론자들의 손안에서는 논란이 아예 없는 상황에서도 논란이 있는 것처럼 꾸미기 위해 극소량의 의심조차 과장될 수 있다.

과학 부정론자들은 과학의 불확실성을 통상적으로 악용한다. 앞서 살펴봤듯이 그들은 증거의 이중 잣대를 활용하는 것으로 악명이 높다. 수없이 많은 증거를 제시한다고 해도 과학 부정론자들에게 그들이 믿고 싶어 하지 않는 것을 믿으라고 설득할 수 없다. 그들은 증거를 보여달라고 줄곧 주장할 것이다. 하지만 자신들이 내세우는 가설이 신뢰할 만하다는 것을 보여주는 증거는 거의 필요로 하지 않는다. 그들 자신의 자료들만 믿기 때문이다. 이것은 과학의 합리적 기초를 노골적으로 무시하는 행위다. 뭔가가 확실할 때 그것을 굳이 증명할 필요는 없다. 과학에는 '인증(warrant)'이라는 것이 있는데 어떤 이론이 성립될 만한 충분한 근거가 있고 혹시라도 반증될 수 있을지 엄격한 검증 과정을 거쳤다는 뜻이다. 그러면 나중에 몇몇 미래의 증거들이 그것을 뒤집어버릴 가능성을 염두에 두는 **경우에도** 그것은 사실이라고 믿을 만한 합리적 근거가 있는 것으로 인정받는다.[33]

이것을 부정하는 것은 사실상 경험적 세계에서 모든 완벽한 증거가 도출될 때까지 **아무것도** 알 수 없다고 주장하는 셈이다. 이는 절대 아무것도 알 수 없다는 말이다. 자신의 논리에 갇힌 과학 부정론자들에게는 괜찮아 보일 수 있다. 하지만 그들은 자신들이 폄하하는 대상은 물론이고 세상의 **모든** 과학적 믿음을 기꺼이 폐기할 의향이 있을까? 자, 우리는 갑자기 다윈(Darwin)의 자연선택에 의한 진화론을 믿을 근거를 잃어버렸다. 그런데 그들이 좋아하는 지적 설계 같은 대안 뿐 아니라 항생제, 장기이식, 유전자 편집 등 모든 지식을 부정해야 한다. 정말로 그렇게 된다면, 인간이 초래한 기후변화의 가정들은 무시되겠지만, 모든 기상관측과 조수 간만의 차이, 농업에 적용되는 제반 과학도 모두 폐기되어야 할 것이다.

카페테리아 회의론의 문제는 모든 상황을 터무니없는 모순으로 몰아넣는다는 점이다. 평평한 지구론자들은 그들의 휴대전화 트래픽 일부가 위성을 통하는 상황에서, 휴대전화로 2018 평평한 지구 국제 학회에 대해 실시간 트윗을 올린 것을 어떻게 해명했을까?[34] 임종을 앞둔 어떤 사람이 동종요법(homeopathy, 질병과 비슷한 증상을 유발해 치료하는 대체 요법의 하나로, 학계에서 효능이 인정된 바 없다—옮긴이)에 매달리다가 갑자기 항암 화학요법을 받고 싶다고 하면 그에게 어떤 말을 해줄수 있을까? 이들은 진심으로 과학을 신뢰하지만, 단지 이들이 믿는 과학은 스스로 믿고 싶어 하는 종류의 과학일 것이다. 그러나 그 믿음이 우스꽝스럽지 않다고 할 수 있을까?

과학에 대한 이상적인 표준을 주장하는 과학 부정론자의 이면에 숨어 있는 또 다른 불합리성은 다윈의 자연선택에 의한 진화론이나 지구온난화에 대한 명징한 증거가 제시되는 날이 오기 전까지는 그어떤 이론도 다른 이론보다 우수할 수 없다는 추론이다. 우리는 이미 진화는 "하나의 가설일 뿐"이라고 주장하는 창조론자의 말을 들어왔다. 하지만 지적 설계도 하나의 이론일 따름이다. 그런데 그렇다면 왜 우리가 생물학 교실에서 두 가지를 모두 분석하지 않는지, 왜 "논쟁을 가르치"는 일이 가능하지 않은지, 그들은 궁금해할지도 모른다.

여기서 그들의 오해는 단지 확실성(certainty)에 관한 것만이 아니라 확률(probability)에 관한 것이기도 하다. 인증이라는 개념은 과학적 가설에 대한 누군가의 믿음이 그것을 지지하는 증거에 비례한다는 생각에 뿌리를 두고 있음을 기억해야 한다. 자연선택에 의한 다윈의 진화론 같은 것은 150년의 과학적 경험에 의해 매우 합리적으로 입증되었고 생물학에서 거의 모든 학문적 이해의 기초를 이루는 이론으로 자리 잡았다. 자연선택에 의한 진화는 유전학, 미생물학, 분자생물학의 근간이다. 저명한 생물학자 테오도시우스 도브잔스키(Theodosius Dobzhansky)는 1973년 논문에서 "진화의 빛을 벗어난다면 생물학이라는 학문은 성립될 수 없다"라고 말했다.[35]

그런데도 여전히 과학 부정론자들은 다음과 같이 주장하고 싶을 것이다. 만약 우리가 확실성을 위해 버틴다면 과학이 발전하지 않을까? 어쨌든, 우상 파괴자는 때때로 옳다. 사람들은 갈릴레오(Galileo)의 주장도 비웃지 않았던가?[36]

그런데 진심인가? 정말 그런 식으로 대화하고 싶은가?

2019년 2월 로이터는 인간이 야기한 지구온난화의 증거가 '파이브 시그마(five-sigma, 물리학에서 엄격한 검증 기준을 통과했음을 의미한다—옮긴이)' 수준에서 확신 단계인 '골드 스탠더드(gold standard)'에 도달했다는 소식을 보도했다. 이것은 기후변화 부정론자들이 옳을 가능성이 100만 분의 1에 불과하다는 의미다. 물론 이것이 확실성과 동의어는 아니다. 하지만 골드 스탠더드는 과학자들이 2012년 우주의 기본 구성요소인 힉스입자(Higgs bosone)로 알려진 아원자입자를 발견하고 이를 학계에 발표하여 얻은 것과 같은 수준의 신뢰도다.[37] 물론 누군가는 그 증거를 계속 의심할지도 모르고, 과학 부정론자들이 제시하는 대안이 옳을 수 있다는 '가능성' 때문에라도 그것을 받아들여야 한다고 주장할지도 모른다. 그러나 이는 신뢰에 대한 불합리한 기준일 뿐이다.[38]

어떻게 하면 뻔뻔한 사람이 부끄러움을 알게 할 수 있을까? 말도 안 되는 신념을 내세우는 사람들에게는 어쩌면 조롱이 가장 효과적일지도 모른다. 1994년 영화 〈덤 앤 더머〉의 유명한 마지막 장면에서 짐 캐리(Jim Carrey)가 분한 주인공이 여성에게 필사적으로 데이트를 신청했던 것이 기억나는가? 그는 모든 수단을 동원해 구애하지만 여성은 계속해서 거절한다. 마지막으로 그는 데이트 신청에 성공할 가능성이라도 알려달라고 부탁한다. 그녀는 이렇게 답한다. "100만 분의 1이요." 그러자 남자는 잠시 미소를 지으며 이렇게 말한다. "그래도 가능성은 있다는 말이네요⋯."

당신은 이 남자처럼 되고 싶지는 않을 것이다.

과학 부정론의 동기와 심리적 근원

지금까지는 과학 부정론의 이면에 존재하는 전술들을 살펴보았는데 이제는 또 다른 일련의 중요한 질문들과 마주해야 한다. 이 모든 일은 어떻게 발생했을까? 그 기원은 무엇일까? 그리고 과학 부정론자들이 모두 같은 대본으로 작업하는 것처럼 보이는 이유는 어떻게 설명할 수 있을까? 요컨대, 우리의 도전 과제는 다음과 같다. 앞에서 요약된 다섯 가지 수사가 그토록 나쁜 형태의 논증이라면 그것들은 왜 널리 퍼져 있는가?

여기에서는 두 가지 가능한 접근방식을 구별하는 것이 중요하다. 하나는 과학 부정론이 생겨나는 방식에 초점을 맞추는 것이고, 다른 하나는 사람들이 그것을 믿는 이유에 초점을 맞추는 것이다. 사람들이 관심을 가졌던 것은 후자였고 과학 부정론이 단순한 무지에서 비롯된다는 대중적이지만 지나치게 단순한 생각들이 통념이 되었다. 하지만 그것이 전부일 수는 없다. 사람들이 그것을 믿는 이유조차도 말이다. (조사에 따르면 실제로 가장 과격한 과학 부정론자들 가운데는 교육을 가장 많이 받은 이들도 다수 나타난다.)[39] 그리고 이 이론은 과학 부정론이 어떻게 생겨났는지 설명할 수 없다. 그들의 대본은 너무도 복잡하여 우연히 일어나기란 불가능하다. 그런 설명은 배임행위의 하나라고 하는 편이 더 적절해 보인다.

다섯 가지 수사는 자신들의 믿음을 위협하는 과학의 엄중한 연구 성과들을 거부하려는 사람들이 의도적으로 만든 전략이라고 할 수 있다. 이는 지속적인 캠페인을 통해 복제되어 다른 과학적 성과들을 부정하는 데 사용되었고, 결과적으로 그 어떤 주제에 대해서도 '과학에 맞서 싸우는' 전투 계획이 된다. 과학을 부정하는 일은 오류가 아니라 거짓이다. 허위 정보가 의도적으로 생성되기 때문이다.[40]

그들이 거론하는 중요한 책인 《의혹을 팝니다》에서 저자인 나오미 오레스케스(Naomi Oreskes)와 에릭 콘웨이(Erik Conway)는 담배 회사들이 1950년대에 흡연과 폐암 사이에 존재하는 인과관계 외의 모든 연관성을 보여주는 과학 연구가 곧 발표된다는 소식에 얼마나 심각하게 걱정했는지 설명해준다.[41] 대형 담배 회사들은 어느 담배가 '더 건강에 좋을까'라는 문제를 두고 계속 다투는 대신 힘을 합해 홍보 담당자를 고용한 다음 대응 전략을 만들었다. 그의 조언은 이랬다. 과학과 싸우라. 의심을 만들어내라. 과학이 공정하지 못하고 한쪽으로 편향되어 있는 근거를 찾아내라. 그러고 나서 당신의 편을 데려오라. 지지해줄 전문가를 고용하라. 고유한 '과학적' 성과를 제시하라. 대중언론에 전면광고를 게재하여 과학자들의 연구에 의문을 제기하라. 흡연과 폐암 사이의 관련성이 입증되어야 한다고 주장하라.[42]

매우 익숙한 표현들 아닌가?

오레스케스와 콘웨이는 담배 회사들이 허위 정보를 유포하는 캠페인을 어떻게 진행했는지 보여주는 대단한 연구를 수행했다. 담배 회사 임원이 작성한 악명 높은 1969년 문서에는 이런 내용이 적혀 있었다. "의심은 우리의 제품이다. 대중의 마음속에 존재하는 '사실의 실체'에 대항하는 최선의 수단이다. 또한 논란을 만드는 수단이기도 하다."[43] 이런 방식으로 담배 회사들은 끝까지 '증거'를 요구하면서 수십 년 동안 줄곧 미국 대중을 속일 수 있었고 그동안 담배를 판매해 지속적인 이익을 얻었다. 안타깝게도 이 캠페인은 너무도 성공적이어서 산성비, 오존 구멍, 기후변화 등 이후 나타난 모든 과학 부정을 근본으로 하는 제반 운동에 청사진을 제공해주었다. 두 저자는 이것을 '담배 전략(tobacco strategy)'이라고 부른다.[44]

흡연과 암의 경우처럼 과학 부정론은 명백히 기업의 이익에 기여하기 위해 생겨났다.[45] 기후변화 문제에서도 같은 일이 벌어져왔다.[46] 이에 대한 자세한 내용은 오레스케스와 콘웨이의 책을 읽어볼 것을 적극 추천한다. 내 목표는 과학 부정론의 역사를 온전히 전달하는 것이 아니라, 우리가 과학 부정론자들의 마음을 바꿔놓을 수 있는 대화법을 배울 수 있는지 탐구하는 것이다. 물론 눈도 꿈쩍하지 않고 (그들이 실제로 그것을 믿든 그렇지 않든) 거짓말을 꾸며내는 사람에게는 이것이 통하지 않을 것이다. 그러므로 나는 (과학 부정론의 청중에 해당하는) 제3자의 입장에서 스스로 만든 담론도 아닌 데다 그것을 진실이라 믿는다고 해서 명백한 이익을 취하는 것도 아니면서 그것을 신뢰하게 된 이유를 분석해보자고 제안한다.[47]

이 지점에서는 과학 부정론에 빠져드는 수많은 동기 요인이 있다는 사실을 인식하는 것이 중요하다. 경제적 사리사욕도 확실한 동기 가운데 하나다. 하지만 또한 특정한 과학적 발견을 부정하는 쪽을 옹호하는 데는 정치적, 이념적, 종교적 이유가 있고, 지극히 개인적 사정이 개입되어 있을 수도 있다. 과학 부정 캠페인을 주도하는 사람들이 이런 이해관계를 이용하는 경우 그들의 명령을 수행하기 위해 수백만 명의 추종자들을 끌어들일 수 있다. 무지와 잘 속는 점도 하나의 요인이 될 것이다. 하지만 거기에는 다른 요인들도 개입되었을 수밖에 없다. 기후변화 부정론이 특정 세력의 경제적 이익을 위해 만들어졌든 그렇지 않든 하나의 질문은 남는다. 과학 부정론자들이 이것을 정말로 믿는 이유는 무엇일까?

때로는 그 믿는 사람과의 개인적 이해관계가 위태로워질지도 모른다. 이것들은 꼭 경제적이진 않지만 치명적일 수 있다. 1950년대 담배의 유해성에 대한 과학적 발견에 '반론'이 제기되었을 때 흡연자는 그 뉴스를 환영할 만한 내적 이유가 있었을 수 있다. 동기가 부여되어 있는 논증은 강력한 심리적 힘이 된다. 그에 따라 우리는 심리적 불편함을 유발할 수 있는 사실과 반대되는, 우리가 믿고 싶은 것을 뒷받침하는 정보를 찾아다니는 경향이 있다. 이를테면 어떤 사람이 담배를 끊고 싶지 않다면 담배가 안전하다고 믿는 편이 좋지 않겠는가? 사람들은 자신이 원할 때 모든 종류의 정보를 조작하거나 스스로를 설득할 수 있다. 연구에 따르면 대부분의 경우 이런 행위는 심지어 의식의 수준에서 이행되는 것이 아니다.[48] 아마도 그것이 '심정적으로 받아들이지 못하는' 사람과 '부정하는' 사람이 우리 마음속에서 그토록 깊은 유대 관계를 형성하는 이유일 것이다.[49] 우리는 다른 사람에게 보다 효율적으로 거짓말을 하기 위해 스스로에게 거짓말을 한다.

사회심리학이 지난 70년 동안 연구한 이론들에 따르면 인간의 자아를 만족시키는 것은 우리 행동의 중요한 부분이다. 그리고 이것의 본질적인 부분은 우리 자신에 대한 긍정적인 인식을 유지해준다. 이로써 우리가 인지부조화를 해소하는 방법이 설명된다. 우리는 하나의 사건에서 영웅으로 행세할 수 있다면 진실보다는 믿고 싶은 이야기를 추종한다. 또한 이를 통해 우리의 교제 범위 안에 있는 사람들, 우리가 의견을 신경 쓰는 사람들에게 우리에 대한 긍정적인 이미지를 전해줄 수 있다. 따라서 다른 사람들의 의견이 우리에게 반영되듯이 우리의 신념과 행동도 자기 의견의 온실 안에서 형성된다. 경험적 주제들에 대한 우리의 믿음이 단순한 사실 그 이상에 기반을 두고 있을 뿐 아니라, 모든 행동과 신념의 바탕이 되는 심리적이고 동기적인 기제로부터 영향을 받는다는 사실이 놀랍지 않은가? 이와 같이 우리의 경험적 믿음은 우리 자신이든 타인이든 누구의 이해관계건 상관없이 조작을 위해 무르익는다.

또한 공포가 주는 단순한 영향력을 무시해서는 안 된다. 최첨단 신경과학은 기능적자기공명영상(fMRI) 스캐너를 활용해, 자신의 신념을 위협하는 생각에 노출되었을 때 진보주의자들보다 보수주의 당파론자들의 뇌에서 (공포에 반응하는) 편도체 부분이 더욱 활성화되는 현상을 관찰했다.[50] 과학 부정론자들에게도 이와 동일한 결과가 나타날까?[51] 백신이 아기에게 위험할 수 있다는 이야기를 들은 갓난아이 부모가 어떻게 예방접종을 조심스러워하지 않을 수 있을까? 그들이 구글에 검색하여 몇몇 우려할 만한 허위 정보들을 발견했다고 하자. 그들의 뇌는 코르티솔(cortisol, 급성 스트레스에 반응해 분비되는 물질—옮긴이)로 넘쳐날 것이다. 주치의와 상의해보지만 의사는 이렇게 말할 뿐이다. "아버님이 그런 이야기에 솔깃하시다니 믿을 수 없군요." 다소 무시당하는 느낌을 받은 부모는 더 많은 정보를 얻기 위해 백신 거부자 모임에 참석해본다. 이쯤 되면 상황을 돌이키기는 힘들다. 백신 거부 학회에서 쫓겨난 경험이 있는 어느 언론인은 다음과 같은 이야기를 했다.

"미국 자폐 학회 오티즘원(AutismOne, 미국의 비영리단체로 자폐아 부모들이 설립했다—옮긴이)과 전반적인 백신 반대 단체는 급진화 엔진을 가동해 괄목할 만한 성장세를 보여왔다. 부모는 자녀의 건강을 위해서라면 뭐가 됐든 진지한 관심을 기울이기 마련이다. 절박한 심정으로 해결책을 찾으려 발버둥 치다가 각종 신종 요법들을 접하고 그 과정에서 점진적으로 기존 의학계와 정부, 궁극적으로 세계의 숨겨진 지배자들을 과격하게 비판하는 주장들과 마주한다."[52]

과학 부정론자들 이면의 또 다른 심리적 요인은 소외감과 박탈감일 수 있다. 물론 과학 부정론자들에게 시비를 거는 사람들의 무례한 태도와 모욕, 주저 없이 바보 취급하는 모습을 대하면 그것만으로 소외감을 느낄 수 있다.[53] 하지만 나는 그보다 더 근본적인 이야기를 하고자 한다. 내가 2018 평평한 지구 국제 학회에 참석했을 때 만난 사람들 상당수는 자신의 삶에서 일종의 트라우마를 겪은 이들이었다. 때로는 건강이 문제였고 때로는 대인 관계가 여의치 않았다. 때로는 구체적인 원인을 찾기 힘든 경우도 있었다. 하지만 모든 경우 평평한 지구론자들은 자신들이 어떻게 속아왔으며 그로부터 어떻게 "깨어났는지"에 대한 과정을 그 원인과 연관 짓곤 했다. 그들 중 다수는 평평한 지구론자가 되기도 전에 피해의식을 느끼고 있었다. 나는 이 부분을 설명하는 심리학 이론을 찾지는 못했지만 이 가설에서 고려해볼 부분도 있다고 확신한다.[54] 나는 학회장을 벗어나면서 참석자의 상당수가 상처로 마음을 다친 이들이 아닐까 생각해보았다. 그것은 다른 과학 부정론자들도 마찬가지 아닐까?

이런 생각이 옳든 그르든, 나의 개인적인 경험과 이론 연구에 따르면 대부분의 과학 부정론자들은 자신들에게 진실을 말한다고 주장하는 '엘리트'나 '전문가'에게 뿌리 깊은 분개와 반감을 품고 있다. 이러한 내용 중 일부는 앞서 인용한 책, 톰 니컬스의 《전문가와 강적들》의 주제와도 관련이 있다. 이 책에서 그는 일부 포퓰리스트가 탈진실 문화를 주도했다는 불만을 탐구했다. 이 주제는 과학 부정론보다 훨씬 광범위하다. 실제로 나는 과학 부정론이 탈진실 현상의 뿌리 가운데 하나라고 생각하지만[55] 이제는 그것이 기후변화나 예방접종,

팬데믹 시기의 마스크 착용 문제 등에 스며들어 전반적인 반대 문화를 뒷받침하며 사태를 더욱 악화하고 있다. 익숙한 편 가르기가 당파적 편 가르기와 겹치면서 이들은 소외감을 느끼기가 더 쉬워졌다. 정보의 출처가 편중되고, 인식은 파편화되고 양극화되며, "그들에 맞서는 우리"라는 사고방식이 조성될 때 과학이 탈진실의 소용돌이에 휘말리는 것은 어쩌면 당연한 결과다.

그렇다면 과학 부정론이 이제는 정치적 담론이 된 것일까? 부분적으로는 사실일 수 있다. 그 분명한 예가 기후변화 부정론인데 정치적 당파에 따라 최대 96퍼센트, 최소 53퍼센트의 응답자가 이 견해를 긍정했다.[56] 과학 부정론을 연구한 인지과학자 스테판 레반도프스키는 오늘날 과학 부정론자의 대다수가 보수주의 정치 성향을 보인다고 주장한다.

1970년대 이후 (진보주의자가 아닌) 보수주의자를 중심으로 과학계에 대한 신뢰가 수십 년 동안 점진적으로 무너져 내렸다. (중략) 이와 같은 신뢰의 훼손은 규제되지 않는 시장경제의 중요성과 그 혜택에 대한 믿음 같은 보수주의의 핵심 가치에 도전하는 여러 과학적 발견이 등장하면서 가시화됐다. (중략) 요컨대 다양한 사회적 이슈들에 대한 과학적 증거를 거부하거나 과학에 대한 불신을 일반화하는 경향은 주로 정치적 우파에 집중된 것으로 보인다.[57]

하지만 레반도프스키도 인정하듯 음모론에 대한 믿음이나 확증편향 등으로 이어지는 인지적 특성이 보수주의자에게만 국한되지는 않는다. 우리는 모두 동일한 진화적 능력에 의해 형성된 동일한 두뇌와 동일한 인지편향을 가지고 있다.[58] 따라서 6장과 7장에서 살펴볼 주제인 '진보적' 과학 부정론의 사례가 존재할 수 있는지에 대한 질문도 제기될 수 있다.

정치적 논란에도 불구하고, 우리는 이제 과학 부정론자들이 반증이 존재하는 상황에서도 자신들의 믿음을 버리지 않는 이유를 설명하는 가장 중요한 논의를 시작해야 한다. 이에 대한 해답은 신념 형성에서(심지어 실증적 주제에서도) 중요한 문제는 증거가 아니라 정체성일 수 있다는 사실을 받아들이는 데서 찾을 수 있다.

정체성은 정치적 맥락에서 발견되기도 하지만 그곳이 유일한 장소는 아니다. 사람은 누구나 가족, 교회, 학교, 직업, 이웃, 궁극적으로 과학 부정론자들로 구성된 동료 집단 안에서 정체성을 찾을 수 있다. 마이클 린치(Michael Lynch)는 훌륭한 저서《우리는 맞고 너희는 틀렸다》에서 우리의 믿음이 어떻게 소신(conviction)이 되는지, 그리고 이것이 정체성과 어떻게 관련되는지 분석했다.

소신은 우리 자아 정체성을 반영하기 때문에 헌신(행동에 대한 요구)의 책임을 떠맡는 믿음이다. 그것은 우리가 열망하는 유형의 사람, 혹은 속하고 싶은 유형의 집단과 부류를 반영한다. 우리의 소신에 대한 공격이 우리의 정체성에 대한 공격처럼 보이는 이유가 바로 이 때문이다. 우리가 종종 소신에 반하는 증거들을 무시하는 이유도 이 때문이다. 소신을 포기하는 것은 우리가 스스로 되고자 하는 사람을 바꾼다는 의미다.[59]

이러한 양상이 나타나는 근본적인 이유는 예일대학교의 댄 카한 (Dan Kahan)이 '정체성 보호 인지(identity-protective cognition)'라고 부르는 개념으로 설명할 수 있다.[60] 우리는 흔히 과학 주제에 대한 결론을 도출하는 문제가 데이터를 통해 간단히 해결된다고 생각한다. 물론 연구 결과가 우리의 신성한 소신 가운데 하나를 무시하지 않는 주제에 관심을 가질 때는 일반적으로 그러하다. 과학 부정론자는 카페테리아 회의론자라고 언급한 것을 기억하는가? 자아 정체성의 핵심적인 신념을 건드리지 않는 한 심지어 부정론자도 데이터를 기반으로 한 과학적 의문에 올바른 답변을 내놓는다. 하지만 우리가 진화나 기후 변화(혹은 일부의 경우 지구의 모양) 같은 '논쟁의 여지가 있는' 주제를 다루기 시작하면 우리의 논증 능력이 사라져버린다. 그런 경우 우리는 마음을 바꾸기는커녕 과학적 증거에 대한 합리적 판단조차 내릴 수 없다.

여기에서 카한이 명명한 '과학 이해 테제(science comprehension thesis, SCT)'와 '정체성 보호 인지' 사이에서 갈등이 벌어진다. SCT 모델은 경험적 가설이 참이라는 사실을 누군가에게 확신시키는 가장 좋은 방법은 합리적 결정을 내리기에 충분한 정보를 제시하는 것이라는 생각에 기반을 두고 있다. 사람들을 과학자처럼 대해보라. 합리적이고, 증거를 기반으로 사고하는 방법을 이해한다면, 결론이 정당한지의 여부를 판단하는 것도 매우 단순해야 한다. 이 지점에서 우리는 누군가가 합리적 근거가 뒷받침되는 과학 이론을 거부하는 유일한 이유는 그가 비이성적이거나(혹은 어리석거나 미숙해서) 충분한 정보가 없기 때문이라고 가정한다. 내가 보기에 이 상황을 더 잘 규정하는 명칭은 '정보 결핍 모델(information deficit model)'이다.[61] 왜냐하면 우리는 과학 부정론자에게 더 많은 정보를 제공하는 것으로 과학 부정론을 막을 수 있다고 생각하기 때문이다. 과학자들이 이러한 노력을 기울이는 경우를 우리는 얼마나 자주 보아왔는가! 기후변화 부정론자가 1998년 이후로 지구온난화가 없었다고 말하면 우리는 그들에게 더 많은 기온 관측 데이터를 제공한다. 그들이 그 데이터를 의심하면 우리는 바다에서 빙하가 사라지고 있다는 자료를 제공한다. 그들이 이것마저 의심하면 우리는 또 다른 자료를 제공한다. 궁극적으로 우리는 그들이 비합리적이라고 생각하고 그냥 지나칠 수도 있다. 당신이 만일 증거를 가지고도 누군가를 설득할 수 없다면 그들과 대화를 이어갈 이유가 있을까? 그러나 만약 문제가 그들이 가진 증거가 불충분한 것이 아니라면? 그들이 정체성 보호 인지에 관여한 결과가 지체 현상이라면?

이러한 상황을 시험하기 위해 카한은 새로 출시된 (가상의) 스킨 크림의 효과를 평가하는 실험을 했다. 내가 아는 한 스킨 크림에 관한 과학 부정론(혹은 정체성에 기반한 논증)은 지금껏 결단코 존재하지 않았다. 카한은 실험 대상으로 1000명을 선정했다. 우선 참가자들의 정치적 신념을 파악하기 위해 설문조사를 실시했고 일련의 조작된 데이터를 제시했다(표 2.1 참조).[62]

참가자들에게 수학 문제 몇 개를 풀라고 한 뒤에 스킨 크림이 발진에 효과적인지 파악하는 데 필요한 모든 자료를 제공했다. 얼핏 보기에는 크림이 효과적인 것처럼 보였다. 실험 결과, 크림을 사용한 사람들 중에는 223명이 발진이 개선된 반면, 사용하지 않은 경우에

	발진이 개선됨	발진이 악화됨
스킨 크림을 사용한 집단	223	75
스킨 크림을 사용하지 않은 집단	107	21

표 2.1

카한과 동료들의 '동기부여된 수리 능력(Motivated Numeracy)과 각성된 자기통제(Enlightened Self-Government)'(2013)를 주제로 한 연구에서 실험의 촉진제로 사용된 조작된 수치들.

는 107명만이 조금이라도 개선 효과를 보였다. 하지만 발진이 악화된 사람들을 고려하여 그 수치들은 바뀌어야 한다. 첫인상과 달리 스킨 크림은 효과가 없다는 것이 적절한 결론이다. 결과적으로 스킨 크림을 사용한 사람들의 25퍼센트가 발진이 악화된 반면, 사용하지 않은 사람들은 16퍼센트만 악화됐다.[63]

카한은 참가자 대부분이 올바른 판단을 내리지 못했음을 발견했다. 하지만 결과는 정치 성향에 따라 나뉘지는 않았다! 그 대신, 예측 가능하기는 했지만, 수학 성적이 좋았던 사람과 그렇지 않았던 사람은 명확히 구분되었으며 이 결과는 과학 이해 테제와 완벽하게 일치했다.

그런데 카한은 정확히 동일한 데이터를 활용해 이념적 주제로 또 다른 실험을 수행했다. 주제는 총기 규제가 범죄를 증가시키는지 감소

	결과			결과	
	범죄 증가	범죄 감소		범죄 감소	범죄 증가
총기를 금지한 도시들	223	75		223	75
총기를 금지하지 않은 도시들	107	21		107	21

표 2.2

카한과 동료들의 '동기부여된 수리 능력과 각성된 자기통제'(2013)를 주제로 한 연구에서 실험의 촉진제로 사용된 조작된 수치들.

시키는지였다(표 2.2 참조).[64] 첫 번째 실행값(iteration)에서(왼쪽) 데이터는 총기 규제가 범죄 감소와 상관관계가 있음을 보여주었다. 두 번째 실행값에서는(오른쪽) 범죄의 증가와 상관관계를 보였다.

이 지점에서, 실험 결과가 달라졌다. 정치 분야 저자 에즈라 클라인(Ezra Klein)은 이 실험에 대해 이렇게 설명했다.

이 실험을 통해 재미있는 사실이 밝혀졌다. 피험자들이 수학을 얼마나 잘했는지는 그들이 시험문제를 얼마나 잘 풀었는지를 예측하지 못했다. 실질적으로 답을 이끌어낸 것은 이념이었다. 진보주의자들은 총기 규제 법안이 범죄를 감소시킨다는 사실이 증명됐을 때 문제 해결 능력이 긍정적으로 발휘되었다. 하지만 총기 규제가 실패했다는 내용으로 문제가 제시되자 그들의 수학 능력은 더 이상 중요하지 않았다. 그들이 수학을 아무리 잘해도 시험문제를 틀리는 경향을 보였다. 보수주의자들의 경우에도 같은 패턴이 (거꾸로) 나타났다. (중략) 수학을 더 잘한다는 사실은 당파주의자들이 올바른 답을 찾는 데 도움이 되지 않는 것에 그치지 않았다. 오히려 더 방해가 되었다. 수학 실력이 떨어지는 당파주의자는 자신의 이념에 부합할 경우 정답을 맞힐 가능성이 25퍼센트 높아졌다. 수학 실력이 뛰어난 당파주의자들은 자신의 이념에 부합할 경우 정답을 맞힐 가능성이 45퍼센트 높아졌다. (중략) 사람들은 올바른 답을 얻기 위해 논증하지 않았다. 그들은 자신이 옳다고 믿는 답을 얻기 위해 논증을 하고 있었다.[65]

이를 통해 우리는 정치가 실증적 주제에 대한 인간의 논증 능력을 감퇴시킨다는 결론을 내릴 수 있다. 그런데 이는 어쩌면 과학 부정론을 설명하는 데 너무나 좋은 지적이 될지도 모른다. 그렇다, 카한의 실험에서 나타난 논증과 신념은 정치적 맥락에서 논의되었지만 정치는 인간의 정체성을 형성하는 한 가지 방법일 뿐이다. 여기 깔려 있는 이슈가 단지 **정치**가 우리의 논증 능력을 방해하는 문제가 아니라 **모든 정체성**이 그럴 수 있다는 문제라면 어떨까? 실제로 정체성은 어떤 특정 이념보다 더 중요하다. 그리하여 결국 정체성 보호 인지라고 불릴 수밖에 없다.

릴리아나 메이슨(Lilliana Mason)은 자신의 중요한 논문《이슈들 없는 이데올로그: 이념적 정체성의 양극화된 결과(Ideologues without Issues: The Polarizing Consequences of Ideological Identities)》에서, 정치적 양극화의 원동력은 우리가 일반적으로 진보적 혹은 보수적이라고 생각할 수 있는 '이슈들'이 아니라 정체성을 드러내는 당파적 라벨에서 비롯된 한낱 사실들이라고 주장했다.[66] 중요한 것은 당파를 선택하는 일이다. 그래 야만 우리는 반대편과 맞서는 정치적 게임에서 어느 쪽을 지지해야 하는지 알 수 있다.

설문조사 데이터를 기반으로 한 연구에서 메이슨은 정체성을 보 여주는 이념적 내용보다 정치적 정체성에 대한 확고함의 강도가 '반 대편'에 대해 어떻게 느끼는가를 예측하는 데 있어 훨씬 중요한 예측 변수임을 발견했다. 피험자들은 여섯 가지 이슈에 대한 의견을 답했 다. 바로 이민 정책, 총기 규제, 동성결혼, 낙태, 오바마케어(Obamacare, 오바마 전 미국 대통령이 주도했던 미국의 의료보험 개혁 법안—옮긴이), 적자 재정 문제였다. 그러고 나서 그들은 소속 정당이 반대인 사람과 결혼하는 것, 혹은 친구가 되는 것, 혹은 단순히 함께 시간을 보내는 것에 대해 어떻게 생각하는지 질문을 받았다. 메이슨이 발견한 것은 피험자들 이 '반대편'을 어떻게 느끼는지에 대해 정체성 기반 라벨이 여섯 가 지 이슈에 대한 의견보다 두 배나 더 높은 예측치를 나타낸다는 사실 이었다![67] 보수주의자들은 사실 진보주의자들보다 정치적으로 훨씬 더 온건했지만, 자신들의 정체성에 대해서는 덜 당파적이지 않았다. 메이슨은 이런 전반적인 차이가 '정체성 기반 이념'과 '이슈 기반 이 념' 사이에 있다고 설명했다.[68]

그런데 당파주의자들이 자신들 이념의 내용보다 중요시하는 것이 정체성이라면 정체성 기반 논증이 '이념적'이 되는 이유는 무엇인가 라는 의문이 제기될 수 있다. '사람들은 원하는 것을 위해 투표하지 않는다. 자신이 누구인지에 투표한다'라는 기고에서 철학자 콰메 앤 서니 아피아(Kwame Anthony Appiah)는 트럼프 시대에 공화당이 러시아에 대한 기존 입장을 거의 180도 바꿨다고 지적한다. 아피아의 글에 첨부된 사진에는 "나는 민주당원이 되느니 러시아인이 되겠다"라고 쓰인 티셔츠를 입고 집회에 참석한 두 명의 트럼프 지지자가 보인다. 메이슨의 논증을 활용해 아피아는 "정체성이 이념보다 앞선다"라고 결론지었다.[69]

과학 부정론자들이 가지고 있는 신념의 내용 가운데 마찬가지로 불필요하거나 적어도 수정 가능한 부분이 있을까? 내가 2018 평평한 지구 국제 학회에서 대화를 나눈 평평한 지구론자들이 자신의 신념으로 완전히 동기부여가 되어 있던 이유가 그 이론이 그들에게 그렇게 이해됐기 때문이 아니라 그것이 그들의 마음에 나 있는 몇몇 구멍을 막아줬기 때문이라면? 평평한 지구론은 그들에게 응원할 팀을 제공했고 그들의 불만감을 충족시켜주었다. 또한 아마도 그들이 사회와 '보편적' 신념으로부터 소외된 상황에 대해 더 기분 좋아지게 만들었을지도 모른다. 그들은 이제 서로에게 동조하며 자신들이 옳다고 말하는 사람들 속에서 하나로 연결되어 있었기 때문이다. 만일 누군가가 그 집단에 속하고자 한다면 아마도 그들 신념의 내용은 그에 합류하기 위해 자동으로 딸려 나올 것이다.[70] 증거를 가지고 과학 부정론자의 마음을 바꾸는 것이 그토록 어려운 이유는 어떤 의미에서 증거가 그들의 신념과 관계가 없기 때문은 아닐까? 신념의 내용이 그것이 제공하는 사회적 정체성만큼 중요하지 않을 수 있다.

우리가 믿고 싶은 것을 믿도록 현혹하는 강력한 인지적 작용(cognitive forces)도 있다. 주변 사람들 중에 우리와 안면이 있고 신뢰하는 사람들은 우리가 그들의 신념에 동조해주기를 바란다.[71] 오늘날 우리에게 동의하는 사람들로 이뤄진 전체 공동체를 찾을 수 있다면 비주류의 신념을 유지하기가 훨씬 쉬워진다. 그리고 온라인이든 오프라인이든 군중 속에 있을 때 편을 가르고 자신에게 동의하지 않는 사람들을 악마화하기도 쉽다. 일단 누구를 믿을지 결정하고 나면 당신은 아마도 무엇을 믿어야 할지 알게 된다. 하지만 그로 인해 우리가 다른 사람들의 조작과 착취에 길드는 효과가 빚어지기도 한다.

　이는 과학 부정론이라는 허위 정보를 만드는 사람들과 그것을 단순히 믿는 사람들 사이에 오랫동안 기다려왔던 연결고리를 제공하는 일이다. 강력한 의제를 가진 어떤 사람이나 조직이 과학적 연구 결과와 상충되는 주장을 하고자 한다면, 당신이 생각하는 방식에 영향력을 행사하기 위해 '사회적 정체성을 중시하는(identitarian)' 편에서서 당파성이나 양극화 분위기를 조장하는 일은 어렵지 않다. 이는 1950년대에 시작된 흡연과 폐암의 연관성에 대해 담배 회사들이 부인했던 사건과 정확히 일치한다고 볼 수 있다. 기후변화 문제에서도 기업과 정치의 이해관계가 맞아떨어지면서 이런 흐름이 또다시 발생했다. 특별한 이해관계는 이런 식으로 추종자들에게 아무런 물질적 이익이 돌아가지 않는 이슈에서도 그들에게 정체성을 부여할 수 있었다. 하지만 그렇다고 해서 모든 과학 부정론이 별도의 이해관계에서 비롯된 결과일까? 이 문제는 입증하기가 매우 어렵다. 다윈의 진화론에 창조론자나 지적 설계론자가 반발하는 이면에는 종교적 이념이 확고히 자리 잡고 있다고 볼 수 있지만, 평평한 지구론의 배경에 존재하는 기업이나 이념적 이해관계는 뭐란 말인가? 백신 거부자는? GMO 부정론자는? 음모론을 생산하는 일 말고 나는 아무것도 찾지 못했다.

때로 잘못된 믿음은 범주화할 수 없는 다양한 요인 때문에 유기적으로 발생하고, 마지막에는 새로이 정체성이나 이익집단을 창조할 수 있다. 그런 일이 발생하는 경우 어떤 이유로든 새로운 구성원들이 합류한다. 결국 그것은 이념이 아니라 팀이다. 우리는 누군가의 편에 서고 싶어 한다. 그렇다면 그것이 어떻게 형성되었든 우리는 그것을 생각해냈을지도 모르는 냉소적인 사람들이 아니라 추종자들과 대화함으로써 과학 부정론과 싸워야 한다는 사실을 기억하는 편이 중요하다. 허위 정보를 조직적으로 유포하는 행위를 폭로하는 것도 도움이 될 수 있겠지만 과학 부정론을 극복하는 근본적인 방법이라고는 할 수 없다. 실제로 일단 거짓말이 떠돌고 나면 설사 거짓으로 밝혀진다 하더라도 이미 피해는 돌이킬 수 없다. 우리는 스스로를 믿는 사람들과 대화해야 한다. 누군가가 부패나 불법 행위를 밝혀낼 수 있다면 그것만으로도 좋은 일이다. 하지만 그런 행위가 존재하는지 여부와 상관없이 우리는 여전히 대항할 수단이 필요하다.

그 거짓말들이 냉소적인 외부의 이해관계에 의해 생산되었든 우리 자신의 정신적 상처나 자아에 의해 만들어졌든 결국 도달하는 지점은 같다. 과학 부정론은 증거가 부족하기 때문에 생겨나는 것이 아니다. 즉 더 많은 사실을 제공한다고 해서 해결되지 않는다. 과학 부정론자의 마음을 바꾸려는 사람들은 그들을 증거에 대해 논증하는 법은 이미 알지만 데이터가 없는, 잘못된 정보를 알고 있는 동료처럼 대해서는 안 된다. 아무리 많은 증거도 과학 부정론자의 마음을 바꾸지 못할 것이다. 만일 우리가 그들의 믿음이 그들의 사회적 정체성을 강화하는 작용을 정확히 인식하지 못한다면 말이다.

철학자 피터 버고지언(Peter Boghossian)과 수학자 제임스 린지(James Lindsay)의 엄청나게 유용한 책《어른의 문답법》에서 저자들은 우리에게 동의하지 않는 사람을 설득하기 위해 다음과 같은 놀라운 조언을 한다. 사실을 피하라!

증거를 토대로 신념을 형성하는 데 최선을 다해온 사람들이 가장 받아들이기 어려워하는 사실은 모든 사람들이 그런 식으로 신념을 형성하지는 않는다는 점이다. 증거를 토대로 신념을 형성하는 사람들이 저지르는 실수는 만약 대화를 나누는 상대방이 확실한 증거를 갖게 된다면 자신들이 하는 일을 믿지 않으리라고 생각한다는 것이다.[72]

그 대신에 저자들은 "어떤 사실이나 증거가 당신의 생각을 바꿀 수 있을까요?" 같은 개방형 질문을 던지라고 조언한다.[73] 2018년에 평평한 지구 국제 학회에 참석했을 당시 딱 내가 시도했던 방식이다. 심지어 나는 버고지언과 린지의 책을 읽지 않은 상태였는데도 말이다. (이는 아마도 같은 철학자로서 우리 모두 칼 포퍼의 전략을 참고했기 때문일 것이다.)[74]

이 시점에서 우리는 과학 부정론의 다섯 가지 수사를 돌이켜볼 필요가 있다. 우리는 그것들이 모든 과학 부정론의 논증에 존재하는 공통된 대본을 구성한다는 사실을 이미 살펴보았다. 이것이 왜 중요할까? 왜냐하면 일단 대본을 숙지하고 있으면 그에 도전할 수 있기 때문이다. 다섯 가지 수사가 들어간 대본 덕분에 과학 부정론자들은 자신들이 정체성을 토대로 믿음을 가지라는 동기부여가 되었다고 여기기보다는 실제로 논증을 하고 있다고 느낀다. 나는 그들이 이 대본을 그대로 배우고 있다거나 대본의 존재를 알고 있다고 생각하지는 않는다. 하지만 그들은 그 구성요소들을 내면화하여 능숙하게 활용할 수 있다. 그러나 만약 그들의 대본에 균열을 낼 수 있다면 그들을 설득하기 위해 싸울 기회가 생길 수도 있다. 그들의 그룹에서 알려준 논란거리에 질문을 던지게끔 하라. 잠시라도, 스스로 생각해보도록 하라. 과학 부정론자와 대화하는 목표는 그들에게 의심의 기회를 만들어주어 다른 관점에서 대상을 바라보도록 하는 것이다.

물론 누군가의 신념을 그의 의지에 반하는 방향으로 바꾸기란 거의 불가능하다. 당신이 수사학(혹은 철학)에 아무리 능하다고 해도 논리적 모순에 빠진 과학 부정론자를 붙잡아놓고 마음을 바꾸라고 하지는 않을 것이다. 누군가의 신념에 도전하는 것은 그 사람의 정체성에 도전하는 일이라는 사실을 기억하라![75] 그렇다고 해서 누군가를 설득하기 위해 실증적 증거를 사용하면 안 된다는 말은 아니다. 다만 증거는 과학 부정론자가 새로운 정체성을 경험하게끔 시도하는 과정에서 그와 더욱 폭넓은 대화를 나누도록 돕는 하나의 도구라는 사실을 기억해야 한다. 증거에 더 신경 쓴다는 것이 어떤 의미인지 느껴볼 필요가 있고, 과학자처럼 생각한다는 것이 어떤 의미인지도 더 잘 이해하기 위해서다.

과학 부정론자들의 대본에 도전하고 당신이 가진 증거를 다룰 때, 그들이 자신들의 행위에 신념을 가지는 진짜 이유를 항상 인식하고 있어야 한다. 그것이 그들을 그렇게 느끼도록 하기 때문이다. 이는 과학 부정론자들의 믿음뿐만 아니라 그들이 그 믿음을 정당화하는 방법을 이해하고 있어야 한다는 뜻이다. 대본은 자신들의 신념을 방어하는 수단이지만 그것이 신념을 갖게 된 이유는 아니다. 그들은 두려움을 해결하거나 소외감을 해소하거나 사회적 정체성을 얻기 위해 신념을 품는다. 그들이 믿는 것은 그들 자신의 반영이다.[76]

범위를 최대한 넓혀보면, 과학 부정론은 특정 과학 이론의 내용뿐 아니라 과학자들이 그 이론들을 제시하기 위해 사용하는 가치와 방법들을 공격하는 일이다. 어떤 의미에서 과학 부정론자들은 **과학자들의 정체성**에 도전하는 이들이기도 하다! 그들은 사실관계뿐 아니라 과학적 사고방식에 대해서도 무지하다. 이 문제를 해결하려면 지금처럼 증거를 가지고 부인하는 것 이상의 일을 해야 한다. 다시 말해 우리는 그들이 증거에 대해 **논증하는** 방식을 재고하도록 해야 한다. 다른 가치들을 접하고 이를 토대로 새로운 정체성을 형성해가도록 그들을 인도해야 한다.[77]

유감스럽게도 이는 이제 정보 결핍 모델을 완전히 포기해야만 한다는 뜻이다. 당신은 과학 부정론자들에게 부족한 정보를 채워주는 것으로 그들을 설득할 수 없다. 다시 말하지만, 이는 사실이 중요하지 않다거나 증거는 아무런 역할이 없다는 말이 아니라, 증거가 제시되는 방식이 중요하고 증거를 제시하는 사람이 중요하며 그들이 그것을 받아들이는 인식론적 맥락이 중요하다는 의미다. 2018 평평한 지구 국제 학회에서 평평한 지구론자들은 증거를 만든 과학자들을 신뢰하지 않는다는 이유로 내가 제시한 증거를 거부했다. 그들이 경험한 결핍은 정보의 결핍이 아니라 신뢰의 결핍이었다. 단순히 새로운 사실이나 새로운 사고방식을 제공한다고 해서 (마이클 린치가 소신이라 부르는) 인간 깊이 내재된 신념을 바꾸지는 못할 것이다. 우리는 새로운 정보가 그들의 정체성을 위협하는 위기 상황에 그들이 대처할 수 있도록 도와야 한다.

남의 생각을
바꾸려면
어떻게 해야 할까?

지금까지 과학 부정론을 구성하는 요소들은 물론 그 기저의 원인과 동기를 살펴보았으니 이제는 이에 대해 우리가 할 수 있는 일이 무엇인가라는 질문이 자연스레 떠오른다. 이 지점에서 어떤 상황이 형성되어야 증거를 토대로 설득할 수 있는지에 대한 실증적 문헌을 검토하지 않는다면 범죄나 다름없다. 물론 우리는 그 해답이 매우 명확하지 않다는 점을 보게 될 테지만 바로 그런 이유로 일화적(anecdotal) 문헌도 참고해야만 한다. 그것이야말로 의심할 나위 없는 분명한 현실이기 때문이다.

실험 환경에서 생각 바꾸기

2000년 8월에 제임스 커클린스키(James Kuklinski)와 동료 연구자들은《잘못된 정보와 민주 시민의 화폐(Misinformation and the Currency of Democratic Citizenship)》라는 논문을 발표했는데, 당파가 사람의 마음을 어떻게 바꾸는지를 연구한 내용이었다. 그들이 과학적 주제가 아니라 정치적 주제를 분석하긴 했지만, 피험자들의 믿음을 바꿔놓은 핵심 요소가 실증적 증거와 관련이 있다는 논지는 여전히 우리의 목적에 부합한다. 연구 주제는 복지였다. 연구자들은 복지에 대해 피험자들이 가진 지식을 시험한 다음에 정확한 정보가 제공될 때 그들의 견해가 변할 수 있는지 확인하고자 했다.[1] 예상대로 복지에 대한 피험자들의 지식은 형편없었고, 조사 대상 표본의 3퍼센트만이 미국인 평균 복지수당, 아프리카계 미국인의 복지 수혜자 비율, 전체 연방 예산에서 복지 비중 등에 대해 정확한 사실의 절반 정도를 설명할 수 있었다. 피험자들은 정보를 몰랐을 뿐 아니라 상당 부분 잘못된 내용을 알고 있음이 확실했다. 또한 연구자들은 왜곡 효과(perverse effect)에도 주목했는데(이후 다른 연구에서도 확인되었다) 가장 적은 정보가 주어진 피험자들이 자신의 견해가 옳다고 확신하는 경향이 있다는 것이었다.[2]

커클린스키와 동료 연구자들은 일리노이 거주자 1160명을 대상으로 전화 설문조사를 실시하여, 복지와 관련된 피험자들의 잘못된 믿음의 정도를 측정하기 위해 데이터를 모았다.[3] 후속 조사에서는 연방 예산의 몇 퍼센트가 복지수당으로 사용되는지에 대한 단일한 질문에 초점을 맞췄고, 그러고 나서 복지 예산이 어느 수준까지 조정되어야 한다고 생각하는지 응답자들에게 질문을 덧붙였다. 이 실험은 피험자들이 가진 (잘못된) 믿음의 수준에 따라 복지에 대한 입장이 어떻게 달라지는지 파악하는 것을 핵심 과제로 하여 이루어졌다. 또한 실험자들에게는 복지에 대한 피험자들의 암묵적 지지를 측정하는 방법을 제공했다(그들이 생각하는 실제 복지 수준과 이상적으로 여기는 복지 수준의 차이가 클수록 지지가 낮아진다는 것을 보여주는 이론을 활용했다). 그런 다음 연구자들은 대담한 시도를 했다. 피험자들에게 이전 두 가지 질문에 답하도록 요청한 후, 그들 중 절반에게만 정확한 정보를 제공하고 나머지는 통제집단으로 남겨두었다. 그리고 두 집단 모두에게 복지 지출을 지지하는지를 공개적으로 물었다.

결과는 주목할 만했다. 모든 피험자들은 대체로 잘못된 정보를 알고 있었기 때문에 연방정부의 복지 지출을 과대평가하는 경향이 있었다. 예를 들어 일반적인 응답은 연방 예산의 22퍼센트가 복지에 쓰이는데 개인적으로는 5퍼센트만 복지에 사용되어야 한다고 생각한다는 답변이었다. 하지만 당시 연방 예산의 1퍼센트만이 실제 복지에 사용되었다는 정확한 수치를 제공받고 깜짝 놀랐던 피험자들의 경우, 통계적으로 유의미한 비율의 사람들이 이전 답변에서 예상했던 태도와 크게 상반되는 복지에 대한 지지 수준을 보여주었다. 정확한 정보를 접한 사람들은 견해를 수정했다. 통제집단에서는 피험자들의 예상치와 실제 지지 수준 사이의 차이가 크게 나타나지 않았다.[4]

커클린스키와 연구자들은 이렇게 기술했다.

응답자들은 실제로 복지에 지출된 비율이 개인적인 선호 수준보다 훨씬 낮다는 정보를 제공받았을 때 주의를 집중했다. 그때 잘못된 정보를 가진 시민이 항상 정확한 정보를 무시하는 것은 아니다. 관련 정책에 주의를 기울이도록 하고 잘못된 인식을 명쾌하게 수정함으로써 '깊은 인상을 남기는' 방식으로 제시되는 경우, 그런 정보가 상당한 영향을 미칠 수 있다.[5]

데이비드 레드로스크(David Redlawsk)와 동료 연구자들은 《감정적 티핑포인트: 의욕 넘치는 연구자들도 그것을 '받아들일까?'(The Affective Tipping Point: Do Motivated Reasoners Ever 'Get It?')》라는 2010년 논문에서, 어떤 주제에 대해 자신의 의견을 바꿀 생각이 전혀 없는 것이 아니라면 아무리 의욕 넘치는 사람이라도 자신의 신념과 상반되는 정보에 흔들리기 시작하는 '티핑포인트'가 존재한다고 가정했다.[6] 이 실험은 앞선 경우와 마찬가지로 (과학적이 아닌) 정치적 신념을 주제로 수행되었다. 특히 선호하는 정치 후보에 대한 충성도를 측정하는 방식으로 진행되었다. 그런데 이번에는 동부 아이오와에서 있었던 모의 선거운동 행사에서 학생이 아닌 피험자 207명을 대상으로 전화가 아닌 대면으로 이루어졌다.

연구자들은 실험 전부터 사람의 모든 신념이 정보뿐 아니라 정서적 요인에 따라 형성된다는 이전 연구 결과를 주목해왔다. 이 실험 역시 우리의 믿음과 일치하지 않는 정보가 제공될 때 그 내용뿐 아니라 그에 대해 어떻게 느끼는지에도 반응하는지 관찰하고자 했다.[7] 레드로스크와 동료들은 (이 연구에서 측정된) 정치 후보에 헌신하는 문제의 경우, 피험자들이 이미 어떤 정치 후보자를 깊이 응원해왔다면 적은 양의 부정적인 정보가 실제로는 지지도를 **높인다**는 사실을 발견했다. 이런 현상이 비합리적으로 보일 수 있지만(실제로 그러하다), 사실은 우리가 이미 살펴본 내용 중 동기부여된 논증이라고 하는 개념의 일부다. 이 개념에 따르면 우리는 단순히 수동적으로 정보를 수집하지 않고 우리의 감정을 개입시킨다. 특히 신념을 바꿀지 말지를 결정할 때 더욱 그러하다. 카한의 연구에서 당파주의자들이 총기 규제와 죄의 연관성과 관련해 이념적 선입견에 부합하는 사실을 찾아내려 했던 것을 떠올려보자. 개인의 정체성을 유지하고 이를 위협할 수 있는 인지부조화를 축소하는 행위는 사회심리학에서 가장 근본이 되는 두 가지 개념이다. 따라서 우리가 어떤 믿음에 대해 어떻게 느끼는지가 그 믿음을 고수할지의 여부에 영향을 미친다는 것은 놀라운 일이 아니다. 지금까지 살펴보았듯이 사실이 생각을 바꿀 수 있는지 연구하고자 한다면, 그런 사실이 제시되는 사회적이고 감정적인 맥락을 이해할 준비를 하는 편이 더 낫다.[8] 사람들은 대체로 자신이 보고자 하는 방식에 부합한다면 사실상 부정확한 믿음이라도 지지할 것이다.

그런데 우리가 이 방식을 무한히 이어갈 준비가 되어 있지 않다면 레드로스크와 동료들은 부정적인 정보에 기초한 우리의 믿음을 바로잡을 준비가 되는 시점은 언제인지 궁금했다. 우리가 선호하는 믿음과 상반되는 정보를 접하는 경우 한동안 기존의 믿음에 더욱 집착하지만 결국 뭔가가 주어져야 하는 지경까지 불안이 높아진다. 연구자들은 만일 부정적인 정보가 충분히 해롭고 그것이 충분히 자주 반복된다면 마침내 확인되지 않은 정보임을 인정하고 신념에 변화를 줄 만한 티핑포인트에 도달하리라고 가정했다.

이 특별한 실험에서 연구자들은 후보자들로 구성된 모의 예비선거를 개최하여 그들에 대한 긍정적인 정보와 부정적인 정보를 제공했고, 투표 이후 자신들의 선택을 어떻게 느꼈는지 묻는 여론조사를 진행했다. 그들은 주어진 후보자를 어떠한 이유로 지지했는지와 상관없이, 부정적인 정보가 일정 정도 이상 누적되면 결국 선택을 포기하는 수준에 도달한다는 사실을 발견했다. 그 지점은 경우에 따라 다를 수 있지만 모든 사람들에게 티핑포인트가 존재했다. 연구자들은 이를 두고 다음과 같이 해석했다. "어느 시점이 되면 우리 유권자들은 깨달음을 얻어 자신이 틀렸을 수 있다는 사실을 인정하고 생각을 바꾸기 시작한다. 요컨대 합리적인 업데이트 프로세스가 작동하는 대로 행동하기 시작하는 것이다."[9]

물론 이 연구에서 피험자들을 대면으로 만나는 방식을 택했다고는 하지만 여전히 실험적이고 가공된 환경에서 나온 결과물이었다. 그래서 현실 세계에서 실제 후보자를 가지고도 모두가 비슷하게 반응하리라고 기대할 수 있는지 의문이 제기되기도 한다.

어느 대통령 후보의 오랜 팬이 그(녀)에게 연이어 제기되는 거의 모든 새로운 부정적 정보들을 외면하고 이전의 평가에 집착하는 경우를 상상하기란 어렵지 않다. 하지만 그런 지지자라 할지라도 예상하지 못했던 압도적인 부정적 정보에 직면하고 변화된 현실을 깨달으면 그에 따라 신념도 수정할 수 있다.[10]

정치 후보자들과 경험적 신념 사이의 유사점이 전형적인 예인데,

지구가 평평하다는 믿음처럼 특정 신념에 집착했던 피험자들이 올바른 상황에서는 그 신념을 포기할 수 있다고 유추할 수 있다. 그렇다면 부정적 정보가 반복적으로 맹공을 퍼붓는 상황에 직면한다면 과학 부정론자들의 마음도 바뀔 수 있을까? 우리가 부정적이거나 확인되지 않은 사실들로 가득한 그들의 뇌리에 올바른 정보를 계속 투입한다면 그들도 결국은 합리적인 방식으로 자신의 신념을 업데이트하기 시작할까?

하지만 어쩌면 우리는 아직 알지 못한다. 문제는 커클린스키나 레드로스크의 연구 모두 명시적으로 과학적 신념을 다루지 않는다는 점이다. 그들의 연구 결과가 큰 도움이 될 수는 있지만, 사실과 증거가 과학 부정론을 극복하는 데 사용될 수 있다고 전적으로 믿기에는 직접적인 실증적 지지 기반이 되지 못한다. 그렇지만 그 연구 결과에 주목하는 일은 다음과 같은 측면에서 의미가 있다. 당연히 사실이 가장 중요하다는 것이다! 그게 아니라면 누가 뭔가에 대해 왜 자신의 생각을 바꾸겠는가?

그러나 이 모든 낙관론은 브렌던 나이핸(Brendan Nyhan)과 제이슨 라이플러(Jason Reifler)가 2010년 《교정이 실패할 때: 정치적 오해의 지속(When Corrections Fail: The Persistence of Political Misperceptions)》이라는 획기적인 연구에서 의문을 제기하며 시험대 위에 놓였다. 이 논문은 '역화 효과(backfire effect)'로 널리 알려진 개념을 도입했다.[11] 실험은 어떤 정당에 대한 잘못된 믿음을 가지고 있는 정치적 당파주의자들에게 정정된 정보를 노출하도록 설계되었다. 보수주의자들의 경우 이라크 전쟁 이전에 이라크에 대량살상무기가 있었다고 믿었다. 진보주의자들의 경우 조지 W. 부시 대통령이 줄기세포 연구를 전면 금지했다고 믿었다. 이 두 주장은 모두 거짓이었다.

모든 참가자들에게는 처음에 이런 잘못된 믿음이 사실처럼 보이도록 가짜 신문 기사를 제공했다. 진보와 보수 모두에게 그 주장들이 사실이라고 생각할 근거를 제공하기 위해 마련한 장치였다. 하지만 나중에 신뢰할 만한 정정된 정보를 제시했을 때(예를 들면 부시 대통령이 이라크에 대량살상무기가 없었다고 시인한 연설을 보여주었다) 피험자들의 반응은 당파에 따라 나뉘었다. 어쩌면 당연하게도 진보주의자와 중도파는 정정된 정보를 받아들이고 자신들의 믿음을 바꿨다. 보수주의자는 그렇지 않았다. 심지어 연구자들은 일부 보수주의자들이 수정된 정보를 제공받은 후 원래의 (잘못된) 믿음을 더욱 강화한 사실을 확인했다. 이 왜곡 현상은 일부 당파주의자들이 기존 신념을 포기하지 않을 뿐 아니라 일단 자신의 신념이 도전받으면 그것을 더욱 강력하게 고수하는 '역화 효과'로 설명된다.

부시 대통령이 모든 줄기세포 연구를 전면 금지했다는 '진보주의적' 믿음에 대한 정정된 정보를 제공했을 때(사실 부시 대통령은 2001년 8월 이전에 만들어진 줄기세포들에 대한 연방정부 자금 지원을 금지했을 뿐, 민간 연구는 금지하지 않았다), 보수주의자와 중도파는 의견을 수정하는 결과가 나타났지만 진보주의자는 그렇지 않았다. 그런데 특이한 것은 이 경우에는 연구자들이 역화 효과를 관찰하지 못했다. 정정된 정보가 진보주의자들이 잘못된 믿음을 포기하도록 만들지는 못했지만 그렇다고 해서 그들의 믿음이 더욱 강화되지는 않았다. 보수든 진보든 정정된 정보는 당파주의자들을 설득하는 데 실패했지만 보수의 경우에만 잘못된 믿음을 한층 강화했다.

이런 연구 결과를 주목한 곳이 사실 확인 커뮤니티(fact-checking community)였다. 2016년 대통령 선거 이후 많은 이들이 엄청난 공황 상태에 빠져들었으며(2016년에 도널드 트럼프가 대통령으로 당선되었다—옮긴이) 앞서 언급한 '이 기사는 당신의 생각을 바꿀 수 없다'(〈애틀랜틱〉)라든가 '왜 사실이 우리의 생각을 바꾸지 못하는가'(〈뉴요커〉) 같은 화려한 헤드라인이 등장하기도 했다. 이를 보며 사람들은 사실관계만으로 사람들의 믿음을 바꿀 수 없을 뿐 아니라 오히려 상황을 악화할 수도 있다는 결론을 내렸다.[12] 이러한 점에 비춰 본다면 우리가 과학 부정론자들의 믿음에 도전할 수 있다고(혹은 해야 한다고) 생각하는 것은 실수 아닐까?

그런데 2017년 이선 포터(Ethan Porter)와 토머스 우드가 역화 효과는 재생산되지 않는다는 사실을 발견하면서 모든 이론이 다시 수정되었다.[13] 포터와 우드가 나이핸과 라이플러의 연구를 약화하진 않았다는 사실이 중요하다. 당파적 주제는 여전히 사실 정보에 저항했고 사실을 기반으로 생각을 바꾸려면 어려움이 매우 컸다. 하지만 역화 효과는 사라졌다. 연구자들은 이것이 어쩌면 그 효과가 자주 나타나지 않는 유니콘일 수 있다고 이야기했다. 나이핸과 라이플러는 최초의 연구에서 역화 효과가 전체 연구의 작은 일부에서만 발견되었으며 극도로 당파적인 소수에게 제한된 상황에서만 나타났다고 밝혔다. 연구자 네 명 모두 대다수의 피험자들은 정정된 정보가 제공되어도 자신의 신념을 바꾸지 않았다는 데 의견이 일치했다. 한 비평가는 이런 현상을 다음과 같이 표현했다. "우리는 사실에 저항하지만 사실에 면역되지는 않는다."[14]

나이핸과 라이플러는 포터, 우드와 함께 이 연구 결과를 공유하고 널리 알리며 과학적 개방성과 진실성의 모범을 보여주었다. 그들은 기존의 연구에 대한 반론이 제기되는 경우 이를 수정하는 데도 전적으로 협력했다.[15] 물론 이 연구 결과는 대중에 곧바로 널리 알려지지 않았고, 사실관계를 통해 사람들의 생각을 바꾸고자 하는 경우 얻는 것보다 잃는 것이 더 많을 수 있다는 인식이 여전히 남아 있다. 그러나 과학계에서만큼은 그 먹구름이 사라졌다. 사람들의 생각을 바꾸는 최선의 방법에 대한 더 많은 연구가 가능해졌기 때문이다.

실제로 가장 흥미로운 새로운 연구 가운데 하나는 나이핸과 라이플러 자신들이 수행했다. 나이핸과 라이플러는 《오해의 유행에서 정보 부족과 정체성 위기의 역할(The Roles of Information Deficits and Identity Threat in the Prevalence of Misperceptions)》이라는 2017년 논문에서 우리가 지금까지 접한 가장 곤란한 질문 두 가지를 다루었다. 하나는 실증적 문제에 대한 잘못된 믿음을 가지고 있는 사람이 정보 부족을 보완해 바로잡을 수 있는지 여부이고, 다른 하나는 이것이 그 믿음을 고수하는 사람의 '정체성'(자존감, 자아개념)에 대한 잠재적 위협에 결정적인 영향을 미치는지 여부다.[16]

이 새로운 연구는 두 가지 구체적인 질문에 답했다. 하나는 피험자의 잘못된 믿음에 깔려 있는 것으로 추정되는 정보 부족 문제를 극복하는 데 정보를 바로잡는 방식이 중요한지 여부였다. 다른 하나는 자기평가(self-opinion)를 개선할 수 있다면 정정된 정보에 대한 피험자의 저항이 완화될 수 있는지 여부였다. 여기에서 여전히 우려되는 주제는 정치적 신념을 바꾸는 것이었다. 그런데 세 가지 실험 중 하나에서 다루었던 '정치적' 신념이 피험자들이 지구온난화의 현실에 대한 정정된 정보를 기꺼이 받아들일지와 관련된 문제였다. 마침내 과학 부정론과 연결! 이 실험에서 그런 정정된 정보가 위협이 되는지를 알아내기 위해 피험자들의 성향을 이미 파악해두었다. 그들은 모두 공화당 지지자였다. 따라서 기후변화의 진실에 대한 정보는 그들의 정체성과 직접 충돌할 터였다.

나이핸과 라이플러는 정정된 정보가 제시된 형식이 통계적으로 유의미한 영향을 미쳤음을 확인했다. 도표가 텍스트보다 더 효과가 있었다. 심지어 도표만 제공했을 때가 너무 효과적이어서 도표와 텍스트를 같이 제공해도 더 향상되지 않았다. 안타깝게도 도표가 왜 그리 효과적인가에 대한 질문에 해답을 찾으려는 노력은 없었다. 어쩌면 도표가 더 객관적으로 보였기 때문일까? 어쩌면 누군가의 자존심을 긁어놓을 수사적이거나 자극적인 언어가 포함될 확률이 낮기 때문일까?

연구자들은 또한 정정된 정보를 도표로 제공받은 경우와 그렇지 않은 경우 각각 피험자가 어떻게 느끼는지 그 차이를 측정했다. 그들은 정체성 위협에 관한 가설을 토대로 피험자가 자기평가를 위태롭게 할 만한 신념과 마주할 경우 이를 거부할 가능성이 더 높다고 가정했다. 따라서 위협을 덜 느끼게 할 수 있다면 피험자들은 정정된 정보를 더 적극적으로 받아들일지도 모른다. 정체성 위협의 가능성을 줄이기 위해 나이핸과 라이플러는 정정된 정보를 제공하기 직전에 피험자들에게 자기긍정(self-affirmation) 강화 훈련을 시켰다. 요컨대 그들은 피험자들이 스스로에 대해 좋은 느낌을 가지도록 했다. 결과는 다소 모호했다. 특정 상황에서 약간의 영향력을 발견했지만(피험자가 공화당의 가치에 얼마나 강하게 공감하느냐에 따라 달랐다) 그결과는 정보 전달의 형식에 따라 달라지는 것에 비해 초라했다. 도표의 효과가 압도적이었다. 나이핸과 라이플러는 자기긍정에 대해 유의미한 효과를 관찰했지만 그 정도는 미미했다.

이 지점에서는 연구자들의 방법론으로부터 문제점을 찾으려는 유혹에 빠지기도 한다. 자아나 정체성 위협에 대한 가설이 옳았다고 해도 이것이 자기긍정으로 인해 완화된 이유는 무엇일까? 정확히 이질문에 대한 이전 연구를 인용하면서 연구자들은 모두 결과에 "실망했다"라고 언급했다. 하지만 다른 이들은 그들의 발견이 완전히 예측 가능했음을 이해할 수 있었다. 잘못된 정보를 지속적으로 주입당하고 기후변화를 부인하는 일이 정당의 핵심 정체성의 일부라는 말을 수없이 들었을 공화당 당파주의자들이 기분을 끌어올리기 위해 간단한 운동에 참여했다고 해서 스스로의 신념을 뒤집는다는 말을 우리는 믿어야 할까? 이는 믿을 수 없는 말이다. 사실 정체성의 중요성에 대한 가설의 가장 좋은 증거는 연구자들의 코앞에 있었다. 도표의 선이나 막대보다 더 중립적이고 덜 대립적일 수 있는 것이 뭘까? 아마도 표현의 방식은 사회적 맥락 그 자체였다. 결국 나이핸과 라이플러는 이렇게 주장했다. "이런 결과는 잘못된 인식이 심리적 압박뿐 아니라 정보 부족 때문에 발생한다는 사실을 보여준다. 하지만 (중략) 이 요소들은 아직 잘 이해되지 않는 방식을 통해 상호 작용할 수도 있다."[7]

여기에는 더 나아간 실증적 연구를 위한 기회도 나타난다. 나이핸과 라이플러는 사람의 신념이 형성되고 변화하는 것은 단지 정확한 사실 정보를 통해서가 아니라 신념의 토대가 되는 감정적이고 사회적이고 심리적인 맥락 속에서 이루어진다고 생각했던 것 같다. 카한과 메이슨의 초기 실험에서 살펴보았듯이 정체성은 매우 중요한 차이를 만든다. 지구온난화가 진행되고 있는가라는 건조한 과학적 이슈가 당파적 대립의 문제로 탈바꿈된 사실이야말로 정치의 힘이 실증적 신념을 좌지우지하는 현실을 보여준다. 우리 모두 알다시피 올바른 동기(와 잘못된 정보)가 제공되면 사실의 문제도 대립 구도로 바뀔 수 있다. 결과적으로 어떤 진실은 우리의 정체성이나 특정한 그룹의 회원 자격을 위협하는 모습으로 나타날 수 있다.[18] 따라서 사실이 무엇인지뿐만 아니라 그 사실이 어떻게 그리고 누구에 의해 제시되는지가 매우 중요하다. 내가 그 출처를 믿어도 될까? 그들이 내가 틀렸다고 이야기할 만한 정치적 이해관계가 있지는 않을까? 앞에서 살펴보았듯 과학적 신념조차도 정체성의 문제로 둔갑할 수 있다. 우리가 만일 공화당원이라면 기후변화에 대한 진실이 우리를 위협하는가? 아마도 그럴 것이다. 하지만 이처럼 당파적이거나 이념적 정체성을 관통하는 사실적 주제를 놓고 누군가의 생각을 바꾸고자 한다면 어떻게 접근하는 것이 가장 좋을까?

우리의 상식을 상기해보는 일이 중요하다. 어떤 주제에 대해 누군가의 생각을 바꾸려고 할 때 개인적 소통이야말로 놀라운 결과를 불러오는 방법일 수 있다. 그리고 여기서도 전달 방식이 매우 중요하다. 그들에게 소리를 질러야 할까 아니면 이름을 불러야 할까? 지능을 언급하며 모욕을 줘야 할까? 아마도 아닐 것이다. 위협적이지 않은 태도로 대화에 참여하는 편이 훨씬 더 효과적이다. 신뢰를 쌓고, 존중을 보여주고, 경청하고, 침착함을 유지하는 데 주의를 기울여야 한다. 우리가 동의하지 않는 의견을 내놓는 사람을 적대시하는 것으로 상대방의 지지를 얻으리란 생각은 어불성설이다. 믿음의 형성은 정보와 감성이 결합하여 이루어지는데 믿음의 변화라고 다를 이유가 있을까? 하지만 이러한 상식적인 전략이 보여주는 효과는 실험적 문헌, 특히 과학 부정론을 주제로 한 연구들에서는 제대로 다루어지지 않았다.

마이클 셔머는 앞서 인용한 에세이 '잘못된 사실을 믿는 이들을 설득하는 방법'에서 그동안 연구되지 않았던 공백을 메우는 상식을 제안한다. 그는 나이핸, 라이플러와 같은 지점에서 논점을 시작한다. "사람들은 자신의 믿음에 반하는 압도적 증거에도 불구하고 그 믿음을 더욱 강화하는 듯하다."[19] 문헌에 나와 있는 이에 대한 증거의 기반은 논란의 여지가 없으며, 사실 레온 페스팅거의 고전적 발견까지 거슬러 올라간다.[20] 동기부여가 충만한 상태에서 자아나 정체성에 위협을 느꼈을 때 피험자들은 자신들이 틀렸다는 사실을 인정하기보다는 오히려 온 힘을 다해 반발할 것이다. 셔머는 고전적인 역화 효과를 기술한 후 사람들을 설득하는 방식에 대해 이 책 앞부분에 이미 인용된 중요한 조언을 내놓는다. 감정을 억제하고, 공격적인 태도를 보이지 않고, 경청하고, 항상 존중하는 모습을 보여주는 것이다.[21]

셔머는 수십 년의 연구 경력이 있는 전문적 회의론자로, 당연하게도 현장에서 과학 부정론자들과 항상 논쟁해왔으므로 그의 조언에 귀 기울이는 건 매우 현명한 일일 것이다. 실험적 논문이 이런 전략이 실제로 효과적인지 아직 확증하지 못할 수도 있지만, 현실 세계에서 사람들의 생각이 어떻게 바뀌는지 목격하면 신뢰하지 않을 수 없다. 이제 역화 효과가 뒤집혔으니 우리는 얼마나 더 기다려야 할까? 지구의 온도는 계속해서 상승하고 있다. 백신 거부자들은 코로나19 백신이 있어도 이를 거부할 권리를 강력히 주장한다. 그렇다면 누구든 그들에게 다가가 생각을 바꿔줄 의사는 없을까?

내가 그들 속으로 들어가 과학 부정론자들을 실제로 만나 셔머의 조언을 실행해보자고 생각한 것이 바로 그 시점이었다. 신념을 바꾸는 일의 중요한 부분이 정체성 이슈를 다루는 일과 밀접하다는 것이 사실이라면 아마도 연구실 밖으로 나가 사람들과 만나는 편이 더 낫다. 온라인이나 전화 혹은 꾸며낸 모의 실험 환경에서 정정된 정보를 활용해 연구를 진행할 수 있지만 직접 대면하여 신뢰를 구축하는 일이 최선의 방법일 것이다. 아마도 커클린스키와 레드로스크가 보여준 것처럼, 적절한 환경에서 실험의 일부로 누군가의 생각을 바꿀 수도 있다. 하지만 이를 통해 실전에서, 특히 과학 부정론의 여러 주제들에 대해 효과를 발휘할 수 있을까? 이것을 알아내기 위해 나는 2018 평평한 지구 국제 학회에 참가했다.

돌파구

~~~~~~~~~~~~

2019년 여름 내가 평평한 지구론자들과 대화를 나누고 돌아온 지 7개월이 지났을 무렵, 코넬리아 베슈와 필리프 슈미트의 매우 획기적인 연구가 〈네이처 인간 행동〉에 발표되었는데, 과학 부정론자들의 생각을 바꿀 수 있다는 최초의 직접적이고 실증적인 근거를 제공하는 내용이었다.[22] 심지어 그들은 실제 대화에서 어떤 말을 할지 보여주는 대본까지 냈다. 머리에 불이 붙은 상황에서도 나는 이 논문만큼은 읽어 내려갔을 것이라고 말한다면 조금은 과장일 것이다. 머리말에 이 연구를 이미 언급했지만 이제는 본격적으로 응용할 준비가 되었기 때문에 연구 결과를 조금 더 자세히 검토하고자 한다.

슈미트와 베슈는 기후변화나 백신 거부 등의 주제에 대해 미국과 독일에서 1773명의 피험자를 대상으로 여섯 개의 온라인 실험을 진행했다. 그리고 그들이 발견한 것은 놀라웠다. 과학 부정론에 대해 적극적으로 반격하자 피험자들이 신념을 바꾸는 데 긍정적인 영향을 미쳤을 뿐 아니라, 가장 보수적인 이념 성향을 보인 하위집단에 가장 큰 영향이 나타났다. 포터, 우드와 마찬가지로 그들은 역화 효과를 관찰하지 못했다. 연구 과정에서 슈미트와 베슈는 잘못된 과학 정보에 노출된 피험자들에 대해 네 가지 가능한 대응 방법을 실험했다. 무응답, 주제 반박(topic rebuttal), 기술 반박, 두 종류의 반박을 함께 사용하기가 그것이었다. 주제 반박은 피험자들이 방금 들은 메시지의 오류를 정정하는 데 필요한 정보를 제공하는 방법이었다. 예를 들어 피험자가 백신이 안전하지 않다는 주장을 들었다면 자료를 통해 백신의 우수한 안전성을 입증하는 것으로 우려를 불식할 수 있었다.[23] 두 번째 전략은 거의 모든 과학 부정론자들에게 공통된 대본이 있다는 2장에서 논의한 사실로 돌아가 해당 페이지를 빌리는 것이다. 슈미트와 베슈는 이것을 기술 반박이라고 설명했는데 다섯 가지 위험한 전략을 사용한다. 바로 체리피킹, 음모론에 대한 의존, 가짜 전문가의 인용, 비논리적 논증, 과학적 논증을 하는 데 있어 불가능한 기준 설정 등이다. 이를 통해 피험자가 가질 만한 부정론자의 신념을 완화한다. 예를 들어 백신이 얼마나 위험한지를 주장하는 동일한 메시지에 대한 응답으로, 실험자는 백신이 100퍼센트 안전해야 한다고 기준을 설정하는 것은 비합리적이며 심지어 아스피린이라도 그것은 불가능하다는 점을 지적할 수 있다.[24]

이 연구가 보여주는 분명한 결과는 잘못된 정보에 대해 아무런 대응도 하지 않는 것은 당신이 할 수 있는 최악의 일이라는 점이었다. 반박하는 메시지가 없으면 피험자들은 잘못된 신념들에 휘둘릴 가능성이 더 컸다. 더욱 고무적인 결과에서 연구자들은 내용 반박이나 기술 반박을 활용해 과학적으로 잘못된 정보의 영향력을 완화할 수 있으며 두 방법이 모두 효과적이라는 사실을 발견했다. 게다가 추가적 이점이 있는 것도 아니었다. 내용 반박과 기술 반박을 함께 사용해도 결과는 별반 다르지 않았다. 이것은 과학 옹호자들이 선호하는 전략을 선택할 수 있다는 의미다. 과학 부정론에 맞서기 위해 과학의 모든 내용에 대해 전문가가 될 필요는 없다. 코넬리아 베슈가 인터뷰에서 밝혔듯이 "주제 반박의 문제점은 과학을 잘 알아야 한다는 점이다. 많은 연구가 필요하고 때로는 모든 것을 알기 어렵기 때문에 터무니없는 질문에 당면할 수 있다."[25] 이와 반대로 과학 부정론자들이 사용하는 다섯 가지 기술을 익히고 이에 대처하는 방법까지 열심히 준비한다면 언제라도 과학적으로 잘못된 정보에 맞서 싸우는 '보편적 전략'으로 활용할 수 있다.[26]

이것은 과학 부정론자들에 맞서 싸우고자 하는 사람들에게 매우 좋은 소식이다. 나는 이 연구의 효과를 개인적으로 입증할 수 있는데, 이미 1년 이상 이름을 붙이지도 않은 상태에서 기술 반박을 사용해왔기 때문이다.[27] 그런데 슈미트와 베슈는 과학자들이 과학 부정론과 맞서 싸우기 위한 명확한 역할을 설파한다. 과학자들은 과학 부정론자들과 이야기할 때 더 이상 시간이 아깝다고 불평해서는 안 된다. 과학자가 "이 사람들과는 이야기할 가치가 없다"라고 말하거나, 증거를 제시하고 나서 처음으로 반론이 제기되자마자 자리를 박차고 일어난다는 이야기를 들어보았는가? 슈미트와 베슈에 따르면 그것은 할 수 있는 최악의 행동이다! 그들의 연구에서 나온 증거는 그런 대화가 실제로 매우 효과적일 수 있음을 보여주지만, 먼저 우리는 그런 대화를 해야 한다. 그렇다면 과학자들은 이제 무엇을 해야 할까?[28] 슈미트와 베슈의 증거를 거부하고 스스로 과학 부정론자가 되어야 할까?

안타깝게도 슈미트와 베슈는 내용 반박과 기술 반박이 과학적으로 잘못된 정보의 부정적 효과를 완화하는 데 유용하기는 하지만 완전히 해소하기에는 불충분하다는 점을 지적했다. 사람들이 일단 오류가 포함된 과학 정보를 접하고 나면 그 영향이 꽤 오래간다. 가장 바람직한 상황은 사람들이 그런 잘못된 정보에 아예 노출되지 않는 것이다. 가장 나쁜 것은 잘못된 정보가 공유되면서 그에 대한 도전이 전혀 허용되지 않는 상황이다. 이 두 상황 사이에 절충점이 존재할 것이다. 과학적 오류가 담긴 정보가 유통되는 상황을 알고 있다면 아무것도 하지 않는 것보다는 적절히 대응하는 편이 좋다. 이때 슈미트와 베슈는 과학적으로 잘못된 정보가 제시될 가능성이 있는 토론에 대해 알게 된다면 어떻게 해야 하는지 흥미로운 이야기를 들려준다. "토론에 아예 참석하지 않는 것이 최악의 결과인 듯하다. 한 가지 예외가 있을 수 있다. 과학 옹호자가 과학적 사실에 대한 토론에 참여하기를 거부하여 행사가 취소되는 경우, 청중에게 부정적인 영향이 미치는 것을 피할 수 있기 때문에 나쁘다고 볼 수만은 없다."[29] 하지만 이것도 경각심을 불러일으킨다. 사람들은 잘못된 정보가 유통된 이후에도 생각을 바꿀 수 있다고 생각하지만 그것은 매우 어려운 일이다. 슈미트와 베슈가 제시한 방법이 유용하다고 해도 만병통치약이라고 할 수는 없다.[30]

잘못된 과학 정보가 도처에 널려 있는 세상에 살고 있기 때문에 연구할 부분이 여전히 남아 있다는 것은 놀라운 일이 아니다. 한 가지 언급해야 할 것은 슈미트와 베슈의 연구 결과를 어떻게 활용할 것인가 하는 문제가 열린 질문으로 남아 있다는 점이다. 그리고 그들의 연구에는 몇 가지 잠재적 한계도 보인다. 무엇보다 그들이 보여준 것은, 오류가 포함된 과학 정보를 비교적 근래에 접한 사람들에게는 그 영향력을 완화할 수 있다는 점이다.[31] 하지만 몇몇 사람들은 어쩌면 수십 년 동안 잘못된 정보에 흠뻑 빠져 있으면서 이미 자신의 견해를 굳건히 형성했을 것이다. 그들의 연구에서 측정되지 않은 한 가지 요소는 내용 반박이나 기술 반박과 같은 실험이 시작되기 훨씬 전에 잘못된 과학 정보에 장기간 반복적으로 노출되어 자신의 견해를 굳건히 형성한 강경한 과학 부정론자에게도 효과가 나타나는지였다. 즉시 개입하여 잘못된 정보가 누군가의 믿음에 영향을 미치지 않도록 하는 것과, 오랜 시간이 지나 굳건해졌을 누군가의 핵심 신념을 바꾸고자 하는 것은 전혀 다른 문제다. 물론 추후에 뭐가 됐든 반박 전술을 마련해 이런 목적을 달성하는 것이 불가능하다는 사실이 밝혀지더라도 자신의 노력이 어느 지점에서 힘을 발휘하는지를 아는 것은 여전히 바람직하다. 슈미트와 베슈의 전략 목표는 잘못된 과학 정보를 가진 사람들만을 대상으로 설정해야 하는가? 열성적인 과학 부정론자와 설득적 대화를 나누는 것은 시간 낭비일 뿐인가?[32] 그들의 연구에 따르면 우리는 이런 질문에 여전히 답할 수 없다.

또 다른 우려 사항은 소통이 어떻게 이루어져야 하는가의 문제다. 앞서 언급했듯이 슈미트와 베슈의 연구는 모두 온라인으로 진행되었다. 그들의 반박 전략이 여전히 효과가 있을까? 아니면 그들이 면대면으로 동원되었다면 아마도 더 효과적일까? 여기에서도 개인적인 상호작용에 영향을 미치는 사회적이고 정서적인 맥락을 고려해야 하기 때문에 문제가 더욱 복잡해진다. 앞에서 살펴본 것처럼 우리가 누군가의 신념에 직접 도전하는 경우 그 사람의 정체성을 위협하는 수준이 어느 정도인지 고려해야 한다. 이는 모든 상황에서 그렇겠지만 특히 대면하는 상황에서는 더하다. 우리가 온라인에서 누군가를 설득하고자 하면 큰 어려움을 느낀다. 그런데 일대일 만남에서 효과적인 반박 전략을 수립하려면 어떤 인지적, 사회적, 대인적 요인을 추가로 고려해야 할까? 커클린스키와 레드로스크처럼 실험실에서 사람을 전향시키는 것 말고, 현실 생활에서 우리는 무엇을 해야 할까? 슈미트와 베슈의 연구가 흥미로운 만큼, 우리는 가장 흥미로운 현실적 질문 위에서 표류하고 있다.

다시 한번 우리는 부정확한 경험적 신념이 실제로 어떻게 형성되는지 생각해볼 필요성과 마주한다. 만일 사람들이 잘못된 정보뿐 아니라 그런 정보를 제공하는 동료나 사람들에게 둘러싸여 극단주의자가 된다면, 다른 집단의 개입을 통해 그들의 생각을 돌이켜보게 하면 어떨까? 이는 우리가 2장에서 살펴본 정체성과 가치가 신념으로 굳어져가는 양상의 핵심 아이디어와 정확히 교차한다. 만일 부정론자의 신념이 정체성과 가치의 맥락에서 만들어졌다면, 마찬가지로 이것이 당신이 그들을 바꿔놓는 방법이어야 이치에 맞지 않겠는가?[33]

댄 카한은 "사람들은 자신들의 가치를 공유하고 그리하여 신뢰하고 이해하게 된 다른 사람들과 상의하는 과정을 거쳐 과학적 지식을 습득한다"라고 주장했다.[34] 실제로 아마 과학자들도 마찬가지일 것이다. 그렇다면 과학자들과 과학 부정론자들은 서로 다른 사람들을 신뢰하는 것뿐일까? 과학 부정론자와 대화를 나누는 목적은 그들이 신념을 형성하는 데 필요한 사실들을 알려주기 위해서가 아니라 과학자들을 다시 신뢰하게 만들기 위해서다.[35] 음모론자들에 대항하는 최선의 방법을 논하면서 믹 웨스트(Mick West)는 믿음 형성에 필요한 신뢰와 존중에 대해 이야기한다.

처음부터 당신은 그들의 이론을 믿지 않는다는 점을 분명히 밝힐 수 있지만, 명확한 증거만 있다면 확실히 고려해보겠다고 (솔직히) 이야기할 수도 있다. 그들에게 당신을 전향시킬 기회를 줘야 한다. 그러면 그들이 자신들이 믿는 이유를 설명할 기회를 얻고, 그들의 설명을 당신이 경청한다면 매우 유용한 관점을 획득할 것이며, 나중에 그들이 당신의 말을 진심으로 들어줄 가능성도 높아진다. 당신이 그들을 존중하고 그들의 주장을 이해하려고 노력한다면 그들도 이를 고맙게 여기고 결국 당신을 더 많이 존중할 것이다. 아마도 그들은 자신들의 의견이 단호히 거절당하거나 비웃음의 대상이 되는 상황을 수없이 겪었을 것이다. 따라서 존중받는다는 것은 그들의 신뢰를 얻는 데 크게 도움이 될 것이다.[36]

지금 우리는 정보 결핍 모델과 거리가 먼 이야기를 하고 있다. 슈미트와 베슈는 잘못된 과학 정보를 접한 직후라면 과학 부정론을 믿는 청중의 생각을 바꿀 수 있다는 아이디어에 대한 충분한 근거들을 제공한다. (샌더 밴 더 린든과 동료들은 사람들이 잘못된 정보를 접하기 전에 오류들을 밝혀내려 노력하는 것에도 같은 논리가 적용된다는 사실을 보여주었다.) 하지만 잘못되거나 허위로 꾸며낸 정보들을 토대로 정체성을 굳힌 사람들은 어떻게 해야 할까? 정확한 정보를 제공한다거나 잘못된 정보를 버리라고 강요하는 것은 아마도 효과가 없을 것이다. 즉 슈미트와 베슈의 모델은 여전히 과학 부정론자들이 갖고 있는 문제가 정보 부족이라는 생각에 상당 부분 바탕을 두고 있다. 내용 반박을 통해 우리가 정보의 결핍을 만회할 수 있는 것은 확실하다. (그런 과정에서 우리가 스스로 신뢰와 존중을 쌓을 기회를 얻는다는 점도 기억해야 한다.) 그러나 우리는 심지어 기술 반박을 통해서도 부정론자들에게 논증하는 방법에 대한 정보를 제공하고 있다. 우리는 그들을 교육하는 일도 마다하지 않는다.

하지만 이런 방식이 정말 그들의 정체성을 변화시킬 것인가? 어쩌면 올바른 방법으로 접근한다면 가능할지도 모르겠다. 직접 만나서 지속적으로 대화를 하다 보면 말이다. 한 번에 포기하지 않고 진심 어린 경청을 이어간다면 우리가 제시하는 증거들이 받아들여지는 관계를 형성할 수도 있다. 이는 매우 고생스럽게 들리지만, 특히 열성적인 과학 부정론자들을 전향시키고자 한다면 인간적인 관계를 통해 신뢰를 쌓아서 (아마도 직접적으로) 그들의 정체성을 바꾸려는 헌신적인 노력을 해야 한다. 따라서 우리가 무엇을 해야 하는가에 대해 슈미트와 베슈가 근본적으로 옳다 해도, 실제로 설득의 열쇠는 다른 데 있을지도 모른다.

앞에서 인용한 책 《어른의 문답법》에서 피터 버고지언과 제임스 린지는 우리가 얼굴을 마주한 채 대화하고 아마도 서로가 서로를 설득하도록 진화한 종이라고 설명한다. 정보를 문자로 전환하거나 인터넷으로 공유하는 순간 당신은 이미 어려운 대화 중일 뿐 아니라 '하드 모드(hard mode, 비디오 게임에서 매우 어려운 단계—옮긴이)'에 돌입한 셈이다.[37] 만일 누군가를 설득하고 싶다면 왜 그렇게 하는가? 저자는 정체성 자체의 이슈를 논하지는 않지만 누군가의 부정확한 신념을 돌이키는 열쇠는 신뢰와 존중이며 이는 개인적 관계의 맥락에서 가장 잘 생성된다고 주장한다.

참여, 신뢰, 관계, 가치는 진짜 믿음을 변화시키는 핵심 요소들이다. 연구실이나 온라인에서 관계를 맺는 것만으로는 안 된다. 상대를 직접 만나면 신뢰가 쌓인다. 그러고 나면 당신이 가진 증거를 활용할 수 있다. 버고지언과 린지는 다음과 같이 논했다.

마음을 바꾸고, 누군가에게 영향을 미치고, 관계를 구축하고, 우정을 유지하는 방법은 친절, 연민, 공감, 존중과 배려로 사람을 대하는 것이며, 심리적으로 안온한 분위기 속에서 이러한 일들을 실행하는 것이다. 이야기에 귀 기울이고 친절하게 대하고 존중해주는 사람에게 호의적으로 반응하는 것은 누구에게나 자연스러운 일이다. 사람들이 가진 기존의 신념을 고착시키고, 상호 분열을 일으키고, 불신을 심는 가장 확실한 방법은 적대적 관계와 위협적인 분위기를 조성하는 것이다.[38]

내가 평평한 지구 국제 학회에서 아무도 전향시키지 못한 것은 당연했다. 직접 그곳에 가기로 마음먹은 건 옳은 선택이었지만 나는 그들의 이야기에 더 귀 기울였어야 했다. 그리고 한 번 이상을 방문했어야 했고, 그들과 더 많이 어울렸어야 했다. 심리학 문헌들이 반박하기 위해 사실과 논증 전략을 사용하는 것과 관련해 그토록 제한된 성공만 보여준 것도 당연했다. 이것들은 실험 환경에서 보통은 온라인에서 이뤄지는 일회성 만남으로 도출된 결론이다. 물론, 이것도 유효할 수 있지만 더 풍부한 사회적 맥락 속에서 그것들을 직접 사용했다면 얼마나 더 좋은 성과를 거둘 수 있을까? 만일 우리가 상당한 수준의 신뢰를 쌓으려고 노력했다면?

나는 이것이야말로 진짜 과학 부정론자들을 효과적으로 설득하는 유일한 방법이라고 확신한다. 당장 효과가 나타나지 않을 수 있다. 그럴 경우 기후변화나 백신에 대한 실질적인 성과를 거두는 과정에서 전망이 매우 암울해 보일 수도 있다. 하지만 이는 가능한 것 가운데 가장 유효한 방법이다. 충분하지 않다고 느낄 수도 있겠지만 (앞에서 살펴보았듯) 나는 이것이 필요하다고 믿는다.

현실 세계에서 타인의 생각을 바꾼다는 것

사람을 설득하는 것은 논쟁(arguments)이 아닌 이야기(stories)라는 말을 흔히 듣는다. 이 부분에서 나는 백신과 기후변화 부정론자들이 믿을 수 있는 출처에서 나온 사실 정보를 접한 뒤 신념을 어떻게 바꾸었는지 긍정적인 사례를 공유할 것이다. 여기에서 내 목표는 단순히 과학 부정론자들이 이따금 생각을 바꾸는 경우를 소개하는 것도 아니고, 이야기를 경청하는 방법으로 그렇게 할 수 있다고 주장하는 것도 아니다. 오히려 과학 부정론자들이 믿음을 포기하게끔 만드는 데 자신들이 역할을 할 수 있을지 의심하는 독자들의 마음을 바꾸는 것이다.

안타깝게도 기존의 연구 범위를 벗어나는 문제이기 때문에 실증적 기반 없이 이 일을 진행해야 한다는 점이 도전 과제다. 내가 아는 한 강경한 과학 부정론자들이 믿음을 포기하도록 설득하는 데 있어 면대면 대화의 효능을 보여준 경험적 연구는 없다.[39] 물론 우리는 과학 부정론을 믿는 청중에게 영향을 미칠 수 있다고 제시된 몇 가지 실증적 연구들을 검토했으며 이는 매우 바람직한 일이다. 하지만 그것이 열성적인 과학 부정론자들에게도 작용한다고 증명한 연구는 어디에 있는가? 상황이 어떻게 변할지 알 수 없는 실험실 외부에서 내용 반박과 기술 반박으로 그것이 가능할까? 우리는 온라인뿐 아니라 때로는 공공장소에서, 거리에서, 혹은 추수감사절 식탁에 둘러앉아 과학 부정론자들과 마주친다. 그러나 이러한 상황에서의 연구는 사

실상 전무하다.[40]

　그런데 충성스럽고 엄청나게 열성적인 과학 부정론자들이 신념을 바꾼 많은 경우들을 거론하는 꽤 두꺼운 일화적 문헌이 존재한다. 모든 이야기에 나타나는 양상은 기본적으로 동일하다. 신뢰의 맥락과 개인적인 관계 안에서 이런 일들이 벌어진다. 지금까지 지속적으로 언급한 것처럼 사실과 증거도 중요할 수 있지만 그것은 올바른 맥락에서 올바른 사람에 의해 제시되어야 한다. 우리가 지금 알아보고 있듯이, 누군가의 믿음을 바꾸고자 한다면 정보의 부족을 충족할 뿐 아니라 그들의 정체성을 개조할 수 있어야 하기 때문이다.

　일인칭시점을 통해 기록된 과학 부정론을 벗어난 가장 놀라운 몇몇 사례는 백신 거부라는 주제에서 나타났다. 나는 백신 거부에 대해 많이 다루지 않았다. 부분적으로는 이 주제를 다루는 매우 훌륭하고 유용한 연구 성과들이 이미 있기 때문이고, 독자들은 이를 참조하기 바란다.[41] 이에 대해 내가 쓴 글도 있긴 하다.[42] 하지만 백신 거부가 어디에서 시작되었는지는 이미 많은 사람들이 알고 있다.

　1998년 앤드루 웨이크필드(Andrew Wakefield)라는 영국의 의사가 MMR 백신(홍역, 볼거리, 풍진을 동시에 예방하는 혼합백신—편집자)이 자폐증과 인과관계를 보였다는 주장이 포함된 소논문을 발표했다. 처음부터 다른 전문가들은 여러 가지 방법론적 불규칙성과 약점들을 근거로 웨이크필드의 연구를 불신했다. 결과적으로 한 명을 제외하고 나머지 공저자들은 논문에서 자신들의 이름을 삭제했고 나중에 그것을 출판했던 권위 있는 의학 잡지도 연구 성과를 철회했다. 실제로 웨이크필드의 연구는 너무 엉성해서 결국 그는 의사 면허마저 박탈당했다. 훗날 이 연구의 문제점들이 우발적 실수가 아니라 노골적 사기의 결과였다는 사실이 밝혀졌다. 하지만 이런 상황에서도 수천 명의 자폐 아동 부모들은 웨이크필드를 자신들을 옹호하는 영웅으로 여기며 전혀 문제 삼지 않았다. 대중언론이 이들의 의견을 대대적으로 보도하면서 근거 없는 백신 회의론은 백신 거부가 주류 담론이 될 때까지 확대되었다.[43]

MMR 백신과 자폐증 사이에 연관성이 없다는 사실을 밝히고 웨이크필드의 연구를 철저히 반박하는 후속 연구가 수없이 발표되었는데도 수천 명의 부모들은 자녀의 예방접종을 보류하기 시작했다. 이후 2014년에 디즈니랜드에서 홍역이 발생하여 열네 개 주로 퍼져나갔고 수백 명의 어린이들이 감염되었다. 비슷한 사건이 뉴욕주 브루클린에서도 벌어졌고, 좀 더 최근에는 워싱턴주 클라크 카운티에서도 일어났다.[44] 백신 거부 운동이 전 세계적으로 번져갔다.

긍정적인 소식이 있다면 지금은 백신 거부자들이 생각을 바꾼 사례가 많아졌다는 점이다. 어떻게 이런 일이 벌어졌을까? 내가 접한 모든 자료들에는 누군가가 백신 거부자와 마주 앉아 인내와 존중의 모습을 보이며 그들이 제기하는 질문에 모조리 답해주었다고 기록되어 있었다. 이런 연구의 상당 부분은 이미 머리말에서 밝혀두었다. 워싱턴주 클라크 카운티에서 부모들을 소모임에서 직접 만났던 공중보건 공무원을 기억하는가? 그 의사는 화이트보드에 필기를 해가며 사실에 입각하면서도 '따뜻한 마음'을 잃지 않은 채 두 시간 동안 세포의 작용 원리를 설명했다.[45] 이는 매우 효과적이었다. 일단의 사람들이 친절하고 합리적인 태도로 기꺼이 그 주제에 대한 토론을 해주었기 때문에 백신 거부에서 벗어났다고 주장하며 〈워싱턴포스트〉에 기고를 했던 로즈 브래니건(Rose Branigan)을 기억하는가?[46]

세 번째 예로, 캐나다 퀘벡주에 있는 셔브룩대학교 교수이자 의사인 아르노 가뇌르(Arnaud Gagneur)는 병원 산부인과 병동의 산모들과 동기부여 인터뷰 자리를 마련했다. 그가 직접 나서거나 연구 조교가 참여하여 부모들의 우려 사항을 전해 듣고 질문에 답하는 형식으로 20분 동안 면담이 이루어졌다. 이런 인터뷰를 3300회가량 진행한 뒤, 그들은 그 산모들이 신생아에게 예방접종을 하겠다고 말한 비율이 15퍼센트 이상 높다는 사실을 발견했다. 가뇌르는 다음과 같이 기술했다. "참가자들은 예방접종을 하는 입장에서 존중받는 느낌은 처음이고 누군가가 이런 설명을 해준 것도 처음이었다고 고백했다." 어느 산모는 이렇게 말했다고 한다. "이런 문제로 대화를 나눈 것이 처음이었는데, 제가 존중받는 느낌이었고, 저는 당신들을 믿습니다."[47]

기후변화 부정론에 대해서도 사람들은 비슷한 역학에 직면한다. 나사의 최고 관리자로 업무를 시작한 지 몇 주 만에 지구온난화 문제에 대한 입장을 바꾸었던 짐 브라이든스타인을 떠올려보자. 당신과 의견이 다른 사람들과 점심 식사를 함께하고 복도에서 잠시 대화를 나누는 것만으로 기적 같은 일이 벌어질 수 있다.[48]

여기에서 생각해볼 만한 것이 있다. 어떤 사람들은 이 상황과 관련이 없고 심지어 불쾌하다고 생각할 수도 있겠지만, 과학 부정론과 관련된 신념을 버린 이들을 찾아보면서 나는 다른 더 치명적인 주제들에 대한 신념을 포기한 이들을 우연히 알게 되었다. 내가 읽었던 가장 놀라운 이야기 중 하나에 따르면, 백인우월주의 단체에서 주목할 만한 인물로 떠오르던 데릭 블랙(Derek Black)이라는 젊은이는[그의 아버지는 백인우월주의 단체 스톰프런트(Stormfront)를 설립했고 그의 대부는 백인우월주의자 데이비드 듀크(David Duke)였다] 대학에 진학해 한 유대인 학생 단체와 친분을 쌓게 되었다. 그 학생들은 매주 안식일 만찬에 그를 초대했다. 놀랍게도 이 만남을 계기로 그는 결국 자신의 백인우월주의 신념을 포기하게 되었다.[49] (그의 신념에 대해 알았을 때 겁에 질렸던) 여학생 회원과 개인적인 만남을 시작한 뒤 그녀는 그의 말을 경청하기도 하고 질문도 하면서 하나씩 그의 이론을 반박할 자료들을 준비해 보여주었다. 이 과정에서 완벽한 전향이 일어났다.[50] 전체 사연을 수록한 엘리 새슬로(Eli Saslow)의 책에서 블랙은 자신의 전향에 대해 다음과 같이 회상했다.

나와 생각이 달랐던 사람들은 이 과정에서 매우 비판적이었다. (중략) 특히 내 친구들이기는 했지만 우리가 그에 대해 이야기할 때 내 믿음이 잘못되었다고 생각하고 시간을 내어 증거와 시민 논쟁을 제공한 이들이 더 그랬다. 나는 그들의 의견에 항상 동의했던 것은 아니지만 그들의 이야기에 귀를 기울였고 그들도 내 말을 경청했다.[51]

물론 내가 과학 부정론자들을 백인우월주의자들과 비교하는 것은 아니다. 말하고자 하는 요지는 이러하다. 만일 누군가가 백인민족주의자나 백인우월주의자처럼 수십 년 동안 축적된 혐오 가득한 이념을 품은 사람과 단지 경청과 우정을 통해 대화할 수 있다면 과학 부정론 같은 비교적 온건한 주제에서도 같은 전술을 사용할 수 있지 않을까? 다른 백인우월주의자의 전향에 관한 사례를 읽다가, 나는 그가 신념을 바꾸기 전의 상태를 묘사한 부분에 흥미를 느꼈다. 그는 스스로 "소외되거나 망가진" 느낌이 들어 "이 이념 안에서 길을 잃었다"라고 말했다. 그는 자신의 신념이 "반대편"에 대한 불만을 불러일으키는 고립, 악마화, 혐오 등에서 유래한 정체성 감각에 깊이 뿌리내리고 있었다고 설명했다.[52]

덜 극적이지만 여전히 중요한 신념의 변화가 정치적 당파를 가로질러 일어났다. '트럼프 트롤'을 자칭했던 한 사람은 자신이 인터넷상으로 공격했던 진보주의 코미디언 세라 실버먼(Sarah Silverman)과 연락을 취한 후 어떻게 "최면에서 벗어났는지" 설명했다. 그에 따르면 실버먼은 그에게 친절했으며 논쟁을 하는 대신 자신의 가치를 공유했다. 그는 그녀에게 끔찍하게 굴었지만 그녀는 그를 존중했다. 그리고 결국 총기 규제나 낙태, 이민 정책 등에 대한 기존의 신념을 버렸고 급기야 "나는 이제 백인들이 특권을 누리고 있다는 사실을 인정한다"라고 진술하기까지 했다.[53] 다시 말하지만 나는 과학 부정론자와 다른 여러 이념들을 연결하려는 것이 아니다. 단지 누군가의 신념이 정보 격차를 기반으로 만들어졌고 그렇게 형성된 정체성이 그 격차를 악화하는 상황이라면 그것은 경청과 공감과 존중을 통해 회복될 수 있다는 말을 하려는 것이다.

여기서는 정보의 출처가 누군가의 관점에 미칠 수 있는 양극화 효과를 염두에 두는 것이 중요하다. 백신 연구에 관한 중요한 뉴스의 출처가 인터넷 동영상인 경우, 혹은 기후변화에 대한 정보의 주요 내용이 폭스 뉴스인 경우,[54] 잘못된 정보를 얻게 될 뿐만 아니라 '반대편' 에 있는 사람들을 악마화하고 심지어 혐오하기가 더 쉬워진다. 과학 자를 만난 적이 없는 사람이라면 그들이 따뜻하고 매력적일 수 있다 는 사실을 알 방법이 있을까? 과학 부정론에 대항하는 가장 기본적 인 원칙이 더 많은 정보를 제공하는 것이 아니라고 할지라도, 사일로 효과(silo effect, 조직의 부서들이 담을 쌓고 내부 이익만을 좇는 현상—옮긴이)가 개 인의 이해뿐 아니라 자신의 정체성을 위협하는 대안적 관점을 들어 주는 관용에도 악영향을 미친다는 사실을 인식하는 것이 중요하다.

과학 부정론자들과 맞닥뜨리기 전에 기억해야 할 핵심 사항들을 정리해보면 다음과 같다.

1. 과학 부정론에도 다양한 양상이 존재한다. 모든 과학 부정론자들을 하나로 엮는다면 우리의 과업은 불가능해질 수 있다. 하지만 지식과 헌신의 정도는 다양하다. 예를 들어 백신 거부자들에게 접근하는 데 있어서 가장 좋은 조언 중 하나는 그들 모두를 똑같은 백신 거부자로 매도하지 않는 것이다. (그리고 그들에게 말할 때 '백신 거부자'라는 용어를 사용하면 모욕이라는 점을 기억해야 한다.) 캐나다의 한 연 구에 따르면 강경한 백신 거부자들은 전체 인구의 1~3퍼센트에 불 과한 반면 '백신접종을 주저하는 사람'은 30퍼센트가량인 것으로 나 타났다. 후자가 설득하기 더 쉬운 것은 물론이다.[55]

기후변화 문제에서도 마찬가지다. 인터넷 매체 '예일 클라이밋 커 넥션(Yale Climate Connection)'은 기후변화 부정론자를 전향시키고자 한 다면 그 첫 단계는 설득이 가능한 사람과 그렇지 않은 사람을 구별하는 일이라고 조언했다. '설득 가능한 부류'에는 정보가 있지만 게으른 사람, 정보가 없는 사람, 잘못된 정보를 아는 사람, 당파를 추종하는 사람, 이데올로그, 트롤 등이 있다고 주장했다.[56] 슈미트와 베슈의 연구를 통해 이미 살펴보았듯이 누군가에게 신속히 접근할수록 더 좋은 기회를 가질 수 있다. 그렇다면 우리는 정보가 있지만 게으른 사람에서 시작해 그다음으로 당파를 추종하는 사람에게 가야 할까? 우리의 에너지와 자원은 무한하지 않기 때문에 가장 잘할 수 있는 부분에 집중하면 어떨까?

하지만 우리는 가장 강경한 사람들도 전향시킬 수 있음을 보여주는 예도 설명했잖은가? 이데올로그와 트롤에게도 대화를 시도할 가치가 있지 않은가? 그들이 가진 엄청난 영향력을 고려해서라도 분명히 그러하다.

2. 잘못된 정보나 허위 정보는 소셜 미디어에서 증폭된다. 매우 강경한 과학 부정론자들은 수가 많지 않다고 해도 그들이 만들어내는 소음은 심각하다. 백신 거부자였던 사람은 다음과 같이 기술했다.

백신 거부자들은 오랫동안 존재해왔지만 소셜 미디어가 등장하면서 그들이 악순환에 빠지기가 더 쉬워졌다. 한번 그 안에 들어가면 바깥 세상이 눈에 들어오지 않는다. 알고리즘은 당신이 검색했던 내용과 관련된 정보들을 주로 보여준다. 백신 거부와 관련된 이야기를 찾아보기 시작하는 순간 당신이 사용하는 태그에 불이 붙기 시작한다. 그러면 당신은 이렇게 생각하기 시작한다. "오, 이런, 생각이 같은 사람들이 이렇게나 많고, 그동안 너무나 많은 일들이 벌어지고 있었군."
하지만 이 사실을 엄밀히 검토해볼 기회가 있다면 실제로는 인구의
아주 적은 일부가 정말 정말 시끄러운 소리를 내고 있다는 사실을 알
수 있다. 두려움은 분노를 불러오고, 도발을 감행하게 만든다. 일단 그
상황에 매몰되면 헤어나기 어렵다.[57]

특히 강경한 이데올로그가 의제를 주도하는 경우 과학 부정론의
확산 현상이 실제보다 더 심각해 보일 수 있다.《음모론 안내서(The
Conspiracy Theory Handbook)》에서 스테판 레반도프스키와 존 쿡은 공감
을 보여주고 조롱을 삼가면서 음모론자와 대화를 잘 이끌어가는 최
선의 방법에 대해 현명한 조언을 제시한 뒤 다음과 같은 놀라운 결과
물을 내놓는다.

> 음모론자들은 수가 많지 않지만 엄청난 영향력을 행사한다. 서브레딧
> (subreddit) 사이트 음모론 커뮤니티(r/conspiracy)에 올라온 200만 개 이상
> 의 댓글을 분석한 결과 게시자의 5퍼센트만 음모론적 사고를 드러냈지
> 만 모든 댓글의 64퍼센트에 영향을 미쳤다. 가장 많은 글을 올린 사용
> 자는《반지의 제왕》3부작의 두 배인 89만 6337개의 단어를 썼다![58]

이런 사실을 감안할 때 가장 투철한 과학 부정론자들과 이따금씩 대
화를 나누는 일도 가치가 있을 수 있다. 왜냐하면 일단 허위 정보의
출처(아마도 초라할 것이다)를 발견하면 이를 무력화할 수 있기 때
문이다. 허위 정보의 풀(pool)이 얕다는 사실을 기억할 필요가 있다.

당신이 만일 온건한 과학 부정론자와 간단한 대화를 나누는 중에 슈퍼전파자가 말하지 않은 정보를 이야기하는 것을 들었다면 사람들에게 의구심을 불러일으키기 시작해 부정론으로 귀결되기 전에 미리 차단할 수 있는 기회를 얻었다고 할 수 있다.

3. 끈질기게 끝까지 따라가라. 당신이 만일 한 사람을 성공적으로 전향시켰다 해도 관심을 끊어서는 안된다. 다시 말하지만 정치적 신념을 바꾸는 일에 대한 앞선 연구도 참고할 수 있다. 어느 연구에 따르면 다음과 같다.

> 사실을 확인한 후 거대 양당의 믿음에 큰 변화가 있었는데 이는 보수와 진보 상관없이 설득력 있고 편견 없는 정보가 제공된다면 마음을 바꿀 수 있음을 의미한다. 그런데 문제가 있었다. 일주일이 지난 후에 피실험자들은 거짓 진술을 부분적으로 '다시 믿었고' 사실 정보가 진실이라는 점도 부분적으로 잊었다. (중략) "개인이 일시적으로 자신의 신념을 업데이트하려 한다고 해도 사실과 허구에 대한 설명 모두 유효 기간이 있는 듯하다."[59]

사실 확인을 바탕으로 누군가의 신념을 바꾼 것이 진전처럼 보이겠지만 사람의 생각을 온전히 바꾸는 것은 단순히 정보 부족을 극복하는 문제가 아니다. 정체성의 변화라는 보다 어려운 과업이 도사리고 있다.

그리고 우리는 어떤 이들은 오로지 증거만으로 생각을 바꿀 수 있다는 사실을 알고 있다. 사람들을 '깜짝' 놀라게 한 것에 대해 이야기한 커클린스키의 연구를 기억하는가? 2016년 제임스 케이슨(James Cason)은 플로리다주 코럴게이블스(Coral Gables)의 공화당 소속 시장으로 당선되었다. 그러고 나서 사흘 만에 기후변화가 실재한다고 인정했다. 그는 이렇게 말했다. "여기저기서 자료들을 찾아보았지만 제가 시장으로 취임한 이 도시에 기후변화가 얼마나 영향을 미칠지는 인식하지 못했습니다." 분명히 문제는 이것이었다. 코럴게이블스는 요트가 302척이나 있는 부유한 마을이며 요트의 상당수가 소유주의 집에 정박해 있다. 그리고 주택지와 바다 사이에는 다리가 하나 놓여 있다. 기후변화로 수위가 상승하면서 사람들은 다리 아래에서 보트를 몰기가 어려워졌다. 케이슨이 관찰한 바에 따르면 "멋진 요트가 딸린 500만 달러짜리 주택들이 많은데, 더 이상 배를 운용할 수가 없어서 갑자기 재산 가치가 하락하는 상황이 벌어진다. 이는 [해수면 상승의] 첫 번째 지표로 사람들에게 경종을 울릴 것이다." 이념은 딱 하나다. 즉 정박지에서 배를 운행할 수 없는 상황은 명백히 비상사태라는 것이다.[60] 훗날 공화당 대선 토론 직전에 케이슨은 마이애미 시장 토머스 레갈라도(Tomas Regalado)와 함께 〈마이애미 헤럴드(Miami Herald)〉에 기고문을 실었다. 일부를 인용하면 다음과 같다. "우리는 물론 플로리다 남부의 대다수 공무원들에게 기후변화는 당파적 논란거리가 아니다. 그것은 우리가 조만간 대응해야 하는 무시무시한 위기다."[61]

자신의 이익이 침해당할 때 사람들은 재빨리 생각을 바꿀 수 있다. 농부들과 어부들도 이제는 기후변화의 현실을 받아들이기 시작하는 것 같다.[62] 또한 일부 백신 거부자들조차도 코로나바이러스에 대한 두려움을 크게 느끼며 견해를 바꾸고 있다. 홍역과 유사한 질병이 비교적 드물고 홍역에 걸린 사람이 어디 있는지 알 수 없을 때 백신을 거부하는 일은, 아무런 보호책 없이 생명을 위협받는 팬데믹에 직면하는 것과 다른 문제다. 백신 거부자였던 한 사람은 이런 말을 남기기도 했다. "저는 백신이 막아주는 질병만큼이나 백신이 두려웠습니다. (중략) [하지만] 코로나19 이후 백신으로 대비하지 않을 때 어떤 일이 벌어질 수 있는지 직접 목격했어요."[63]

이 모든 이야기가 일화적이라는 점은 인정하지만 그 중요성을 부인할 수는 없다. 실제로 과학 부정론자들이 마음을 돌이킨 이야기들에는 유사한 부분이 많고 이를 간과할 수 없다. 실제로 내가 읽은 거의 모든 일화에서 생각을 바꾼 백신 거부자, 기후변화 부정론자, 혹은 이데올로그들은 자신들이 신뢰할 수 있는 누군가를 직접 만나 증거를 토대로 대화를 나눈 이들이었다. 친절, 공감, 경청하는 태도. 이것들은 그들이 정체성을 개조하는 데 도움이 되는 요소들이기 때문에 누군가가 그들의 신념을 바꾸도록 돕는 데 긴요한 열쇠가 된다. 또한 그것들은 당신이 데이터를 모으고 필요한 정보를 정리할 수 있을 만큼 충분히 오랫동안 과학 부정론자들의 관심을 끌어줄 수 있는 수단이기도 하다.

과학을 매우 존중하는 철학자로서 이러한 사변(思辨)을 정당화하는 어떤 실증적 연구도 내놓을 수 없다는 사실이 안타깝다. 나는 마이클 셔머와 스테판 레반도프스키 같은 학자들이 이 주제로 연구하여, 어떤 영역에서든 얼굴을 마주 보고 존중하는 태도로 대화를 나누는 것이 누군가를 전향시키는 최선의 방법이라고 한 피터 버고지언과 제임스 린지의 조언을 확증해주었다는 사실에 용기를 얻는다.

그렇다면 과학 부정론자와 관련된 일은? 나는 코넬리아 베슈와 전화 통화를 했고, 그녀는 장차 있을 실험에서 나와 협업하는 방안도 관심이 있다고 밝혔다.

다가올 미래가 아닌
눈앞의 현실,
기후변화

Conversations with Flat Earthers,
Climate Deniers, and Others Who Defy Reason

기후변화 부정론은 우리 시대의 가장 크고 중요한 과학 부정론의 사례다. 그 이유는 기후변화 부정론자들은 드러나지 않게 널리 퍼져 있을 뿐만 아니라(특히 미국에서 그렇다) 적절한 조치를 취하지 않을 경우 치러야 할 비용이 막대할 것으로 예상되기 때문이다.

2018년에 UN이 발표한 IPCC 보고서의 결론은 충격적이었다. (전 세계가 현재 수준 아래로 배출가스를 줄여야 하는) '타협 불가능한' 목표인 2도 상승을 달성하기는커녕, 2017년 전 세계 이산화탄소 배출량이 사상 최고 수준으로 증가했다.[1] 그리고 2018년에 이 수치는 더욱 상승했다.[2] 2019년의 전체 데이터는 아직 입수하지 못했지만 예비 분석에 따르면 사상 최고치를 경신할 것으로 전망된다.[3] 2018년 폴란드에서 열린 제24차 유엔 기후변화 콘퍼런스 개막 연설에서 구테흐스 UN 사무총장은 "인류는 기후변화로 심각한 곤경에 처했다"라고 선언했다. 2018년에 인도는 6퍼센트, 중국은 5퍼센트에 달하는 배출량 증가를 보였다. 두 번째로 온실가스를 많이 배출하는 미국(트럼프 전 대통령의 석탄 친화적 정책으로 사정이 악화되었다)이 2018년에 이산화탄소 배출량 증가율이 2.5퍼센트를 기록한 것도 놀라운 일이 아니다. 설상가상으로 과학자들은 이제 (초기 파리 협정에 명시된) 2도 목표치도 충분히 효과적이지 않으리라고 예상한다. 지구온난화가 최악으로 치닫지 않으려면 세계는 1.5도 이상으로 상승하지 않게끔 목표를 다시 세워야 한다.[4]

아마도 가장 놀라운 결론은 지금 추세가 계속된다면 2040년까지 1.5도 목표에 도달할 것이라는 점이다. (이미 기한의 3분의 2가 지났다. 1850년대 산업혁명 이후 지구 온도는 1도가 상승했다.)[5] 게다가 인류가 아무런 대책을 강구하지 않으면 21세기 말까지 지구 온도는 3도에서 5도까지 올라갈 것으로 예상되며 이는 막대한 피해로 되돌아올 것이다.[6] 그때까지 기후변화로 인해 전 세계가 지출할 경제적 비용은 54조 달러 이상이 될 것이다.[7] 여기에는 각종 기반 시설 파괴, 임금 하락, 자산 손실, 기타 경제적 비용 등이 포함된다. 물론 여기에 수반되는 인적, 사회적 비용은 훨씬 더 막대할 것이며 계산하기조차 어려울 것이다. 극심한 더위, 산불 증가, 홍수, 허리케인, 물 부족, 농작물 피해 등과 같은 환경적 요인 때문에 수백만 명의 혹서 사망자, 기후변화 난민, 그리고 전 세계가 일찍이 겪어보지 못한 규모의 사회적 붕괴가 예상된다.[8]

그나마 희소식이 있다면 만약 2030년까지 전 세계 이산화탄소 배출량을 절반으로 줄인다면 1.5도 목표에 도달할 수도 있다는 사실이다.[9] (하지만 상황을 유지하기 위해 2050년까지 배출량을 0에 수렴시켜야 할 것이다.)[10] 그런데 IPCC 보고서에 따르면 1.5도에 도달하는 데 필요한 에너지와 운송 수단, 기타 시스템의 전면적인 변화를 위한 "기록된 역사적 사례가 존재하지 않는다."[11] 과학기술이 도움이 될까? 당연하다. 사실, 프린스턴대학교의 과학자 로버트 소콜로(Robert Socolow)와 스티븐 파칼라(Stephen Pacala)에 따르면 "인류는 이미 다음 반세기 동안 탄소 및 기후 문제를 해결할 근본적인 과학, 기술, 산업 분야의 노하우를 보유하고 있다."[12] 경제적 인센티브도 도움이 될까? 그렇다. 세계적인 탄소세는 우리가 더 나은 환경을 위한 선택을 할 수 있도록 소비 습관을 개선하는 데 도움이 된다. 무엇보다 중요한 점은 우리가 석탄 사용을 중단해야 한다는 것이다.[13] 이런 노력이 고통스러워도 감내할 충분한 이유가 있다. 나중으로 미루는 것보다 지금 비용을 지불하는 편이 훨씬 저렴하기 때문이다. 구테흐스 UN 사무총장은 이렇게 말했다. "상황의 시급성은 아무리 강조해도 지나치지 않다. (중략) 전 세계적인 대혼란을 일으키는 재앙적 기후변화를 목격하고 있음에도 불구하고 우리는 여전히 돌이킬 수 없는 가공할 기후파괴를 예방하기 위해 충분히 애쓰지도 않고 충분히 빨리 움직이고 있지도 않다."[14]

그런데 이런 노력들이 정치적 의지 없이 일어날 가능성은 얼마나 될까? 우리는 이미 기후변화를 인정하는 정치인이 국가를 이끌고 있는데도 감축 목표치를 달성하지 못하는 세상에 살고 있다. 2018년 에마뉘엘 마크롱(Emmanuel Macron) 프랑스 대통령은 과도하지 않은 유류세 인상에도 대규모 폭동이 벌어지는 상황을 마주했다. 그는 나중에 "어떠한 종류의 세금도 국가의 통합을 해칠 만큼의 가치가 있지는 않다"라고 말하며 세금 정책을 철회했다.[15] 앞서 그는 "월요일에 환경을 생각했다가 화요일에 유류세 인상을 반대할 수는 없다"라고 말했다.[16] 그럼에도 불구하고 그는 눈 하나 깜짝하지 않았다.

미국에도 비슷하게 눈 하나 깜짝하지 않는 정치 지도자가 있다. 그 또한 기후변화의 당면한 현실에 눈을 감았기 때문이다. 언론을 통해 널리 보도된 것처럼 트럼프 대통령은 자신에게 권한이 주어지자마자 가장 먼저 미국을 파리 협정에서 탈퇴시켰다(2020년 11월).[17] 그 전부터 그는 기후변화 이슈를 깎아내리기 위해 자신이 할 수 있는 모든 일을 해왔다. 석탄 생산 보조금을 복원했고[18] 오바마 대통령 때 정한, 신차에 대한 배기가스 기준을 철회했다.[19] 2018년에 캘리포니아에서 산불이 났을 때 그는 기후변화와 관련이 있을지도 모른다는 의견에는 전혀 관심을 두지 않았고 "숲 바닥을 청소하는 일"에 더 매진하라고 권고했다.[20] 2018년 10월 인터뷰에서 트럼프는 아직도 기후변화가 음모론이라고 생각하는지 묻는 레슬리 스탈(Lesley Stahl) 기자에게 카메라 앞에서 다음과 같은 믿기 힘든 발언을 했다.

스탈: 아직도 기후변화가 사기라고 생각하십니까?
트럼프: 제 생각엔 어떤 일이 벌어지고 있는 것 같아요. 무언가가 바뀌고 있고 그것은 또다시 바뀔 겁니다. 사기라고 생각하진 않지만 생각의 차이는 있는 것 같아요. 하지만 인간이 초래한 일인지는 모르겠어요. 이 말은 해야겠군요. 저는 수조 달러를 낭비하고 싶지 않습니다. 그리고 수백만 개의 일자리도 잃고 싶지 않습니다. 저는 손해가

되는 일을 추진하고 싶지 않은 겁니다.

스탈: 대통령님께서 그린란드라도 방문하셔서 거대한 얼음덩어리들이 바다로 흘러 들어가 해수면을 높이는 모습을 직접 보시면 좋겠습니다.

트럼프: 그 현상이 인간 때문인지 아닌지는 알 수 없습니다. 누구도 알 수 없어요.

스탈: 글쎄요, 대통령님 주변의 과학자, 측근 과학자들은….

트럼프: 아닙니다. 우리 과학자들이죠….

스탈: 국립해양대기청(NOAA)이나 나사에도….

트럼프: 거기에 동의하지 않는 과학자들이 있잖아요.

스탈: 그러니까 저는, 제가 예상했던 장면은 대통령께서 "아닙니다. 허리케인 상황을 목격했고 제 입장을 바꿨습니다. 기후변화는 실재합니다"처럼 답변하는 것이었어요. 하지만 지금 저는 '와, 충격적이네'라고 생각했습니다.

트럼프: 글쎄… 제가 부정하는 건 아닙니다.

스탈: 그로 인해 발생하는 결과들이 있습니다.

트럼프: 저는 기후변화를 부정하지 않습니다. 하지만 그 현상은 쉽게 되돌려지기도 합니다. 그러니까, 우리가 이야기하고 있는 건 수백만 명 이상이….

스탈: 하지만 그 말씀은 기후변화를 부정하는 입장으로 들립니다.

트럼프: 지속적이에요. 우리가 이번에 경험한 허리케인 마이클보다 훨씬 심각한 허리케인이 예전에도 있었다고 그들이 말했습니다.

스탈: 그건 누가 한 말인가요? '그들이 말했다'뇨?

트럼프: 사람들이 말했다는 겁니다. 사람들의 말은 어떤 경로로….

스탈: 좋습니다. 하지만 이번이 역대 최악이었다는 과학자들의 말은 어떻게 받아들여야 합니까?

트럼프: 그 과학자들이 누구인지 밝히셔야 할 겁니다. 그들은 매우 심각한 정치적 의제를 언급하고 있군요, 레슬리.[21]

여러 미국 정치인들이 '지구한랭화(global cooling)' 현상에 대한 설익은 추측을 내놓거나 기후학자들 사이의 '기우(杞憂)'를 무시하는 가운데[22] 트럼프 대통령이 2018년 기후변화에 관한 정부의 연례 의회 보고를 블랙프라이데이(Black Friday, 매년 11월 넷째 금요일로 연중 최대 규모의 세일 행사가 열린다―옮긴이)에 발표하기로 결정한 지독한 비겁함에도 직면해야 했다. 그 바람에 만약 조만간 일정한 조치를 취하지 않는다면 미국은 21세기 말까지 연간 국내총생산(GDP)의 10퍼센트에 달하는 경제적 손실에 맞닥뜨릴 것이라는, 정부 과학자들이 내놓은 있는 그대로의 결론을 기자들이 놓쳤을지도 몰랐다.[23]

평평한 지구론자들은 무해해 보일 수 있지만, 이런 종류의 과학 부정론자들은 우리를 망칠 수 있다.[24] 다행스럽게도 해가 거듭할수록 지구온난화 이슈에 반대하는 의견들은 적어지고 있는 듯하다. 2018년 몬머스대학교(Monmouth University)의 여론조사에 따르면 미국인의 78퍼센트가 현재 벌어지는 기후변화의 현실을 믿고 있으며 그것이 '매우 심각한 문제'라는 데 동의했다. 하지만 이 통계 수치에는 공화당 지지자가 25퍼센트만 포함되어 있었다. 전반적인 여론은 기후변화의 원인을 둘러싸고 여전히 의견이 갈리고, 지구 온도 상승에 대한 책임이 사실상 전적으로 인간 활동에 있다는 전 세계 과학자 97퍼센트의 일치된 견해를 정확하게 받아들이는 응답자는 29퍼센트에 불과했다.[25] 확실히 이 사람들이 모두 과학 부정론자인 것은 아니다. 일부는 기업 로비나 정치적 사리사욕을 통해 우리에게 전해진 허위 정보 캠페인으로 시야가 가려진 바람에 사실에 무지했을 수 있다. 하지만 이것이야말로 우리가 기후변화의 중요성과 그 결과를 이해하고, 이 분야를 연구하는 과학자들을 신뢰하며, 그에 대해 계속 대화하는 일이 그토록 중요한 이유다.

기후변화 부정론의 기원과 원인

기후변화의 현실과 대중의 이해 사이에는 커다란 간극이 있다. 우리가 뽑은 국가 지도자들 사이에서 이 차이가 지금처럼 극심했던 적이 없다. 트럼프 대통령 재임 기간 동안 민주당과 공화당의 불균형이 그랬고, 공화당 내에서도 기후변화 부정론자 세력이 광범위하게 득세한 현상도 그랬다.[26] 만일 기후변화에 대해 어떤 조치를 취할 계획이라면 미국이 주도적인 역할을 해야 한다. 그런데 시민 사이에 이런 일을 추진하고자 하는 정치적 의지가 없다면 우리가 뽑은 지도자들이 그대로 따를(혹은 그런 의지가 있는 새로운 지도자들을 우리가 얻을) 가능성은 얼마나 될까?

이제 우리는 피할 수 없는 질문에 대한 답을 구해야 한다: 기후변화에 관한 과학적 근거가 명확하다면 왜 그토록 많은 사람들이 이를 부정하는 것일까? 나는 이 책에서 기후변화가 사실임을 입증하는 중거를 제시해야 한다고 생각하지 않는다. 그런 자료들은 다른 곳에서도 얼마든지 얻을 수 있다.[27] 1장에서 지구가 정말로 둥글다는 것을 독자에게 증명하는 것이 나의 목표가 아니었듯이, 여기서도 기후변화에 대한 과학적 증거를 제공하는 것이 나의 목표가 되어서는 안 된다. 그럼에도 불구하고 살펴보아야 하는 것은 기후변화 부정론자들이 추구하는 동기와 전략이다. 나는 왜 그들을 '회의론자'가 아닌 '부정론자'라고 칭하는가? 증거가 너무도 명확하고 그에 대한 과학자들 간의 합의도 존재하기 때문에 이에 대해 회의를 할 여지는 없기 때문이다.

나오미 오레스케스의 2004년 연구에 따르면, 1993년과 2003년 사이에 발표된 '지구 기후변화'를 주제로 한 논문 928편을 전수 조사한 결과 지구온난화에 대한 합의된 과학적 결론에 동의하지 않는 논문은 한 편도 존재하지 않았다.[28] 제임스 L. 파월(James L. Powell)이 2012년 수행한 후속 연구에 따르면, 1991년부터 2012년까지 기후변화 관련 동료평가를 받은 논문 1만 3950편 가운데 스물네 편(0.17퍼센트)만이 지구온난화 이론을 거부했다.[29] 2014년에 2258편을 추가로 분석한 결과 기후변화에 대한 과학적 합의에 반대한 논문은 단 한 편뿐이었다.[30]

오늘날 과학자들의 97퍼센트가 기후변화는 진행 중이며 인간 활동에 주된 책임이 있다는 데 동의한다고 한다. 이 주장의 출처는 피터 도런(Peter Doran)과 매기 짐머만(Maggie Zimmerman)의 2009년 설문조사였다. 통계에 따르면 기후과학자 가운데 96.2퍼센트가 1800년 이후 지구 온도 상승에 동의했으며, 97.4퍼센트는 인간 활동이 지구

온도 변화의 중요한 요인이라는 점에 동의했다.[31] 이 연구는 1991년 과 2011년 사이에 발표된 '기후변화' 혹은 '지구온난화'에 관한 1만 1944편의 논문 초록을 조사한 존 쿡 등의 2013년 논문에서 검증되었으며, 의견을 표명한 논문 가운데 97.1퍼센트는 인간에 의한 지구온난화라는 합의된 과학적 입장에 동의했다.[32] 이후 놀라운 후속 연구가 발표되었는데, 2015년 라스무스 베네스타드(Rasmus Benestad)와 동료 연구자들은 지구온난화를 거부한 희귀한 과학자 3퍼센트의 연구를 조사했다. 이 연구는 지난 10년 동안 동료평가를 받는 학술지에 게재된 논문 서른여덟 편을 대상으로 했는데, 그들의 모든 연구에서 방법론적 오류가 있다는 사실을 확인했다![33]

결론을 말하자면 기후변화의 현실을 둘러싼 과학적 논쟁은 사실상 없다. 더 정확히 말하면, 반론의 증거는 무수히 많고 입증 가능성은 없는 과학적 문제에 대해 반대 의견이 얼마나 될지는 누구라도 정확히 예상할 수 있다: 지극히 미미한 수준이다.[34] 그런데 과학자들이 믿는 것과 대중이 과학자들이 믿는다고 생각하는 것 사이에는 큰 간격이 존재한다. 즉 대중은 기후변화가 일어나고 있는지(그리고 누구 책임인지)뿐 아니라 과학자들이 기후변화가 실재한다는 데 동의하는지(그리고 인간들이 결정적인 책임이 있는지)에 대해 잘못된 정보를 가지고 있는 경우가 많다. 이는 기업과 정치적 이익에 의해 생산된 허위 정보가 유포된 결과이며 이로 인해 대중은 오도되었다.

베네스타드의 연구에 참여했던 공동 저자 데이나 누치텔리(Dana Nuccitelli)는 이렇게 기술했다.

가장 최근의 IPCC 보고서에 대한 질문을 받았을 때 공화당 의원들은 일관되게 잘못된 메시지를 발표했다. 즉 기후과학자들이 인간에게 책임이 있는지 여부에 대해 여전히 논쟁 중이라는 발언을 했다. 이전에 발표되었던 IPCC 보고서는 1950년 이후 발생한 지구온난화의 100퍼센트가 인간 활동에서 비롯되었다고 명확하게 결론지었다. 나사의 대기과학자 케이트 마벌(Kate Marvel)은 이렇게까지 발언한 바 있다. "우리는 흡연이 암을 유발하는 것보다 온실가스가 기후변화를 일으키는 것에 더 확신을 품고 있다."[35]

누치텔리는 계속해서 이렇게 썼다. "하지만 예일대학교와 조지메이슨대학교에서 실시한 설문조사에 따르면 미국인의 약 15퍼센트만이 기후변화에 대한 전문가 집단의 합의가 90퍼센트를 초과한다는 사실을 알고 있다."

어떻게 이런 일이 벌어졌을까? 여기에 등장하는 정치적 이야기는 1950년대에 흡연과 폐암의 상관관계를 부정했던 사례와 마찬가지로 기업의 이익과 관련된 경제적 이야기에서 비롯되었다. 1950년대 담배 회사의 임원 회의에서 흡연과 암의 과학에 맞서기 위해 일종의 작전을 수행했던 사건을 기억하는가? 거의 동일한 회의가 40년 후 열렸는데, [엑슨모빌(ExxonMobil), 셰브론(Chevron), BP, 쉘 오일(Shell Oil) 같은 회사들이 결성한] 미국석유협회(American Petroleum Institute, API)가 1998년에 지구온난화를 지지하는 과학에 대항할 '지구 기후과학 커뮤니케이션 행동(Global Climate Science Communications Plan)'을 만들기 위해 소집한 것이었다. 1997년 교토의정서 회의에서 이미 많은 국가들이 탄소 배출량을 줄이기로 약속한 상태였기 때문에 이제 실행에 옮길 때가 되었다. 이에 그들은 담배 회사 경영진이 여러 해 전에 사용했던 동일한 시나리오에 따라, 기후변화를 입증하는 과학에 대해 혼란을 일으키는 전략을 마련했다. "의심은 우리의 제품이다"라고 했던 담배 회사의 악명 높은 슬로건을 기억하기 바란다. 이번에는 API 액션플랜이 유출되었지만 표면화되기까지 수십 년이 걸리지 않았다.[36] 이 계획에 따르면 "평균적인 시민이 기후과학에서 불확실성을 '이해'(인지)할 때 승리할 수 있다." 또한 "당대의 과학을 바탕으로 교토의정서를 추진하는 것이 현실과 동떨어져 보이도록 만드는 전략"이 필요하다고 명시했다.[37] 하지만 이번에는 그것이 정말로 문제가 되지 않았다. 대결 구도가 명료했고 유출된 메모도 공격적이지 않았다. 몇 년 후, 엑슨모빌은 이미 1977년에 기후변화의 현실을 인지하고 있었음이 알려졌다.[38] 정말이지 위선의 정수였는데, 엑슨모빌은 기후변화 부정을 조장하는 전략들을 강화하는 와중에도 북극의 만년설이 녹을 경우 그곳에서 새로운 유전을 탐사할 계획을 세웠다.[39]

떠올리기 쉽진 않겠지만 언제나 이런 식은 아니었다. 1980년대 후반 지구온난화가 처음 대중의 관심사로 부상했을 무렵, 조지 부시(George H. W. Bush) 당시 대통령은 '백악관효과(White House effect)'로 '온실효과(greenhouse effect)'를 물리치겠다고 공언했다. 그 결과 중 하나가 IPCC 설립이었다. 이 협의체는 지구온난화에 대한 대중의 인식을 높이는 데 크게 기여했다.[40] 2008년까지만 해도 초당파적인 협력관계가 어느 정도 성립되어 있었다. 시민들은 공화당의 뉴트 깅그리치(Newt Gingrich)와 민주당의 낸시 펠로시(Nancy Pelosi)가 소파에 앉아 지구온난화와 맞서 싸우는 합의안을 약속하는 장면을 텔레비전 공익광고로 목격했다.[41] 물론 그 무렵 앨 고어(Al Gore)는 2006년 책과 영화로 공개된 〈불편한 진실(An Inconvenient Truth)〉로 화제를 모으며 주목을 한 몸에 받았다. 기후변화 이슈도 지금 우리가 목격하는 당파적 열광의 단계까지는 아니더라도 이미 상당 부분 정치화되는 과정에 있었다. 첫 번째로, 이 '논쟁'이 과연 어떻게 결론이 날지 지켜보는 상황에서 기득권을 가졌던 정치인들은 기업 이익에 완전히 굴복해야 했을 것이다.[42]

제인 메이어(Jane Mayer)는 2016년에 집필한 책 《다크 머니》에서 기후변화 부정론을 처음 제기한 것은 코크(Koch) 형제나 엑슨모빌 같은 석탄 연료 투자자들이라고 주장했다.[43] 실제로 찰스와 데이비드 코크가 뿌린 돈만 해도 어마어마한 액수였다. "2005년부터 2008년까지 코크 형제라는 하나의 재원(財源)이 기후 개선에 맞서 싸우는 수십 개의 서로 다른 조직들에 쏟아부은 돈은 2500만 달러에 달했다."[44] 이는 엑슨모빌 지출액의 세 배를 초과하는 액수였다. 다른 매체에서 메이어는 이렇게 주장하기도 했다. "미국에서 코크 형제가 기후변화를 의심하는 이들의 가장 큰 후원자라는 불확실성이 해소되지 않는다면 코크랜드[Kochland, 코크 인더스트리(Koch Industries)라는 코크 형제 소유의 재벌 기업을 일컫는다─옮긴이]를 기업공개 하여 논란을 잠재워야 한다."[45] 다른 이들은 "데이비드 코크보다 향후의 기후위기에 더 막중한 책임을 져야 할 사람은 많지 않다"라는 데 동의했다.[46]

물론 화석연료 회사들에서 나온 돈도 적지 않았다. 2019년 〈포브스〉 기사에서는 다음과 같은 사실이 드러났다.

세계 5대 국영 석유 및 가스 회사들은 강제성 있는 기후 정책을 통제, 지연, 혹은 차단하기 위한 로비 활동에 매년 대략 2억 달러를 지출한다. (중략) BP가 5300만 달러로 기후 관련 로비에 대한 연간 지출이 가장 많았고, 쉘은 4900만 달러, 엑슨모빌은 4100만 달러다. 세브론과 토털(Total)도 매년 2900만 달러를 지출한다.[47]

〈스미스소니언 매거진(Smithsonian Magazine)〉은 "조직적인 기후변화 반대 운동에 연간 거의 10억 달러가 흘러 들어간다"라고 추정한다.[48]

이 돈으로 무엇을 사는가? 싱크 탱크들을 매수한다.[49] 학회를 후원한다.[50] 로비스트를 섭외한다. 친기업 성향 과학자들을 발굴한다. 언론 보도에 영향력을 행사한다. 이 모든 것을 한마디로 말하자면, 의심을 유포하는 일이다. 메이어는 《다크 머니》에서 하버드대학교 시다 스코치폴(Theda Skocpol)의 연구를 인용하며 기후변화에 대한 투쟁의 전환점을 2007년으로 보았다. 바로 앨 고어가 노벨 평화상을 수상하고 영화 〈불편한 진실〉이 공개된 직후였다. 여론조사에서도 일반 대중이 지구온난화에 대해 더 많이 우려하기 시작했음이 드러났다. 이 시점부터 기후변화 부정론자 세력들이 더욱 강력하게 반발하기 시작했다. 라디오, 텔레비전, 책, 의회 증언 등 모두가 기후변화에 대한 회의론에 힘을 싣는 홍보 활동에 기여했다. 스코치폴은 이 시기에 기후변화 부정론이 일간 미디어를 통해 미국 인구 30~40퍼센트가량에게 전파되었다고 추산한다.[51] 이후의 상황은 불 보듯 뻔했다. "오래지 않아 대중 여론조사는 강경한 진보주의자들을 제외한 모든 사람들의 기후변화에 대한 우려가 무너져버렸음을 보여주었다."[52]

미국 정치인들의 변화도 충분히 예상 가능했다. 수년간 이어진 화석연료 수혜자들의 수백만 달러에 달하는 정치 기부금은 말할 것도 없고, 일반 대중의 여론이 바뀌면서 "공화당, 특히 미국 의회는 이내 기후 이슈와 관련해 오른쪽으로 급격히 기울었다. 일반 대중 사이에서의 당파적 차이는 그리 크지 않았지만 선출된 공직자들 사이에서는 매우 큰 견해차가 나타나기 시작했다."[53] 크리스토퍼 레너드(Christopher Leonard)는 저서 《코클랜드(Kochland)》에 대해 인터뷰하는 자리에서 다음과 같이 말했다.

코크의 네트워크는 기후변화의 현실을 인정한 공화당 온건파들을 몰아내는 데 핵심적이고도 타의 추종을 불허하는 역할을 했다. 그리고 이들은 정치적 담론을 영원히 바꿔놓았다. 이제 재선을 위해 충분한 자금을 모으려는 믿을 만한 공화당 정치인은 과학의 기초적인 사실조차 인정할 수 없는 처지가 되었다.[54]

오늘날 우리는 이 모든 부정론과 허위 정보의 유산을 이어받았다. 심지어 기후변화의 현실에 대한 여론이 다시 일어나기 시작했지만 정치인들은 아무런 대안을 보여주지 못하고 있다.[55] 왜 그럴까? 가장 새로운 형태의 부정론은 기후변화의 존재에 관한 것이 아니라, 우리가 기후변화에 대해 무엇을 할 수 있는지(혹은 해야 하는지)를 충분히 알고 있는지에 관한 것이기 때문이다.[56] 그리고 이것이야말로 어느 때보다 당파적인 사안이 되어버렸다.

최근 퓨 리서치 센터(Pew Research Center) 여론조사에서 연구원들은 대다수의 미국인(52퍼센트)이 기후변화에 대한 정책을 펼치는 것이 대통령과 의회의 최우선 과제가 되어야 한다고 사상 처음으로 응답한 사실을 밝혔다. 하지만 당파적 견해차는 매우 심했다. 지난 4년 동안 기후변화에 대한 더 많은 정책적 조치를 지지한 비율은 민주당원의 경우 46퍼센트에서 78퍼센트로 증가했지만, 공화당원은 기본적으로 19퍼센트에서 21퍼센트로 큰 변화를 보이지 않았다.[57] 이는 지식에 관한 문제가 아니었다. 기후변화에 대한 신념은 정체성의 문제가 되어버린 듯했다.[58] 평평한 지구론과 마찬가지로 더 이상 증거가 아니라 어떤 집단에 속해 있는지가 관건이었다.

이제 이 모든 것을 어떻게 말할 수 있을까? 기후변화를 과학의 차원에서 논할 근거는 없는 것일까? 예전의 예의 바른 회의론에 무슨 일이 생긴 걸까? 기후변화에 대한 증거가 지구의 생김새에 대한 증거만큼 정말로 명확할까? 그렇다면 왜 그것을 증명할 수 없을까? 아, 지금 우리는 매우 익숙한 질문을 던지고 있다. 그리고 당신은 이 대본을 전에 본 적이 있다. 모두가 알고 있듯 모든 과학은 반론에 열려 있다. 사실로 판명될 수 있는 대립가설도 언제나 존재하지만 그렇다고 해서 기존의 정설이 정당성을 훼손당하지는 않는다. 지구온난화를 인간이 초래했다는 증거는 헤아릴 수 없이 많다. 기후변화에 대한 증거가 오늘날 99.9999퍼센트 신뢰수준에 도달했다고 보도한 로이터의 기사를 기억하는가?[59] 압도적 증거를 눈앞에 두고도 대안 이론이 사실일 가능성이 있다는 이유로 주류 이론을 믿지 않는 것은 비합리적이다. 남극에 줄무늬 유니콘이 있을까? 그곳에 가본 적이 없는

데 어떻게 안단 말인가? 하지만 이는 또다시 평평한 지구 논쟁으로 회귀하는 상황이다. 방대한 양의 과학적 증거와 합의를 거부하는 것은 회의론이 아니라 부정론이다.

그렇다면 우리는 왜 화석연료 이해관계자들과 보수 정치인들이 과학적 논증에서 심각한 오류라도 발견했다는 듯 작은 의구심을 그토록 효과적으로 이용하도록 내버려두었을까? 이런 상황을 되돌릴 때가 되었다. 기후변화 부정론자에 대한 치료제는 그들의 재정적, 이념적 부패 행각의 전반적인 본질을 폭로하는 것이며, 진화와 백신과 지구 모양에 대한 다른 날조된 부정론 운동에서 사용된 논쟁적 전략과의 유사성을 드러내는 것이다. 그런데 여기서 흥미로운 질문들이 제기될 수 있다. 우리는 기후변화 부정론이 흡연과 암 발병 사이의 연관성을 부정하는 캠페인과 많이 유사하다는 사실을 알지만, 기후변화 부정론과 평평한 지구론의 공통점은 무엇일까? 평평한 지구론을 통해 혜택을 얻고 있는 세력이 누구인지 나는 도무지 알 수 없다. 물론 일부 있을 수도 있다. 이런 시류에 뛰어든 몇몇은 티셔츠, 웹사이트 광고, 모자, 책 등으로 1~2달러를 벌거나 생계를 꾸려갈 수도 있다. 하지만 이기적으로 그런 목적에서 평평한 지구론이 만들어졌을까? 나는 그렇게 생각하지 않는다.

때때로 과학 부정론은 그와 같다. 어떤 경우에는 명백한 사리사욕에서 발생했을 수 있고 다른 경우에는 겉보기에 느닷없이 일어났을 수 있다. 하지만 기후변화 부정론이 만들어진 계기에 대해서는 의심의 여지가 없다. 오레스케스, 콘웨이, 레너드, 메이어, 무니(Mooney), 호건(Hoggan), 콜(Coll)을 비롯한 수많은 학자들은 기후변화 부정론이 얼마나 심하게 이기적이고 타락한 상태에서 비롯되었는지, 그리고 그로부터 이익을 취하거나 그 수혜자들에 의존하는 사람들이 수년 동안 얼마나 거센 비난에 직면했는지 분명히 보여주었다. 물론 일부 사람들은 실제로 그것을 믿는다. 그들은 이 이야기의 볼모일 뿐이다. 하지만 중요한 것은 아마도 그 이야기를 만든 사람들마저도 그것을 믿지 않는다는 사실 아닐까?

크리스토퍼 레너드는 《코클랜드》 관련 인터뷰에서, 데이비드와 찰스 코크가 자금을 뿌려대고 잘못된 정보를 유포하는 동안 자신들이 하고 있는 일의 진실을 스스로 믿었는지에 대해 의문을 제기한다.

저는 이 자리에서 유치한 이야기를 하려는 것이 아닙니다. 정직한 진실에 대해 말하려는 것이죠. (중략) 변방의 언론인으로서, 저는 여기에 앉아 사람들이 만족할 답변만 해드릴 수는 없습니다. 그들은 정말로 기후변화가 (중략) 거짓이거나 과장되었다고 생각할까요? 그들은 정말로 시장의 힘이 영향력을 행사해 이 문제를 해결할 것이라고 믿을까요? (중략) 찰스 코크는 이 주제에 대해 공식적으로 발언하거나 제 질문에 직접 대답하진 않았습니다. 그 회사는 그가 발설하도록 내버려두지 않을 겁니다. 그런데 저는 그곳에서 일하며 기후변화가 사기라고 진심으로 믿었던 코크 인더스트리 고위직들을 인터뷰한 적이 있습니다. 석유 산업에 깊이 몸담고 있을 때 강화된 신념 체계가 얼마나 많은지, 그리고 과학적 증거를 의도적으로 회피한 경우가 얼마나 많은지 저는 모르겠습니다. 정말로 모르겠어요.[60]

그렇다면 기후변화 부정론은 평평한 지구론과 동일한 대본을 따르지 않는다는 의미일까? 의도적으로 만들어졌는지 자연스레 나왔는지, 다른 사람들을 오도하고자 하는지 아니면 실제로 스스로 믿는지에 따라 대본이 달라지는가? 전혀 그렇지 않다. 평평한 지구론자들이 그랬던 것처럼 기후변화 부정론자들도 앞서 살펴보았던 다섯 가지 수사를 그대로 따른다. 과학 부정론 논증의 다섯 가지 수사가 사람들로 하여금 평평한 지구를 믿도록 하기 위해 의도적으로 만들어낸 것은 아닐지라도 그것은 여전히 그들의 논증에서 중추 역할을 한다. 마찬가지로 기후변화 부정론은 기업과 이념적 이해당사자들에 의해 이기적인 목적에서 만들어졌음에도 같은 대본을 따른다. 이것은 1950년대 담배 회사의 전략에서 파생된 오래된 작전이며 사실상 거의 모든 형태의 과학 부정론에 편리하게 들어맞는다. 즉 기후변화 부정론이 이런 고전적인 패턴에 맞는다는 사실에 놀라서는 안 된다.

체리피킹

물론이다. 당연히 그렇다. 우리는 이미 지구 온도가 18년 동안 상승하지 않았다는 거짓 주장의 기준연도를 1998년으로 설정한 테드 크루즈(Ted Cruz)와 다른 사람들의 사례를 보았다. 심지어 이 이야기가 틀렸음이 밝혀졌는데도 그들은 주장을 그치지 않는다.[61]

음모론

당연하다. 트럼프 대통령은 기후변화가 미국 제조업에 피해를 주기 위해 중국인들이 만들어낸 사기라는 등 과학자들이 정치적으로 편향되어 있다는 등 수년 동안 많은 주장을 펼쳤다.[62] 2009년 기후 게이트(Climategate) 파문 당시, 부정론자들은 이스트앵글리아대학교(University of East Anglia) 과학자들이 보낸 부적절한 이메일 일부를 압수했고, 기후과학자들이 세계적인 음모를 꾸몄음을 보여주기 위해 그것들을 활용하려 했다.[63]

가짜 전문가에 의존

이 지점에서 이슈가 조금 미묘해진다. 기후 회의론자들이 인용하는 연구의 일부는 실제 과학자들이 수행했지만(몇몇은 기후과학 분야에서 공인받기도 했다), 그들의 연구는 기후변화에 적대적인 기존의 관점을 매우 선호하는 입장에서 체리피킹된 결과다. 어떤 경우에 기후변화 부정론자들은 기후과학 분야에서 신뢰할 만한 자격이 없는 사람들에 대한 의존을 줄였다. 다른 경우에는 기후변화가 실재하고 그 주된 원인이 인간이라는 과학적 합의에는 동의하지만 지구온난화가 매우 심각한 사건이라는 점은 의심하는 사람들에게 집중했다. 이런 과학자들은 그 뒤에 기후변화 반대 학회에서 환영받고 록 스타 같은 대접을 받는다. 관심 있다면 연례행사로 개최되는 학회에 참석하면 된다. 2021년 4월에도 라스베이거스에서 개최될 예정이다.[64](이 원고는 2021년 초에 집필이 마무리되었다—편집자)

비논리적 논증

이에 대한 사례는 무수히 많으며 우리는 이미 하나를 알고 있다. 기후변화 부정론자들이 인간 활동이 온실가스 배출의 유일한 원인이 아니라고 주장한 2장에서 다룬 인물을 기억하는가? 물론 그럴 수도 있지만, 인간이 주된 요인임은 부인하기 힘들다.[65]

과학이 완벽해야 한다는 주장

우리는 방금 이에 대해 논의했다. 기후변화 부정론자들은 지구온난화를 둘러싼 예상은 단지 모델일 뿐이며 불확실성이나 오류가 발견되는 경우 더 많은 증거가 나올 때까지 기다려야 한다고 꾸준히 주장한다. 물론, 이것은 터무니없는 기준이며 그들 스스로도 알고 있다. 이것은 부정론 개론이다. 아무리 작은 의심이라도 불신의 정당한 이유로 활용하라.[66] 그리고 당신이 이득을 보는 동안 시간 끌기를 활용하라.

기후 회의론은 따라서 사실상 회의론이 전혀 아니다. 산더미처럼 쌓인 증거를 눈앞에 두고도 단지 그것이 옳기를 바란다는 이유만으로 반대되는 관점을 계속 고수하는 것은 노골적인 부정론이다. 일견 평평한 지구론보다 더 합리적으로 보일 수 있지만 사실은 그렇지 않다. 그것은 과학적 합의에도 불구하고 우리가 합리적 결론을 내리지 못하도록 만들어진 허위 정보와 왜곡의 과정을 거쳐 휘저어진 억지 의심에 바탕을 두고 있다. 이는 평평한 지구론자들이 사용한 것과 동일한 전략이다. 지금까지 몇 차례 살펴본 것처럼 모든 과학 부정론은 기본적으로 그 구조가 똑같다.

몰디브: 기후변화를 위한 그라운드제로

2019년 3월, 아내 조세핀(Josephine)과 나는 지구 반대편의 작은 섬나라 몰디브로 여행을 떠났다. 몰디브는 스리랑카 해안에서 약 960킬로미터 떨어진 인도양 한가운데 위치한 지구상에서 가장 낮고 평평한 나라다. 평균 고도가 해발 1.2미터에 불과하고 최고점도 세계에서 가장 낮은 해발 2.4미터다. 1200개가량의 섬에(그중 200개에 사람이 거주한다) 50만 명의 주민들이 흩어져 살고 있는 몰디브는 아마도 기후변화의 결말에 대해 세계에서 가장 민감한 국가일 것이다. 이렇게 이 섬나라는 지구온난화의 위협을 전 세계에 알리는 데 중요한 역할을 하고 있다.

이 나라가 당면한 주된 위험은 홍수다. 지금 추세가 계속된다면 몰디브의 땅덩어리는 말 그대로 사라지고 주민들은 2050년까지 주거지를 떠나 다른 곳으로 이주해야 한다. 마셜제도의 전 외무장관 토니 드브럼(Tony deBrum)이 말한 것처럼 "지구 온도 2도 상승은 이 나라에 대한 사형선고나 마찬가지"다.[6] 그러나 설사 섬이 사라지기 전이어도 거주는 불가능할 것이다. 몰디브의 유일한 담수 공급원은 지하 대수층(帶水層)에 있는 빗물이다. 바다에서 폭풍우가 몰아치면 토양이 염분으로 뒤덮이고 결국 매년 뒤늦게 비가 내려도 그 염분이 충분히 씻기지 않는 시점에 도달할 것이다. 그 시점이 되면 당국은 결정을 내려야 할 것이다.

몰디브인은 현명한 사람들로, 몇 년 전부터 그들은 첫 번째 조치 중 하나로 자신들이 처한 곤경을 대중에 알려왔다. 제4대 대통령(그리고 민주적으로 선출된 최초의 대통령) 모하메드 나시드(Mohamed Nasheed)는 세계의 이목을 집중시키기 위해 세계 최초의 수중 내각회의(스쿠버 장비와 카메라 스태프가 동승했다)를 개최했다. 또한 파리 기후 회의에서 전 세계가 2도 목표에 합의할 것을 촉구하며 이를 위한 자국의 노력을 담은 다큐멘터리 영화 〈아일랜드 프레지던트 (Island President)〉에 출연했다. 이러한 노력의 일환으로 그는 더 부유한 (더 오염된) 국가들을 위한 본보기로서 몰디브를 탄소중립국으로 만들겠다고 선언했다. 나시드는 2012년 쿠데타로 축출되었지만 몰디브가 자신들의 미래를 구하기 위한 계획에 돌입하면서 기후변화에 대응하는 주요 전략 중 하나는 여전히 진행 중이다. 세계의 모든 나라들이 몰디브를 구출하기 위해 충분히 노력해주리라는 기대가 희박해져가는 가운데, 몰디브 정부는 국가 전체가 이전해야 하는 날에 대비해 지구상의 다른 지역에 이주할 새로운 영토를 구입할 목적으로, 연간 20억 달러의 관광 수입 가운데 상당 부분을 국부 펀드로 별도 관리하고 있다.[68]

우리 부부는 밤 11시에 보스턴을 떠나 야간 비행으로 두바이에 도착했다. 그곳에서 일곱 시간가량 머문 뒤 몰디브의 수도 말레(Malé)로 비행했다. 말레는 5제곱킬로미터가 조금 넘는 면적에 25만 명의 인구가 밀집해 있어 세계에서 인구밀도가 가장 높은 도시 가운데 하나다. 비행기를 타면 인생에서 볼 수 있는 가장 푸른 바다 한가운데 말레의 섬 전체가 옹기종기 모여 있는 광경을 볼 수 있다. 몰디브에서 지내는 동안 우리는 몇 번이고 이 풍경을 바라보았지만 그 밀도가 체감되지는 않았다. 말레는 국가 인구의 거의 40퍼센트가 거주하는 곳이지만 나머지는 약 9만 제곱킬로미터에 달하는 수천 개의 작은 섬들에 흩어져 살고 있었다. 물론 이 면적 가운데 약 300제곱킬로미터만이 육지다. 몰디브는 배나 비행기가 유일한 교통수단인 진정한 의미에서의 섬나라다.

주민이 거주하는 각각의 섬은 그 자체로 하나의 세계지만, 순도 100퍼센트의 이 이슬람 국가에서 모든 사람들은 복장과 음주 행위는 물론 공개적인 애정 표현에 관한 엄격한 법령을 준수해야 한다. 200개의 유인 섬 외에 132개의 '관광 섬'이 있다(몰디브 사람이 거주하지 않기 때문에 무인도로 간주된다). 이 섬들은 호텔에서 운영하며 비키니 착용이나 돼지고기 요리, 공공 음주 등에 대해 더 느슨한 법령을 적용하는 경향이 있지만, 섬마다 정부 관리가 파견되어 있어 현지 법률 준수를 촉구한다.[69] 이러한 정책이 시행된다는 것은 현지인과 관광객이 다소 엄격히 분리되어 있다는 의미다. 몰디브인들이 거주하는 섬에는 호텔이 거의 없으며, 관광 섬에 거주하는 몰디브인도 (호텔 직원을 제외하면) 없다. 실제로 대형 호텔마다 전용 섬이 있는 것이 일반적이다. 하나의 호텔이 하나의 섬인 셈이다. 그래서 몰디브에는 1200개의 섬이 있고 그중 200개에 몰디브인이 거주하며 132개는 호텔이 운영한다.

(훌룰레섬에 위치한) 국제공항 지상에서 볼 수 있는 말레의 가장 흥미로운 명소 가운데 하나를 꼽자면 말레 바로 옆 바다에 접해 준설되어 있는 훌루말레(Hulhumalé)라는 쌍둥이 섬을 들 수 있다. 훌루말레 혹은 '새로운 말레'는 말레의 인구 과밀화와 점점 심각해지는 기후변화의 위협에 대응하는 과정에서 건설된 인공섬이다. 당신이 말레에

살고 있는데 언젠가 파도나 홍수가 세계에서 인구밀도가 가장 높은 도시 중 한 곳을 덮칠 수 있다는 사실을 안다고 상상해보라.[70] 당신은 어디로 갈 것인가? 훌루말레에는 이미 사람들이 거주하고 있으며 자족경제가 발달하고 있지만, 말레가 위협받는 시점에 대비하여 주로 '피난처'로서 건설되고 있다. 말레의 평균 고도는 90센티미터인데 훌루말레는 약 2미터 높이로 올라가고 있다. 뉴욕 같은 미국 대도시에 기후변화의 영향을 우려하여 '뉴 맨해튼'이라는 완전히 새로운 (약간 더 높은) 섬을 건설한다고 생각하면 될 것이다.

훌루말레의 건물 꼭대기에 있는 수많은 크레인들은 과열된 건설 속도를 보여준다. 해안에 쌓인 거대한 모래 더미는 보스턴의(내가 사는 곳 근처인) 백 베이(Back Bay) 등에서 간척을 위해 애쓴 역사를 떠올리게 했다. 그런데 이런 대책이 지속 가능할까? 훌루말레는 향후 몇 년 동안 기후변화로 인해 저지대 섬에서 내몰릴 사람들을 일시적으로 수용하기 위해 세워진 임시 휴게소다. 보험증권인 셈이다. 하지만 이걸로 충분할까? 국부 펀드에 관광으로 벌어들인 달러를 쏟아붓고 있다는 사실은 언젠가 훌루말레마저도 물에 잠길 가능성이 있음을 방증한다. 그 시점이 되었는데도 몰디브를 재건할 만큼의 충분한 영토를 다른 국가에서 매입하지 못한다면 주민들은 기후난민이 되어 스리랑카, 인도, 호주, 중국, 혹은 미국으로 탈출해야 할 것이다.

두 번째 비행에서는 작은 프로펠러 비행기를 타고 쿠두(Kooddoo)섬을 방문했다. 공중에서 우리는 몇 킬로미터씩 떨어진 채 고리 모양으로 연결된 산호섬들을 어디서든 볼 수 있었다. 우리가 밝은 빛깔의 푸른 바다를 내려다보고 있을 때 두꺼운 흰 구름이 하늘을 가득 채

웠다. 쿠두에 도착한 뒤에는 목적지 하다하(Hadahaa)섬으로 가는 배를 타기 위해 잠시 기다려야 했다. 우리는 보스턴을 떠난 지 약 서른여섯 시간 만에 하다하에 도착했다. 비록 잠이 부족했지만 내 인생 그어떤 여행보다 이번 여행이 더 설렜다. 오랜 세월 여행을 하다 보면 모든 장소가 똑같이 느껴지기 시작한다. 하지만 이번에는 달랐다.

배가 하다하 부두에 도착했고 우리는 미소를 그칠 수 없었다. 그곳에는 도로가 없었다. 섬 전체가 너무 작아서 도보 20분이면 전역을 다 둘러볼 수 있었다. 인근에 다른 섬은 없었지만 저 멀리 수평선에서 같은 산호섬들의 일부를 볼 수 있었다. 하다하는 적도에서 55킬로미터 떨어져 있고 몰디브 남단에 가깝다. 가장 바깥쪽에 있는 섬이 기후변화에 가장 취약하기 때문에 우리는 최대한 멀리 나가고 싶었다. 우리는 해양생물학자가 상주하는 리조트에 머물기로 되어 있었고, 나는 그와 함께 기후변화의 지역적 영향을 탐구할 계획이었다.

지금부터는 보고 들은 것을 그대로 전하고자 한다. 하다하는 멋진 리조트였다. 호텔이 소유하고 운영하는 섬 중 하나로 방문객들은 일류 서비스를 제공받고 평생 본 것 중에서 가장 아름다운 풍경을 즐길 수 있다. 우리는 몰디브 국부 펀드를 위해 세금으로 깜짝 놀랄 만한 금액을 지불한 부부들과 함께였다. 그리고 돌아올 때는 탄소배출권으로 전체 여행을 상쇄했다. 그 모든 돈은 좋은 환경 운동에 쓰였다. 하지만 나는 연구를 하려고 그곳에 갔다. 내 목표는 기후변화의 물리적 영향뿐 아니라 문화적 영향을 이해하는 것이었고 따라서 직접 현장을 방문해야 했다. 해양생물학자와 함께 연구하는 일 외에도, 호텔에서 일하는 몰디브 선주민과 이야기를 나누었고, 어부들의 이야기도 들었으며, 인도양 한가운데서 산호가 죽어가는 모습을 관찰하고 자 스노클링 체험도 했다. 하지만 우리는 기후변화의 영향을 목격하기 위해 그리 멀리까지 갈 필요가 없었다. 하다하에 있는 해변 가운데 하나가 침식되어 이를 막기 위한 준설이 이루어지고 있었고, 호텔은 해변이 서서히 줄어들고 있다는 사실에 맞서기 위해 노력 중이다. 우리가 머문 방의 벽장에는 구명조끼가 구비되어 있었고 해변의 모래사장 아래에는 모래주머니가 잔뜩 쌓여 있었다. 특별히 요청했던 현장 견학 시간을 통해 우리는 직원들이 섬에서 어떻게 생활하는지도 살펴볼 수 있었다.

하다하에는 100명의 손님을 위해 200명의 직원이 근무 중이었다. 직원들은 섬 중앙에 있는 숙소에서 3인 1실로 생활했으며 무료 숙식, 건강보험, 30일 휴가, 팁 공유 등의 혜택을 제공받고 있었다. 대부분 1년이나 2년 단위로 일하는 젊은 사람들이었으며 급여의 일부를 집으로 송금하는 경우도 있었다. 관련 법에 따라 직원의 절반은 몰디브 선주민이었고 나머지는 주변 국가들 출신이었다. 몰디브는 이웃 국가들에 비해 상대적으로 높은 연간 소득을 자랑하지만 엄청난 부의 불평등이 존재한다는 것을 즉각 알아차렸다. 호텔 일은 모두가 부러워하는 일자리였다. 나 또한 세계 어느 지역보다 기후변화의 가장 큰 위협을 받고 있는 이 섬들이 지구온난화에 기여할 것이 분명한 엄청난 양의 에어컨 장비를 가동하고 손님들을 위해 수많은 자원들을 소비해야 하는 문제가 있다는 사실에 마음이 불편했다. 하지만 이것이 몰디브의 분명한 현실이다. 그곳에는 실제로 두 종류의 산업만 존재했다. 바로 관광업과 어업이다. 몰디브는 세금 수입의 90퍼센트가 관광업에서 충당되기 때문에 관광 없이는 지구온난화의 영향으로 인한 생존 대책을 마련할 여유가 없다. 몰디브 사람들이 바로 그 같은 자원들을 소비하는 손님들이 미치는 영향으로부터 자신들을 구하기 위해 수입을 창출하려고 그토록 많은 자원을 사용해야 하는 현실은 매우 역설적이다. 하지만 이것이 정말로 몰디브인의 잘못일까? 당연히 그렇지 않다. 만일 지구상의 고도로 산업화된 나라들이 수백 년 동안 탄소 자원을 착취하여 막대한 부를 축적한 것이 사실이라면 우리는 왜 몰디브 같은 저개발 국가들이 특히 부담을 지고 기후변화로부터 우리를 구하리라고 기대하는가? 하지만 그럼에도 불구하고 몰디브는 노력하고 있다. 앞서 언급한 탄소 중립 목표에 따라 하다하 사람들은 쓰레기를 줄이기 위해 끊임없이 노력했다. 우리는 여행 중에 그들이 태양광발전소를 설치하고 물을 재활용하는 등 여러 노력을 기울이는 현장을 목격했다. 몰디브에서 호화 리조트를 즐기면서 죄책감을 느끼지 않기란 어렵다. 특히 여행 목적이 기후변화에 대해 알기 위한 것이라면 더욱 그렇다. 그러나 우리가 그곳에 머무는 동안에는 해변 풍경을 만끽했고 팁을 후하게 건넸으며 여행에 필요한 연구 목록들을 점검했다.

우리는 다이빙용품점에서 해양생물학자 앨릭스 미드(Alex Mead)를 만났다. 그곳에서 우리는 일정에 나서기 전에 잠수복과 구명조끼, 스노클링 장비 등을 갖추어 착용해야 했다. 미드는 여러 해 동안 경험을 쌓은 공인 다이빙 강사이자 영국 플리머스대학교(University of Plymouth)에서 공부한 과학자였다. 나는 그가 직전 여름에 개봉했던 인기 영화 〈크레이지 리치 아시안〉의 주연배우 헨리 골딩(Henry Golding)과 너무 많이 닮아서 충격받았다. 키 크고 운동 실력도 뛰어난 그는 자신의 이력을 설명할 때 영국식 억양으로 말하기까지 했다.

우리의 첫 번째 계획은 섬이 형성되는 과정에서 산호초가 기여한 역할을 설명하는 짧은 프레젠테이션에 참석하는 것이었다. 몰디브는 화산암이 가라앉아 보초(堡礁)를 형성하며 생겨나기 시작했다. 결국 보초도 가라앉아 환초(環礁)를 형성하는 고리 모양의 군도만 남았다. 이는 해안선까지 쌓인 살아 있는 산호들(식물이 아니고 동물)로 이루어졌다. 산호들이 해안선보다 더 높이 쌓일 수는 없지만 해안선까지 곧장 이어질 수는 있기 때문에 수위가 높아질수록 산호도 더 높이 쌓인다. 그러면 물고기들은 배설물에서 나온 모래로 산호 위에 집을 짓고 이빨을 사용해 죽은 물질들을 물어뜯는다. 모래가 천천히 쌓이면 그 뒤편의 생물들이 보호받는다. 시간이 지나면서 동식물이 번식하고 섬을 형성한다. 이 모든 과정에 1만 년가량 걸리는데 지구온난화가 진행되면서 단 50년 만에(혹은 그보다 빨리) 그것이 사라져버렸다.

기후변화가 가져오는 위협은 크게 두 가지로 나눌 수 있다.[7] 하나는 따뜻해진 바닷물이 결국 산호초를 붕괴시킬 수 있다는 것이다. 말 그대로 산호를 죽이고(하얗게 변색된다) 해변이 침식되면서 섬이 보호받지 못한다. 그렇게 되면 결국 섬 자체가 무너질 것이다. 이는 전적으로 수온 상승 때문이며 해수면 상승과는 무관하다. 그런데 두 번째 위험은 해수면 상승으로 인한 범람으로, 섬이 침수될 때 일어난다. 극단적인 경우 홍수나 쓰나미의 형태로 재해가 발생할 수 있으며, 이는 지구 온도가 상승하면서 더욱 빈번해진다. 폭풍이 더 많이 일어날수록 범람 가능성은 더욱 높아진다. 파도는 섬의 아랫마을을 덮치고 그 길목에 놓인 모든 것을 쓸어버린다. 그래서 침식을 일으키는 것은 홍수만이 아니며 거센 폭풍우이기도 하다. 이런 재해가 흔해지면 주민들은 섬에 거주할 수 없다.[72]

이제 보트로 가서 이 모든 현장을 직접 눈으로 볼 시간이었다.

우리 선원들은 깡마르고 젊은 몰디브 남성 세 명이었는데, 그들은 맨발이었고 만나자마자 영어를 전혀 못한다고 고백했다. 그들은 모두 10대 후반으로 보였다. 미드가 경로를 지시하는 동안 그들은 보트를 운전했다. 첫 번째 목적지는 닐란두(Nilandhoo)섬이었다. 이곳에는 1000명 정도가 거주했는데 모두 몰디브 선주민이었다. 리조트 섬과 얼마나 다르던지 충격적이었다! 풍경은 아름다웠지만 주민들의 삶의 질은 상당히 낮은 듯했다. 낙서가 가득한 버려진 건물들이 있었고 섬의 한쪽 끝에서 반대쪽 끝으로 이어지는 비포장도로도 보였다. 정오 무렵 길 한복판에 서서 양쪽 바다를 번갈아 바라보고 있자니 기후변화가 왜 그토록 위협적인지 쉽게 알 수 있었다. 미드에 따르면 높은 파도가 한 차례 밀려들면 한쪽에서 반대쪽으로 순식간에 모든 것이 떠내려간다고 했다.

두 대의 자전거를 제외하면 거리를 지나는 교통수단은 전혀 없었다. 자동차 자체가 보이지 않았다. 남자들은 셔츠를 입지 않고 다녔지만 여자들은 관광지가 아닌 섬에서는 길고 어두운 빛깔의 로브와 히잡을 착용해야 했다. 우리는 깨끗해 보이지만 구식 시약병들이 놓인 병원을 들여다보기도 했다. 내부로 들어가 보지는 못했다. 우리는 섬에 머무는 내내 지대한 관심을 받았다. 아무리 눈에 띄지 않는 옷차림을 하고 있어도 닐란두에서 관광객을 보는 일은 매우 드물 터였다. 자전거를 탄 한 남자는 우리 선원들이 항구에서 배를 움직이는 내내 우리를 심각한 표정으로 바라보았다.

다음 행선지는 이번 여행에서 가장 흥미로운(혹은 가장 무서운) 곳이었다. 도라갈라틸라(Doragalla Thila)에서 스노클링을 하는 것이었다. 미드가 죽은 산호를 관찰하기 위해 우리를 데려가겠다고 했던 곳이었다. 처음에는 바다 한가운데서 어떻게 산호를 구경하는지 이해할 수 없었다. 산호는 대체로 해안가에 있지 않은가? 하지만 해저의 높이가 제각각 다르기 때문일 거라 생각하고(바다 한가운데 섬이 있는 것도 결국 이런 이유다) 나는 스노클 장비를 착용하고 일행을 따라나섰다. 선원들은 개방된 수역에서 최대한 빠른 속도로 닐란두로부터 멀어지는 것을 즐기는 듯하더니 어느 순간 갑자기 속도를 늦추고 배를 세웠다. 나에게는 특별한 것이 전혀 없는 바다 위였다. 우리는 해안에서 아주 멀리 떨어져 있었고 미드가 "바로 여기예요"라고 했지만 내 눈에는 한결같이 파란 물결만 보였다.

첫 번째로 물속으로 뛰어든 사람은 당연히 미드였다. 내 아내가 뒤를 이었다. 나는 수영을 잘하지도 못하고 사실 30대 초반에야 수영을 배웠다. 그 당시에 나는 갓 아버지가 되었고 아이가 물에 빠지면 어떻게든 건져내야 한다고 생각했기 때문에 수영을 배우고 싶었다. 작은 인문대학에서 일하던 수영 강사는 내 의도를 이해했고 졸업을 위해 수영 시험을 통과해야 했던 소심한 졸업반 학생들과 함께 강습을 받도록 했다. 나는 수심이 얕은 쪽에서 3개월 동안 연습한(혹은 깊은 쪽으로 가야 할 때 풀의 가장자리 부근에서만 머무른) 후에 수영을 할 수 있게 되었다. 하지만 그때 중요한 순간이 찾아왔다. 나는 학교 역사상 최초로 졸업반 학생들과 함께 수영 시험을 치러 통과하는 교직원이 되기로 다짐했다. 시험은 수심이 깊은 쪽으로 뛰어든 다음 네 바퀴를 돌고 5분 동안 물속에 서서 헤엄을 친 뒤 네 바퀴를 더 수영하는 것이었다. 풀 가장자리에서 머뭇거리던 기억이 떠오른다. 강사가 말했다. "리 선생님, 방법은 이미 아시잖아요. 물에 뛰어드는 이유를 생각해보세요. 따님이 물에 빠졌어요. 생각할 시간이 없다고요. 그냥 뛰어드세요." 그때 나는 이렇게 받아쳤다. "이 나쁜 놈." 그리고 뛰어들었다. 그러고 나서 시험을 통과했다.

하지만 그건 20년도 더 된 일이고 지금 나는 인도양 위에 떠 있었다. 근처에 육지는 없었다. 보트 가장자리에서 나는 잠시 머뭇거렸다. 갑자기, 아내와 미드가 조류를 따라 멀리 흘러가는 모습을 보고 마음이 급해졌다. 계속 주저하고 있다가는 그들에게 가까이 다가가기 위해 훨씬 멀리 헤엄쳐야 했고 자칫 입수를 포기할 수도 있겠다고 생각했다. 그러면 내가 여기에 온 목적을 날려버리는 셈이었다. 그것이 이유였는지, 아니면 32년을 함께 산 아내가 상상할 수 없을 정도로 잘생긴 해양 연구계의 제임스 본드와 함께 바다를 유영하고 있다는 사실이 부담스러웠는지, 나는 물로 뛰어들고 말았다.

그런데 갑자기 곤경에 빠졌다. 구명조끼가 나를 앞으로 잡아당기는 느낌이 드는 것이었다. 조세핀이 크게 외쳤다. "힘내, 여보. 당신은 할 수 있어." 그녀가 손을 흔드는 모습이 보였다. 나는 수영을 하면서 앞으로 나아가기 시작했다. 스노클링 튜브로 호흡하는 느낌이 이상

했지만 그래도 나는 움직이고 있었다. 잘 가고 있는지 확인하면서 계속 위를 올려다보았다. 마침내 그들에게 다가가 손을 내밀었다. 그때 엔진 시동 소리가 들렸다…. 그리고 배가 떠나버렸다!

나는 대양 한가운데 있었고 옆에는 공인 다이빙 강사와 아내가 있을 뿐 다른 사람은 없었다. 이제는 아무리 무섭다고 해도 돌아갈 보트도 없었다.

"앨릭스, 무슨 일이에요?"

"뭐가요…? 무슨 말씀이시죠?"

"보트가 어디로 가는 건가요?"

"아, 저 사람들은 다시 올 거예요."

"언제요?"

"괜찮으세요?"

"괜찮아요. 그냥 배가 어디로 갔는지 궁금한데요? 다시 만날 시간을 정해놓으셨나요? 아니면 무슨 문제가 있어서 그러는 건가요? 미리 약속을 하셨나요?"

미드는 잠시 머뭇거리더니 미소를 지었다. "아니요, 저들은 항상 저렇게 움직여요. 걱정하실 필요 없어요. 배는 지금 돌아가야 해요. 그러지 않으면 보트 바닥이 산호초에 걸려 위험해질 수 있거든요. 언제든 돌아오라고 전화할 수 있어요. 다 괜찮아요."

나는 조금 진정되었다. 아내는 이미 스노클링을 하고 있었고, 미드가 말했다. "자, 가시죠. 암초에서 멀지 않아요. 보여줄 게 많아요."

나는 고개를 끄덕이고 다시 물에 얼굴을 담갔다. 그리고 마주한 풍경에 온통 빠져들었다. 암초에 가까워졌을 때 나는 거대한 물고기 떼와 마주쳤다! 횐동가리와 비늘돔도 있었다. 디즈니 애니메이션을 제외하고 내가 본 것 중에서 가장 놀라운 물고기 떼였다.

그때 조세핀이 손짓을 하는 게 보였다. 상어였다. 미드는 흑기흉상어일 가능성이 크다고 했다. 저렇게 생겼지만 위험하지 않다고 했다. 정말 위험한 것은 흑장어지만 만나기는 쉽지 않다고도 했다.

우리는 산호초까지 이동해서 미드가 다이빙용품점에서 말했던 것을 직접 보았다. 산호들은 새하얗게 탈색되어 있었다. 죽었다는 뜻이었다. 물은 투명했고 그 사실은 부정할 수 없었다. 뜨거운 해수 온도가 모든 산호들을 망쳐놓았고, 향후 수십 년 동안 수온이 계속 상승하면서 몰디브 인근의 나머지 산호들도 그렇게 될 것이다.

잠시였지만 나는 두려움을 잊고 순간을 즐겼다. 일생에 한 번뿐인 경험이었으며 운 좋게도 그것을 만끽했다. 여기, 내 바로 앞에 기후변화의 영향에 대한 직접적인 증거가 펼쳐져 있었다.[73] 나는 더 많이 보고 싶었다. 우리는 한동안 주변 산호초 사이를 유영했다. 조세핀이 다시 손을 흔드는 모습이 보였다. 곁눈질로 물속에서 섬광 하나가 움직이는 것이 보였다. 커다란 검은 뱀처럼 보였다. 물론, 그것은 장어였다.

조세핀이 웃어 보였고, 나는 몇 분간 더 패들링을 하다가 미드에게 말했다. "자, 앨릭스, 이제 보트로 돌아갈 시간이에요."

"정말인가요?"

"네, 신나게 즐겼어요. 하지만 이제는 행운을 고이 간직하고 싶군요. 선원들 좀 불러주시겠어요?"

보트가 보이지 않았지만, 나는 몇 분 동안 계속 스노클링에 몰두하며 당황하지 않으려 노력했다. 장어가 떠나니 이제 다시 물고기의 무지개가 나타났다. 우리는 이 광경을 앞으로 몇 년이나 더 볼 수 있을까? 몰디브가 사라진다면 이 풍요로운 자연을 목격할 희망도 사라질 것이다. 사실을 말하자면 대양 한가운데가 어떻게 그토록 얕을 수 있었는지 아직도 이해할 수 없다. 하지만 우리는 그것이 섬이 형성된 방식이라는 사실을 배우지 않았던가? 수천 년 동안 산호 위에 모래가 쌓이면서 바다 위로 솟아오르고 자연적인 준설 작업이 진행되며 섬이 생겼다. 하지만 지금 모든 산호가 죽어가고 있다.[74]

나는 고개를 들어 배가 도착한 것을 확인했다.

배에 올라 돌아가는 도중에 작은 무인도인 오다갈라(Odagalla)에 들렀고 그곳에서 점심 도시락을 먹기로 했다. 우리끼리 잠시 섬을 탐험하도록 미드와 선원들이 떠났지만 이번에는 크게 신경 쓰지 않았다. 섬 전체를 걸어서 한 바퀴 도는 데 정확히 5분이 걸렸다. 그때 다른 관광 보트가 도착해서 그들의 무인도를 우리가 이미 점거한 모습을 지켜보았다.

점심 식사 후에 선원들이 돌아오자 우리는 스노클링을 좀 더 체험하기 위해 다한두(Dhaandhoo)섬으로 향했다. 이 지점에서 나는 계속 스노클링을 했지만 더 이상 산호는 보이지 않았다. 다음 목표는 항구 근처의 훨씬 더 깊은 수심에서 발견된다는 바다거북이었는데, 그럴듯하게 들리겠지만 나 혼자만의 계획이었다. 조세핀과 미드는 배 옆으로 미끄러지며 바다로 들어갔지만 나는 배에 남았고 선원들에게 미소를 지어 보였다.

잔소리꾼 대장이 사라지자 갑자기 그들 중 한 명이 영어로 말하기 시작했다. 그 순간 다한두에 설치된 확성기에서 어떤 소리가 울려 퍼졌다. 정오 기도를 올리는 시간이 된 것이었다. 영어로 말하던 그 선원이 자신들은 물속을 주시해야 하기 때문에 무릎을 꿇을 수 없다고 말했다. 하지만 확성기에서 음악이 흐르는 동안 다른 선원이 기도했고 나는 침묵을 지켰다. 기도가 끝난 후 우리는 대화를 나누었다.

나는 새 친구에게 원래 몰디브 출신인지 물었다. 그는 그렇다고 답했고 다른 선원들도 마찬가지였다. 그는 자신들은 근처 섬에서 자랐고 환초 바깥 지역은 가본 적이 없다고 했다. 내가 기후변화를 연구하러 왔다고 설명하자 그는 고개를 끄덕였다. 그러고 나서 나는 이렇게 물었다. "그럼 몰디브 학교에서는 기후변화에 대해 많은 것을 배우겠네요?"

그가 고개를 저었다. "몰디브에 사는 모두가 이미 기후변화 문제를 알고 있어요. 제가 태어난 후에도 기후가 무척 많이 변했죠. 몰디브엔 두 계절이 있었는데 이제는 한 계절만 남았어요. 지금도 폭풍우가 너무 많이 들이닥쳐요."

나는 조세핀과 미드가 즐겁게 스노클링을 하는 모습을 보고 있었는데 조금 전 들린 아내의 목소리로 판단하건대 방금 거북이를 발견한 것 같았다. 이번에는 수심이 깊어서 보트가 멀리 갈 필요가 없었기 때문에 나는 그 자리에서 선원들과 대화를 이어갔다.

"안타깝군요. 이곳 주민들은 기후변화를 직접 체감하고 있지만, 미국에 있는 사람들은 이런 상황을 하나도 몰라요."

그가 고개를 세차게 저었다. 내가 이해했는지 확인하면서도 최대한 예의는 갖추고 싶은 것 같았다. "몰디브 바깥 사람들은 아무도 신경 쓰지 않죠."

마음이 몹시 아팠다.

우리는 몇 분간 더 이야기를 나누었다. 그동안 나는 기후변화에 관심을 갖고 있는 사람이 전 세계에 얼마나 많은지 말해주려 했지만 그들은 슬픈 표정으로 나를 바라보기만 했다. 대화 내내 우리는 감정 표현을 거의 하지 않았고 웃지도 않았다. 그들은 어떤 과학도 가르칠 수 없는 것들을 이미 체득한 것 같았다. 그것은 신념이 아니라 관심의 문제였다.

나는 주제를 바꿔서 이렇게 물어보았다. "그런데, 몰디브에는 환초가 몇 개나 있나요?"

이 질문에 선원들이 미소를 지어 보였다. 그는 다른 젊은 선원을 바라본 뒤 손가락으로 숫자를 세면서 노래를 흥얼거리기 시작했다. 그리고 마침내 대답했다. "스물여섯."

바로 그때 나는 조세핀과 미드가 다시 보트로 올라오는 소리를 들었다. 그녀는 분명히 미드가 진행 중인 연구 프로젝트의 대상인 바다거북들과, 또 다른 상어를 본 것 같았다.

우리는 선미에 앉아 스노클링 장비를 벗었다. 선원들은 마치 밀레니엄 팰컨(Millennium Falcon, 영화 〈스타워즈〉에 등장하는 우주선―옮긴이)을 조종하듯 물살을 가르며 곧바로 하다하로 향했다.

우리는 이틀 후, 여정을 서른여섯 시간이나 남겨둔 채 섬을 떠났다. 다른 관광객들과 함께 쿠두로 돌아갈 보트를 타기 위해 선착장까지 걸어가는 동안 섬의 전체 직원들이 줄을 서서 우리를 배웅했다.

우리가 부두로 걸어 내려갈 때도 모두 미소를 지으며 악수를 해주었다. 우리는 보트에 올라 구명조끼를 착용했다. 함께 관광 온 여행객들도 우리만큼이나 섬의 매력에 푹 빠진 느낌이었다. 보트가 출발하자 부두에 있던 모든 사람들이 손을 흔들어주었다. 보트가 순항속도에 도달했는데도 부두 위 직원들은 계속 손을 흔들었다. 마침내 그들이 더 이상 보이지 않게 되었을 때 나는 그들이 인사를 멈췄을 거라고 짐작했지만 확신할 순 없었다.

기쁜 마음과 가슴 아픈 마음을 계측할 수 있다면 정확히 같은 무게일 것이다. 내가 섬에 돌아갈 일이 없다는 것을 알았다. 그리고 언젠가는, 그들도 그렇게 될 것이었다.

탄광 속의
카나리아

기후변화 뉴스는 대부분 석탄, 석유, 천연가스 같은 화석연료와 함께 거론된다. 소와 다른 가축이 소화기관으로 메탄가스를 배출한다는 사실을 모두 알고 있으며 기후변화 부정론자들도 이를 두고 신나게 떠들어댄 적이 있다.[1] 하지만 현실적으로 (적어도 미국에서는) 온실가스 배출의 주요 원인은 에너지 생산, 운송, 산업이며 이것들은 주로 화석연료를 중심으로 돌아간다.[2]

2017년 〈가디언〉에서 나는 1988년에서 2015년 사이의 전 세계 배출가스 71퍼센트가 단 100개 기업에 의해 생산되었다는 흥미로운 기사를 읽었다. 게다가 전 세계 산업 배출량의 절반 이상이 25개 기업과 국영기업에 의해 발생한다(표 5.1 참조).[3]

이 기사를 처음 접했을 때 몇 가지 흥미로운 부분이 눈에 들어왔다. 첫 번째는 엑슨모빌, 쉘, BP, 셰브론이 12위 안에 들었다는 점이었다. 그런데 잠시만, 이 회사들은 API가 기후변화에 대한 과학에 맞서기 위해 캠페인을 벌이는 과정에서 중대한 역할을 했고 기후 부정을 지지하는 홍보활동에 매년 수백만 달러를 기부했던 바로 그곳들 아닌가?[4] 정말로 그렇다. 또 한 가지 두드러진 점은 전 세계 온실가스 배출량의 20퍼센트가량을 차지하는 석탄의 엄청난 영향력이었다. 실제로, 상위 다섯 개 기업을 합한 양보다 훨씬 더 많은 온실가스를 배출하는 1위는 중국 석탄이다.

최근 몇 년을 기준으로 몇 안 되는 긍정적인 환경 관련 뉴스는 미국이 석탄 의존도를 줄이기 시작했다는 것이다. 미국의 석탄 사용은 2019년에 18퍼센트 감소했다. 지난 10년의 시작점에 비하면 절반도 안 되는 수준에서 마무리했다는 뜻이다.[5] 물론 다른 청정연료로 전환하는 동안에도 여전히 석탄은 미국 전체 전력 생산량의 약 25퍼센트를 차지한다.[6] 그런데 이는 다른 나라들의 석탄 사용이 악화되는 상황과 균형을 이뤄야 한다.

오늘날 아시아는 전 세계 석탄 소비의 4분의 3 이상을 차지한다. 더 중요한 점은, 건설 중이거나 계획 단계인 석탄발전소의 4분의 3 이상을 차지한다는 것이다. (중략) 인도네시아는 점점 더 많은 석탄을 채굴 중이다. 베트남은 새로운 석탄화력발전소의 터를 닦고 있다. 2011년 원자력발전소 참사로 후유증을 앓고 있는 일본도 석탄발전을 재개했다. 하지만 세계 최강은 역시 중국이다. 세계 석탄의 절반을 중국이 소비한다. 430만 명 이상의 중국인이 국가 소유 탄광에 고용되어 있다. 중국은 2002년 이후 전 세계 석탄 생산량의 40퍼센트를 추가했는데,

표 5.1
상위 100개 온실가스 배출 국가(기업) 현황과 배출량 (1988년부터 2015년까지)

순위	나라(기업)	전 세계 산업용 온실가스 배출에서 차지하는 비율
1	중국(석탄)	14.32%
2	아람코	4.50%
3	가스프롬	3.91%
4	이란국영석유회사	2.28%
5	엑슨모빌	1.98%
6	인도석탄공사	1.87%
7	페멕스	1.87%
8	러시아(석탄)	1.86%
9	로열더치쉘	1.67%
10	중국석유천연가스공사	1.56%
11	BP	1.53%
12	셰브론	1.31%
13	베네수엘라국영석유회사	1.23%
14	아부다비국영석유회사	1.20%
15	폴란드석탄공사	1.16%
16	피바디에너지	1.15%
17	알제리국영석유회사	1.00%
18	쿠웨이트석유공사	1.00%
19	토털	0.95%
20	BHP 빌리턴	0.91%
21	코노코필립스	0.91%
22	브라질국영석유회사	0.77%
23	루크오일	0.75%
24	리오틴토	0.75%
25	나이지리아석유공사	0.72%

* 출처: 탄소 정보공개 프로젝트(CDP), 〈CDP 탄소 메이저 보고서 2017〉, cdp.net

이런 엄청난 증가는 불과 16년 만에 이루어졌다.[7]

이 글을 읽으면서 나는 미국 이외의 지역에서 기후변화 부정론이 논의되는 수준에 대해 궁금해지기 시작했다. 지구온난화와 싸우려는 노력은 미국뿐 아니라 해외에서도 충분히 이루어져야 하지 않을까? 나는 약간 자료조사를 해본 후에 이 아이디어를 포기했는데, 2014년 국가별 기후변화 부정론에 대한 설문조사에 따르면 중국이 기후변화 부정론자가 가장 적었다.[8] 어느 나라가 1등이었을까?[9] 실제로 설문조사 결과를 분석한 과학 저술가 크리스 무니는 미국이 기후변화 부정론자가 많은 국가 1위였으며, 최악의 범죄자 상위 3개국이 모두 영어권 국가였다고 밝혔다.[10] 확실히 기후변화 부정론과 상위권 오염 국가 사이에 필연적인 연관성은 없다. 동기부여된 논증, 이념, 혹은 확증편향을 비난의 대상으로 삼을 수도 없다. 그렇다면 어떻게 해야 할까?[11]

그럼에도 불구하고 우리는 빛이 비치는 곳에서 열쇠를 찾아야 한다. 중국 정부의 새로운 석탄 정책에 대해 우리는 무엇을 할 수 있을까? 주로 기후변화 부정론 때문이었던, 미국의 리더십 부재로 비롯된 국제적 무책임에 대한 핑계를 제거하면 어떨까? 미국이 파리 협정에서 합의한 목표를 이행하도록 촉구하고, 중국이 협의를 준수하기 위해 더 많은 노력을 기울이도록 압박하면 어떨까? 중국에 기후변화 부정론자가 많지 않다고 해도, 미국 정부를 마비시킨 부정론 캠페인은 분명 중국과 다른 오염 국가들에 면죄부를 주는 역할을 했다.

(모든 연구 조사에서) 중국이 온실가스 배출량 1위 국가라 해도

여전히 2위는 미국이라는 사실이 존재한다. 그리고 역사적으로 서구는 애초에 세계를 이 위기에 빠뜨린 산업공해에 관한 한 최고의 가해자였다. 게다가 (모든 연구 조사에서) 미국의 배출량이 아직도 전 세계 이산화탄소 오염의 14퍼센트를 차지한다는 사실이 있으며, 다시 지구 반 바퀴를 날아가지 않고도 기후변화와 관련해 해야 할 일이 너무나 많다.[12] 단 1분도 허비할 시간이 없는 지금 이때에도 미국은 여전히 주요 오염 국가이자 국제적 조치를 지연시키는 원인 제공 국가다. 그리고 핵심 문제 중 하나는 여전히 석탄이다.[13]

몰디브에서 돌아온 뒤 나는 새로 얻은 직접증거들은 물론이고 슈미트와 베슈의 기술 반박 전략을 활용해 나의 첫 번째 과학 부정론자를 만나 설득해보고 싶었다. 약간의 조사를 한 뒤에 펜실베이니아가 와이오밍과 웨스트버지니아에 이어 세 번째로 석탄 생산량이 많다는 사실을 알았고, 그곳에 가서 석탄 광부들과 기후변화에 대해 이야기를 나눠보기로 결정했다. 이번 행선지에는 이국적인 호텔이 없으리라 예상하고 피츠버그에 사는 친구와 함께 머물면서 '내면의 소리를 들으라(Hear Yourself Think)'라는 비영리단체를 운영하는 사람들을 만나보기로 했다. 이 단체는 당파성을 악화하고 현 시대의 교착상태를 초래한 잘못된 정보와 이념의 몇몇 사일로들을 허물어뜨림으로써 정치적 분열을 뛰어넘어 더 많은 대화를 독려하는 것을 목표로 활동한다. 단체를 만든 데이비드 나인하우저(David Ninehouser)와 에린 나인하우저(Erin Ninehouser) 부부는 공정무역이나 보편적 건강보험 같은 진보적 의제들을 망가뜨린 보수주의의 선전에 맞서는 방법에 대한 세미나들을 개최한다. 그러나 그들은 더 심한 당파성으로 당파성에 대적하지 않는다. 그 대신 정치적으로 논의되는 주제에 대해 더 정중하고 매력적이며 생산적인 대화를 나누는 방법을 전수한다.

기후변화 반대론자들을 만나려는 나의 계획에서 이보다 더 적절한 집단은 있을 수 없었다. 데이비드와 에린은 노동조합에 소속된 정치적 조직자였을 뿐 아니라 여러 해 동안 다양한 정치적 이유로 다수의 가정을 집집마다 방문하는 노력을 한 결과 많은 석탄 광부들과 직접적으로 친분을 쌓았다. 웹사이트에 올린 내용에 따르면 그들은 2004년부터 사람들과 진보적 사안에 대해 어려운 대화를 나누기 위해 "10만 호가 넘는 가정집의 문을 두드렸다." 또한 2015년부터는 훈련 세미나에서 활용할 용도로 트럼프 대통령의 집회에 나가 현장을 촬영하기 시작했다. 피츠버그로 떠나기 전에 나는 이런 접촉들의 일부를 살펴보았고 적지 않은 충격을 받았다. 나는 내가 평평한 지구론자들과 힘든 시간을 보냈다고 생각했는데![14] 어쨌든 데이비드와 에린은 기후변화에 대해 대화하려는 펜실베이니아 석탄 광부들과의 만남을 주선하는 데 도움을 준 완벽한 사람들이었다.

내 목표는 서로 존중하며 진솔한 대화를 나눌 수 있는 환경과 형식을 고르는 것이었다. 사람들에게 강의하기 위해 보스턴에서 날아온 대학교수 역할을 하고 싶지 않았다. 그리하여 우리는 상상할 수 있는 가장 적대적이지 않은 환경을 선택하기로 결정했다. 그린 카운티나 워싱턴 카운티에 있는 식당이 그런 곳이었다. 이곳은 펜실베이니아 석탄 왕국의 심장부로, 노동조합 회관이나 도서관 같은 공식적인 장소에 앉아 토론을 벌이는 것보다는 함께 식사하는 것이 더 어울리는 지역이다. 데이비드와 에린은 관대하게도 홍보를 도와주겠다고 제안했으며 조사 활동에 사용할 수백 장의 전단지도 인쇄해주겠다고 했다. 또한 에린은 자신이 아는 몇몇 사람들에게 연락해, 내가 주민의 관심을 끌 수 있도록 〈앨러게니 프런트(The Allegheny Front)〉라는 미국 공영방송 NPR 프로그램에 출연하는 데 도움을 주었다.[15] 나는 기후변화에 대한 자신의 견해를 이야기해주는 사람이라면 누구나 저녁 식사를 대접하겠다고 약속했다. 데이비드와 에린은 펜실베이니아주 워싱턴에 있는 잇앤파크(Eat'n Park)라는 식당을 추천했는데, 여기에는 우리가 활기차면서도 사적인 대화를 나누는 데 쓸 수 있는, 테이블들이 많은 안쪽 방이 있었다.

결전의 날이 임박했을 무렵 나는 카네기멜런대학교에서 몇 차례 강연을 하기 위해 이미 피츠버그에 있었고, 다가올 행사가 잘되기를 빌고 있었다. 조금씩 긴장이 되기 시작했다. 나는 처음에 업턴 싱클레어(Upton Sinclair)의 유명한 경구 "누군가에게 뭔가를 이해시키기란 어려운 일이다. 그가 그 사실을 이해하지 못하는 대가로 월급을 받을 때는 특히나 더"를 토대로, 석탄 광부들은 대부분 기후변화 부정론자일 거라고 가정했다.[16] 그러던 중 〈뉴욕타임스〉에서 '석탄 국가 사람들도 기후 문제를 우려한다'라는 제목의 기사를 읽었고 나는 잠시 숨을 골랐다. 대체 내가 뭐라고 상대를 예단하지? 기사에서 언급했듯 "이 양극화 시대에는 주거지와 정체성을 혼동하기가 매우 쉽다."[17] 그래서 나는 내 기대를 접어두고 사람들의 이야기를 들어보기로 했다. 평평한 지구 국제 학회에서 그랬던 것처럼, 즉각 전향시키려는 시도는 더 이상 없었다. 그것이 상대방을 경청하고 상호 신뢰를 구축하는 일이었다.

　이런 식으로 접근했던 것은 다행이었는데, 처음 대화를 나눌 두 사람이 데이비드와 에린이 소개한 석탄 광부들이었기 때문이다. 그들은 저녁 식사에 오고 싶지만 참석 여부를 확답할 수 없다고 했다. 그래도 전화는 해도 된다고 해서 섣부른 판단은 하지 않기로 했다. 일곱 개의 질문 목록을 만들었지만 대본이나 인터뷰 형식으로 진행하지는 않겠다고 마음먹었다. 그 대신에 나는 질문들을 염두에 둔 채 편안한 대화를 나누고 싶었고, 사람들과 일대일로 대화하기 위해 이 기회를 활용하고 싶었다. 행사 자체가 여론 몰이식으로 흘러갈 우려도 있었지만, 직접은 아니더라도 개인적으로 그 이슈에 접근할 기회였고 사람들의 생각을 정말로 들을 기회였다. 내가 준비한 질문들은 다음과 같았다.

1. 광산업계에서 얼마나 오래 근무했는가? 석탄 광산에서 일해본 적이 있는가?
2. 사람들은 석탄 광부들이 모두 기후변화를 믿지 않는다는 고정관념을 가지고 있다. 그에 대해 어떻게 생각하는가?
3. 기후변화에 대한 당신의 생각은 어떤가?
4. 함께 일하는 동료들은 이와 관련하여 어떤 이야기를 하는가?
5. 기후변화와 관련해 당신과 관점이 다른 가족이 있는가?
6. 기후변화에 대한 당신의 생각을 바꾸고자 한다면 무엇을 해야 한다고 생각하는가?
7. 기후변화를 둘러싼 정치 문제에 대해 어떻게 생각하는가? 뭐든 잘

되리라 보는가?

첫 번째 대화 상대는 30년 이상 석탄 광부로 일했고 40년 이상 미국광산노동자조합(United Mine Workers) 대표를 지낸 스티브(가명)라는 남자였다. 그는 2006년에 은퇴했다. 나는 석탄 광부들은 기후변화를 믿지 않는다는 일반인들의 고정관념에 대해 어떻게 생각하는지 물으며 대화를 시작했다. 스티브는 매우 신중한 사람이었다. 데이비드와 에린에게서 그가 민주당 지역 임원이었다는 사실을 들었는데, 그래서인지 그는 질문에 곧바로 대답하지 않았다. 스티브는 석탄 광부들의 배경이 저마다 다르다고 설명했다. 요즘에는 광부들도 교육을 잘 받은 경우가 많고 자신은 교사나 간호사 등과 함께 일해본 경험도 있다고 했다. 민주당과 공화당을 지지하는 비율도 50 대 50이라고 했다. 나는 그런 다양성이 기후변화와 관련한 견해에까지 이어지는지 물었고 그는 그렇다고 했다. 그들의 의견은 모든 스펙트럼에 걸쳐 있었다. 첫 번째는 기후변화에 관한 한 모든 것이 가짜 뉴스라고 믿었던 트럼프 같은 인간들이 있었다. 두 번째는 "저는 석탄 광부입니다. 석탄 개발에 찬성할 수밖에 없습니다"라고 말하는 부류였다. 세 번째로 '환경문제를 인식하는' 사람들도 있었다. 나는 조심스럽게 그가 이 가운데 어느 부류에 가까운지 물었다. 그러자 그는 지구에 문제가 있다고 생각한다고 말했다. 매우 조심스러운 대답이었지만 내 생각에 그는 아마도 스스로 세 번째 부류라고 생각할 것 같았다.

나는 그가 그런 견해를 유지하는 것이 얼마나 어려운지에 대해 말을 꺼냈다. 그로 인해 그가 몇몇 광산업계 종사자들과 갈등을 빚었기 때문이다. 나는 이렇게 말했다. "직업상 어쨌든 이 일을 해야 한다는 생각과 자신이 지구를 해치는 행위를 하고 있다는 생각 사이에서 당신은 생각을 어떻게 조율하시나요?" 뭔가를 믿지 않는 대가로 누군가가 월급을 받는 상황에서 그가 그것을 믿게 만드는 것이 얼마나 어려운지 언급한 업턴 싱클레어의 경구를 이야기했다. 그가 기후변화를 믿지 않았더라면 마음이 더 편했을까?

그러자 스티브는 전반적인 이슈에 대한 나의 관점을 바꿔놓은, 매우 심오한 이야기를 들려주었다. 그는 이렇게 말했다. "석탄 광부는 운명론적인 사람이라는 점을 이해하셔야 해요. 이 일은 일종의 느린 죽음입니다."

안타깝게도 나는 노동절 전 금요일에 워싱턴 카운티에서 사망한 25세 광산 노동자에 대한 이야기를 데이비드와 에린을 통해 들은 터였다. 두 사람은 당시 석탄 광부들과 그 가족들을 만나 면담을 하며 나와의 만남을 주선할 계획이었다. 스티브와의 대화는 그 사고로부터 2주도 채 지나지 않은 시점에 이루어졌다. 나는 방금 그가 한 말의 의미를 곱씹으며 잠시 침묵했다. 광부가 자신의 생명과 건강을 담보로 잡아놓고 매일 일하러 가기를 불사했다면, 지구나 타인의 건강이 위험에 처했다는 이유만으로 그들이 일을 그만둘 수 있을까? 아마도 먼 나라 이야기일 텐데? 이것을 냉정하다고 표현할 수는 없었다. 그것은 현실이었다. 그들은 다른 직업을 구할 수 없었고 가족을 부양해야 했다. 사람들이 그들에게 다른 뭔가를 기대할 수 있을까?

나는 석탄 광부들이 자신들이 처한 위험과 기후가 빠진 위험을 대립 구도로 인식할 수도 있겠다고 말했고, 그는 우리가 만찬에서 만나면 들려줄 이야기가 많을 것 같다고 말했다. 나는 그와 일대일로 대화할 기회를 얻어 너무 기뻤고, 벌써부터 행사에서 이어질 더 많은 이야기가 기대되었다.

두 번째 대화 상대는 40년 동안 석탄 산업에서 일했고 미국광산노동자조합에도 몸담았던 더그(가명)라는 남자였다. 그는 현재 정부에서 근무하고 있고 공무원 신분이었다. 데이비드와 에린은 노동절 퍼레이드에서 그를 만났고 나와의 만남에 대해 이야기했다. 그는 이 이슈에 관심이 있었으며 기꺼이 나를 만나 이야기할 수 있다고 했다. 데이비드나 에린과 마찬가지로 그 또한 석탄 광부들을 보호해야 한다고 발언한 이후 이를 실행할 조치를 하나도 마련하지 않는 트럼프에게 실망감을 표했다. 하지만 자신의 카운티가 석탄 산업에 일자리의 상당 부분을 의존하고 있는 현실을 이해하지 못하는 '강경파' 환경 운동가들에게도 똑같은 분노를 터뜨렸다.

내가 더그에게 전화를 걸었을 때 그는 주민 회의에 갈 준비를 하느라 분주했고 길게 대화를 나눌 시간이 없었다. 그는 석탄 산업에 종사한 40년 동안 "운 좋게도" 제어실에서 용접 및 가공 업무를 보며 지상에 머물렀다고 말했다. 그런데도 여전히 검은 폐를 가지고 있다고 했다. 석탄 작업장에서 먼지는 채굴부터 가공에 이르기까지 어디에나 있다고 했다. 나는 탄광 내부가 위험하기 때문에 지상에서 일하는 사람들이 모두 운이 좋다고 생각하는지 물었다. 그는 그렇지 않다고 했다. 탄광에서 일하는 사람들이 돈을 더 많이 받기 때문이었다…. 그리고 그것은 채굴에 위험이 따르는 대가였다.

얼마나 많은 사람들이 석탄 광부에 대해 고정관념을 가지고 있는지에 대한 질문으로 돌아갔다. 그는 단호하게 동의했다. "정말 맞는 말씀입니다!" 그는 현대 탄광업에서 기술과 원격제어의 역할을 강조했다. 광부들은 더 이상 곡괭이를 든 사내 무리가 아니었다. 기후변화에 대한 그의 견해를 물었다. 더그는 자신의 카운티가 석탄과 가스로 버티고 있다고 했다. 석탄 일자리가 사라지면 학교 시스템의 조세 기반이 무너질 거라고 했다. "진짜 무서워 죽겠어요." 고등학교 졸업생이 이미 서른 명밖에 되지 않고, 지금도 적은데 그 수가 계속 줄어들고 있다는 것이었다.

하지만 그러고 나서 그는 이렇게 말했다. "저에겐 손자도 있습니다. 저는 평생 이곳에 살았지요…."

나는 이 말을 듣고, 그가 기후변화에 미치는 석탄의 영향에 대해 스티브가 이야기한 세 번째 '인식' 부류에 속한다는 의미로 받아들였다. 하지만 그는 아직 그렇게 말하지는 않았다.

더그는 말을 이어가며, 석탄 배출을 개선할 수 있는 조치들이 많이 있지만 비용이 많이 든다고 했다. 그리고 그 비용을 누가 지불하고 싶어 할까? 정치인들은 별로 도움이 되지 않았다. 마지막으로 그는 "네, 저도 기후변화의 존재를 믿어요"라고 말했다.

그러나 그는 곧바로 "하지만 중국을 보세요"라고 덧붙였다. 중국의 석탄 산업은 미국보다 훨씬 심각했다. 또한 석탄에 대한 의존도가 높기 때문에 세계의 오염에서 훨씬 큰 부분을 차지한다. (이 부분에 있어서 그의 의견은 절대적으로 옳았다.) 하지만 미국에서도 석탄발전을 제외할 수는 없다. 전력부족이 우려되기 때문이다. 국방 또한 위험에 빠질 수 있다. 우리는 대비를 해야 하는데 누가 계획을 가지고 있을까?

나는 2016년에 트럼프가 석탄 산업을 지지하며 그 산업을 부흥하겠다고 한 말을 상기시켰다. 나는 궁금했다. 더그의 관점에서 트럼프는 그 약속을 지켰을까?

대답은 당연히 아니오였다.

"트럼프는 이전의 그 어떤 행정부보다 더 많은 석탄화력발전소를 폐쇄했어요."[18]

더그는 이를 배신으로 보았다. 그는 자신의 카운티가 민주당 표밭이지만 주민의 70퍼센트는 트럼프를 뽑았다고 했다.

회의에 참가해야 하는 더그와 헤어질 시간이 되었다. 그래서 나는 더 이상 질문을 하지 않고 그냥 그의 이야기를 들었다.

그는 석탄 광부들이 영리하며 상황을 개선하고 싶어 하지만, 해결책은 단순히 석탄발전을 없애기로 결정하는 것 이상이어야 한다고 했다. 그는 내가 하는 일이 탄광지역정의본부(Center for Coalfield Justice, CFJ)를 대변하게 될 수 있다고 경고했다. 그에 따르면 이 단체는 공정한 대화를 어렵게 만드는 극단적 환경 운동가들의 모임이었다. 그는 사람들은 대부분 뒤에서 어떤 일이 벌어지고 있는지 모르지만 석탄 광부들은 바보가 아니라고 거듭 강조했다. 우리는 모두에게 혜택이 돌아가는 해법을 찾아야 한다고 했다. 그러고 나서 그는 회의를 하러 갔다.

나는 업계에서 그토록 폭넓은 경험을 쌓았고 이슈들에 대해 많은 고민을 해온 두 사람과 대화할 기회를 가져서 매우 기뻤다. 또한 나는 둘 다 기후변화의 존재를 믿는다고 말했다는 사실에 놀랐다. 하지만 나는 왜 놀랐어야 했을까? 자신의 생계가 달려 있기 때문에 그와 관련된 무언가를 부정할 것이라는 생각은 매우 순진한 가정이었다. 그 이슈는 그보다 훨씬 복잡했다. 광부들이 자신들의 생업이 지구 환경에 미치는 영향을 깨닫는다고 해도 그들에게 더 시급한 이슈는 일자리와 돈이었다. 그것은 가족과 관련된 문제였다. 그리고 그들은 석탄 산업이 하룻밤 사이에 사라질 경우 자신들이 사랑하는 지역사회가 파괴되리라는 생각에 맞서 현실과 위험 사이에서 균형을 잡아야 했다. 훌륭하게도, 이 광부들은 지난 수년 동안 기후변화 부정론 캠페인을 벌여온 제인 메이어의 책에 언급된 화석연료 거물들보다는 훨씬 더 정직한 방식으로 이 문제에 대해 생각하고 있었다.[19] 내가 함께 이야기를 나눈 석탄 광부들은 기업 정치에서 부정론자들과 작당을 하는 사람들보다는 몰디브 배 위에서 만났던 아이들과 훨씬 공통점이 많은 것 같았다. 모두 단지 자신들의 보금자리를 지키고 싶을 뿐이었다.

나는 에린, 데이비드와 함께 호텔에 체크인을 했고, CFJ 사람들이 행사에서 우리가 그들을 대변해주기를 기대한다는 사실을 알게 되었다. 현지 기자도 참석할 예정이라고 했다. 그들의 선전 활동은 효과가 있었다! 하지만 그 결과 무슨 일이 벌어질까? 그들은 CFJ 사람들이 활동가이기는 하지만 호전적이지는 않다고 설명했다. 일이 잘 되기를 바라는 수밖에 없었다. 광부들과 지역의 석탄 지지자들이 그들과 협력하는 일에 항상 그토록 조심스러운 입장을 보인다는 것은 그들에게도 놀라운 일이었다. 데이비드와 에린은 CFJ 측에 연락하여 행사의 본질을 설명했다. 개최의 목적이 누군가를 전향시키려는 것이 아니라 이웃과 이야기를 나누는 것이라고 했다. 그들은 수긍하는 듯했다. 하지만 그들도 그 자리에 참석하고 싶어 했다.

개별 인터뷰를 하는 동안 모든 일이 잘 풀렸고 다가올 만찬 자리에서 가능한 한 좋은 기운들을 최대한 많이 얻어 가자고 다짐했다. 데이비드, 에린과 소통하면서 나는 음향이나 영상을 동원해 어떤 의도를 담아내려 애쓰지 않고 그냥 대화만 나누기로 했다. 행사의 분위기에 영향을 미칠까 우려되었기 때문이다. 이미 진영 논리가 개입될 위험이 있었고, 이 행사에서는 그것을 불식하고자 했다. 그래서 라디오 방송 준비에도 공을 들이며 행사를 고대했다.

잇앤파크는 웨스트버지니아 국경에서 약 32킬로미터 떨어진 펜실베이니아주 워싱턴의 고속도로 인근 현지 맛집이었다. 나는 피츠버그에서 온, 이성(理性)과 이념 관련 글을 쓰는 철학자인 친구 앤디(Andy)와 함께 일찍 도착했고, 우리는 긴장을 풀려고 애썼다.[20] 데이비드와 에린이 도착했을 때 우리는 안쪽 방을 확인한 후 아이스티를 주문하고 기다렸다. 그들은 그린 카운티와 워싱턴 카운티, 웨스트버지니아까지 가서 활동을 펼쳤다고 말했다. 그들이 준비한 전단지는 훌륭했고, 우리는 할 수 있는 모든 것을 다 했다. 이제는 기도하는 마음으로 사람들이 나타나기를 기다릴 차례였다.

30분가량이 지나고 저녁 식사가 시작될 무렵이 되었지만 참석자는 많지 않았다. 앤디, 데이비드, 에린, 그리고 나 외에는 마이크(전기 산업에서 40년, 석탄발전소에서 15년을 근무했다), 노라(CFJ 소속 활동가), 트레이(역시 CFJ 활동가), 낸시[철강과 석탄 광산에서

일한 가족이 있다. 그녀는 '열렬한 환경 운동가(tree hugger)'지만 "양측의 이슈를 모두 이해할 수 있다"라고 말했다], 제프(지역 공립학교 교사), 스티브(내가 전화 통화했던 석탄 광부).[21] 토론에는 참여하지 않은 지역 기자도 있었다.

까다로운 대화를 이끌어본 경험이 풍부한 데이비드에게 나는 행사 시작을 선언해달라고 요청했고 그는 훌륭히 제 몫을 해주었다. 그는 누구를 믿어야 할지를 어떻게 아느냐 하는 것이 가장 중요한 이슈라고 했다. 우리는 모든 주제에 대해 전문가가 될 수 없다. 그리고 소셜 미디어로 인한 파편화를 극복할 방법을 찾아야 한다. 그래서 우리는 얼굴을 맞대고 생각을 나누러 이 자리에 모였다. 이 견해가 얼마나 다양하든 우리의 마음을 바꿀 수 있는 유일한 존재는 우리 자신이다.

우리는 자기소개를 하며 방 안을 돌아다녔고, 그러고 나서 모두 다 크게 웃음을 터뜨렸다. 그곳에 모인 사람들은 모두 기후변화의 존재를 믿었다! 과학자들 가운데 97퍼센트라는 수치는 별것도 아니었다. 우리는 그곳에서 100퍼센트 합의를 이뤘다. 내가 느낀 첫 감정이 실망이었다는 점을 인정해야 한다. 이 모임이 그 산업을 대표할 만했던가? 어쩌면 나는 광부들이 홈경기장처럼 느꼈을 노동조합 회관에서 만나자고 했어야 했는지도 모른다. 공짜 식사의 기회가 주어진다 한들 단지 그들의 관점에 대해 설전을 벌이자고 저녁 식사 모임에 가고 싶어 할 사람이 얼마나 되겠는가? 기후변화 부정론자들은 모두 집에 머물렀을 수도 있다. 에린과 데이비드는 다소 걱정스러운 기색이었다. 그들은 내가 기후변화 부정론에 대한 책을 집필할 예정이라는 사실을 알고 있었고 그 방에 부정론자는 하나도 없었다. 그런데 낯선 사람과의 만남을 주선하기 위해 수백 킬로미터를 돌아다니며 석탄 광부들을 불러 모은 너그러운 두 사람에게 어떻게 불평을 늘어놓을 수 있을까? 그들은 할 일을 다 했다! 내가 할 일은 기후변화 부정론자가 아니라 석탄 광부를 만나는 것이었다. 나는 사람들이 무슨 생각을 하는지 들으려고 여기 있었고, 어쩌면 그것을 이미 달성했는지도 몰랐다. 내가 〈뉴욕타임스〉에서 읽은 바에 따르면, "채굴 산업에 종사하는 광부나 관계자들이 모두 변화에 적대적이라는 생각은 사실이 아니다. 애팔래치아(Appalachia, 미국 버지니아주 와이즈 카운티에 있는 마을—옮긴이)에는 광부들과 그 아내들이 자신들의 건강, 직업, 환경을 위해 단체를 조직한 오랜 역사가 있다. 그리하여 광산노동자조합이 이 원칙들을 수호하기 위해 설립되었다."[22] 이것은 복잡한 이슈였고 우리는 여전히 서로에게 배울 점이 많았다. 나는 감사한 마음을 가졌다.

나는 먼저 석탄 광부들의 이야기를 들을 수 있는지 물었고 마이크가 대화의 포문을 열었다. 그는 탄광을 더 깨끗하게 만들기 위한 다양한 환경 관련 기술이 존재하지만 요즘에는 그렇게 적극적으로 적용하는 것 같지 않다고 했다. 그 문제를 해결하려면 '돈줄(deep pockets)'을 추적해야 했다. 관계자들도 문제의 일부일 뿐 아마도 **전부**는 아닐 것이다. 만일 우리가 여전히 석탄에 의존하고 있다는 데 동의한다면 이 문제를 어떻게 해결할 것인가?

다음으로 스티브가 나와서 광부의 '운명론'을 재차 설파했다. 그들의 임무는 교대근무가 끝날 때 자신과 동료들의 몸을 탄광 밖으로 꺼내는 것이었다. 그것으로 충분했다.

노라(CFJ 활동가)는 '욕구의 계층구조(hierarchy of needs)'에 대해 조금 설명했다. 사람들은 일단 자신의 기본 욕구가 충족되면 그 이후에 타인의 욕구에 관심을 갖는다. 하지만 (경제적으로 궁핍해지고 생명과 건강이 위협받는) 위기 상황에서는 그 시기가 더 나중에 온다. 그녀는 기후변화가 인간에 의해 생겨난 것이 아니라고 생각하는 삼촌이 있다고 말했다. 하지만 그녀가 깨끗한 식수에 미치는 잠재적 영향을 언급했을 때 그는 이야기를 멈추고 생각에 잠겼다고 했다.

스티브는 모든 것이 정치적이라고 말했다. 우리는 텔레비전에서 15초 동안 흘러나오는 메시지로 기후변화 이슈를 판단한다. 사람들의 마음을 바꾸려면 무슨 조치를 취해야 할까? 1983년에 개봉된 영화 〈그날 이후(The Day After)〉가 핵전쟁의 위험에 대한 인식을 제고하는 데 기여했듯 우리도 비슷한 뭔가를 해보면 어떨까? 할리우드에서 기후변화에 대한 영화가 더 많이 나오지 않는 이유는 무엇일까? 그외에, 대부분의 사람들이 견해를 바꾸게 하려면 재정적인 지원이나 개인적인 접촉이 필요할 것이다. 물론 견해를 바꾸는 데 그치지 않고 행동까지 변화시킬 수 있어야 한다. 이와 같은 이슈와 관련해 돌아오는 질문은 언제나, "왜 내가 신경 써야 해?"이다. (이게 무슨 일인가? 2만 킬로미터 떨어진 몰디브 어부에게 들었던 것과 똑같은 말을 펜실베이니아 석탄 광부에게서 들었다!)

(조금 늦게 도착한) 제프는 학교에서 토론을 가르쳤는데, 우리도 그런 방식으로 더 많은 사람들의 생각을 바꿀 수 있을 것이라고 말했다.

마이크는 이 이슈가 정당들에 의해 분열되어 있다고 지적했다. 당파성의 잡음을 차단하기 위해, 한 사람의 마음속에 박혀 있는 딱 한

가지 요소를 말하라면 그것은 진보(progress)였다. 소셜 미디어가 이 문제에서 큰 책임이 있다.

스티브는 사람들이 더 이상 뭔가를 믿는 것이 아니고 세뇌된다는 데 동의했다.

낸시는 이에 덧붙여 이것이 정당의 목표라고 생각한다고 했다. 우리는 한쪽 편을 선택하도록 강요받는다. 그럴 경우 우리가 아닌 "다른 누군가가 이 문제를 해결해야 한다"라고 느끼게 된다.

이 대목에서 나는 그때까지 나눈 대화가 매우 흡족해졌고, 이제는 자유로운 공개 토론을 이어가며 다 같이 몇 가지 해결책을 모색하고자 했다. (우리가 지금 하고 있는 것처럼) 인간으로서 서로를 만나고 의심의 씨앗을 심어서 사람들이 자신의 생각을 바꾸도록 한다는 아이디어가 열쇠인 것 같았다. 사람들은 자신의 일자리와 안위를 먼저 생각한다. 그리고 뭔가를 볼 수 없거나 그에 영향을 받은 누군가를 알지 못한다면 그것에 관심을 갖기가 매우 어렵다. 사람들이 서로 만나야 하는 것이 이 때문이다. 내가 몰디브 여행에 대해 몇 가지 이야기를 했을 때 사람들은 매우 신기해하는 것 같았다. 그들의 관심 범위가 내 눈앞에서 확장된 셈이었다.

이는 내가 행사를 계획했을 때 예상했던 토론은 아닐 수 있었지만 그래도 고무적이었다. 음식이 나왔고 우리는 계속 대화를 이어갔다. 이 시점부터는 내가 필기를 중단해야 했기 때문에 화기애애하면서도 자유로운 토론이 이어졌다는 것만 기억난다. 하지만 모든 행사가 끝났을 때 기후변화에 대한 나의 견해는 이전과 같지 않았다.

나는 그 이슈에 대해 서로 다른 이해관계를 가진 서로 다른 사람들로부터 여러 차례 같은 메시지를 들었다. 신념과 가치 사이에는 간극이 있었다. 내가 처음 가졌던 의문은 '어떻게 하면 사람들이 전에 믿지 않았던 것을 믿도록 설득할 수 있을까?'였다. 하지만 지금 내가 맞닥뜨린 질문은 '어떻게 하면 누군가가 이전에 관심을 갖지 않았던 무언가 혹은 누군가에 대해 관심을 갖도록 설득할 수 있을까?'이다. 기후변화와 관련해 더 많은 일을 하기 위해 살펴야 할 이슈는 부정론자들이 비합리적인 견해를 바꾸도록 만드는 일이 아니라, 그런 견해가 어떻게 그들의 가치를 대변하는 기능을 하는지 이해할 때까지 더 깊이 탐구하는 일이고, 그리하여 우리는 그들이 우리 모두에게 영향을 미치는 무언가에 더 많은 관심을 갖도록 촉구할 수 있을 것이다. 몰디브의 보트에서 대화했던 아이는 그 관심의 불꽃이 꺼져 있었다. 아마도 나는 그가 "몰디브 바깥 사람들은 아무도 신경 쓰지 않죠"라고 말하는 것을 듣기 위해 그곳까지 갔는지도 모른다. 하지만 몰디브 바깥 사람들은 왜 그럴까? 그 이슈가 자신들에게도 영향을 미친다는 사실을 모르기 때문일까? 아니면 몰디브에 아는 사람이 한 명도 없기 때문일까? 이 상황을 어떻게 타개할 것인가는 결국 '나는 그것을 믿지 않는다'에서 '우리가 왜 그것과 관련된 뭔가를 실행하기 위해 경제적 손해를 입어야 하는가?'로 진화한 최근의 부정론 전략을 극복하는 문제로 압축되는 듯하다.

　사람들은 부정론을 통해 무엇을 얻을까? 욕구의 계층이론에서 자기 의견과 정체성의 역할은 무엇일까? 어떤 단계에서 사람들이 자신의 믿음이 틀렸음을 알아차리고, 그것이 일깨워준 모순을 발판 삼아 스스로에 대한 동기부여를 통해 변화를 경험할 수는 없을까? 물론 내가 만난 세 명의 석탄 광부는 참으로 용감한 이들이다. 그들은 모두 지구온난화의 현실을 이해하고 있었고, 자신들이 생계를 꾸려온 방식과 상충되기는 하지만 공개적으로 인정할 마음의 준비가 되어 있었다. 그런데 기후위기에 대한 궁극적 해결책이 단지 신념을 바꾸는 것이 아니라 행동을 바꾸는 것이라면 우리는 어떻게 해야 할까? 탄광 안에 있는 광부들을 주저앉힌 것은 어떤 급진적 이념에 대한 헌신이나 동기부여된 신념이 아니었다. 가족을 부양해야 하는 것은 경제적 현실이었고, 거기에는 현실적인 대안이 없었다. 석탄 산업이나 워싱턴 정치인들은 몰디브의 어부들을 실망시킨 것처럼 확실히 그들도 실망시켰다. 어쩌면 기후에 대해 아무런 조치를 취하지 않는 것은 기후변화 부정론보다 더 큰 무언가가 있기 때문일 것이다. 실제로 기후변화 부정론자들이 있다는 사실 자체가 더 큰 문제의 징후일 수 있다.

나는 피츠버그를 떠난 후에도 돌아가서 더 많은 후속 인터뷰를 (가능하다면 다음번에는 노동조합 회관에서) 하고 싶었고 식당에 있던 많은 사람들에게서 다음번에는 기후변화 부정론자 친구들을 데려오겠다는 약속을 받아내고 싶었다. 하지만 그때 코로나19 위기가 닥쳤고 그 계획은 불가능해졌다. 그리고 나 스스로도 궁금해지기 시작했다…. 중요한 것은 무엇이었을까? 몇몇 기후변화 부정론자를 내 쪽으로 전향시킨다 해도 그게 무슨 소용이 있을까? 이미 경험했듯이 기후변화를 믿으면서도 여전히 그 업계에서 일하고 있는 사람들이 많았다. 나는 그들이 파업이라도 하거나 업계를 떠나리라고 기대했던 걸까?

사실상 이것이 중국에서 기후변화 부정론을 조사한 결과를 설명해주는지도 모르겠다는 생각이 들었다. 왜냐하면 누군가가 지구온난화 이슈에 대해 깨닫고 과학적 사실들을 믿는다고 해서 오염물 배출이 중단되는 것은 아니기 때문이다. 우리가 기후변화 문제를 일보라도 전진시키기 위해서는 신념의 전환 이상의 무언가가 필요하다. 그게 뭘까?

현재 상황

2019년 7월에 알래스카 앵커리지 온도가 역사상 처음으로 32도를 기록했다.[23] 2020년 6월 20일 여름의 첫날, 시베리아 베르호얀스크의 기온은 기록적인 38도를 기록했다.[24] 기후변화는 도처에서 일어나고 있으며 가속화되고 있다. IPCC의 다음 보고서는 2022년으로 예상되며, 지구온난화 문제가 2018년 보고서에 묘사되었던 종말론적 상황보다 더욱 심각해진 양상으로 기술될 것으로 두루 보인다[실제로 2022년 상반기에 발표된 IPCC 제6차 평가보고서에는 "지금이 아니면 할 수 없다(Now or Never)"라는 강력한 경고가 담겼다―편집자]. 최근 몇 년 동안 지구온난화에 대한 대중의 인식이 높아졌음에도 불구하고 정족수에 해당하는 미국 정치인들은 단호하게 부정하는 것 같다. 그리고 리더십이 없는 상태에서 문제는 계속 진행될 것이다.

우리는 현실에 대한 인식만으로는 충분하지 않은 현실을 목도하고 있다. 어쩌면 기후위기를 해결하는 최선의 방법은 기후변화 부정론자들과 대화하는 것이 아니라 정치적 변화를 모색하는 것일지도 모른다. 어떤 측면에서는 이게 더 쉬워 보이기도 한다. 평평한 지구 국제 학회에서 내가 마주했던 것들을 돌이켜볼 때, 적어도 지구온난화를 위한 변화를 만드는 데 필요한 시간의 규모를 감안한다면, 과학 부정론자들의 견해를 바꿀 수 있겠다는 것도 큰 희망을 주지는 않는다. 하지만 부정론 신념을 포기하라고 누군가를 설득할 필요가 없다고 상상해보라… 당신이 해야 할 일은 투표로 심판하는 것뿐이다!

그러나 이 일을 하는 데도 효과적인 커뮤니케이션 전략은 필요하다. 다시 말해 우리는 화석연료 이해관계 당사자들이 내놓는 선전전에 맞서야 한다는 뜻이다. 강경한 지구온난화 반대자들은(일부는 미국 상원의원이다) 허위 정보를 무수히 만들어낸다. 우리가 어떻게 그것들을 묵과할 수 있을까? 설사 우리가 할 수 있다 해도, 마음을 바꾸면 행동도 따라온다고 무엇이 보장해줄까? 여기에는 사실과 진실을 뛰어넘어 가치와 개인적 이익이 걸려 있다. 정체성은 신념뿐 아니라 가치를 형성하는 데도 중요한 역할을 한다. 그것은 우리가 관심을 갖고 있는 것, 우리가 기꺼이 행동에 나설 의지가 있는 것을 드러내 보여준다. 믿기지 않는가? 기후변화 부정론이 가장 희박하지만 오염 비율이 최고 수준인 국가들, 특히 중국을 살펴보기 바란다. 부정론을 몰아내는 것만으로 충분히 행동에 동기부여를 할 수 있다면 중국에서는 왜 효과가 없었을까? 더 많은 분석과 수치로 이루어진 주장과 도표가 핵심이 아니라면 대체 뭐가 핵심일까?

코로나19 팬데믹이 닥친 후 나는 기후변화와의 명백한 유사성에 대해 궁금해지기 시작했다. 국제적 협력을 통해 해결할 수밖에 없는 전 세계적 위기가 눈앞에 펼쳐졌는데, 거기에 우리 모두의 생명이 걸려 있었다. 사실상 정말 유일한 차이점은 급박하게 진행된 타임라인 밖에 없는 것 같았다. 지구온난화가 지금 이 순간에도 전 세계에서 벌어지고 있지만 이 사실을 사람들에게 일깨우기가 어려울 때가 많다. 사람들은 이렇게 말하곤 한다. "아, 그건 나중 일이야." "내가 사는 지역에서는 그런 일을 본 적이 없어." 그리고 꿈쩍도 하지 않는다. 그들의 자각 속에서는 아직 자신에게 벌어진 일이 아니기 때문에 신경 쓰지 않는다. 하지만 코로나19와 관련해서는 예측이 너무 나빠서 모든 사람들이 영향을 받을 조짐이 보였다. 그래서 우리는 적어도 이런 경험을 통해서 기후변화라는 유사한 문제에 대처하는 방법을 배울 수도 있다. 그렇지 않은가?

그런데 놀랍게도 코로나19가 정치화되기 시작했고 과학 부정론의 최신 형태로 변질되었다. 이에 대해 8장에서 자세히 다루겠지만 여기서는 지구온난화 이슈와 관련이 있어 보이는 몇 가지 유사점만 간단히 기술하고자 한다.

1. 만약 우리가 즉각적으로 현재에 자신의 생명을 구하기 위해 필요한 경제적 희생과 다른 변화들을 기꺼이 감수하지 않는다면, 기후변화에 대한 불확실한 미래에(비록 이것이 잘못된 논증이라 할지라도 말이다) 타인을 위해 기꺼이 그런 조치를 취할 이유가 있을까?
2. 이미 모든 국가의 국민이 심하게 고통받는 지금 이 상황에서 팬데믹과 싸우기 위해 국제적 협력에 참여하겠다는 정치적 의지를 이끌어낼 수 없다면, 기후변화를 위해 정치적 의지를 끌어낼 것이라

고 생각할 이유가 있을까?

3. 특수 이익단체들이 가장 말도 안 되는 음모론과 당파적 책략을 활용해 코로나바이러스 같은 이슈를 그토록 신속히 정치화할 수 있다면, 기후변화에 대한 '논쟁'의 양극화를 해소하기 위해 우리는 어떤 희망을 품을 수 있을까?[25]

이것은 우울한 진단이지만, 코로나바이러스에 대처한 리더십의 위기와 대중 여론 사이의 단절이 앞으로 나아갈 길을 찾는 데 도움이 될 수 있다. 만일 우리가 문제를 해결하기 위해 소수의 고집불통 코로나 '사기꾼들'을 설득하지 않아도 된다면 (우리는 그저 더 나은 리더십이 필요할 뿐이다) 어쩌면 그것은 지구온난화에도 도움이 될 것이다.[26]

그리고 두 사태가 결합한 기이한 시점에 당혹스럽게도 코로나바이러스와 연결되어 기후변화 관련 좋은 소식이 들려왔다. 팬데믹 초반 몇 주 동안 전 세계 대기오염물질 배출량이 2020년 4월 초 기준 전례 없이 17퍼센트나 감소했다. 팬데믹 이전(2019년 가을)에 발표된 UN 보고서에 따르면 "기후변화로 인한 최악의 상황을 피하기 위해서는 2020년부터 전 세계 온실가스 배출량을 매년 7.6퍼센트씩 감소시켜야 한다."[27] 그리고 2020년에 그것이 현실이 되었다. 재택근무, 비행기 여행 감소, 운전 감소, 일부 국가에서의 전면적인 봉쇄(lockdown)의 결과로, 한 과학적 연구에 따르면 "2020년의 대기오염물질 배출량은 전년 대비 4~7퍼센트가 감소할 것"으로 추정되었다. 국제에너지기구(International Energy Agency, IEA)의 또 다른 보고서는 2020년에 8퍼센트 감소를 예상했다.[28] 이는 UN의 목표치를 충족하는 수치다! 물론 팬데믹이 끝나면 이 수치가 유지되지는 않을 것이다. 그리고 2050년까지 2도라는 IPCC의 목표를 달성하기 위해서는 지금부터 2030년까지 매년 이 수준의 하락을 유지해야 한다(2050년 0도에 도달할 때까지 추가 인하 가능성도 고려하는 경우). 게다가 팬데믹 기간 동안 미국과 세계 곳곳에서 경제적인 긴축 방침에 대한 엄청난 반발이 일었던 점을 고려할 때 과연 우리가 해낼 수 있을까?

미국에서는 바이러스의 1차 확산이 시작된 지 한 달도 지나지 않아 '경제 재개(reopen the economy)'를 주장하는 로비가 시작되었다. 첫 번째 이동금지령(stay-at-home)이 발표된 지 2주도 지나지 않아 도널드 트럼프 대통령은 후대에 길이 남을 명언을 트위터에 올렸다. "치료제가 질병보다 나쁠 수는 없다."[29] 더욱 사악하게도, 어떤 사람들은 2020년 4월 초에 경제를 구하기 위해 죽는 것은 많은 미국인의 애국적 의무라고 주장하기도 했다.[30] 이런 분위기는 확실히 기후변화 정책에 도움이 되지 않는다. 팬데믹 기간 동안 생명을 구하기 위해 당면한 경제적 희생을 감수할 의향이 거의 없다면, (지금이든 나중이든) 기후변화를 위해 더 많은 책임을 다할 이유가 있을까?

명백하게 보이듯이, 지금의 위기는 단순히 하나의 질병과 부정론이 아니다. 우리의 인간성 자체가 위태롭다. 이러한 상황에서 앞으로 나아가기 위해 가장 중요한 요소는 아마도 흔히 보는 과학 부정론자를 길거리에서 설득하려 애쓰는 것이 아니라 전체 시스템을 책임지는 것이다. 만일 기후변화(그리고 코로나19)가 그렇게 정치 쟁점화되었다면 정치인들이 이를 활용하지 않을 이유가 없지 않은가? 그들은 거대한 시스템 변화를 만들어낼 수 있는 유일한 사람들 같다. 그리고 기후변화에 대한 여론조사에서 마침내 몇몇 조치에 대한 대중의 커다란 지지가 나타나는 상황에서 뭔가가 이루어질 수 있겠다고 더 낙관하지 않을 이유가 뭐란 말인가?[31]

공화당의 정책이 기후변화 대응에 걸림돌이 되는 주요 요인이라는 것은 의심할 여지가 없다. 우리는 메이어의 연구에서 정치 기부금과 기업의 영향력 행사가 맞물려 교착상태까지 이어지는 과정을 살펴보았는데, 어떻게 하면 이런 현실을 개선할 수 있을까? 한 가지 확실한 방법은 투표를 하는 것이다. 진화론을 부정하는 사람들이 펜실베이니아주 도버(Dover)에 있는 교육청을 장악하고 지적 설계론을 다윈의 진화론과 함께 가르치는 커리큘럼을 추진했을 때, 지역 학부모들은 100만 달러 상당의 소송전으로 맞섰고, 다음 선거에서 여덟 명의 임원이 모두 직위를 내려놓아야 했다.[32] 오류를 지적하며 과학을 부정하는 정치인들을 설득하는 대신 우리는 더 나은 정치인에게 표를 던지는 간단한 방법을 택할 수 있다. 제임스 인호프(James Inhofe), 테드 크루즈, 미치 매코널(Mitch McConnell)처럼 기후변화를 부정하거나 의심해온 현역 의원 130명이 낙선하면 우리가 어느 정도 입지를 다질 수 있다.[33] 트럼프 대통령이 퇴임하면 우리는 파리 협정에 복귀할 수 있다. 하지만 그동안 우리는 주변 사람들을 설득하는 일을 포기해서는 안 된다. 그것이 그들의 신념을 바꾸는 일이든 혹은 '관심사'를 충족해주는 일이든 모두 똑같이 도움이 된다. 행동이 나타나려면 먼저 마음이 움직여야 한다.

우리는 3장에서 기후변화 문제와 관련해 한 공화당원이 신념을 극적으로 바꿨던 긍정적인 사례를 살펴보았다. 짐 브라이든스타인, 제임스 케이슨, 토머스 레갈라도 같은 인물들은 모두 개인적인 경험이나 신뢰할 수 있는 사람들의 말을 듣고 기후변화 이슈가 직접적으로 체감되자 마음을 바꾸기 시작했다.[34] 그렇다면 남아 있는 저항자들에 대해서도 이 책의 앞부분에서 검토한 기술들을 사용할 수 있지 않을까? 적과 '타협하는' 민주당 정치인을 비난하는 데 머물지 말고 경계를 넘어 더 많은 친구들을 만드는 일에 기쁨을 느끼는 편이 좋지 않을까? 우리가 더 많은 민주당 상하원 의원들을 설득에 필요한 기술(그리고 훨씬 더 많은 도표)로 무장시키면 좋은 결과를 기대해봄 직하지 않을까?

〈실험사회심리학 저널(Journal of Experimental Social Psychology)〉에 게재되었던 '빨간색과 흰색과 파란색은 초록색이 되기에 충분하다'라는 최근 연구에 따르면, '도덕적 프레이밍(moral framing)'이라는 설득 전략이 기후변화 이슈를 보수주의자들의 입맛에 맞게 바꿔준다는 측면에서 크게 차별화될 수 있다.[35] 자연환경을 보호하는 일이 (1) 절대적인 섭리를 따르고 (2) 자연의 순수성을 수호하며 (3) 애국심을 증명하는 일이라는 점을 강조한 경우, 친환경 메시지를 기꺼이 수용하는 보수주의자들의 태도 측면에서 통계적으로 유의미한 변화가 나타났다. 〈가디언〉의 데이나 누치텔리가 인용한 또 다른 연구에서는, 기후과학자들 사이의 97퍼센트의 합의를 강조하는 것이 다른 집단들보다 보수주의자들을 설득하는 데 더욱 큰 효과가 있었다고 밝혀졌다. 단순히 사실을 거부하는 것이 아니라 보수적인 태도에 현저한 영향을 미칠 수 있는 효과적인 과학 커뮤니케이션이 중요함을 보여주는 하나의

사례인 셈이다.[36]

설득하기 그리고 투표하기. 신념 그리고 가치를 모두 바꾸기. 사실을 공유하는 활동뿐 아니라 아니라 관심사를 확장하려는 노력이 필요하다. 이것이 우리 시대의 도전 과제다. 기후변화 문제는 너무 중요하고 시급하기 때문에 모두가 만반의 준비를 해야 한다. 2018년 IPCC 보고서에서 지구온난화가 최악으로 치닫는 상황을 막을 수 있는 시간이 12년밖에 남지 않았다고 기술한 내용을 기억하는가?[37] BBC가 보도한 좀 더 최근 연구 결과에 따르면 "지구 가열(global heating) 위기에 대응하는 데 향후 18개월이 매우 중요하다"라는 주장이 힘을 얻고 있는 듯하다.[38] 2018년 IPCC 보고서는 "지구 온도 상승을 1.5도 미만으로 유지하기 위해서는 2020년에 전 세계 이산화탄소 배출량이 정점에 도달해야 한다"라고 하는데, 만일 2020년 말까지 전 세계적인 기후 계획을 세우고 이를 추진할 정치적 리더십을 창출하지 못한다면 그 목표를 달성하지 못할 것이라고 했다. 포츠담 기후영향연구소(Potsdam Institute for Climate Impact Research)의 설립자 한스 요하임 쉘른후버(Hans Joachim Schellnhuber)에 따르면 "기후 방정식은 끔찍할 정도로 분명하다: 세계가 향후 몇 년 안에 치유될 수는 없지만 2020년까지 더 많은 주의를 기울이지 않는다면 인류는 치명상을 입을 수 있다." 만일 진지하게 2030년까지 전 세계 배출량을 절반으로 줄이려 한다면 더 이상 시작을 미뤄서는 안 된다.

나쁜 소식은 방금 인용한 기사가 2019년 7월에 작성되었기 때문에 이미 18개월이 지났다는 것이다. 좋은 소식은 해당 기사가 발행된 후 앞서 언급했듯이 코로나바이러스로 인해 전 세계 배출량이 급감하여 최소한 2020년의 목표는 달성할 수 있을 것으로 보인다는 것이다. 그러나 그 이후에는 어떻게 될까? 팬데믹이 가능한 한 빨리 종식되어 더 이상 무고한 인명 피해가 발생하지 않기를 바라는 희망은 누구나 같을 것이다. 하지만 우리는 즉시 지구온난화의 상존하는 위기로 주의를 돌려야 하고, 계획을 세워두는 편이 낫다.

기후변화에 대처하기 위해서는 정부 차원에서든 개인 차원에서든 한 가지 확실한 것이 있다. 우리가 서로 다시 대화를 시작해야 한다는 것이다.[39] 이 책에서 나는 과학 부정론에 맞서 싸우기 위해 필요한 수단으로서 개인적인 면대면 만남의 중요성에 초점을 맞췄다. 신뢰와 존중을 쌓고 이를 바탕으로 상대방의 생각을 바꾸는 가장 좋은 방법이 대인관계를 통하는 것이기 때문이다. 이는 우리의 정체성, 가치, 개인적 감정 등이 모두 믿음을 형성하는 데 관여한다는 사실 때문이다. 그런데 이것은 우리가 무엇에 관심을 가질지 결정하는 일에서도 마찬가지 아닐까? 기후변화 문제를 통해, 우리는 전 지구적 해결책을 달성하기 위한 최선의 경로가 기후변화 부정론자들과 개인적으로 대화를 하여 신념을 바꿔놓는 일이 아닐 수도 있음을 확인했다. 그 대신 더 많은 사람들이 이 이슈에 관심을 가지도록 노력을 기울인다면 문제 해결을 위한 처방은 크게 다르지 않을 수 있다. 우리가 누군가의 마음이나 가치관을 바꾸고자 한다면 그에게 접근하는 가장 좋은 방법은 개인적인 관계를 맺는 것이다. 사람들은 누구나 자신들이 아는 사람에게 관심을 가진다. 그들은 자신들이 본 적 있는 장소에 관심을 가진다. 사람들의 관심사를 펜실베이니아 석탄 광부나 몰디브 어부에게까지 확대할 수 있다면 이것이 더 좋은 기회가 되지 않을까? 어떤 단계에서는 누군가의 신념을 바꾸려고 노력하는 과정이 그들이 관심을 갖는 대상을 바꾸려고 노력하는 것과 같다고 해도 과언이 아니다. 비록 여전히 대화가 훌륭한 방안이라 해도, 이를 위한 이상적인 논쟁 전략은 아마도 존재하지 않을 것이다. 만일 우리가 사일로 안에만 머무른다면 문제는 더욱 악화되기만 할 것이다.

6

유전자변형생물체:

진보 성향의
과학 부정론자도
존재할까?

어떤 이들은 과학 부정이 대체로 우파적 현상이라고 말한다. 그런 예는 찾아보기 어렵지 않다. 우리는 기후변화 문제가 공화당에 의해 어떻게 정치화되어 정치적 정체성에 대한 가상의 리트머스 검사가 되었는지 살펴봤다.[1] 또 다른 두드러진 예는 다윈의 자연선택에 의한 진화론에 대한 신념이다. 이와 관련해 우리는 여론조사 데이터에서 드러난 극렬한 당파적 분열뿐 아니라, 미국 공립학교 과학 교과 과정에 천지창조설을 넣겠다는 목표 아래 그것을 지적 설계론이라는 새로운 과학으로 치장하려는 보수 성향 복음주의 기독교인들의 얄팍한 홍보 캠페인을 발견했다.[2] 위태롭게 바라볼 사안까지는 아니지만, 기후변화가 인류의 주된 위협이라고 생각하는 공화당원은 27퍼센트에 불과한 반면 민주당원은 84퍼센트에 달했다.[3] 진화론에 대해 공화당원은 43퍼센트(반면 민주당원은 67퍼센트)만이 인간이 오랜 시간에 걸쳐 진화했다고 믿고 있었으며, 이는 이전에 진행한 설문조사 때에 비해 줄어든 수치였다.[4] 그런데 이는 정치가 더 온건해지면 과학 부정론의 사례들이 사라진다는 뜻일까?[5] 아니면 그 반대일까?[6]

이 대목에서 우리는 주의를 기울여야 한다. 우리는 이미 릴리아나 메이슨의 연구에서 정치적 이념과 당파적 정체성 사이에 의미심장한 차이가 있다는 사실을 살펴보았다. 경우에 따라서 우리가 무엇을 믿는가보다 누가 우리의 믿음과 함께하는가가 더 중요하다. 어느 정도는, 보수주의자들이 기후변화와 진화론을 부정하는 현상을 탄소세에 대한 뿌리 깊은 확신이 있다거나 자연선택에 의해 발달되었다고 하기엔 생물의 눈이 지나치게 복잡하다거나 하기 때문이 아니라, 이것이 단지 보수주의자들이 믿어야 하는 것이기 때문이라는 사실로 설명할 수 있다. 그래서 기후변화와 진화론이 이미 정치 쟁점화되어 있는 한 진보와 보수 사이에 당파적 분열이 발견되는 것은 놀라운 일이 아니다. 일단 구성원들이 무엇을 믿어야 하는지에 대해 상부의 입장을 전달받으면 그들은 자신들의 견해를 뒷받침하기 위해 팀의 논점을 채택할 수 있다.[7]

하지만 모든 과학 부정론이 이와 같을까? 그리고 만약 그렇다면 우파 정치 성향의 사람들뿐 아니라 좌파 성향의 경우에도 과학 부정의 예가 존재할 가능성도 있지 않을까? 이 대목에서 (학자들과 전문가들 모두 거론하는) 가장 중요한 사례가 백신 거부자와 GMO 반대론자다.[8] 〈사이언티픽 아메리칸〉에 게재되어 자주 인용되는 마이클 셔머의 2013년 소논문에 따르면 그는 정치가 스펙트럼의 양쪽 끝에서 과학을 왜곡할 잠재력을 가지고 있다는 가설을 옹호한다.[9] 이에 더해, 그는 이미 잘 알려진 공화당의 과학 부정 문제와 함께 "진보주의자가 벌이는 과학과의 전쟁(liberal war on science)"도 존재한다는 매우 도발적인 주장을 펼쳤다. 훗날 한 소논문에서 그는 다음과 같이 설명했다.

> 좌파들은 과학적 성과가 자신들의 정치적 이념과 충돌할 때(예를 들어 GMO, 원자력, 유전공학, 진화심리학 등) 잘 정립된 과학에 회의적이다. 내가 개인적으로 '인지 창조론(cognitive creationism)'이라고 부르는 진화심리학을 회의적으로 보는 이유는 자연선택의 원리가 인간의 목 아래에서만 작용한다는 정신의 빈 서판(blank-slate) 모델을 채택하고 있기 때문이다.[10]

이는 검증이 가능할 수도 있겠지만 그렇다고 논란이 사라지기는 어렵다. 셔머가 즐겨 인용하는 심리학자 애슐리 랜드럼은 이렇게 설명한다. "지식이 많은 사람들은 자신이 가진 신념이나 가치와 충돌하지 않는 경우에만 과학을 받아들인다. 그렇지 않으면 자신의 입장을 보다 강력하게 정당화해주는 지식을 이용한다."[11] (민주당원이든 공화당원이든, 진보주의자든 보수주의자든) 우리 모두는 수십만 년에 걸쳐 자연선택 과정을 통해 진화한 동일한 인지편향을 갖고 있다는 것을 이미 대니얼 카너먼(Daniel Kahneman)의 인지편향 연구를 통해 알고 있다. 누군가가 좌파라고 해서 확증편향이나 동기부여된 논증 같은 것의 영향을 받지 않을 수는 없다. 2장에서 인용한 댄 카한의 실험을 기억하는가? 수학을 잘하는 진보주의자들은 주제가 총기 규제였을 때 주어진 데이터에서 올바른 결론을 도출하지 못했다.

이제 본질적인 질문을 던져본다. 진보적 과학 부정론의 영역이 있다는 말은 사실일까? 스테판 레반도프스키는 음모론, 인지편향, 사람들이 과학을 거부하는 이유 등을 주제로 한 여러 저술들을 통해 "좌파 과학 부정론은 거의 혹은 전혀 없으며"[12] 과학에 대한 불신도 "대다수가 정치적 우파에서 집중적으로 제기되고 있다"[13]라고 주장했다.

이러한 질문을 고려하는 것만으로 비난받을 위험이 있기 때문에 진보적 과학 부정론이 존재한다는 주장의 의미를 명확히 하는 것이 중요하다. 일부 과학적 주제에 대해 일부 진보적 부정론자가 존재한다는 사실을 보여주는 것으로 충분할까? 그것은 너무 쉽기도 하고 이미 인정받고 있기도 하다. 단순하게 민주당원 16퍼센트가 기후변화가 심각한 이슈가 아니라고 생각했다거나 33퍼센트가 진화에 의구심을 나타냈다는 사실만으로도 (일부) 진보적 과학 부정론자가 존재한다는 것을 보여주기에 충분하다.[14] 하지만 그것은 셔머가 염두에 둔 것이 아니었던 듯하다.[15] 그렇다면 정반대 지점에서, 과학적인 사실이나 증거를 거부한 것이 **전적으로** 진보적인 어떤 주제를 찾아야 할까? 그것은 너무 **빡빡한** 방식이다. 지구온난화의 현실을 부정하는 진보주의자가 일부 존재한다는 사실이 기후변화 부정론이 주로 우파적 현상이라는 우리의 결론을 훼손하지 않듯이, 좌파적 과학 부정론이 존재한다는 것을 보여주기 위해 부정론자의 100퍼센트가 진보주의자인 영역을 찾을 필요도 없다.

그렇다면 우리는 무엇을 찾고 있는 것일까?

부정론자들의 대다수가 진보주의자인 경우는 어떨까? 아니면 일부 과학적 합의에 반대하는 주장의 원동력이 중요한 진보적 신념에 달려 있는 경우는? 정확하게 딱 맞는 사례를 찾는 일의 위험성은 크리스 무니가 이 이슈를 지속적으로 연구하며 잘 설명한 바 있다.[16] 무니의 주요 관심사는 (당연히) 거짓 등가성(false equivalence, 본질적 차이점에는 눈을 감고 일부 형식적 유사점만 내세워 동등하게 취급하는 오류 ─편집자) 문제 가운데 하나다. 우리가 왼쪽으로 치우친 과학 부정론의 일부 영역을 발견했다고 해도 이것이 오른쪽에서 오는 과학 부정론의 공격에 대항하여 균형을 맞춘 결과라는 의미는 아니다.[17] 따라서 만일 우리가 백신 거부나 GMO 반대가 진보적 과학 부정론 사례라고 주장하기 위해서는, 그들의 추종자들 다수가 왼쪽에 위치해 있을 뿐 아니라 그들이 일부 진보적 통설에 의해 동기부여된다는 생각이 지지되어야 한다. 같은 의미에서, 기후변화 부정론이 오른쪽에 치우쳐 있을 뿐 아니라 보수적 관점에 의해 동기부여된다는 것, 예를 들어 자유시장적 해결책에 대한 흔들림 없는 헌신이나 정부의 통제에 대한 회의론을 옹호할 준비가 되어 있어야 한다는 주장도 지지되어야만 한다.[18] 그런데 애초에 과학 부정론에 대한 전체적인 지분이 오른쪽으로 기운다 해도(이는 무니가 저서 《과학전쟁》과 《똑똑한 바보들》에서 주장한 내용 그대로다) 진보주의에 기대는 일부 과학 부정론의 영역도 존재할 수 있다.[19]

인기 후보는 백신 거부다. 무니는 2011년 소논문 '우리가 과학을 믿지 않는 이유의 과학'에서 다음과 같은 의문을 제기했다.

그렇다면 정치적 좌파가 주류인 과학 부정론의 사례연구가 있는가?

바로, 아동용 백신이 자폐증의 급속한 확산을 일으켰다는 주장이다. 가장 유명한 지지자는 환경 운동가이기도 했던 로버트 F. 케네디 주니어(Robert F. Kennedy Jr.)였고 할리우드 유명 인사들도 많았다[가장 유명한 인물로 제니 매카시(Jenny McCarthy)와 짐 캐리(Jim Carrey)가 있다]. '허핑턴 포스트'는 부정론자들에게 커다란 확성기를 쥐어준다.《패닉 바이러스(The Panic Virus)》의 저자 세스 누킨(Seth Mnookin)은 백신 거부자를 찾고 싶을 경우 홀푸드(Whole Foods, 유기농식품을 판매하는 미국의 슈퍼마켓 체인—옮긴이)를 배회하기만 하면 된다고 말했다.[20]

하지만 그다음 단락에서 무니는 과학 부정론이 "정치 우파에서 훨씬 두드러지며" "백신 거부 입장은 오늘날 민주당 당직자들 사이에 거의 존재하지 않는다"라고 논평하며 죄책감을 덜어낸다. 만일 당신이 지지하는 정치인들이 그것들을 활용하지 않는 상황에서 그 견해가 정치적이라고 할 수 있을까? 나중의 연구에서 무니는 자신이 '거짓 등가성'을 추구하는 대중에게 도움과 위안을 줬을지도 모른다는 생각에 확실히 충격을 받고, '진보주의자가 벌이는 과학과의 전쟁 같은 건 없다'라든지 '진보주의자가 보수주의자만큼 반(反)과학적인 척하지 말라' 같은 제목의 글을 쓰며 좀 더 뒤로 물러난다.[21]

　무니의 주장이 옳다면 어떨까? 백신 거부가 좌파에서 두드러지는 과학 부정의 사례라는 주장과, 이것이 진보주의자가 보수주의자만큼 반과학적이라는 결론을 정당화할 수는 없다는 주장이 모두 옳다면? 이것이 여전히 진보적 과학 부정론의 사례가 될 수 있을까?[22] 상황에 따라 다를 것이다. 참고할 수 있는 최신 여론조사 데이터에 따르면 무니가 2011년에 쓴 글 이후에 여론이 다소 바뀐 것으로 보인다. 2014년 퓨 리서치 센터 여론조사에 따르면 "공화당의 34퍼센트, 무소속의 33퍼센트, 민주당의 22퍼센트가 백신접종의 최종 결정권은 부모가 가져야 한다고 생각했다."[23] 하지만 이것은 백신에 대한 반감을 측정하는 하나의 방식일 뿐이다. 2015년 퓨 리서치 센터 여론조사에 따르면 진보주의자 12퍼센트와 보수주의자 10퍼센트가 각각 백신이 안전하지 않다고 생각하는 것으로 나타났다.[24] 백신 거부 정서를 측정하는 올바른 방법은 무엇일까? 그리고 어쨌든 이런 당파적 견해차가 난리법석을 떨 정도로 두드러지는가? 요즘 백신 거부는 양당에 따라 나뉠 뿐 아니라 초당적이기도 한 것 같다.[25] 어쩌면 전혀 정치 쟁점화되지 않았을 수도 있다. 실제로 최근 연구에 따르면 백신 거부 관련 논쟁에서 진보주의자와 보수주의자가 거의 동등한 지분을 차지하는 한 그 지분은 각 정당의 극단파들에게 귀속된다.[26] 어느 논평가는 "당신의 정치적 입장과 상관없이 당파성이 심할수록 백신이 해롭다고 생각할 가능성이 더 커진다"라고 했다.[27] 다른 연구에서는, 진보주의자와 보수주의자 모두 백신에 대해 회의적이지만 그 이유는 다를 수 있다고 했다.[28] 이는 진보적 과학 부정론의 사례로서 백신 거부에 대해 무엇을 말해주는가?

백신 거부는 매우 흥미로운 주제이기 때문에 과학 부정을 다룬 모든 책에서 진지하게 도마 위에 오른다. 그런데 백신 거부의 정치학은 특히 코로나바이러스 시대에 입지가 모호해졌다.[29] 앞서 언급했듯 이 주제는 최근 몇 년 동안 매우 광범위하게 다루어졌으며 훌륭한 책들도 많이 출간되었다. 앞서 인용된 세스 누킨의 《패닉 바이러스》

는 폴 오핏(Paul Offit)의《백신 거부 운동은 어떻게 우리 모두를 위협하는가(How the Anti-Vaccine Movement Threatens Us All)》와 함께 입문자들에게 좋은 책이다. 좀 더 최근을 기준으로 참고할 수 있는 자료 가운데 조너선 버먼(Jonathan Berman)의 책《백신 거부자들》[30]은 백신 내성의 주요 논점과 기원을 다루었다. 그렇다면 이제 다른 주제로 넘어가자.

우리에게 필요한 것은 완벽한 사례다. 사실관계가 분명하고 과학자들이 합의에 도달했지만 일반 대중이 진보적 이념에 근거해 이 발견들을 거부한 사례 말이다. 부정론자의 대다수가 진보주의자일뿐 아니라 부정의 근거가 좌파적 세계관에 뿌리를 두고 있는 어떤 것. (비판을 업으로 삼는 입장에서, "우리는 더 많은 증거가 필요하다"라든지 "결정적인 연구는 아직 이루어지지 않았다" 등과 같이 진보주의자들이 결코 허용하지 않을, 기후변화를 외면하는 보수주의자들이 즐겨 사용하는 것과 동일한 전략적 주장을 펼치는 편이 좋을 것이다.)

백신 거부 대신에, 나는 같은 질문에 대한 완벽한 후보지만 부끄러울 정도로 무시해온 주제를 대안으로 삼자고 제안한다. 바로 GMO다. 이 이슈에 대해 조금 더 논의하고 일부 사람들에게 고언을 한 다음, 7장 마지막 부분에서 정치적 질문을 다시 던져볼 것이다.

유전자변형생물체

~~~~~~~~

GMO에 대한 내성은 과학 부정론 문헌들에서 충분히 다루어지지 않았다. 최근까지 평평한 지구에 대해 이야기하는 사람이 거의 없었던 것처럼 GMO에 대해 이야기하는 사람도 드물다. 하지만 이유는 다르다. 평평한 지구론의 경우는 추종자가 너무 적고 내세우는 주장도 터무니없어 진지하게 받아들이는 사람이 많지 않아서다. GMO는 이와 반대다. 직관적으로 매력적인 잘못된 정보들이 광범위하게 퍼져 있는 데다 거의 반박당하지도 않아 많은 이들이 실제로 그것을 신뢰한다. 다수의 GMO 반대자들은 기초과학을 공부해본 적은 없지만 결과가 의심스럽다고 주장한다. 전문가들도 믿을 수 없고 더 많은 데이터가 필요하다는 것이다. 매우 친숙한 이야기 아닌가?

GMO 반대를 6장에서 다루고자 하는 또 다른 이유가 있다. GMO에 반대하는 사람을 누구나 한둘쯤은 알고 있다는 사실을 감안할 때 과학 부정론자와 대화하고 싶은 사람들에게 가장 편리한 시험장 중 하나일 수 있기 때문이다. 나 또한 사람들이 "식량을 망가뜨리고 있다"라는 의견에 얼굴을 붉히며 화내는 친구나 친척이 있고, 대중이 목소리를 높이지 않으면 어떤 음식이 안전하고 어떤 음식이 그렇지 않은지 결코 알 수 없다는 주장에도 동의한다. 또한 살충제, 제초제, 인공 식용 색소, 항생제, 심지어 성장호르몬과 관련한 우려도 이해한다. 왜냐하면 이것들이 잠재적 위험 요소를 가지고 있다는 사실을 밝힌 타당한 과학적 조사들이 있기 때문이다.[31] 하지만 GMO는? 섭취할 경우 신체에 해롭다는 신뢰할 만한 연구는 지금까지 없다.[32]

"하지만 아직 연구가 끝나지 않았을 뿐"이라고 사람들은 불평할 것이다. "탈리도마이드(thalidomide, 1950년대 후반부터 1960년대 초반까지 임산부의 입덧 치료제로 사용되었으나 신생아에게 심각한 결손을 유발하는 것으로 밝혀졌다—편집자)를 기억하는가? 과학적 심사를 통과했다고 했지만 나중에 안전하지 않다는 사실이 밝혀졌다." 그러나 우리는 이런 전략을 전에 본 적이 있다. 내가 이 부분에서 우려하는 것은 의심이나 심지어 회의론이 비이성적이라는 말이 아니고, 이 이슈가 위험회피 수준을 넘어 자칫 전면적인 과학 부정론으로 전이될 수 있다는 점이다.[33] (백신 거부자들도 같은 주장을 하고 있다는 점을 유의할 필요가 있지만) "선택의 여지가 있는데 왜 위험을 감수하는가?"라고 말하는 것과, "GMO를 생산하기 위한 모든 작업은 수익을 챙기기 위해 인간을 독살하려는 악독한 기업에 의해 이루어지고 있다"라고 말하는 것은 전혀 다르다.[34] (부유한 서구 민주주의국가에 살면서) GMO를 먹는 것이 건강에 이득 될 게 없다고 주장하는 것과 GMO가 몇몇 악의적 목적에서 의도적으로 만들어졌다고 주장하는 것은 완전히 다른 이야기다.[35]

정확히 GMO란 무엇인가? 영양과 원기와 성장, 혹은 위협에 대한 방어 능력을 개선하기 위해 분자적 변형을 가한 농산물이다.[36] 그것은 모두 1994년 플레이버 세이버(Flavr Savr) 토마토에서 시작되었는데 (이 특별한 종은 1997년 재배가 중단되었다), 부패를 방지하기 위해 변형이 이루어졌다.[37] 많은 사람들은 오늘날 자신들이 먹는 대부분의 음식이 유전적으로 변형된 식품이라는 사실을 모른다.[38] 18세기에 사람들이 먹었던 옥수수는 오늘날 우리가 먹는 옥수수와 매우 다르게 생겼다. 오늘날 옥수수의 85퍼센트는 인공선택과 유전자변형의 결과물이다.[39] 실제로 농부들이 살충제를 덜 사용할 수 있도록 해충 저항성이 있는 옥수수 품종도 개발되었다. 유전자변형은 멸종되었을지도 모를 파파야 산업을 거의 살려냈다.[40] 유전자변형의 대상이 되는 가장 일반적인 작물은 대두, 옥수수, 목화다.[41] 그러나 가장 위대한 잠재적 GMO의 성공 사례는 쌀이다.

'황금쌀(Golden rice)'은 1990년대에 대학 연구원들이 비타민 부족과 식량 수급 불안 문제를 해결하기 위해 만든 품종이다.[42] 쌀은 세계 인구 절반이 매일 소비한다. 전 세계적으로 2억 5000만 명의 어린이가 비타민A 결핍증을 앓고 있는데, 이로 인해 실명이나 사망에 이를 수도 있다.[43] 연구원들은 수선화에서 발견한 특정 유전자와 쌀을 교배하여 얻은 쌀의 종을 연구한 결과 비타민A의 훌륭한 공급원인 베타카로틴 함유량이 매우 높다는 사실을 발견했다. (또한 쌀의 색깔을 흰색에서 노란색으로 바꾸면서 독특한 모양과 이름을 부여했다.) 게다가 황금쌀은 다른 품종보다 가뭄에 강하며, 특히 기후변화로 인해 빈번해진 무더위와 가뭄이 세계를 위협하는 가운데 지속가능한 농업으로 나아가는 일대 혁신이다.

그런데 황금쌀을 포함한 모든 유전자변형식품에는 치명적이고 잘 조직화된 저항이 있었다. 특히 국제환경보호단체 그린피스(Greenpeace)는 황금쌀에 반대하는 입장을 밝혔다(다른 유전자변형식품도 우후죽순 격으로 수용해야 하는 상황을 우려했기 때문이었다).[44] 다른 사람들은 다른 GMO와 관련된 조사의 상당 부분이 대규모 농업 기업에 의해 수행되었다는 사실에 분노해왔다. 그중에서 가장 큰 기업이 몬산토(Monsanto)다.

독자들도 아마 몬산토를 들어보았을 것이다. 이 회사는 2018년 바이엘(Bayer)에 인수되어 원래 이름은 폐기되었지만 사람들은 여전히 그 과거를 알고 있다. 고엽제, 폴리염화바이페닐(polychlorinated biphenyl, PCB), 그리고 오랫동안 발암물질로 의심받았던 제초제 라운드업

(Roundup)이 이 회사 제품이다.[45] 몬산토가 내놓은 주요 GMO 제품 중 하나가 주변 잡초를 죽이기 위해 농업용 라운드업을 사용해도 영향이 적은 제초제 내성 종자라는 사실에 사람들은 특히 분노했다. 그 덕분에 농부들은 식물들을 더욱 촘촘하게 줄지어 키울 수 있었지만, 그것은 (1) 몬산토가 하는 일을 아예 신뢰하지 않고 (2) 자신들이 섭취할 음식에 제초제 사용을 원하지 않는 사람들의 걱정을 진정시키는 데는 아무런 소용이 없었다. 이러한 여론은 급기야 2013년 몬산토(그리고 GMO) 반대 행진이 벌어지면서 절정에 달했다. 하지만 GMO가 먹기에 안전하지 않다고 말하는 것과, 어떤 GMO는 더 많은 살충제와 제초제의 사용이 허용되기 때문에 그것들은 안전하지 않다고 말하는 것의 차이에 주의를 기울이는 목소리는 거의 들리지 않았다.

어쩌면 몬산토는 그 기업 역사를 고려했을 때 일정한 수준의 불신을 받을 만하다.[46] 하지만 그러므로 GMO가 만들어질 수 있는 다른 방식들이 모두 의심스럽다고 말하는 것은 지나친 주장이라고 할 수 있다. (어쨌든 황금쌀은 몬산토나 다른 기업이 아닌 대학 연구원들이 발견하고 개발했다는 사실을 기억해야 한다.)[47] 이에 대해 한 논평가는 "마이크로소프트 오피스의 우월적 지위에 반대한다는 이유로 모든 컴퓨터 소프트웨어를 반대하는 것과 같다"라고 이야기했다.[48] GMO 작업을 하는 다수의 회사가 농업 기업인 것은 사실이지만 GMO 제품이 (어디에서 만들어지든) 안전하지 않다는 과학적 증거는 없다.[49] 미국과학진흥협회(American Association for the Advancement of Science, AAAS)는 최근 성명에서 다음과 같은 의견을 표명했다.

과학은 매우 명료하다. 생명공학의 현대 분자 기술에 의한 작물 개량은 안전하다. 세계보건기구(World Health Organization, WHO), 미국의학협회(American Medical Association), 미국 국립과학원(National Academy of Sciences), 영국 왕립학회(Royal Society, 17세기에 설립된 영국의 자연과학학회—옮긴이) 그리고 기타 모든 권위 있는 기관이 사실관계를 따져본 결과 모두 동일한 결론에 도달했다. 유전자변형 작물 추출 성분을 함유한 식품을 섭취하는 것은 종래의 식물 개량 기술로 변형된 작물의 성분을 함유한 같은 식품을 섭취하는 것보다 위험하지 않다.[50]

하지만 GMO에 대한 반감은 쉽게 사라지지 않았다. 유럽에서는 GMO 제품에 대한 표기가 의무화되어 있다.[51] 미국과 캐나다에서는 어처구니없게도 (소비자 선호도에 따라) GMO가 포함되지 않은 식품에 대한 자발적인 표기 캠페인이 이루어지고 있다.[52] 소금은 미네랄이고 DNA가 없는 구조인데도 '비GMO(non-GMO)' 표기가 된 소금 상자를 본 적도 있다.[53] 그러나 이런 종류의 공포마케팅은 관련 주제에 무지한 대중을 상대로 앞으로도 계속될 것이다.

2018년 퓨 리서치 센터 여론조사에서 연구원들은 응답자의 절반이 GMO가 인간의 건강에 큰 위협이 된다고 생각한다는 사실을 알게 되었다.[54] 이 대목에서 GMO를 기후변화 같은 다른 이슈와 비교하는 일도 흥미로워 보인다. 대중적 인식과 과학적 합의 사이에는 매우 큰 간극이 있다는 측면에서 유사한 점이 있기 때문이다. 2015년 실시된 퓨 리서치 센터 여론조사에서는 AAAS 회원 가운데 88퍼센트가 GMO를 안전한 식품으로 생각한 반면 일반 대중은 37퍼센트만 그렇게 생각하는 것으로 나타났다.[55] 한 논평에서 언급한 대로 이 "51퍼센트의 간극은 과학자와 대중 사이의 가장 심한 견해차다."[56] 기후변화를 포함해도, 그렇다.[57]

사람들은 왜 GMO를 두려워할까? 때로는 확신이 없기 때문이다. 우리가 먹는 음식이 '자연의 것이 아닐(unnatural)' 경우 우리 뇌가 피해야 할 대상으로 즉각적인 판단을 하는 것은 아닐까?[58] 연구자들은 과학적인 지식 수준이 낮을수록 GMO에 대한 저항이 높아지며, 유전자변형이 실제로 무엇인지에 대한 명백한 무지가 초기에 많은 저항을 불러온 사실을 발견했다.[59] 오클라호마주립대학교의 한 연구에서 연구자들은 모든 식품에 DNA가 포함되어 있는데도 미국인의 80퍼센트가 DNA가 포함된 식품의 의무 표기를 지지했음을 발견했다![60] 이처럼 광범위하게 확산된 '화학물질공포증(chemophobia)'[61]은 2012년에 질에리크 세랄리니(Gilles-Éric Séralini)라는 과학자가 몬산토의 라운드업 레디 콘(Roundup Ready Corn, 제초제를 분해하는 유전자변형 옥수수─옮긴이)을 먹인 쥐가 더 많은 종양이 발병하고 더 일찍 죽었다는 연구 결과를 발표하면서 더욱 악화됐다.[62] 이 연구가 결함 있는 방법론, 이해관계 충돌, 작은 표본 규모, 나이 들면서 자연스레 종양이 생긴 쥐의 사례 등을 이유로 철회되었을 때, 이미 연구는 확산되고 피해가 발생한 뒤였다.[63]

다른 형태의 과학 부정과 마찬가지로 GMO 반대도 과학적 증거와 거의 무관한, 건강한 수준의 음모론 기반 사고방식에서 나온다. 이와 관련하여 가장 흥미로운 주장은 한때 GMO 반대 활동가였다고 자백한 역사가 마크 라이너스(Mark Lynas)의 발언이다. 라이너스는 이제 입장을 바꿔서 GMO 반대에 맞설 것을 촉구하는 주장을 펼치기 시작했다. 그는 다음과 같이 썼다.

나는 GMO 논쟁이 지난 반세기 동안 있어왔던 가장 큰 과학 커뮤니케이션 실패 사례 중 하나라고 생각한다. 수백만, 어쩌면 수십억 명이 실질적으로 음모론을 믿게 되었고, 전례 없이 세계적인 규모로 모든 종류의 기술에 대한 두려움과 오해를 불러일으켰다.[64]

라이너스는《과학의 씨앗》이라는 책에서 실제로 자신이 참고했던 구체적인 사실 및 증거와 함께 전향하게 된 전말을 소개했다.[65] 라이너스가 설명한 대로 GMO 반대 활동을 시작하고 몇 년 후, 그는 기후변화에 대한 과학 논문들을 공부하기 시작했는데 그 결과 지구온난화에 관한 두 권의 명저가 출간되었으며 그중 하나는 권위 있는 상을 받기도 했다. 그는 과학 부정론에 실망하면서 더욱더 과학을 존중하게 되었다. GMO에 대한 자신의 초기 연구들을 다시 볼 기회가 생겼을 때 그는 GMO를 뒷받침하는 증거들이 얼마나 적은지 깨닫고 절망했다. 그는 초반 견해를 정당화할 근거들을 열심히 찾았지만 불가능했기 때문에 인지부조화를 견딜 수 없었다. 라이너스는 이렇게 고백했다.

오늘날 존재하는 유전자변형식품이 누군가에게 건강상 해를 끼친다는 증거는 전혀 없다. (중략) [하지만] 유전공학의 (중략) 안전과 효용성 사이의 합의를 무시할 때 우리는 기후변화에 대한 과학적 합의를

거부하는 지구온난화 회의론자를 비판할 수 없다.[66]

그는 자신의 책과 몇몇 지면을 통해 영양실조로 인해 수천 명의 생명을 앗아갈 수 있는 식량 부족 문제를 해결하고자 노력한 많은 과학자들의 연구를 과소평가하고 훼손한 과거 행동에 대해 진심 어린 죄책감과 후회의 뜻을 표했다. 2013년에 인터넷에서 화제가 된 영상에서 라이너스는 일군의 농부들 앞에서 진심으로 사과하는 모습을 보였는데 과거 자신의 GMO 반대 활동이 농사 일부를 망쳤을 수 있기 때문이라고 했다.[67]

이 이야기는 공식적으로 기록된 것 중에서 가장 놀라운 부정론자의 전향 사례이지만 그것이 진행된 방법 또한 마찬가지로 주목할 만하다. '반대편'에 있는 그 누구도 라이너스와 친구가 되어 GMO에 대한 과학적 사실들을 차분히 설명해주지 않았다. 그 대신 그는 기후변화에 대한 자신의 연구를 통해 다른 사람으로 변해갔고 과학자들과 자신을 점차 동일시하게 되었다. 라이너스에 따르면 자신의 전향을 설명하는 주된 요인은 "[그가] 과학을 발견했다"는 것이다. 더욱 반성적인 자세로 그는 다음과 같이 인정했다.

나는 충성의 대상을 환경 그룹에서 과학자 그룹으로 전환하기 시작했기 때문에 아마도 GMO에 대한 생각을 바꿀 준비가 되어 있었을 것이다. 2008년 왕립학회 과학서적상(Science Books Prize) 수상은, 옳고 그름을 떠나 과학계에서 인정받았다는 하나의 트로피였다. 만일 내가 어느 부족의 인간 사냥꾼이었다면 적장을 되살려주는 일을 한 것이나 다름없었다. 내 평판이 위협받았을 때(내가 GMO에 대해 쓴 글이 지금 동질감을 느끼는 부류의 사람들에 의해 위험할 정도로 비과학적이라는 것이 드러났기 때문이다) 나는 지위를 내려놓을 것을 심각하게 고민해야 했다. 다시 말해서, 아마도 새로운 과학적 부족 안에서 실제 진실보다는 진실에 대한 나의 평판에 더 신경을 썼다는 것이 본심이다. (중략) 다시 말해서, 내가 마음을 바꾼 부분은 그다지 많지 않다. 부족을 바꿨을 뿐이다.[68]

라이너스는 이 지점에서 대부분의 사람들이 합리적 언어로 치장하려 노력하지만 어떻게 '도덕적' 명분을 방패 삼아 자신의 신념을 고수하는지 연구한 조너선 하이트(Jonathan Haidt)의 연구를 적절하게 인용한다. 2장에서 살펴본 것처럼, 어쩌면 이것이 사실에 기초해 사람들의 생각을 바꾸기가 어려운 이유일지도 모른다. 왜냐하면 애초에 믿음은 사실에 관한 것이 아니기 때문이다. 하이트는 다음과 같이 기술했다. "당신이 사람들에게 직관에 상충하는 뭔가를 믿으라고 요구한다면 그들은 탈출구, 즉 당신의 주장이나 결론을 의심할 이유를 찾는 데 전력을 기울일 것이다. 그리고 그들은 거의 항상 성공할 것이다."[69] 라이너스는 GMO 반대 활동가였을 때 확실히 이런 심리적 기제가 작용했다고 인정했다. 그는 자신의 '전향' 이후에 옥스퍼드대학교 유전학 교수가 "당시 다른 방식으로 설득당할 수 있었다면 그것은 무엇이었겠느냐"라고 물었던 일화를 소개해주었다. "나는 그런 것은 없다고 말했다. 그들의 [과학적] 주장에 힘이 없었던 것은 아니었다. 그들이 범한 실수는 자신들의 주장이 매우 중요하다고 생각했다는 점이었다."[70]

라이너스는 《과학의 씨앗》에서 GMO 반대의 기원에 대한 익숙한 이야기를 들려준다. 누구나 짐작하듯이 그것은 과학이 아니라 이념에서 시작되었다. 1970년대에 동식물 모두를 대상으로 한 유전공학이 첫발을 내디뎠을 때 일반적인 불안감을 표현한 어떤 과학자들이 있었다. 하지만 이는 실험적 증거가 아니라 우생학에 대한 전 세계적인 윤리적 걱정을 토대로 한 것이었으며, 과학자들이 천사들이 허락하지 않은 길로 나아가는 것을 염려한다는 뜻이었다. 시간이 지나 이러한 우려가 실증적 연구들을 통해 불식되면서 GMO 반대는 이념의 영역으로 넘어가버렸다.[71] 라이너스는 BBC와의 인터뷰에서 미국의 환경보호단체 어스퍼스트(EarthFirst!) 활동가가 했던 말을 인용했다.

버클리에 있는 한 회사가 내가 사는 지역에 이것들[GMO 제품들]을 유통할 것이라는 소식을 처음 들었을 때 말 그대로 칼이 내 몸을 베는 것 같은 고통을 느꼈어요. (중략) 이제 또다시, 돈 몇 푼에, 과학과 기술과 기업들이 그동안 지구상에 존재하지 않았던 새로운 박테리아를 내 몸에 침투시키려 하는군요. 이미 스모그와 방사선과 음식 속 독성 화학물질에 의해 침범당했지만, 더 이상은 참지 않을 겁니다.[72]

그런 도덕적 확신에 휩싸인 GMO 반대자들은 더 이상의 과학적 연구들을 요구하지도 않았다. 그들이 원한 것은 전면 금지였다. 그리고 그 목표를 달성하기 위해 소송과 홍보에 몰두하고 직접적인 행동에 나섰다. 마지막의 경우 GMO 작물이 자라고 있는 들판을 파괴하는 식이었으며 라이너스도 이런 행위에 참여한 적이 있었다. 다른 활동가들은 "첨단기술을 비판하고 작물생명공학이라는 '유전자 룰렛'을 규탄하면서 세계화의 위험성"을 경고하는 주요 언론매체에 신문광고를 싣는 등 전면적인 홍보 캠페인을 벌였다.[73] 이런 방식은 특히 1990년대 유럽에서 매우 효과적이었다. 사람들은 처음에 GMO에 대해 대체로 찬성하거나 관심이 없었다(혹은 잘 알지 못했다). 하지만 공포 전략이 확산되자 "유전자변형식품에 반대하는 인구의 비율이 20퍼센트포인트 올랐다. (중략) 다 합쳐서 서유럽인의 5분의 1만이 유전자변형식품을 지지했다."[74] 그리고 이런 상황은 GMO 식품이 식용으로 안전하지 않다는 과학적 증거도 없는 상황에서 발생했다.[75]

그런데 핵심은 그것이 아니다. GMO 반대 활동가들은 어떤 의심스러운 과학적 발견에 기댄 것이 아니었다. GMO에 대한 최초의 반대는 어떤 실증적 증거를 제시하는 일이 가능하기도 전에 발생했으며, 인체에 해롭다는 증거가 존재하지 않는다는 사실에도 불구하고 오늘날까지 지속되고 있다. 하지만 라이너스의 주장에 따르면 식품 안전 이슈는 언제나 트로이의 목마가 될 여지가 있었으며, 유전공학에 대한 '도덕적' 반대의 목소리를 더욱 높이기 위해 과학적 사실이 왜곡되기도 했다.[76] 라이너스는 GMO 반대 활동을 하던 시절 동료 중 하나와 대화하다가, 조지 몽비오(George Monbiot, 동물학자이자 환경 운동가—옮긴이)가 그 지점을 인정했다는 사실을 전했다. "GMO 안전성에 대한 과학적 합의가 있는 것은 절대적으로 사실이다. [하지만] 나에게 그것은 모두 기업의 권력, 특허 등록, 통제, 규모, 소유권의 다른 이름일 뿐이다."[77] GMO에 대한 반대가 (과학적이라기보다는)

대체로 정치적이고 이념적이고 도덕적이고 이론적인데도 현실에서 GMO 반대의 결과는 참혹했다. "거의 20년이 지나는 동안 (중략) [유럽에서] 국내 재배를 위한 유전자변형 작물 승인은 단 한 건도 이루어지지 않았다."[78]

그사이에 미국과 세계의 여러 지역에서 시장에 출시된 GMO는 환경 운동가들이 깊은 관심을 갖고 있던 몇몇 이슈에 대해 놀라울 정도로 긍정적인 성과를 보여주었다. 어느 과학 연구에 따르면 GMO 기술이 살충제 사용을 37퍼센트 줄인 것으로 나타났다. 또 다른 연구는 GMO 작물이 도입되면서 온실가스 배출량이 2600만 톤 감소했다고 추산했다.[79] 그런데 그린피스가 모든 GMO 작물들에 대해 전세계적인 금지 목표를 달성한다면 어떻게 될까? 결과는 참혹할 것이다. 우선 우리는 더 많은 농경지가 필요할 텐데, 그러면 더 많은 삼림을 벌채하고 더 많은 탄소를 배출해야 한다.[80] 실제로 라이너스가 지적했듯이 (1960년경에) 자연농업 기술만 고집하느라 다른 가능성들을 외면했다면 오늘날 지구를 먹여살리기 위해서는 남아메리카 대륙 두 개가 필요할 것이다.[81] 그리고 인간도 끔찍한 영향을 피할 수 없을 것이다. 라이너스는 특히 그린피스의 황금쌀 반대 캠페인이 이미 굶주린 어린이들에게 끼쳤을 수도 있는 해로운 영향력에 주목했다. 어느 혹독한 구절에서 그는 이렇게 썼다.

GMO 반대 캠페인은 (중략) 의심의 여지 없이 불필요한 죽음을 불러왔다. 가장 좋은 예로 (중략) 잠비아 정부는 2002년에 심각한 기근을 맞이했지만 굶주린 사람들이 수입된 GMO 옥수수를 먹는 것을 허용하지 않았다. 잠비아 대통령은 세계식량계획(World Food Programme, WFP)에서 제공한 유전자변형 옥수수가 어떤 방식으로든 인체에 유해하다는 서구 환경 단체의 거짓말을 믿었으며, 그 결과 국민 수천 명이 사망했다.[82]

확실히 라이너스처럼 교화된 광신자의 말은 어느 정도 가감해서 들어야 할지도 모르지만, 그의 주장은 다른 과학자들에 의해 확인되었다. GMO 반대 이념은 GMO가 실제로 인간의 건강에 해롭다는 생각에 깊이 뿌리를 내리고 있다.[83] GMO 연구자들이 자신들의 데이터를 숨기고 있다거나, GMO 발명이 의도적으로 식량 부족 사태를 일으키기 위해 계획되었다거나, 심지어 우리 식량을 해충에 더 취약하게 만드는 것이 GMO(그러면 몬산토가 라운드업을 더 많이 판매할 수 있다)라는 주장들이 걷잡을 수 없이 들려왔는데, 이는 우리가 평평한 지구론자들과 백신 거부자들에게서 들었던 음모론과 크게 다르지 않은 듯하다.[84]

우리가 살펴본 바에 따르면 과학 부정론은 (1) 정보 부족 (2) 음모론 경향 (3) 신뢰 부족의 상황에서 확산된다. 이런 요소들은 과학적 합의가 정반대되는 이야기를 하는데도 불구하고 GMO의 위험성을 주장하는 사람들이 보이는 모습과 일치한다. 그리고 더 이상 놀랍지도 않지만, GMO 반대 주장들 가운데 가장 흔한 부분은 과학 부정론과 궤를 같이한다.

체리피킹

GMO 반대자들이 가장 좋아하는 기술 중 하나는 과학적 합의가 정말로 존재하는지 의구심을 퍼뜨리는 것이다. 이 방식은 해당 분야에 전문 지식이 있든 없든 반대자들에게 필요한 목록을 체리피킹하는 작업을 통해 이루어진다. 그린피스 보고서 '실패의 20년'은 GMO 식품이 식용으로 안전하다고 생각하는 것은 "미신"이라고 명시하며 "유전자변형식품의 안전성에 대한 과학적 합의는 없다"라고 주장한다. 하지만 라이너스는 다음과 같이 논증한다.

> [이것은] 극단적인 선택편향이 필요한 작업이며 체리피킹의 궁극이다. 그린피스는 소수의 반대자 단체들의 입장을 내세우면서도 미국 국립과학원, AAAS, 왕립학회, 아프리카과학아카데미(African Academy of Sciences), 유럽아카데미 과학자문위원회(European Academies of Science Advisory Council), 프랑스과학한림원(French Académie des Sciences), 미국의학협회, 독일과학인문아카데미연합(Union der deutschen Akademien der Wissenschaften) 및 기타 다수의 기관들을 무시하고 있다.[85]

음모론 맹신

스테판 레반도프스키의 연구에서 볼 수 있듯이 음모론에 집착하는 경향은 과학 부정의 필수 과정이다. 그러므로 여기에 GMO 반대도 해당되는 것은 그리 놀라운 일이 아니다. 레반도프스키가 말했듯 "GMO와 관련한 음모론은 대체로 몬산토라는 생명공학 회사가 독성 식품으로 농업 산업을 지배하기 위해 음모를 꾸몄다고 주장한다."[86] 실제로 라이너스는 자신의 연구 활동 가운데 GMO 반대 운동에 참여한 일 전체가 "하나의 커다란 음모론"이라고 강조한다.[87]

가짜 전문가나 신뢰할 수 없는 연구에 의존

이 부분은 주의가 필요하다. 우리는 GMO 식품이 섭취하기에 안전한지 여부에 대한 합의에 동의하지 않는 모든 과학자가 '가짜'이거나 그들의 연구를 '신뢰할 수 없다'고 주장하려는 것이 아니다. 그럼에도 불구하고, 질에리크 세랄리니의 연구 같은 것이 철회된 이후에도 GMO 식품의 독성에 대한 좋은 증거로 여전히 활용되고 있다는 사실을 염두에 두어야 한다. 백신과 자폐증의 연관성에 대한 앤드루 웨이크필드의 연구와 다를 바 없다는 비난도 피할 수 없다. 세랄리니의 연구에서 사기의 증거가 나오지는 않았지만 실수는 엄청나게 많았다.[88] 그럼에도 어떤 GMO 반대 활동가들은 연구논문 철회가 GMO에 대한 진실을 은폐하려는 음모의 일부가 아닌지 파고들었다.

비논리적 논증

수많은 GMO 반대자들의 주장에는 다양한 논리적 오류가 포함되어 있다. 두 가지만 예시로 들면 다음과 같다. 첫째, 몬산토가 부패했다면 다른 여러 GMO 제조업체들도 마찬가지로 부패해야 한다는 논리다. 이것을 구성의 오류(fallacy of composition)라고 하는데 비형식 논리학을 배우는 1학년 학생들이 많이 배우는 내용이다. 두 번째 비공식적 오류는 미끄러운 경사길 논증(slippery slope argument)으로, 1인치를 허용하면 1마일을 잃는다는 주장이다. 수정헌법 제2조 지지자들은 어떤 종류의 총기 규제에도 반대하기 위해 "AR-15 돌격소총을 금지하도록 내버려두면 다음에는 산탄총을 빼앗으려 할 것이다"라는 식으로 이를 활용하곤 한다. GMO에 대해서는 다음과 같이 이야기한다. "우리가 만일 그들에게 황금쌀을 만들도록 허락하면 머지않아 다른 GMO 식품을 만들고 싶어 할 것이다. (중략) 이건 함정이다!"[89]

과학이 완벽해야 한다는 주장

여기서 문제점은 명백하다. 평평한 지구론자부터 기후변화 부정론자에 이르기까지 우리는 그들로부터 항상 "중요한 실험이 아직 끝나지 않았다" 혹은 "더 많은 증거가 필요하다"라는 말을 듣는다. 자신이 믿고 싶어 하지 않는 것에 대해 '증거'를 주장하는 것은 과학 부정론의 특징이다. GMO에 대해서는(그리고 백신 거부에 대해서도) "지금까지의 연구가 무엇을 증명했는지는 신경 쓰지 않으며, 여전히 미래에 무언가가 잘못될 수 있다. 그것들이 안전하다는 증거는 없다"라고 주장한다. 하지만 그것은 과학이 작동하는 방식을 희화화한 결과다.

그렇다고 해서 이 모든 것이 GMO 배후의 과학에 의문을 제기하는 사람은 자동적으로 부정론자라는 의미일까? 물론 그렇지 않다. GMO 논쟁의 몇몇 과학적 이슈에 대해 더 알고 싶은 사람들을 위해 셸던 크림스키(Sheldon Krimsky)가 쓴 《해독된 GMO(GMOs Decoded)》라는 책을 참고할 수 있다.[90] 그는 이 이슈를 둘러싸고 소용돌이쳤던 정치, 여론조사, 문화적 논란을 피하고, 동료평가를 마친 과학 문헌들에만 초점을 맞췄다. 크림스키는 유전자변형식품의 안전성에 대한 과학적 합의가 있는지에 대한 아슬아슬한 질문에 대답은 "그렇다"라고 솔직히 인정한다. 그는 다음과 같이 기술했다.

> 이 책에서 나는 서두에 미국 과학자들이 현재 만들어지고 소비되는 GMO를 지지한다는 점을 받아들인다. 전문 학회에서 발행된 간행물이나 과학 문헌에 따르면 이러한 신세대 농산물이 인간의 건강이나 환경에 미치는 영향에 대한 우려는 전통적으로 재배되는 작물들보다 크지 않았다.[91]

하지만 크립스키가 지적했듯 이것이 유일한 질문은 아니다. 다양한 방법론적, 규범적 질문들은 물론 규제와 관련된 염려도 고려해야 한다. 예를 들면 분자육종(molecular breeding, 전통적인 육종 기술에 분자생물학을 접목한 것—옮긴이)으로 만든 식품과 관련하여 전혀 해가 없다고 말하는 것은 **사실이 아니다.** (적어도 미국에서는) 이런 식품들이 전통적으로 재배된 결과물들만큼 안전한지에 대해 의문이 제기된다.[92] 이 질문에 대한 대답이 '예'인 경우 GMO가 안전하다는 의미라고 추정할 수 있다. 그런데 우리가 모든 GMO 제품에 대해 이러한 사실을 하나하나 확실히 확인할 수 있을까? 물론 그렇지 않다. 왜냐하면 과학은 어떤 질문에 대해서도 절대적인 확답을 내릴 수 없기 때문이다. 그러나 GMO가 전반적으로 자연 재배 식품만큼 안전하다면 왜 특별한 조사의 대상이 되어야 하는가?

문제는 의도하지 않았던 결과를 예상하고 잠재적 위험을 평가하는 일이 얼마나 용이한가 하는 것이다. 미국에서 GMO에 대한 감독은 UN과 WHO가 정한 지침에 따라, 분자육종을 통해 소비자에게 판매되는 식품들이 적어도 전통 방식으로 재배한 식품만큼 안전한지에 집중되어 있다. 만일 GMO 식품이 '기존의 식품만큼 안전한' 것으로 밝혀지는 경우 근본적으로 화학적 차이가 존재한다고 해도 '대체로 동등한' 것으로 간주될 수 있다.[93] 하지만 유럽에서는 기술 표준이 더 엄격하고 추가 테스트가 요구될 수도 있다. 크림스키는 다음과 같이 기술한다.

> 미국과 유럽연합은 위험을 평가하는 출발점이 크게 다르다. FDA는 외부 유전자를 접목하여 개발된 식품에 대해 일반적으로 안전하다고 본다(Generally Regarded As Safe, GRAS)고 가정한다. (중략) 하지만 유럽에서는 GRAS 명칭이 붙어 있어도 테스트가 완료되었음이 입증되어야 한다.[94]

식품은 같을 수 있지만, 그것이 가지는 근본적인 불확실성과 위험 평가를 처리하는 방식에 대한 철학은 다르다. 미국에서 GMO 식품은 유죄가 입증될 때까지 무죄로 간주된다. 하지만 유럽에서는 (거의) 무죄가 입증될 때까지도 유죄로 의심받는다. 미국에서는 연방정부 차원에서 요구하는 위험 연구는 없다. 그 대신에 이는 전적으로 식품 생산자에게 맡겨진다. 하지만 유럽에서는 성분분석 결과 우려 요인이 발견되는 경우 동물실험이 요구된다. 그리고 이런 테스트들 이후에도 모든 GMO 제품에는 표기가 부착되어야 한다.

GMO 식품이 전통 방식으로 재배한 것에 비해 섭취하기에 덜 안전하다는 것을 보여주는 과학적 연구가 존재하지 않는다는 주장과 관계없이 (적어도 미국에서) GMO 식품이 취급되는 방식에 대해 정당한 회의론이 제기될 만한 근거가 있다는 점도 누군가는 인정한다. 하지만 그렇다면 식품 안전에 대한 부정론자의 주장에 기대기보다 그저 솔직하게 말하면 어떨까? 위험에 대한 증거가 아니라 우려에 대한 증거가 이슈라면 군이 음모론에 가담하거나 과학자들의 의도를 의심할 필요가 없다. 만일 우리가 GMO 식품에 대한 미국의 검증과 규제와 관련해 더 높은 기준을 희망한다고 해서 우리가 과학을 무시하는 것은 아니다.

크림스키는 'GMO 반대자들'이 있다는 것이 어떤 의미인지에 대해 다음과 같이 의문을 제기한다.

한 집단은 과학을 추종하고 다른 집단은 이념을 추종한다고 단정하기란 너무도 쉽다. 그 결과 일부 관찰자들은 유전자변형식품에 대한 비합리적인(혹은 근거 없는) 반대를 옹호하며 과학을 외면하는 사람들을 지칭하는 'GMO 반대자'라는 개념을 수용하게 되었다. 하지만 정직한 회의론을 뒷받침하는 과학적인 연구 기록도 존재한다. 또한 유럽과 미국의 과학자들은 이슈와 위험을 다르게 바라보고 있으며, 이는 각각의 규제 시스템이 서로 다른 이유를 설명해준다.[95]

공감이 되는 이야기다. 크림스키의 책은 그 이슈의 양면에 대한 공평하고 타당한 분석이다. 그는 GMO 식품이 안전하지 않다는 가설을 뒷받침하는 과학적 증거는 없다고 여러 차례 강조한다. 그럼에도 불구하고 그가 위험분석의 차동 모드(differential mode, 도선 두 개 사이의 신호 차이로 나타나는 신호 형태—편집자)와 의도치 않은 결과에 대한 우려를 제기하는 점을 감안할 때, 이는 그 자체로 일부 연구자들이 회의적일 수 있는 근거로 받아들여진다.[96]

하지만 무엇에 회의적인가? GMO 섭취의 안전성? 이 지점에서 회의론이 부정론으로 넘어갈 개연성이 있다. 하나는 장기적인 불확실성, 지나치게 느슨한 검증, 산업 친화적인 규제에 대한 우려가 주의를 기울일 만한 근거를 제공한다고 주장하는 것이다. 그러나 그런 염려를 GMO에 대한 전면 금지를 정당화하는 구실로 활용하는 것은 부정론이라는 혐의 제기를 피하지 못한다. 여기에서 이 문제를 백신 거부와 비교하는 것은 적절해 보인다. 백신에도 의학적 우려가 있다고 주장하는 백신 거부자들을 우리는 종종 만난다. 우리가 아직 알지 못하는 의도치 않은 결과나 위험이 언제든 불거질 수 있기 때문에 과학을 근거로 백신을 의무화하는 정책은 정당화될 수 없다는 것이다.

하지만 문제는 그런 우려가 과학적으로 타당한 것으로 인정받고 그리하여 부정론이 아닌 회의론으로 간주되기 위해서는 그것들이 증거에 의해 뒷받침되어야 한다는 점이다. 그러면 GMO의 경우에는 그런 면이 어디에 있을까? 백신의 경우에는 백신 부작용 보고 시스템(Vaccine Adverse Events Reporting System, VAERS)이 마련되어 있고, 이를 통해 아주 적은 수의 '이상(adverse)' 반응도 조사에 나설 수 있도록 문서화하고 목록화한다. 하지만 통계학자들이 알다시피 상관관계가 반드시 인과관계를 나타내지는 않는다. 아이가 백신을 맞았을 즈음에 이상 반응이 나타났다고 해서 백신이 원인이라고 단정할 수 없다. 이것이 VAERS 접근 권한이 있는 과학자들이 조사에 나서야 하는 이유다. 그리고 나서 그들은 사람들이 백신으로 추적될 수 있는 이상 반응을 보이는 드문 경우에 무엇을 해야 할지 결정해야 한다. 그런데 이 경우에도 그 반응이 더 큰 양상의 일부인지 아니면 단발 사건인지를 파악하는 문제가 남는다. 한 아이가 백신에 대한 이상[혹은 파국(catastrophic)] 반응을 보인다고 해서 공중보건을 수행하는 중차대한 사업을 뒤로하고 백신접종을 전면 중단해야 하는가? 만일 VAERS에 보고가 올라올 때마다 나라의 모든 백신이 중단된다면 홍역이나 백일해로 사망하는 어린이들이 얼마나 많아질까? 위험 요소를 제거할 경우 희생되는 이점을 저울질해봐야 한다.

GMO의 경우에도 유사한 표준 지침을 마련할 수 있다. 우리는 이미 전 세계적으로 2억 5000만 명의 어린이가 치명적일 수 있는 비타민A 결핍증의 위험에 처해 있다는 사실을 알고 있다. 그리고 매년 900만 명이 기아로 사망한다.[97] 그동안 황금쌀은 모든 유전자조작 제품에 대한 금지를 추진한 일부 비영리 환경단체의 '승리' 여파로 GMO에 대한 과학적 우려가 심해지면서 지난 20년 동안 답보 상태에 놓여 있다.[98] 이에 대한 위험편익분석은 지금 어떻게 나타나는가?

GMO 섭취로 나타난 피해의 증거는 무엇인가? 크림스키가 인정하듯, 전혀 존재하지 않는다. GMO에 대한 VAERS가 없는 것은 사실이지만 우리는 GMO가 안전하다는 인구 기반 증거를 충분히 가지고 있다.

수억 명이 지난 20년 동안 GMO를 소비해왔는데, 심지어 소송의 천국 미국에서도 GMO 부작용의 증거도, GMO 제조사들에 대한 소송도 없었다. 만일 GMO가 건강에 위협이 된다면 지금쯤 소송 소식을 들었어야 한다.[99]

인체에 해롭다는 증거도 없는 상황에서 오직 이론적인 걱정만을 기반으로 이루어진 20년간의 GMO 반대 활동은 이제 스스로를 회의론에서 부정론으로 조금씩 떠밀고 있다. 그럼에도 우리는 역효과를 계속 찾아낼 수 있다(그리고 찾아내야만 한다). 하지만 문제는 남아 있다. 그동안 우리는 무엇을 해야 하는가? GMO 반대자들은 '안전하다고 입증될' 때까지 이 제품들을 금지하고자 한다. 하지만 그것이 가능할까? 과학자들은 백신이나 아스피린이 안전하다는 것을 증명할 수 있는 수준 이상으로 GMO가 안전하다는 것을 '증명할' 수 없다. 그리고 그사이에도 아이들은 굶주리고 있다.

　과학에서 증거나 확실성을 보증하는 것은 불가능하며, 이는 경험적 주제들에 대한 합리적인 믿음을 유지하기 위한 터무니없는 기준이다.[100] 과학적 합의는 결과가 입증되었는지가 아니라 증거에 의해 충분한 타당성이 확보되었는지에 기반한다. 그럼에도 불구하고 일부 GMO가 안전하지 않을 수 있다는 말은 사실일까? 그렇다. 과학에서는 언제나 가능한 일이다. 가장 인정받는 이론이라도 이를 뒤집을 추가 증거가 언제든지 나타날 수 있다는 것이 과학적 논증의 특징 가운데 하나다. 하지만 그렇다고 해서 모든 부정론자들이 실제로 회의론자라거나, '모든 증거가 나올 때까지' 판단을 보류하는 것이 합리적이라는 의미는 아니다. 기후변화나 백신 거부에서 보았듯 회의론이 부정론으로 바뀌는 지점이 나타난다.

과학적 합의는 합리적 믿음의 금본위제(금과 화폐의 가치가 연동되는 제도—옮긴이)다.[101] GMO의 경우에는 더욱 그러하다. 크릴스키가 언급했다시피 1985년에서 2016년 사이에 미국 국립 과학·공학·의학 아카데미(National Academies of Science, Engineering, and Medicine, NASEM)는 생명공학 분야에서 아홉 편의 보고서를 발표했다. 모든 보고서는 같은 결론에 도달했다. "유전자조작작물에서 파생된 식품이 기존 재배 방식으로 생산된 식품과 질적으로 다른 위험을 초래한다는 증거는 없다. 유전자이식작물과 그로부터 파생된 식품이 섭취하기에 안전하지 않다는 증거도 없다."[102]

여전히 회의론자들은 GMO와 암 사이의 연관성 같은 장기적인 위험의 가능성에 대해 계속 주의를 기울여야 하지 않느냐고 물을 수 있다. 물론이다, 우리는 그렇게 해야 한다. 하지만 NASEM 연구자들이 이런 걱정을 덜어줄 데이터를 제시했다. GMO가 희귀한 영국과 GMO가 넘치는 미국의 암 발생률은 비슷했다. NASEM은 또한 "GMO가 처음 소개된 1996년 이후 미국에서 특정 유형의 암 발병률이 비정상적으로 증가하지 않았다"라고 보고했다.[103] 상관관계의 가능성에 대해 우려하는 것은 옳지만, 철저한 연구가 이루어진 후에도 상관관계의 증거는 존재하지 않는다. 일례로, 백신 '회의론'이 백신 '거부'가 되기 위해서는 MMR 백신과 자폐증 사이의 연관성에 대한 앤드루 웨이크필드의 가짜 가설이 얼마나 많이 폭로당해야 하는지 여러분이 자문해보길 바란다.

아마도 크릴스키가 GMO에 대한 검증과 규제에 대한 회의론

(혹은 '더 경계하기 위한 선호'라고 불러야 할까?)에 몇 가지 근거가 있다고 한 이야기는 옳다. 하지만 그것이 GMO 회의론자만 있고 GMO 반대자 같은 사람은 없다는 뜻일까? 만일 그렇다면 내 질문은 이것이다: 얼마나 많은 증거가 있어야 충분한가? 당신이 만일 GMO에 대한 증거와 확실성을 끝까지 주장하기를 불사한다면 백신에 대해서는 왜 그렇게 하지 않는가? 진화에 대해서는? 기후변화에 대해서는? 어떤 과학적 근거가 제시되어도 GMO가 위험하고 불안전하다고 주장하는 사람들이 부정론자가 아니라면, 부정론이라는 것은 대체 어디에 존재한단 말인가?

진실을 무기로
대화를
나눈다는 것

지금까지 논의한 방식에 따라 GMO에 대해 회의적인 사람들과 나눈 대화의 일부를 소개하고자 한다. 나는 가능하다면 실제 GMO 반대자들과 직접 대면하여 이야기를 나누고 싶었다.

원래 계획은 지금 살고 있는 보스턴 교외에 있는 홀푸드에 가보는 것이었다. 왜 거기였을까? 왜냐하면 그곳에서 쇼핑을 하는 몇몇을 알고 있는데 이들은 자연식품에 대한 선호가 거의 집착에 가까웠기 때문이다. 많은 사람들이 홀푸드가 GMO 제품을 전면 금지한다고 생각하지만 그것은 사실이 아니다. 요즘에는 라벨 표기조차 의무 사항이 아니다. 2013년에 홀푸드는 5년 이내에 모든 GMO 제품에 대해 라벨 표기를 의무화하겠다고 발표했지만, 2018년에 이에 대한 새로운 목표 시행 일자도 발표하지 않은 채 그 약속을 조용히 "중지해버렸다."[1] 현재 웹사이트에 명시된 것처럼 그들은 유기농 표기가 된

매장의 모든 제품에 GMO가 포함되어 있지 않음을 보증하는 정책을 시행 중이며, 매장 제품에 비GMO 라벨이 부착되어 있으면 틀림없이 그렇다고 했다.[2] 하지만 그렇다고 해서 라벨이 붙어 있지 않은 제품들이 모두 GMO를 포함하지 않는 제품이라는 의미는 아니다. 그렇더라도 홀푸드는 최대한 많은 제품에 비GMO 라벨을 붙이기 위해 열심히 노력하고 있는 모습을 보이지만, 사실을 말하자면 그럼에도 불구하고 특히 포장 식품의 경우 일부 GMO 성분이 포함되어 있을 수 있다.[3]

그러나 홀푸드가 GMO 제품에 대한 전면 금지 조치를 취하지 않고 있을 가능성이 있다 해도, 당신이 이 이슈에 민감한 사람들을 찾고 있다면 이보다 더 훌륭한 장소는 없을 것이다. 실제로 몇몇 사람들은 '자연이 더 좋다(natural is better)'라는 철학을 내세운 홀푸드의 약속이 유사 과학으로 방향을 틀기까지 했다고 주장했다.[4] 그리고 특히, 내가 진보주의자인 GMO 반대자를 찾고 싶다면 그곳에서 최고의 행운을 누릴 수 있을 터였다. 마이클 셔머도 다음과 같이 썼다. "'몬산토'와 '이윤'이라는 단어가 삼단논법 폭탄처럼 쏟아지지 않는 GMO에 대해 진보주의자와 만나 대화를 나눠보라."[5] 나는 더 이상 기다리기 힘들었다. 몰디브 사람들과 대화하기 위해 지구 반 바퀴를 돌고 난 이후라 홀푸드까지는 걸어갈 수도 있었다. 그곳에서 쫓겨나지 않는 한 이는 이 책을 쓰기 위해 했던 일들 가운데 가장 쉬운 연구 조사가 될 터였다.

그 무렵 코로나19 팬데믹이 발생했고 내 계획은 물거품이 되었다. 코로나19 확산 시기에 식료품 매장에서, 심지어 마스크를 쓰고 누군가에게 접근하여, 식품 안전은 고사하고 어떤 주제로든 대화를 시도하는 일을 상상할 수 있을까? 하지만 나는 여전히 가급적 자연식품 신봉자들과 일대일 대화를 나누겠다는 생각에 사로잡혀 있었다. 우선 나는 2018 평평한 지구 국제 학회에서 얻은 것들을 토대로 실행 방향을 바꿔보고 싶었다. 그 현장에서 나는 내가 이룬 성과, 그리고 심지어 나의 접근방식에도 만족하지 못했다. 나의 태도는 너무 적대적이었다. 그리고 나의 대화는 너무 뺑소니 같았다. 이 시점에 나는 버고지언과 린지의 책《어른의 문답법》을 읽었고 그들이 제시한 기술들을 시도해보고 싶어 전전긍긍했다. 나는 좀 더 공감을 할 필요가 있었다. 그들의 말을 정말로 경청해야 했다! 단지 상대방의 증언을 듣기 위해서가 아니라, 내가 그들의 말을 들었음을 확신시켜주기 위해서였다. 그것이 신뢰를 쌓는 가장 좋은 방법이었다. 또한 단순히 질문을 하는 것만으로 의심의 씨앗을 약간 심을 수 있을 터였다. 어쩌면 내가 생각을 바꿔놓을 수 있을지도 몰랐다. 하지만 대체 누구와 그렇게 한단 말인가?

그리고 나서 나는 코로나 봉쇄 상황이 하나의 기회가 될 수 있겠다는 사실을 깨달았다. 이미 개인적인 관계를 맺고 있었던 사람과 대화하며 일을 진척시킬 수도 있는데 왜 낯선 사람들과만 이야기하고 개인적인 관계를 구축하려고 하지? 신뢰가 사람의 마음을 바꾸는 일에서 가장 중요한 요소라면, 이미 나를 믿고 있으며 실질적으로 기후변화와 기타 부정론자 주제를 다룬 나의 이전 연구에 조금이라도 관심을 표현했을지도 모르는 누군가와 함께 시작해보면 어떨까?

코로나 시대의 친구들

나는 30년 지기 친구를 통해 린다 폭스를 알게 되었는데, 우리는 매년 추수감사절마다 코네티컷에 있는 우리 친구들의 집에 모이는 사이였다. 자주 만나지는 못했지만 서로에 대한 존경과 신뢰를 바탕으로 오랫동안 인연을 이어왔다. 나는 내 아이들이 태어날 때부터 그녀를 알고 지냈다. 그녀는 아내를 좋아했고 나 역시 그녀의 남편을 좋아했다. 린다와 나는 여러 면에서 정반대 같았지만 사실은 함께 있는 시간을 즐기고 여러 해 동안 다양한 주제로 대화를 나눠온 사이였다. 한번은 추수감사절 전날 머리가 아파서 끙끙거리고 있는데, 그 집에 머무르던 린다와 몇몇 다른 친구들이 문제는 차크라[chakra, 기(氣)가 모인다는 신체의 지점—옮긴이]의 불균형이라며 나를 설득하려 했다. 그녀는 나에게 정말 필요한 것은 이부프로펜(해열소염진통제—옮긴이)이 아니라 다우징(dowsing, 신체의 에너지를 탐색하는 일—옮긴이)이라고 말했다. 린다는 자신을 심령치료사(psychic)이자 다우저(dowser)라고 밝히면서 나를 도와주겠다고 제안했다. 나는 이미 이부프로펜을 복용한 상태였지만, 우정과 새로운 경험을 위해 시도해보기로 했다. 다음에 어떤 일이 일어났는지 자세히 기억나지는 않지만 곧 기분이 좋아지기 시작했다. 린다가 "자, 이제 됐어"라고 말하던 순간 그녀의 얼굴에 떠오른 함박웃음을 기억한다.

"글쎄." 내가 말했다.

"기분이 나아졌어?"

"어… 그래."

"봤지?" 그녀가 대답했다. "그럴 거라고 했잖아."

"음, 그래. 하지만 난 30분 전에 이부프로펜도 먹었거든."

그녀는 내 귀 가까이 다가와서 이렇게 말했다. "중요한 건 기분이 나아지고 있다는 거야…. 모든 게 과학 시험은 아니라고."

앞서 말했듯이, 그녀는 나를 매우 잘 알았다.

나는 무기가 하나뿐이지만 린다는 두 개였다. 여러 해 동안 내가 보기에, 그녀는 다른 사람들과 연결되고 언제나 옳은 일을 하겠다는 깊은 열망에 따라 자신의 인생에서 이성과 직관, 두 가지 무기를 동시에 활용하고 있었다. 그녀보다 더 인간의 욕구에 동조해주고 손 내밀어 도움을 주고자 애쓰는 사람은 정말로 찾기 힘들었다.

2020년 여름에 내가 린다에게 전화를 걸어 GMO에 대한 그녀의 견해를 물어보기로 결심했을 때 나는 이미 다른 주제들에 대한 그녀의 신념을 많이 알고 있는 상태였다. 내가 알기로 그녀도 (나처럼) 진보주의자였다. 나는 그녀가 기후변화를 부정하는 어떤 종류의 의견에도 확고하게 반대한다는 사실을 알았다. 그리고 지난 10년 동안 그녀가 시골 버몬트에 있는 자신의 집에서 '섬추어스 시럽(Sumptuous Syrups)'이라는 수제 식품 회사를 운영해왔다는 사실도 알았다. 매년 추수감사절이 되면 이것들 가운데 새로 나온 식품 한 상자를 받는 것이 큰 기쁨이었고, 아내와 나는 그걸 집으로 가져가서 이듬해 신제품 한 상자를 받을 때까지 즐겼다. 그녀에게 전화를 하기 전에 나는 냉장고로 가서 병에 적힌 웹사이트 주소를 확인했다. 라벨에는 이런 문구도 쓰여 있었다. '농장 직배송, 유기농 및 자연 재배, 농축, 글루텐 프리(GF) 인증, 비GMO, 무료 배송.' 나는 모든 준비를 끝마쳤다.

린다와 나는 그 전주에 전화 통화를 했는데, GMO에 대한 내용은 아니었고 그냥 잡담이었다. 그녀는 내가 새 책을 쓰고 있다는 사실을 알고 있었고, 그래서 나는 전화를 끊기 전에 이렇게 물었다. "새 책에 들어갈 자료조사를 조금 더 한 뒤에 다음 주에 다시 전화하면 나 좀 도와줄래?" 그녀는 기꺼이 그러겠다고 답했다. 내가 GMO에 관한 책이라고 말하자 그녀는 자신이 그 분야 전문가는 아니라고 했다. 하지만 그녀는 자신만의 개인적인 견해를 가지고 있었고, 나는 그것이 내가 원하는 전부라고 그녀를 안심시켰다. 그녀에게 자료조사 같은 건 전혀 할 필요가 없다고 강조했다. 나는 단지 그녀에게 다시 전화를 걸어 평범한 사람이자 사업가로서 그녀의 생각을 듣는 방식으로 인터뷰를 하고 싶었다. 그녀는 흔쾌히 수락했다.

일주일이 지나고, 다시 그녀에게 전화를 걸었다.

전화를 받자마자 린다는 GMO 이야기로 바로 들어갈 준비가 되어 있었다. 사실 그날 아침에 그녀는 '자신의 견해를 요약해서 보여주는' 기사 하나를 보내줬고 나는 그것을 미리 읽었다. 하지만 나는 내가 정말로 듣고 싶은 것은 린다의 견해라는 점을 그녀가 알고 있는지 확인했다. 그녀는 아무것도 방어할 필요가 없었다. 그래서 우리는 바로 주제로 뛰어들었다.

린다는 50년 동안 자연식품 분야에 종사해왔다고 했다! GMO라는 화제에 관심이 있어서 관련 글을 조금 읽었다고 했다. 그녀가 보기에 이런 주제에 대한 사람들의 반응은 대부분 지적이거나 감정적이다. 그녀는 자신이 반은 쌍둥이자리, 반은 게자리라고 했고 그래서 별자리가 둘 다라고 했다. 이 대목에서 나는 솔직히 그녀가 다음에 어떤 이야기를 할지 전혀 짐작이 되지 않았지만 질문 목록을 잠시 덮어두고 그냥 경청하기로 했다. 나는 그녀가 사려 깊고 총명하며 그동안 만난 사람들 가운데 가장 친절한 사람이라는 것을 알았다. 그녀는 지금 내가 뭘 하고 있는지 알았고 내가 알아야 하는 이야기들을 들려줄 터였다.

린다는 유전자변형이라는 아이디어 그 자체보다는 사람들이 변형하려는 '특성'에 더 관심이 있다고 했다. 사람들은 왜 그랬을까? 무슨 이유로? 이걸로 돈을 번 사람은 누구인가? 환경문제가 그녀의 관심사 목록 맨 위에 있는 것 같았다.

이 시점에서 린다는 자신이 신념을 가진 사람일 뿐 아니라 실천하는 사람이라는 점을 강조하기 위해서인지 내가 전에 한 번도 들어본 적 없는 개인적인 이야기를 들려주었다. 그녀는 원자력발전에 대해 매우 우려하는 편이었기 때문에, 그녀와 그녀의 첫 번째 남편은 전력공급망을 이용하지 않고 전기와 수도 시설 없이 8년을 살았는데 그런 삶이 어떤지, 자신들이 감당할 수 있는지 알아보기 위해서였다고 했다. 그 당시는 미국 전역에서 원자력 산업에 대한 염려가 절정에 달했던 1970년대였고, 그녀는 원자력에너지라는 자원 없이 살아가는 것이 가능한지 알고 싶었다. 나는 매우 깊은 인상을 받았다. 내가 어떤 신념을 그토록 강하게 붙잡고 있었던 적이 있었나? 나는 기후변화를 극도로 무서워하지만 여전히 차를 운전한다. 에어컨도 쓴다. 그것이 신념이 아니라 행동의 문제임을 그녀가 나에게 상기시켜주었다.

린다는 GMO에 대한 자신의 견해가 두 가지 관점으로 정리된다고 밝혔다. 바로 개인적 관점과 사업적 관점이었다. 개인으로서 그녀의 주요 관심사는 환경에 미치는 영향이었다. 만일 GMO가 음식의 영양가를 높이기 위해 만들어졌다면 그녀에게는 환영할 만한 일이었다. 하지만 인간과 기업의 이익 사이에는 커다란 간극이 있었다. 단순히 돈을 벌기 위한 것이어서는 안 된다. 그녀는 몬산토와 그 회사 제품인 라운드업이 마음에 들지 않는다고 했다. 그녀는 단지 라운드업을 더 많이 판매하기 위해 몬산토가 만들고 있는 종류의 GMO를 완강하게 반대했다. 하지만 황금쌀은 전혀 문제가 없는 것 같다고 말했다.

나는 그녀에게 GMO가 먹기에 안전하다고 생각하는지 물었다. 그녀는 안전한지 알 수 없기 때문에 대체로 구입을 하지 않는다고 했다. 이와 관련해 너무 많은 의문이 제기될 수 있기 때문에 그녀도 매우 조심스러운 태도를 보였다. 그녀가 말했다. "너는 GMO를 먹나 보구나. 그런데 왜 그러는 거야?" 그런데 내가 그녀에게 GMO를 한 번이라도 먹어본 적 있느냐고 묻자 "있다"라고 답했다.

두 번째는 사업주의 관점이었다. 버몬트에 있는 식품 회사 경영자인 그녀는 비GMO 라벨만 취급하고 싶어 했다. 문제는 그녀가 몸담고 있는 시장이었다. 그녀의 고객은 누구인가? 그들은 무엇을 원하는가? "고객들을 교육하는 게 내가 할 일일까?" 그녀는 질문을 던졌다. 아마도 아닐 것이다. 사람들은 저마다 지식의 수준도 다르고 신뢰의 수준도 다르며, 그녀는 시럽 구매 고객층을 최대한 넓히고 싶었는데, 그러려면 비GMO 제품을 제공해야 했다. 그것은 사업에 도움이 될 뿐 아니라 고객의 희망 사항을 존중하는 올바른 일이기도 했다.

나는 그 판단이 홀푸드에서 그녀의 시럽을 판매하는 것과 일정 부분 관련이 있는지 물었다. 그녀는 아니라고 답했다. 그녀는 어쨌든 홀푸드에 납품하고 있지 않기 때문이었다. GMO 때문이 아니라 그런 매장들에 제품을 납품하기 위해 받아야 하는 승인 절차가 복잡하기 때문이라고 했다. 그냥 장벽이 너무 높았다. 그녀는 온라인판매가 더 좋다고 했다. 그러고 나서 나는 그녀가 홀푸드에서 쇼핑을 하는지 물었고 그녀는 아주 가끔이라고 답했다. 그 이유는 매장이 그녀의 집에서 한 시간 반 정도 거리에 있기 때문이었다. (그녀가 시골 외딴곳에 산다고 내가 언급했던가?) 그녀는 현지에 가서 쇼핑하는 게 더 좋다고 했다. 자진해서 유기농식품을 사지만 품목에 따라 다르다고 했다. 그녀는 콩과 옥수수가 GMO일 가능성이 가장 높기 때문에 구입을 피한다고 했다. 자신은 "의식 있는(conscious)" 소비자이며, 그녀가 의식하는 것 가운데 하나가 GMO라고 했다.

그러고 나서 그녀가 한 이야기에 나는 웃음을 터뜨렸다. "하지만 GMO 식품을 먹는다고 내가 죽는다고 생각하지는 않아."

그녀는 로컬푸드(local food, 장거리 운송을 거치지 않은, 그 지역에서 나온 농산물—편집자)를 선호하고, 우유에 성장호르몬을 포함하지 않기 위해 자신의 지역에서 함께 뜻을 모은 몇몇 낙농업자 이야기를 들려주면서 그들을 지원하고 싶다고 했다. 이는 지역사회의 일이고 개인의 문제이기도 해서 그녀가 관심을 가질 법한 종류의 이슈였다. 그녀는 그 낙농업자들과 아는 사이였다. 나는 이렇게 물어보았다. "하지만 넌 여전히 다른 목장들에서 나온 우유도 마시고 GMO 음식도 먹잖아?" 그녀는 앞서 했던 대답을 되풀이했다. "그렇긴 하지, 근데 너는 왜 그러고 싶어 하는 거야?" 그것은 논쟁의 핵심으로 향하는 정말 좋은 질문이었다. 나는 나중에 그녀에게 그런 종류의 개인적인 선택이 지역사회 바깥에서(예를 들면 제3세계에서 황금쌀을 구하지 못해 굶주린 아이들에게) 파급효과를 일으킬 수 있을지 물어보려고 메모를 했다.[6]

이윽고 나는 그녀에게 몬산토에 대해 좀 더 이야기해달라고 요청했다.

"세상에서 가장 악독한 그 회사 말하는 거야?" 그녀의 대꾸였다.

그녀는 그 회사가 전 세계의 식량을 어떻게 통제하려 하는지 이야기했다. 그들은 오직 이윤에만 관심이 있었다. 그녀에 따르면 몬산토 농장 한 곳의 꽃가루가 인근 유기농 농장으로 날아들었는데 오히려 몬산토가 그 농가를 고발했다. 라운드업 남용 문제도 심각하다고 했다. 그녀의 이웃 농장에서 라운드업을 사용했는데 이 사실이 매우 거슬린다고 했다. 그 제품이 토양을 오염시킬까? 그녀의 소유지에 공급되는 물에 영향을 주지 않을까? 알려지지 않은 부작용들은 없을까?

몬산토 GMO가 먹기에 안전하지 않다고 생각하는지도 물었다.

그녀는 직접적인 대답은 피했지만 이렇게 말했다. "얼마나 많이 먹고 싶은데? 왜 그걸 먹고 싶어 하는 거야?"

그녀는 이런 사안들에 대해 "중도주의자(centrist)"인 경향이 있으며 매사에 조심하려 한다고 설명했다. 식당 같은 곳에 가면 까다롭게 굴지 않는다고 했다. 종업원에게 메뉴에 GMO 식품이 있는지 묻지도 않고, 몬산토 이야기는 꺼내지도 않는다고 했다. 하지만 자신이 생산지를 모르는 음식을 얼마나 자주 먹는지에 대해 신경 쓰기는 한다고 했다.

이 대목에서 그녀는 내가 일찍이 들어본 적 없는 이야기를 해주었다. 일부 농부들이 밀을 수확하기 일주일 전에 라운드업을 살포한다는 것이다. "그들이 왜 그러겠어?" 그녀가 물었다. 밀에 라운드업 성분이 붙어 있어서 식품 안전성에 문제가 생긴 적은 없을까? 그녀는 글루텐 알레르기가 있는 모든 사람들이 사실은 다른 물질에 거부반응을 보이고 있는 건 아닌지 의심스럽다고 했다. "그 사람들은 글루텐을 못 먹는 게 아니야. (중략) 아마 라운드업을 못 먹는 거겠지." 또한 몬산토가 글루텐 불포함 식품을 내놓아 이윤을 취하고 있지 않은지 의심했다. 이 모든 것에 대해 증거는 없다고 그녀는 말했다. 하지만 그것이야말로 그녀가 음식이 재배되고 가공되는 방식에 의문을 품게 만든 "삐딱한 생각들" 가운데 하나인 듯했다.[7]

이제 우리의 대화가 거의 끝나가고 있었다. 그때까지 나는 린다에게서 부정론자의 분위기를 전혀 느끼지 **못했다**. 그녀의 접근방식은 조심스러웠고 사려 깊었다. 우리는 과학적 합의에 대해 이야기를 나누지 못했지만(나는 그에 대한 그녀의 반응이 궁금했다) 먼저 다른 과학 주제에 대한 그녀의 견해와 관련해 몇 가지를 확실히 할 필요가 있었다.

그녀는 백신을 전적으로 **지지한다**고 했다. 심지어 백신 예찬론자라고까지 할 수 있다고 이야기했다. 나는 그녀가 원자력발전을 반대하는 입장임을 알고 있었지만 이번 기회에 그 이유를 물어보았다. 그녀는 (1) 핵폐기물을 처리할 방법이 없고 (2) 추출 방식도 마음에 들지 않는다고 했는데, 그것이 지구에 나쁠 뿐만 아니라 원자재(우라늄—편집자)가 생산되는 나라들에 사는 선주민에게도 해를 끼치기 때문이었다. 기후변화 문제에 있어서도 그녀는 과학은 논외로 하고 아메리카 선주민 보호구역에서 얼마간 생활했던 심령치료사로서, 그것이 매우 바람직하지 않다고 본다며 지구온난화 문제가 시간이 갈수록 더 악화될 거라고 말했다.

대화가 슬슬 마무리되는 분위기라서, 나는 내가 린다의 견해에 영향을 미칠 가능성에 대한 걱정을 내려놓고 좀 더 편안한 마음으로 그녀에게 내 책과 관련된 이야기를 했다. 나는 진보적 과학 부정론자 같은 게 있지 않을까 하는 질문을 다루는 장에서 우리의 대화를 활용하고 싶다고 고백했다. 나는 (기후변화나 진화에 대한) 과학 부정론이 우파에 넘쳐나는데, 좌파에서도 그런 현상이 나타날 수 있는지 궁금하다고 했고, 그녀는 크게 웃었다. "오, 그렇구나." 그녀가 말했다. "히피들은 1960년대부터 그래왔어." 우리는 최근 많은 사람들이 범람하는 잘못된 정보를 토대로 신념을 형성하는 세태에 대해 조금 대화를 나눴는데, 그녀가 매우 심오한 말을 하는 바람에 나는 그 말을 한 글자 한 글자 받아 적을 수 있도록 그녀에게 했던 말을 반복해달라고 했다: "우리는 딱히 믿을 이유가 없을 때 음모론에 취약해진다."

나는 뻔한 질문을 던지기 전에 잠시 뜸을 들였다. "그러니까, 린다, 너는 과학자들을 믿어?"

"일부 과학자들을 믿지." 그녀의 대답이었다.

그녀는 "이 연구를 진행하는 자금을 누가 대지?"라고 항상 자문한다고 했다. 그것은 매우 좋은 질문이었다. 우리는 다음 주에 다시 대화하자는 약속을 하고 전화를 끊었다.[8]

전향할 과학 부정론자를 찾겠다는 나의 희망은 빠른 속도로 사그라들고 있었다. 린다는 GMO를 좋아하지 않았지만, 그렇다고 그녀가 부정론자일까? 그렇지는 않다. 나는 어렸을 때부터 알고 지냈고 지금은 환경생물학자인 가장 친한 친구에게 조언을 구했다. 하지만 테드(실명이 아님)와 GMO에 관한 몇몇 사실을 주제로 대화를 나눈 지 몇 분 만에 나는 그를 인터뷰해야 하는지 의문이 들었다! 내가 지구상의 누군가와 돈독한 신뢰를 쌓았다면 그는 최종 후보자 명단에 올랐을 터였다. 나는 솔직하게 책을 쓰는 데 그의 인터뷰가 필요하다고 털어놓았다. 하지만 그가 GMO에 대해 정말로 어떻게 생각하는지 나에게 말하고 스스로 검열하지 않는 조건에서 그가 인터뷰를 하고 싶어 할지는 회의적이었다. 그에게 실명을 기재하지 않겠다고 제안했다. 대화를 시작하기로 약속한 시각까지 얼마 남지 않았다. 그 시점에도 나는 그의 입장이 뭔지 몰랐다. 그래서 우리는 바로 주제로 뛰어들어 그것이 우리를 어디로 데려갈지 두고 보기로 했다. 책과 관련해서는 나중에 협의할 생각이었다. 그만큼 그는 나를 많이 신뢰했다.

린다의 경우와 달리 이번에는 대화가 뜨겁게 달아올랐다. 테드는 자신의 관점이 제러미 리프킨(Jeremy Rifkin)의 책에서 영향을 받았고 나에게 그것을 보내주고 싶다고 했다. 내가 리프킨에 대해 들어본 적이 있었던가? 사실은 알고 있었다. 마크 라이너스의 책에 따르면, 리프킨은 GMO 반대 운동을 시작했고 그 대의에 그린피스를 끌어들인 일을 제외한다면 대체로 옳았던, 포장지 같은 사람이었다. 라이너스는 그에 대해 무자비하게 비판했다. 나는 이 사실을 일단 마음속으로만 간직한 다음 "그렇구나"라고만 대꾸했다.

테드의 주된 걱정은 의도치 않은 결과들 가운데 하나였다. "이것이 기술을 다루는 방식이야." 그는 말했다. "핵무기. 석유. 괜찮을 거라고 생각하고 시작했다가, 몇 년이 지나면 위험을 깨닫고 때로는 되돌릴 수 없는 상황으로 내몰리지." 그는 사실 이런 면 때문에 백신 거부자들에게 약간 공감하게 되었다고 했다! (이게 무슨 말인가? 이 친구를 40년이나 알고 지냈지만 이런 이야기를 하는 걸 한 번도 들어본 적이 없었다.)

그다음에 테드는 자신이 과학자라는 사실을 나에게 상기시켜주었다! 그는 진화와 게놈(genome)이 어떻게 이루어져왔는지 안다고 말했다. 그것은 오랜 기간에 걸친 자연선택에서 기인했다. 각각의 선택 단계는 주어진 환경에 대한 응답이며 거기에는 이유가 있다. 그리고 유전공학으로 인간은 그것을 엉망으로 만들려고 했다. 그 결과 환경에 나쁜 영향을 끼치고 안전하지 않은 유기체들이 생산되고 말 것이다. 우리는 토양에 라운드업을 버리고 있는데, 나중에 무슨 일이 벌어질까? 인간은 왕나비의 자연 서식지였던 우유초(milkweed)를 망쳐버렸다. 그리고 그는 GMO 제품 자체가 가져올 의도치 않은 결과를 염려했다. "만일 박테리아 유전자를 변형했다가 나중에 결국 끔찍한 질병들이 발생하면 어떡해?" 위험한 살충제와 화학물질 수백 가지가 적절한 안전성 연구도 없이, 혹은 심지어 안전하지 않다는 과학적 사실이 밝혀진 후에도 시장에서 수년간 유통되도록 방치한 규제기관들을 어떻게 해야 하는가? 그는 몬산토 이야기로 돌아가 장기적 결과를 전혀 고려하지 않고 단기적 이윤에 몰두해온 그 회사의 역사에 대해서도 설명했다. 왜 그런 모험을 한단 말인가?

그때까지 이야기가 나는 매우 흥미로웠고 그의 흐름을 방해하고 싶지 않았지만, 이제 중요한 질문을 해야 했다. 지금까지 테드의 염려는 대부분 (1) 의도치 않은 영향과 (2) 환경에 관한 것 같았다. 그런데 그는 GMO가 섭취하기에 안전하다고 생각할까?

테드는 과학이 이에 대한 많은 정보를 제공하며 안전하다고 했지만 자신은 확신할 수 없다고 말했다. 그도 확실한 사실을 알고 있는 것은 아니었다. 그는 정부가 식품 안전에 대한 정책 표준을 마련하고 있다고 확신했지만, 각각의 식품이 안전한지를 알려주는 정부 자료는 신뢰할 수 없다고 말했다. 앞일을 어떻게 확신할 수 있겠는가? 지금으로부터 10년 후에 과학자들이 뭔가를 발견할 수 있다. 그리고 지금 나오는 제품들이 안전하다 해도 미래에는 그렇지 않을 수 있다. 이 문을 활짝 열어버릴 이유가 있을까? 그들은 미래에 다른 방식으로 사용될 수 있는 새로운 기술을 내놓고 있다. 그리고 그것은 위험할 수 있다.

나는 대화 주제를 현재 GMO 식품의 안전성 문제로 몰아갔다. 테드는 윤리적이고 원칙적인 이유로 GMO 식품을 먹지 않는다고 했다. 따라서 과학적으로 그것들이 안전하다 해도 그는 어쨌든 먹지 않겠다고 했다. 이는 환경적 이유일 뿐 아니라 보다 근본적으로는 철학적 반대였다. "자연의 섭리를 어지럽히는 것들은 용납할 수 없어."

그는 소에게 성장호르몬을 투여하는 경우를 예로 들었다. (맹세코, 이 사례는 내가 대화에 끌어들이지 않았다.) "그건 유전공학이 아니야. 자연의 섭리에 대한 일종의 간섭일 뿐이지. 그런 일을 하면 나쁜 영향들이 앞으로 계속 발생할 수 있어. 넌 그런 우유를 마시고 싶니?"

나는 대답하지 않았고, 이 대목에서 처음으로 대화에 본격적으로 뛰어들었다. 나는 이 모든 대화를 내 책에 싣는 데 동의해주기를 바랐다.

"테드, 넌 과학자야. 하지만 너의 견해는 과학적 의견과 너무 동떨어져 있어. GMO를 먹어도 안전하다는 데 거대한 합의가 이루어져 있어. 그런데 이 사안과 관련해 대중과 과학자의 견해차는 기후변화의 경우보다 훨씬 크지."

곧바로 그는 식품 안전성 이슈에 대해서는 한발 물러났다. 자신은 긍정도 부정도 하지 않았다고 했다. 만일 GMO가 안전하지 않다고 생각한다고 말하는 사람이 필요했다면 나는 그를 선택하지 않았을 것이다. 그가 한 말은 모른다는 것이었다. 그리고 그는 어쨌든 GMO를 먹지 않을 것이므로 그 부분은 고려할 가치가 없다고도 했다. 테드는 일반적으로 GMO 식품에 대한 생각이 불편하다고 했다. 적어도 아직까지는 그렇고, 어쩌면 10년 후에는 바뀔지도 모르겠으나, 그때까지 그는 GMO를 먹지 않겠다고 했다.

직감적으로 나는 그에게 홀푸드에서 쇼핑을 하는지 물었다.

그는 잠시 머뭇거렸다. "뭐?"

그가 진보주의자라는 사실은 이미 알고 있었다. 그리고 그는 과학자다! 대학 졸업 후 테드는 세계를 여행하며 생태를 직접 연구했고, 돌아와서 석사학위를 받았다. 지금 그는 아내와 함께 토착종과 그 서식지를 구하기 위해 힘쓰는 보호연구소를 운영하고 있다. 나는 몰디브 여행 후 탄소 상쇄를 위해 기부하면서 테드에게 그의 프로젝트 중 하나에 1000제곱미터의 나무를 심으라고 수표를 보냈다.[9] 기후 이슈와 관련해 그의 신념은 확고한 과학적 주류였다. 그런데 GMO는?

나는 그에게 하루 정도 시간을 갖고 다시 생각해본 다음 내 프로젝트에 우리 대화를 써도 되는지 알려달라고 이야기하는 것으로 대화를 마무리 지었다. "근데." 나는 그에게 경고했다. "만일 우리가 다시 대화하게 되면 서로를 설득하려고 할 것 같아."

"글쎄, 결국 내가 너를 납득시킬 거야."

그날 한밤중에 괜찮다는 문자메시지가 도착했다. 우리는 그다음 날을 기약했다.

인생의 대화

~~~~~~~~~~~~~~~~~~~~

테드와의 후속 대화를 기다리며 내가 약간 긴장했다는 사실을 인정해야겠다. 그와 40년을 알고 지냈지만 무슨 이유 때문인지 지금까지 만났던 낯선 사람들과 나눈 대화보다 더 막막한 느낌이 들었다. 몇 분 동안 농담을 주고받은 뒤에 나는 버고지언과 린지의 책에 있는 전략을 사용해보기로 했다.

"자, 테드, 나를 설득해봐."

오늘은 달랐다. 그가 GMO에 대해 어떻게 느끼는지 알아내기 위해 성급하게 가벼운 대화를 거는 대신, 오늘 나는 좀 더 냉철해졌다. 과학자 테드도 돌아와 있었다.

테드는 이렇게 응수했다. "글쎄, 그건 전부 네가 나에게 뭘 물어보느냐에 달려 있지. 내가 GMO를 먹느냐는 거야? 아니면 내가 먹어도 안전하다고 생각하느냐는 거야?" 그는 어제 나눈 이야기 주제를 다시 불러온 뒤, 우리 음식의 유전학을 망쳐놓는다는 전반적인 의미에서 GMO를 좋아하지 않는다고 말했다. 그는 GMO가 장기적으로도 안전한지는 확신하지 못했다. 그리고 그는 비유를 준비해 왔다.

"GMO는 침입종이나 다름없어. 우리가 뭔가를 도입할 때는 문제를 해결하고자 하는 목적이 크니까 그게 언제나 좋은 아이디어처럼 보이지. 하지만 그러다가 통제 불능에 빠져. 항상 의도치 않은 결과가 나타나는 거야. 몽구스를 예로 들어볼게. 하와이에서 쥐를 퇴치하려고 들여왔지만 녀석은 주변의 모든 것을 먹어 치우기 시작했어. 지역 생태계를 완전히 망쳐놓은 거야. 지금은 몽구스가 생태계를 접수했지. 언제나 예측하지 못한 상황이 닥친다고."

그는 계속 말을 이어갔다. "그래서 그것들이 미생물의 유전학을 엉망으로 만들었을 때 어떤 일이 일어났지? 그냥 다 망했잖아? 식품 안전에 대한 연구가 지금 당장은 괜찮다고 할지 모르지만, 그렇다고 해서 앞으로도 문제가 없으리란 의미는 아니야."

좋은 지적이라고 인정해야 했지만 나는 입을 다물고 그가 계속 이야기하도록 두었다. 그는 주제를 라운드업으로 바꿨고 다른 종들에 미치는 부작용에 대해 말했다. 그리고 어떻게 점점 더 소수의 사람에게 그 혜택이 몰리는지, 소수의 손에 부(富)가 헌납되고 있는지 설명했다. 식품 안전을 기하는 과정에서 발생할 만한 이런저런 나쁜 일들이 많이 있다. 그런데 이를 통제하는 시스템이 부패한 것 같다고 했다. 산업 친화적인 분위기가 너무 심하다고도 했다. 만일 뭔가가 잘못되기라도 하면 적절한 타이밍에 해결할 수 있을까? 그는 다음과 같이 요약했다. "GMO가 안전해 보여도, 사람들이 안 먹고 싶어 하는 데는 다 그만한 이유가 있는 거라고."

그 순간 나는 진짜 궁금했던 질문을 처음으로 던졌다. "GMO를 먹어본 적 있어?"

테드는 아마도 그런 것 같다고 했다. 식당에서는 그가 어떻게 알겠는가? 하지만 그는 안전을 담보할 수 없기 때문에 그 산업을 지지하지 않는다고 했다.

즉시 나는 두 번째 질문을 던졌다. "그런데 네가 취하는 입장이 백신 거부자와 뭐가 달라? 백신도 '부자연'스럽기는 매한가지잖아. '안전하다고 확증'할 수 없지. 백신도 반대하는 거야?" 나는 그가 백신 거부자들에 대해 "공감하는 측면이 있다"는 어제의 입장에 설명이 더해지기를 바랐다.

그는 좋은 질문이라면서도 우리는 언제나 혜택과 위험 사이에서 균형을 맞춰야 한다고 했다. 백신에는 개인적인 위험이 존재한다. 백신을 맞지 않으면 질병에 걸릴 수 있다. 물론 공적인 위험도 존재한다. 다른 사람들까지 아프게 만들 수 있다. 만일 백신에 혜택이 없다면 아무도 접종을 하려 들지 않을 것이다. 하지만 백신에는 혜택이 있고 그것은 위험을 상쇄하고도 남는다. "하지만." 그가 이제 핵심을 찌를 준비가 되었다는 듯 말했다. "GMO를 먹지 않으면 위험이 없어져. 난 유기농식품을 사 먹을 정도의 능력은 있어. 만약에 너무 가난해서 생존을 위해 GMO를 먹어야 한다면 아마도 그렇게 하겠지. 하지만 나는 GMO를 안 먹는다고 해서 문제 될 게 없어."

"하지만 테드." 나는 그의 말에 끼어들었다. "그건 크나큰 특권에서 나온 지위 아니야? 동아시아에는 굶주린 아이들이 많고, 어떤 애들은 황금쌀을 못 구해서 비타민A 결핍증으로 시력을 잃기도 해. 그건 몬산토에서 만든 게 아니야. 대학 연구의 결과물이지. 하지만 그린피스는 여전히 그걸 반대해. 내가 너와 그 아이들 사이의 점들을 연결해볼게. 넌 GMO를 지지하지 않고 그게 너에게 이로워. 하지만 유기농식품만 사고 그린피스에 후원금을 보내는 너 같은 사람만 있으면 아시아에 있는 그 아이들은 굶주리고 눈이 멀겠지. 그래서 GMO 반대에 문제 될 게 있다는 거야. 너에게는 해당되지 않겠지만. 네가 아까 얘기한 백신 거부 이슈와 비슷해. GMO 지지를 반대하는 것만으로 너는 공적인 해를 일으키고 있어."

당신을 신뢰할 수 있어서 다행이라는 것이 이 대화의 핵심이었다. 어떤 일이 있어도 우리의 우정은 변함없을 것이다. 나는 그를 모욕할 생각이 없었지만, 다양한 형태로 테드와 나는 수십 년 동안 이런 논쟁을 벌여왔다.

"내가 보기에 넌 어떤 기술혁신에 대해서도 똑같은 지적을 할 수 있을 것 같아." 테드가 침착하게 말했다. 그리고 석탄 연료를 예로 들었다. 만일 사람들이 석탄 연료를 지지하지 않는다면 누군가는 직장을 잃을 것이다. 하지만 그렇다고 해서 석탄 연료 산업을 지지해야 하는가? 모든 기술혁신에는 장점과 단점이 있다. 물론 황금쌀도 분명한 장점이 있다….

그는 이 지점에서 여지를 남겼고 그래서 나는 즉시 밀어붙이기로 했다.

"그럼 너는 황금쌀은 지지하는 거야?"

그는 조금 전에 자신이 던졌던 질문을 오히려 저격했다. "광부들

일자리를 지켜주려고 내가 석탄을 지지해야 해?" 황금쌀을 지지하지 않는다는 대답이었고 그는 GMO도 마찬가지라고 했다. 의도치 않은 결과는 언제나 나타날 수 있기 때문이다. 식량 생산이 증대되는 것도 좋은 일처럼 보이지만 궁극적으로 인구과잉으로 이어지고, 이는 지구 환경파괴의 큰 원인이다. 그리고 결과적으로 점차 굶주리는 사람들이 많아진다.

"이런 얘기를 아무도 하고 싶어 하지 않지만 엄연한 사실이야. 우리는 지구가 품을 수 있는 용량을 초과하는 수준에 점점 가까워지고 있어. 기술을 활용하면 계속 밀어붙일 수 있긴 하겠지. 하지만 우린 정말 그렇게 하고 싶을까? 이런 사실에 대해 아무도 말하고 싶어 하지 않지만 분명한 사실이야. 인구과잉은 실재하는 환경 위험이라고. 그리고 아마 GMO는 우리를 더 벼랑 끝으로 내몰고 있는 것 같아."

"잠깐만, 맬서스(18세기에 인구 재앙을 전망한 영국 경제학자—편집자) 씨." 내가 끼어들었다. "그래서 황금쌀을 구할 수 없는 아이들을 그냥 죽게 놔두라고?"

그는 어쩌면 그런 일이 벌어질 수도 있겠지만 진짜 문제는 시간이라고 했다. 우리가 지구를 파괴하고 자원을 탕진하면 장기적으로 더 많은 사람들이 죽을 것이다. 그리고 그는 GMO가 여기에 기여했다고 느꼈다.

나는 그에게 돈이 있고 고통받는 사람들 중 하나가 아니기 때문에 쉽게 이야기하는 것 같다고 지적한 뒤 말을 마쳤다. 그에게 상처를 주고자 한 것은 아니었고 명백한 사실을 짚어주고 싶었다. 그는 노숙자에게 돈을 주기 위해 지갑을 뒤적이는 사람이다. 내가 목격한 적이 있다. 그는 도둑이 체포되는 장면을 보고 시민이 폭행당하는 줄 알고 달려가서 개입했던 사람이다. 그는 가능한 한 많은 사람들을 이롭게 하기 위해 지속가능한 농업에 평생을 바친 사람이다. 하지만 지금 우리는 교착상태에 빠져버렸다.

나는 대화의 틀을 다시 짜기로 결심했고 그의 환경에 대한 염려와 식품 안전에 대한 걱정을 구별했다. GMO에 대한 반대는 주로 환경에 관한 입장이고 그것들이 먹기에 안전하지 않다고 주장하는 건 아니라고 그가 말했던가?

그는 먼저 환경 이슈를 다뤘다. 테드는 GMO가 환경에 장기적인 해를 끼치고 있다고 주장했다. 이것이 단기적으로 먹기에 안전하지 않다는 뜻은 아니지만, GMO 산업을 지지함으로써 장차 다른(아마도 더 나쁜) 피해를 일으킬 것이다.

나는 대화 주제를 식품 안전으로 슬쩍 몰아갔고 내가 전날 언급한 과학적 합의를 거론했는데, 이것이 그를 당황시킨 듯했다. 나는 AAAS 회원의 88퍼센트가 GMO가 섭취하기에 안전하다고 했지만 대중은 37퍼센트만 그렇게 생각했다고 설명했다. 과학적 합의와 대중 여론 사이의 격차가 기후변화 문제보다 더 심했다. GMO가 인간 건강에 해를 끼친다는 신뢰할 만한 연구는 나온 적이 없었다. 그는 왜 이 사실을 믿지 않을까?

그는 "사람들이 GMO를 의심하는 것이 충분히 납득할 만하기 때문"이라고 말했다. GMO는 '부자연'스러웠다. 인간이 식량 공급에 쓸데없이 간섭한 셈이었다. 이어서 그는 '사전예방의 원칙'을 내세우며 전날 했던 말을 재탕했다. 누군가가 박테리아나 바이러스의 유전자를 바꾼다고 상상해보라. 그것은 악몽일 것이다.[10] 그리고 지금 인간은 우리의 음식이 진화해온 방식에 부자연스러운 조치를 취하고 있는 게 아닐까? 그는 이렇게 말했다. "그들은 전에 없던 뭔가를 하고 있어. 환경적 필요에 따라 진화가 이루어지려면 수천 년이 걸리는데, 하루 만에 유전자 스와핑을 하고 있지. 그게 안전한지 그들이 어떻게 알겠어?" 그는 안전할 수도 있다고 다시 말했지만 확신하지는 않는다고 했다. 이런 종류의 연구를 수행하는 기업에 대한 정부의 감독도 신뢰하지 않았다.

그는 내게 다음과 같은 가장 어려운 질문을 던질 완벽한 기회를 만들어주었다. "그래서 네가 방금 밝힌 입장이 지구온난화를 반박하는 기후변화 부정론자들의 주장과 어떻게 다르다는 거야? 그들은 언제나 '더 많은 연구가 이루어져야 한다' 혹은 '아직 증명되지 않았다'라고 말하지. 하지만 과학은 아무것도 **확증**할 수 없어. 너도 아는 사실이잖아. 우리가 가진 건 과학적 증거뿐이야. 그렇지만 부정론자들은 항상 '증거가 부족하다'라고 말하지. 그래서 GMO에 대해 얼마나 더 많은 증거가 필요하다는 거야?"

테드는 이 질문을 정말로 반겼고, 나의 도전에 응했다.

그는 모든 것이 맥락에 달려 있다고 했다. 과학자들은 GMO를 이용해 자연 상태에서 한 번도 이루어진 적이 없는 일을 벌이고 있다. 그러면서도 사람들이 먹는 음식으로 뭔가 새로운 시도를 한다는 아이디어를 흔쾌히 받아들이기를 요구하고 있다. 하지만 기후변화와 관련해서는 사람들에게 아무것도 하지 말라고 요구하고 있다. 그냥 **멈추라**는 것이다. 그것은 조금 바꿔 말한다면 사전예방의 원칙이라고 그는 말했다. 기후변화가 일어나고 있다는 것을 증명할 수는 없지만(기후변화 모델들이 틀릴 가능성이 100만 분의 1이라 하더라도) 지나친 오염을 멈추는 것이 분명한 예방책이다. 이와는 대조적으로, GMO에 대한 사전예방의 원칙은 우리 음식을 망치지 말라는 메시지를 전한다.

나는 테드의 얼굴을 볼 수 없었지만 그의 목소리에 만족스러움이 묻어났다. 지금까지 그가 펼친 논리 중에서 최고였다. 우리의 대화가 끝을 향해 가고 있었기 때문에 나는 2018 평평한 지구 국제 학회와 그 이후에 품게 된 질문을 던지기로 했다. "네 생각을 바꾸려면 뭘 해야 할까?"

"뭘 어떻게? 내가 GMO를 먹을지 말지? 내가 그것들이 안전하다고 생각하는지 아닌지?"

"뭐든 말이야. 네가 취하는 입장이면 뭐든지. 내가 나한테 설명한 신념들 중에서 뭐가 됐든, 무슨 증거가 있어야 네가 생각을 바꿀 만큼 확신을 줄 수 있을까?"

그는 내 말을 들으니 환경 운동 영역에서 원자력을 둘러싼 최근 논쟁이 떠올랐다고 말했다. 현재 환경 커뮤니티에서 온실가스 배출량이 0이라는 이유로 원자력발전을 지지해야 하는지를 둘러싸고 큰 논란이 있었다고 했다. 그래서 그가 원자력발전을 지지해야 할까? 또다시, 문제는 위험 평가와 단기적/장기적 결과의 이슈로 흘러갔다.

"기후변화 문제에 도움이 되니까 우리 집 근처에 원자로를 건설한다고 하면 나는 반대할 거야."

나는 그 말이 진심이라고 생각했고 그 이유를 물었다.

그는 원자력 산업은 항상 그것이 얼마나 안전한지 보여주려고 노력해왔으며, 아마도 대부분은 사실일 것이라고 했다. 하지만 뭔가 잘못되면 어떻게 될까? 설사 작은 규모의 위험이라 해도 분석을 해보면 그 결과가 너무나 파괴적이어서, 그것을 지지하는 것은 합리적 판단이 아니다. 그리고 이것이 GMO에 대한 그의 일관된 태도였다. 모든 과학은 그것이 안전하다고 하지만 훗날 부정적인 효과가 나타날 수도 있다. 결국 그는 과학이 아무리 훌륭하다 해도 지금까지 언급한 이유들 때문에 GMO를 지지하도록 자신을 설득하기는 어려울 것이라고 말했다.

마치 우리가 제자리걸음을 하는 듯한 느낌이 들어서, 나는 그에게 고맙다고 했고 우리는 책을 몇 권 공유하기로 했다. 그는 나에게 리프킨의 책을 한 권 보내겠다고 했고 나는 그에게 라이너스의 책을 보내려고 마음먹었다. 다른 사안들에 대해 몇 분간 대화한 뒤에 테드는 그의 입장과 기후변화 부정론자들의 입장이 비슷하다는 나의 지적에 대해 다시 언급했다. "좋은 지적이었어. 그에 대해서는 좀 더 생각해봐야 할 것 같아."

그 말을 들으니 기분이 좋았다. 그리고 우리가 합의에 이른 것처럼 느껴졌다.

하지만 실제로는 그렇지 않고, 내 책이 출간되고 한참이 지난 뒤에도 수년 동안 이 주제를 다루리라는 사실을 나는 알았다.

테드는 세상을 더 나은 곳으로 만들고자 하고, 그건 나도 마찬가지다. 우리는 둘 다 과학을 믿는다. 하지만 우리가 친구로 지낸 시간 동안 '이성에 대한 신뢰' 대(對) '자연에 대한 신뢰'에 대해서는 근본적으로 이견을 보여왔다.

GMO를 둘러싼 대화에서도 나는 그를 설득하지 않았고 그도 나를 설득하지 않았다.

하지만 한 가지 분명한 결론이 있다. 공감, 존중, 경청은 우리가 서로의 믿음을 바꿀 수 있는 기회를 획득하는 유일한 덕목이라는 것이다. 그리고 신뢰와 상호 존중의 맥락은 이 대화를 가능하게 한 유일한 요소였다. 전화를 끊기 전에 나는 그의 주장들에 대해서도 더 고민해보기로 약속했다.

그런데 고민을 거듭할수록 테드가 결국은 부정론자가 아닌지 의심이 들었다. 신념이나 다른 무엇에 대한 의견이 생각보다 많이 달랐던 것일까? 가치관도 그랬던 것일까? 나는 그의 정체성을 바꾸고 싶지 않았지만 그의 관심사를 바꿔놓으려 했다. 나는 그가 미래의 폭넓은 잠재적 피해에 대한 과학자들의 우려보다 지금 아이들이 겪는 고통에 더 신경 쓰기를 바랐다. 그 또한 나를 원래보다 더 회의적으로 만들고 인간 재주의 오만함을 좀 더 인정하도록 설득하고 싶어 했다고 확신한다.

그래서 이 대화는 끝나지 않는다.

그리고 나는 그것이 무조건 환영할 일이라고 생각한다.

그렇다면 GMO 반대자란 무엇일까? 현재 유통되는 모든 GMO 식품이 먹기에 안전하다는 과학적 합의를 거부한다면 그것만으로 그 사람을 반대자로 규정해도 될까? 나는 그렇게 생각한다. 하지만 미래의 식품이 안전할지에 대한 심각한 우려는 어쩌고? 그런 생각들은 결국, 증거가 확실한 지점, 나아가 그런 이론적 우려가 (비록 그것이 틀렸음을 입증할 수 없어도) 도를 지나치는 지점까지 가닿는다. 좀 더 일반적인 측면에서 다음과 같이 정리할 수 있다. (어떤 과학적 주제에 대한) 합의에 의문을 제기하는 사람이 모두 부정론자인 것은 아니다. 하지만 과학적 합의를 믿으려 하지 않는 데다 (증거 부족을 거론하면서도) 신념을 바꾸려면 도대체 어떤 증거가 필요한지에 대해 말하기를 꺼리는 사람은 부정론자일 수 있다.[11] 백신 거부자들이나 기후변화 부정론자들이나 평평한 지구론자들이 증거를 주장한다면 그것은 확실히 비합리적이다. 실증적 탐구는 그런 방식으로 작동하지 않는다.

GMO 문제는 어떻게 생각해야 할까? 현재 유통되는 모든 GMO 식품이 먹기에 안전하다는 입장은 압도적인 과학적 증거들에 의해 뒷받침되며, 그렇지 않다는 믿을 만한 연구는 실재하지 않는다. 미래의 어느 시점에는 누군가가 어떤 측면에서 안전하지 않은 GMO 식품을 만들 수도 있지 않을까? 물론이다…. 그런데 그들은 킬러 백신을 만들 가능성도 있을 것이다. 하물며 스스로 충돌하는 비행기는 왜 못 만들겠는가. 어떤 사람이 과학적이고 기술적인 모든 혁신을 매우 불편해하지 않는 한 증거보다 의심에 근거하여 살아가는 것은 비합리적으로 보인다. 우리는 백신과 비행기 여행도 필요하지만, 굶주린 아이들을 먹여살려야 하지 않을까? 또한 기후변화를 둘러싼 '논쟁'에서 그랬듯 신뢰를 얻게 되는 시점이 다가온다. 그러면 더 이상의 의심은 무의미해진다. 물론 회의주의도 필요하다. 회의론자가 된다는 것은 단순히 눈앞의 모든 것을 의심하는 것이 아니며, 미지의 존재가 두려워서 긴장증에 걸려버리는 것도 아니다. 증거가 나무랄 데 없을 때, 설사 [오류가능주의(fallibilism)가 주장하듯] 우리가 결국 틀리더라도, 회의주의는 믿음을 주기를 요구한다. 인증은 증거가 아니지만 과학이 제공하는 최선이다. 그리고 거기에 동의하지 않는다면 다음과 같은 질문으로 돌아가 재고해봐야 한다. GMO가 위험하다는 신념을 버리려면 어떻게 해야 하는가? 그리고 당신의 입장은 기후변화 부정론자나 백신 거부자와 어떻게 다른가?

그렇다면 GMO 저항운동은 진보적 과학 부정론의 사례인가?

현재 유통되는 GMO 식품이 안전하지 않다는 판단하에 이를 거부하는 행위를 과학 부정론으로 규정하는 것이 편리하다 해도, 이것이 **진보적** 과학 부정론의 사례인지에 대한 의문은 아직 해결되지 않았다. 나는 이 이슈에 대해 확고한 의견을 가지고 있는 진보주의자 두 사람과 차례로 대화를 나눴다. 둘 중 누구도 대놓고 GMO를 거부하지는 않았다. 하지만 그랬어도 문제가 해결되지는 않았을 것이다. 그러니 이 문제를 다룬 실증적 문헌들에 눈을 돌려보자. 그것은 좀 더 자세히 살펴볼 가치가 있다.

먼저 "좌파 과학 부정론은 거의 혹은 전혀 없으며"[12] 과학에 대한 불신이 "주로 정치적 우파에 집중된 것으로 보인다"라는 레반도프스키의 주장을 되새겨볼 필요가 있다.[13] 그의 말이 옳다면 GMO(그리고 백신 거부)는 진보적 과학 부정론의 사례 후보에서 제외되어야 한다. 다양한 주제를 놓고 살펴보면 일부(혹은 극소수) 좌파 과학 부정론자는 있을 수 있겠지만, 그들 중 다수를 구성할 만큼 충분하지도 않고 그 의견에 깔려 있는 이념이 주로 좌파에서 비롯된 것도 아니기 때문에 진보적 과학 부정론을 형성하는 수준까지는 되지 않는다. 그렇다면 이것은 어떻게 측정될 수 있을까?

로런스 해밀턴(Lawrence Hamilton)은 레반도프스키가 자신의 논문에 즐겨 인용했던 '과학에 대한 보수와 진보의 관점: 신뢰는 주제에 따라 달라지는가?'라는 연구에서 한 가지 방법을 제안한다.[14] 해밀턴은 진보적 과학 부정론의 세 분야(원자력, 백신접종, GMO)와 보수적 과학 부정론의 두 분야(기후변화, 진화)를 선택했다. 그다음 1000명의 피험자에게 이 주제들과 관련한 정보에 대해 과학자들을 얼마나 신뢰할 수 있는지 물었다. 예상했던 대로 기후변화와 진화 문제에서 진보주의자는 보수주의자보다 과학자들을 신뢰한다고 말한 비율이 더 높았다. 그리고 나서 놀라운 사실이 밝혀졌다. 해밀턴은 원자력 안전성, 백신접종, GMO와 관련해 진보주의자가 보수주의자에 비해 과학자들을 더 신뢰하는 현상을 발견했다. 그는 이 결과를 진보적 과학 부정론이 없다는 증거로 채택했다.[15]

하지만 이 연구는 그런 것을 보여주지 않는다.

첫째, 진보적 과학 부정론의 영역이 있는지를 측정하기 위해 왜 과학 부정론자가 아니라 진보와 보수에 초점을 맞췄을까? 해밀턴은 당파주의자를 인터뷰한 다음 과학의 다양한 주제에 대해 과학자들을 얼마나 신뢰하는지 물어봤다. 그는 과학 부정론자들을 대상으로 진보주의자들의 비율을 측정하는 대신, 진보주의자들을 대상으로 부정론을 드러내는 지표로써 과학에 대한 신뢰수준을 측정했다. 하지만 과학에 대한 신뢰가 부정론을 나타내는 좋은 지표가 된다는 그의 말이 옳다고 하더라도(잠시 후에 검토하겠지만, 그것은 사실이 아니다) 이것이 무엇을 보여준단 말인가? 단지 소수의 진보주의자가 보수주의자에 비해 다양한 과학적 주제들에 대해 부인하고 있을 뿐이다. 그렇다고 해서 과학 부정론자 가운데 진보주의자 비율이 낮다는 것을 보여주지도 않는다. 요컨대 설사 해밀턴의 말이 옳다고 해도, 대부분의 기후변화 부정론자들이 보수주의자인 것처럼, (GMO 같은) 주어진 주제에 대해 다수 혹은 대다수의 부정론자들이 진보주의자일 수 있다.

그런데 더 심각한 문제가 있다. 해밀턴은 GMO 반대자의 신념을 나타내는 지표로써 'GMO 정보와 관련해 과학자를 신뢰하는가?'라는 질문을 활용한다. 하지만 여기에는 결점이 있다. 그가 GMO에 대한 실질적인 과학적 합의가 무엇인지 사람들에게 미리 말하지 않는 한, 자신들이 실제로 무엇에 대해 과학자들을 신뢰하고 있는지 그들이 어떻게 알 수 있단 말인가? GMO에 대한 대중의 지식수준이 (6장에서 살펴보았듯) 형편없이 낮다는 사실을 감안할 때, GMO에 대해 과학자들을 '신뢰'한다고 답한 사람들은 그 과학자들이 그들에게 하는 이야기의 근거들을 어떻게 알 수 있을까? 우리가 이 부분까지 알 수 있을까? 실제로 최근 퓨 리서치 센터 여론조사에 따르면, 거의 모든 과학자들이 GMO가 안전하다는 데 동의한다는 사실을 알고 있는 사람은 일반 대중의 14퍼센트에 불과했다.[16]

진보주의자가 과학 부정론자인지 여부를 측정하는 더욱 분명한 방법은 'GMO가 안전하다고 생각하는가?' 혹은 'GMO가 안전하다는 데 과학자들이 동의한다고 생각하는가?'라고 묻는 것이다. 간단히 말하면 문제는 다음과 같다. 비전문가에게 'GMO 관련 정보에 대해 과학자들을 신뢰하는가?'라고 물으면 '그렇다'라고 답하는 것이 매우 당연하다. '그렇다, 과학자들은 똑똑하니까 틀림없이 GMO가 인간이 섭취하기에 안전하지 않다는 증거들을 모두 알고 있을 것이다'라고 생각하기 때문이다. 이를 시험하기 위해 해밀턴이 같은 맥락의 후속 질문을 했더라면 매우 흥미로웠을 것이다. 누군가는 'GMO에 대한 정보를 이야기하는 과학자들을 신뢰하는가?'라고 물은 후에 즉시 'GMO가 안전하다고 생각하는가?'라고 물었을지도 모른다. 나는 이 두 가지 질문에 대한 답은 많은 경우에 같지 않으리라고 확신한다. 그런데도 해밀턴은 신뢰의 문제를 부정론을 감별하는 지표로 사용한다. 하지만 피험자의 지식수준까지 통제하지 않는 이상 이는 큰 의미가 없다.

실제로 이 부분의 결점이 너무 심각해서 그 전에 제기했던 문제들을 덮어버린다. 다시 말해서 만일 해밀턴이 정치적 입장과 관련된 과학 부정론자가 아닌 과학적 입장과 관련된 당파주의자를 인터뷰했다고 해도, 피험자들에게 과학자들을 신뢰하는지가 아니라 GMO 안전성을 믿는지 여부에 대해 직접 질문했더라면 그는 GMO가 우익의 전유물이라는 결론을 내리지 않았을 것이다. 이걸 어떻게 알 수 있을까? 왜냐하면 정확히 이 질문에 대한 독립적인 (그리고 더 최근에 수행된) 설문조사 데이터가 있기 때문이다.

2015년 퓨 리서치 센터 여론조사에 따르면 진보주의자 56퍼센트와 보수주의자 57퍼센트가 GMO 식품이 섭취하기에 안전하지 않다고 답변했다. 차이가 1퍼센트포인트에 불과했다. 이 결과가 과학 부정론은 모두 우익이라는 주장을 뒷받침하기에 충분한 근거인가? 같은 조사에서 진보주의자 12퍼센트와 보수주의자 10퍼센트가 백신이 안전하지 않다고 답했다는 점을 기억해야 한다. 즉 GMO 질문에 대한 당신의 대답이 '예'라면 백신 거부에 대해서는 '아니오'여야 한다. 일관되게 따지고 들면 2퍼센트포인트는 확실히 1퍼센트포인트보다 크다! 하지만 당연히 터무니없는 판단이다. 이 수치는 이런 이슈에 대해 어떤 종류의 당파적 특성이 있다고 결론짓기에는 너무 근소하다. 내 생각에 GMO 반대와 백신 거부, 이 두 가지 주제에 대해 수치가 거의 동일하게 나뉘는 것 같다. 이는 진보적이라기보다 초당적 현상으로 보이지만, 진보주의자 가운데 절반 이상이 GMO가 먹기에 안전하지 않다는 의견을 보였다는 사실은 부인할 수 없다. 이제 진보적 과학 부정론자 같은 것은 존재하지 않는다는 주장에 대해 어떤 생각이 드는가?[17]

안타깝게도 레반도프스키는 해밀턴의 연구를 진보적 과학 부정론의 존재에 대한 자신의 회의론을 뒷받침할 때만 호의적으로 인용할 뿐 아니라, 때때로 과학에 대한 신뢰 이슈를 과학 부정론에 대한 자신의 결론 가운데 일부를 대변하는 단서로 사용한다. 이와는 별도로, 레반도프스키의 연구는 과학 부정이 무엇이며 어디에서 유래했고 어떻게 대항할 것인가에 대한 질문들을 발전시키는 데 많은 기여를 한 고뇌의 산물이다. 이러한 즉각적인 의문에 대해 레반도프스키는 다행히도 (두 명의 공동 저자와 함께) 기후변화, 백신, GMO 반대 등의 현상이 정치로 설명될 수 있는지에 대한 실증적 연구를 수행한 바 있다.

'과학 거부를 예측하는 데 있어서 음모론적 관념과 세계관의 역할'이라는 연구에서 레반도프스키를 비롯해 자일스 지냑(Giles Gignac)과 클라우스 오버라우어(Klaus Oberauer)는 앞에서 언급한 세 가지 주제 모두에 대한 과학적 합의에 저항하느냐를 한 사람의 '세계관'으로 예측할 수 있는가라는 매우 흥미로운 문제를 제기했다. (여기에서의 대결 구도는 진보와 보수라는 정치적 정체성, 혹은 자유시장 이념에 대한 헌신과 결여로 이루어질 수 있다.)[18] 레반도프스키 등은 또한 피험자가 음모론에 얼마나 끌리는지를 평가했다. 결과는 놀라웠다. 특히, 보수주의나 시장경제 세계관에 대한 찬반 여부는 기후변화 부정에 대한 피험자들의 입장을 강하게 예측했고 백신 거부는 약하게 예측했지만, GMO에 대해서는 전혀 예측하지 못했다.[19] 이는 무엇을 의미하는가? 혹시라도 GMO 반대자들의 다수가 진보주의자로 확인되더라도 이것이 좌파 과학 부정론의 예라고 말하는 것은 바람직하지 않다는 뜻이다. 왜냐하면 그들이 과학을 거부하는 것은 진보주의 이념에서 기인하지 않았기 때문이다.[20]

레반도프스키의 논문은 자세한 분석 자료인데, 여기서는 좌파 과학 부정론의 문제와 가장 밀접하게 관련된 몇 가지 주요 사항만 거론하고자 한다. 첫째, 보수주의와 자유시장 이념을 수용하는 것이 기후변화 부정론과 강력한 상관관계가 있다는 사실은 놀랍지 않다. 대체로 보수주의자들은 지구온난화를 부인하고 진보주의자들은 부인하지 않는데, 우리가 예상한 대로 정치가 줄을 서 있는 것이다. 하지만 그렇다면 왜 이런 세계관은 누군가가 백신이나 GMO를 거부하는지 아닌지는 예측하지 못했을까? 백신 거부의 경우에는 가능하긴 했지만 정도가 매우 약했다. 보수주의 찬반 입장에 대해서는 긍정적인 연관성이 있었지만 자유시장 이념에 대해서는 부정적인 연관성이 나타났다. 왜 그랬을까? 아마도 백신 거부자 중 일부는 정부가 백신접종을 강요하며 사생활에 개입하는 것에 반대하는 자유 지상주의자(보수주의자로 간주된다)였을 것이고, 다른 거부자들은 제약 회사들에 대한 불신 때문에 예방접종에 반대하는 자유주의자였을 것이다. 우리가 살펴본 것처럼 사람들은 서로 다른 이유 때문에 같은 것을 믿을 수 있다. 이를 감안하여 레반도프스키는 백신 거부가 진보적 과학 부정론의 사례가 아니라고 결론지었고, 마땅히 그럴 만했다.

하지만 GMO라는 주제에서는 상황이 명확하게 정리되지 않는다. 세계관 질문은 GMO에 대한 그 사람의 입장과 아무 관련이 없었다. 다시 말해, 누군가가 보수적 가치관을 지지하거나 반대한다고 해도 그들의 GMO 반대 입장과는 상관관계가 없다. 그것은 자유시장 이념을 거부한 사람들도 마찬가지였다. 대형 제약 회사들에 대한 불신이 엄청나게 큰 것이다! 이는 기후변화 부정론이 보수주의와 상관관계가 있다는 입장과 비교해볼 때 GMO 반대는 진보주의와 상관관계가 있다는 의견에 대해 "증거가 많지 않다"라고 했던 레반도프스키 초기 주장의 바탕이 된다. 요컨대 한 사람의 정치적 정체성(보수주의를 지지하는가)이나 정치적 이념(자유시장을 신뢰하는가)은 GMO 반대를 예측하지 못했다.

이것으로 모든 논점이 종결되었는가? 아직은 아니다.

레반도프스키의 연구들은 아마도 지금까지 우리가 진보적 과학 부정론과 같은 것(GMO 반대도 그 구체적인 사례다)이 존재한다는 가설에 대한 증거가 많지 않다는 사실을 보여주었다. 하지만 그것이 그 가설이 반증되었음을 보여주지는 않는다. 또한 모든 과학 부정론이 우파 진영에서 나온다는 사실을 보여주지도 않는다. 앞서 우리가 진보적 과학 부정론 같은 것이 존재한다고 말하는 것이 무엇을 의미하는지 우려했음을 기억하는가? 그것은 진보적 과학 부정론의 사례가 적어도 하나는 존재한다는 의미인가(그러므로 우파의 전유물이 아니다), 아니면 진보주의 이념이 우세한 부정론 영역이 존재한다는 의미인가? 레반도프스키의 결론은 후자의 의문에 대해 "증명되지 않은 경우"라고 규정하지만, 그렇다고 해서 어딘가에 진보적 과학 부정론의 사례가 있다는 것이 사실이 아니라는 의미는 아니다. 심지어 일부 방법론적 우려를 감안할 때, 이것이 GMO에 대해서는 사실일지 모른다는 의미도 아니다.

첫째, 우리는 레반도프스키가 GMO 반대 신념과 관련된 올바른 세계관을 선택하진 않았는지 걱정할 수 있다. 기후변화의 경우 정치화된 이슈이기 때문에 보수주의에 대한 질문이 효과적이다. 하지만 GMO(혹은 그 문제라면 백신도 마찬가지)가 미국의 민주당이나 공화당에 의해 아직 정치화되지 않았다는 것이 사실이라면, 아마도 우리는 온라인 설문조사에서 진보와 보수라는 개인의 정치적 정체성에 대한 질문이 효과가 있으리라고 기대해서는 안 된다. 피험자들이 '내가 보기에 나라의 주요 매체들이 너무 좌파적이다'라든가 '사회주의는 자본주의에 비해 이점이 많다' 같은 주장에 동의하거나 동의하지 않는지 질문을 받을 때 GMO 이슈에 대해서도 필연적으로 정체성 보호 인지가 작동할까? 자유시장에 관한 질문을 통해 누군가의 이념적 믿음이 과학에 대한 그의 관점을 예측하는가 하는 질문에 좀 더 가까워질지도 모르지만, 그때 우리는 올바른 세계관을 고르는 편이 확실히 낫다! 자유시장 이념이 대체 GMO와 무슨 상관이 있을 까? 그렇다, 누군가가 자유시장을 의심스러워한다면 그들은 (몬산 토 같은) 거대 자본주의 기업에 대해서도 회의적일 가능성이 높기 때문에 GMO 반대 정서를 예측할 수 있다. 그러나 이 경우도 생각해 볼 여지가 많다. 피험자에게 '자유시장경제 시스템은 지속 불가능한 소비를 조장할 수 있다' 같은 주장에 동의하는지 묻는 것이 GMO에 대한 판단과 연관될 수 있을까? 아마도 GMO를 둘러싼 다른 세계관 질문(예를 들면 '대기업에 국민의 건강과 안전을 맡기는 것은 신뢰 할 수 없다고 생각한다')에는 다른 답변이 나올 수도 있다.

둘째, 레반도프스키는 다음과 같이 인정한다.

우리의 표본은 대표성이 있지만, 이념 스펙트럼의 극단에 위치한 당 파주의자들은 충분히 많이 포함되지 않았을 수 있다. 따라서 '좌익'으 로 분류되는 인물들이 공개적으로 주장하듯, 정치적 좌파의 소규모 특정 그룹들이 실제로 과학적 성과들(예를 들어 유전자변형식품이 나 백신접종)을 거부할 가능성이 있다.[21]

하지만 우리가 이미 살펴본 것처럼 대부분의 백신 거부자들은 바로 이 러한 이념적 극단에서 나온다.[22] GMO의 경우도 마찬가지 아닐까?[23]

셋째, 레반도프스키가 다른 곳에서 언급했듯이, 아마 이 문제 제기 를 괴롭히는 경우는 다음과 같다.

현재의 역사적이고 정치적인 맥락 속에서는, 공개적으로 경쟁하는 과학적 발견들이 주로 진보주의가 아닌 보수주의 세계관에 도전한다. 이런 이유로 만약 과학이 진보주의 세계관에 반대되는 증거를 내놓는다면 실험실의 결과에서도 반대되는 패턴이 관찰되리라고 예상할 수 있다.[24]

다시 말해, 백신 거부와 GMO 반대라는 두 가지 예시가 예상과 다르다 해도 그것은 단지 역사적 우연일 뿐이며, 만일 각각의 핵심 세계관을 거스르는 사례가 존재한다면 우리는 진보주의자도 보수주의자만큼 과학을 거부할 동기가 있었으리라고 예상할 수 있다.[25]

마지막으로, 실험 결과가 무엇이든, 특히 GMO라는 사안에 대해 그것들을 금지하려는 대부분의 운동과 대중의 지지가 좌파에서 나왔다는 사실을 부인할 수 없다. 레반도프스키[조지프 우신스키(Joseph Uscinski)와 캐런 더글러스(Karen Douglas)와 함께]는 다음과 같이 기술했다.

미국에서 GMO 반대 운동에 매진하는 과학자와 조직의 다수는 여전히 좌파 진영과 관련이 있다. (중략) 게다가 이 운동은 좌파 성향이 가장 강한 미국의 주에서 가장 큰 영향력을 끼쳤다(예를 들면 GMO 표기 의무 법안이 버몬트주에서 통과되었다).[26]

이런 우려에도 불구하고 실증적 연구의 결과는 부인할 수 없다. 지금까지 GMO 반대가 주로 좌파 진영에서 나왔다는 주장을 뒷받침하는 증거가 거의 없었다는 레반도프스키의 주장은 옳다. 둘 사이의 상

관관계는 존재하지 않는다.[27]

그렇다면 상관관계가 있는 것은 뭘까? 동일한 논문에서 레반도프스키는 정치적 세계관이 언제나 반과학적 견해를 예측한다고 볼 수는 없지만 음모론에 대한 신념 측면에서는 유의미한 연관성을 발견했다고 썼다. 그는 이렇게 설명했다. "두 가지 세계관이라는 변수는 유전자변형에 대한 반대를 가리키지 않는다. 이와는 달리 음모론자의 사고방식은, 비록 정도 차이가 꽤 심하기는 하지만, 세 가지 과학 명제 모두에 대한 거부를 예측한다. 다양한 음모론에 대한 더욱 큰 지지는 유전자변형식품, 백신접종, 기후과학에 대한 반대를 예측한다."[28] 당신이 진보주의자나 보수주의자라면 상관없지만, 만일 음모론자라면 과학 부정론자가 될 가능성이 매우 크다. 이에 관한 과학은 명확하다.

어떤 면에서 지금의 논의는 과학 부정론이 어떤 사람의 정치적 이념으로 설명될 수 있는지에 대한 고민에서 출발해 다섯 가지 전략으로 우리를 되돌려놓는다. 어떤 주제에 대해 누군가가 과학에 저항하는 이유와 상관없이, 그들이 그런 믿음을 정당화하려고 시도하는 방법이 더 시급한 이슈 아닐까? 실제로, 상당 부분 그러하다. 슈미트와 베슈를 기억해보라. 물론 정체성 보호 인지도 기억해야 한다. 일단 신념이 누군가의 정체성을 위협하면 그들은 그에 대응할 수 있는 모든 것을 하려 할 것이다. 그리고 이를 극복할 유일한 방법은 최대한 공감하고 따뜻하게 반응하며 인간적인 이해를 통해 그들과 대화하는 것이다.

이 대목에서 얼굴에 미소를 지으며 이 챕터를 읽고 있는 진보주의자나 자유주의자는 그 오만한 웃음을 멈추는 편이 좋겠다. 왜냐하면 현대 인지과학에서 나온 가장 위대한 연구 결과에 따르면, 우리 모두는 과학적이고 다양한 형태의 신념이 위협적이라고 느낄 때 그것들을 부정하는 경향을 보이는 인지편향으로 언제나 귀속된다.[29] 그리고 음모론의 경우에는? 우익(정부 과학자 관련)만큼이나 좌익(몬산토 관련)도 존재한다. 앞서 살펴본 것처럼 우리는 모두 불합리한 불신을 자초할 수 있는 심리적 영향력에 취약하다. 과학 부정론은 타인의 이야기로만 치부할 수 없다. 반과학적 신념이 그 사람의 정치적 성향으로 전부 설명되지 않는다면, 우리도 우리 자신의 정치적 입장을 근거로 그것으로부터 자유롭다고 단정할 수 없다. 진보적이든 보수적이든, 우리가 보호하려는 정체성이 정치적이든 그렇지 않든 상관없이 우리는 모두 정체성 보호 인지의 영향력으로부터 벗어나기 힘들다. 그리고 여전히 남아 있는 '진보적 과학 부정론이라는 것이 존재하는가?'라는 질문에 대한 첫 번째 해석을 기억하는 것이 중요하다. 태라 하엘(Tara Haelle)은 〈폴리티코〉에 발표한 에세이 '민주당원들도 과학과 관련한 문제가 있다'에서 다음과 같이 썼다.

거짓 등가성만을 소리 높여 주장하는 것은 핵심을 벗어난다. 문제는 민주당원이 공화당원의 반과학적 광기에 맞설 만큼 충분히 반과학적인지 여부가 아니다. 핵심은 어떤 과학 부정론도 좌파에 존재할 수 있다는 사실이다.[30]

나는 분란을 일으키거나 세상일들을 정치화하기 위해 진보적 과학 부정론 같은 것이 존재하는가 하는 문제에 대해 토론하자고 마음 먹은 것이 아니었고, 거짓 등가성의 유형을 제안하지도 않았다. 내가 이런 행동을 한 것은, 사실과 진실에 대한 모든 질문은 정치적이라는 요즘의 일반적인 오해를 진지하게 받아들이고 (이에 더해 떨쳐버리려 노력하고) 싶었기 때문이다. 그것은 사실이 아니다. 우리가 매일 TV 뉴스에서 경제, 환경, 이민, 범죄, 코로나바이러스 등의 여러 주제에 대한 사실, 입증, 증거, 거짓말을 두고 진지하게 설전을 벌이는 것을 볼 때, 이러한 불신과 부정에 대한 유일한 설명이 정치화된 정체성이라고 결론 내리는 편이 탈진실의 시대에는 솔깃하긴 하지만, 그건 정말로 사실이 아니다. 정치적이 아닌 수많은 종류의 정체성이 존재한다. 설사 정체성 보호 인지를 염두에 두는 편이 평평한 지구론, 기후변화 부정, 백신 거부, GMO 반대 같은 과학 부정론에 대항하기 위한 효과적인 전략의 핵심이라 해도, 이러한 이슈들 가운데 단 하나만 정치화되어 있음을 기억해야 한다. 정치화가 일어날 때 조직이 망가질 수 있지만, 하나의 구심점이 있는 집단이라면 정치 이상의 요소들에 의해 의사 결정이 이루어진다는 사실을 기억해야 한다.

물론 여기서 일반적 진실(트럼프 대통령 취임식에 참석한 사람들의 규모, 그린란드가 매각 대상인지 여부, 코로나바이러스가 언젠가 '기적처럼 사라질 것'인지 여부 등)에 대한 거부와 과학 부정론의 구체적 이슈 사이의 유사점을 둘러싸고 흥미로운 질문이 제기될 수 있다. 나는 《포스트트루스》에서 탈진실 현상(나는 이것을 "현실의 정치적 종속"으로 정의했다)의 가장 중요한 뿌리 중 하나는 60년 동안 거의 논의되지 않았던 과학 부정론이라고 주장했다. 이것이 우리가 트럼프 시대에 보았던 일종의 정치적 동기에서 비롯된 사실 부정의 토대가 되었는지 모르지만, 그렇다고 해서 과학 부정론이 정치를 통해 설명된다는 의미도 아니고, 선거를 치르듯 손쉽게 처리될 수 있다는 의미도 아니다. 안타깝게도 과학 부정론은 워싱턴 D.C.에서 '대안적 사실(alternative facts, 트럼프 대통령 취임식 인파 논란과 관련해 백악관은 참석 인원을 부풀린 행위를 이렇게 정당화했다—옮긴이)' 시대가 끝난 후에도 오랫동안 우리 곁에 머물 것이다. 그 이유 중 하나를 들자면 기후변화, 백신 거부, 코로나바이러스 음모론, 심지어 (상당히 두드러진) GMO에 대한 과학적 '논쟁' 관련 허위 정보의 많은 부분이 미국과 기타 서구 민주국가들의 정부에 대한 신뢰를 약화하고 대중 사이에서 극단화를 조장하기 위한 러시아의 선전 활동에 기인한다는 사실이다.[31]

어떤 과학적 주제에 대한 사람들의 신념은 확실히 정치화할 수 있다. 우리가 지금 코로나바이러스 상황에서 목격하고 있는 현상들처럼 말이다. 비록 사람들이 처음부터 본격적으로 정치적 의도를 가지지 않더라도 (혹은 자유시장이나 개인의 자유에 대한 기존의 이념적 신념을 자극하지 않더라도) 당파적 연출(혹은 외국의 개입)이 조금만 있으면 팬데믹 상황에 마스크를 착용하는 행위 하나가 정치적 입장을 표명한 것으로 이해되는 세상을 살고 있다. 우리가 하나의 집단에 소속되는 한, 실증적 신념조차도 우리의 정체성을 나타내는 거래의 수단이 된다. 그리고 불행하게도 우리는 과학 부정론의 최근 사례인 코로나19 사기꾼들에게서 그것을 목격했다.

코로나바이러스와
앞으로의 세상

Conversations with Flat Earthers,
Climate Deniers, and Others Who Defy Reason

2000년 초에 남아프리카공화국 타보 음베키(Thabo Mbeki) 대통령 주재로 인간면역결핍바이러스(HIV)/후천선면역결핍증(AIDS, 에이즈) 전문가 회의가 소집되었다. 이는 사소한 문제가 아니었는데, 남아프리카공화국 성인 인구의 20퍼센트 가까이가 이미 감염되어 세계에서 가장 높은 유병률을 기록했기 때문이다. 하지만 회의가 끝난 뒤 음베키는 에이즈의 원인이 바이러스가 아니라 면역기능 저하라고 느꼈다며 마늘, 비트, 레몬주스로 치료할 수 있다고 발표했다. 국내외 수백 명의 과학자가 재고해달라고 간청했지만 받아들여지지 않았다. 음베키는 왜 이런 결정을 내렸을까? 아지도티미딘(Azidothymidine, AZT) 같은 항레트로바이러스제(antiretroviral drugs, 바이러스의 증식을 막는 약제—옮긴이)가 아프리카 시민을 독살하기 위해 서구가 꾸며낸 모의의 일부라는 음모론을 믿었기 때문이다. 결과는 예상한 대로였다. 2005년까지 남아프리카공화국의 에이즈 사망자 수는 하루 평균 900명에 달했다. 하버드보건대학원의 한 연구에 따르면, 음베키의 부정론자 신념 때문에 2000년부터 2005년까지의 기간에 발생한 조기 사망 사례는 무려 36만 5000건에 육박했다.[1]

과학 부정론은 누군가를 죽일 수 있다. 특히 과학 부정론자가 국가 정책을 책임지는 자리에 있을 때 그의 신념은 엄청나게 치명적이다. 실제로 오늘날 우리는 미국의 코로나바이러스 대응과 관련해 이런 일을 눈앞에서 목격하고 있다.[2] 코로나19 팬데믹은 과학 부정론의 가장 최신 사례. 그것은 2020년 초에 아무것도 없는 상태에서 싹을 틔웠고 불과 몇 달 만에 완전히 만개한 부정론의 지위에 올랐다. 이를 통해 모든 과학 부정론이 기본적으로 동일하다는 가설을 실시간으로 시험해볼 수 있다. 신문과 텔레비전은 매일같이 과학 부정론의 다섯 가지 수사를 여실히 보여준다. 부정론자가 펼치는 주장의 강조점과 특징은 날마다 바뀔지 몰라도 전반적인 영향은 명백하다. 트럼프 대통령은 코로나바이러스 부정론자이고 그는 부정론자 신념을 추종자 수백만 명에게 감염시켰다.

체리피킹

"그냥 독감이다." "대부분의 사람들은 회복된다." "모두 지나친 기우일 뿐이다." 코로나19 부정론자들이 심각한 합병증이나 사망 위험성을 간과한 채 비교적 경미한 사례들만 선택적으로 주목하도록 부추기는 바람에, 바이러스에 대항하기 위한 효과적인 계획을 수립하는 과정에서 대처를 지연시키는 치명적인 결과를 초래했다.

음모론 맹신

코로나19 관련 음모론은 바이러스의 '진짜 원인'과 목적을 알려준다거나, 팬데믹으로 이득을 얻는 자가 있다거나, 심지어 코로나19는 아예 존재하지 않는다는 등 매우 다양한 양상으로 나타난다.[3] 몇 가지 사례를 소개하자면 다음과 같다: (코로나19를 유발하는 바이러스인) 사스코로나바이러스2(SARS-CoV-2)는 미국에 대항하는 세균전 활동의 일환으로 정부 연구소에서 만들어졌다. 트럼프의 재선에 맞춰 경제를 고의로 망가뜨리려 한 '딥 스테이트(deep state, 정부를 움직이는 배후 세력—옮긴이)' 책략이다. 지구의 인구를 줄이면서 동시에 우리 몸속에 움직임을 추적하는 칩을 이식하려는 빌 게이츠(Bill Gates)의 획책이다. 백신으로 막대한 이익을 챙기고자 한 다국적 제약 회사가 만들었다. 의사들과 과학자들이 존재감을 더욱 과시하기 위해 코로나 위기를 과장하고 있다. 코로나바이러스는 실제로 5G 기지국 때문에 생겨났다(이러한 이유로 영국 등지에서 이동통신 장비를 파손한 사례도 보고되었다).[4] 미국 질병통제예방센터(Centers for Disease Control and Prevention, CDC)가 사망자 통계를 조작하고 있다. 백악관 의료 수석고문 앤서니 파우치(Anthony Fauci)가 팬데믹으로 인해 모종의 이익을 취하고 있다. 결과적으로 모든 것이 거짓말이며 실제로 병원에 환자는 없다. 이 마지막 음모론 때문에 #병원을촬영해보세요(#FilmYourHospital) 운동이 벌어지기도 했다. 그래서 수많은 시민 '연구자'들이 휴대전화 카메라를 들고 동네 병원을 습격해 대기실을 촬영한 후 자신들은 환자들을 하나도 보지 못했기 때문에 모두 다 사기라고 주장했다. (하지만 치료 중인 환자들이 왜 대기실에 머물겠는가?) 코로나19 관련 음모론은 앞서 열거한 것 외에도 수없이 많으며 일부 주장들은 서로 부딪히기도 한다. 그런데 많은 사람들이 이 중 한 가지 이상에 동조한다.[5] 물론음모론은 언제나 위기의 시대에 고개를 치켜들며, 이는 이전 팬데믹에서도 마찬가지였다. 요컨대 음모론은 팬데믹 상황에서만 볼 수 있는 건 아니지만, 팬데믹의 특징인 것만은 분명하다.

가짜 전문가에 의존

2020년 4월 23일 백악관 브리핑에서 트럼프 대통령은 최악의 가짜의료 전문가(그 자신)에게 의지해 "신체 내부"에 열이나 빛을 쬐거나 소독제나 살균제 성분을 주사하면 아마 코로나19를 치료할 수 있으리라고 주장했다.[6] 이에 앞서 그는 이미 임상적 이점이 없는 것으로 밝혀진 하이드록시클로로퀸(Hydroxychloroquine, 말라리아 치료제—옮긴이)을 임시 치료제로 사용할 수 있다고 홍보한 적이 있었다.[7] 좀 더 최근에는 의사이자 목사인 스텔라 이매뉴얼(Stella Immanuel) 박사의 연구가 "매우 감동적"이고 "엄청나다"며 칭찬했는데, 그녀는 하이드록시클로로퀸이 코로나바이러스의 임시 치료제가 될 수 있으며 마스크 착용은 필요하지 않다고 주장했다.[8] 추가 취재에서는 이매뉴얼 박사의 다른 의학적 견해들도 드러났는데 다음과 같았다. "낭종(cysts)이나 자궁내막증(endometriosis) 같은 여성 질환은 꿈에서 마녀나 악마와 성관계를 갖는 사람들에게서 나타난다." "현재 외계인 DNA가 의학치료에 사용되고 있으며 백신은 사람들이 신을 믿는 것을 방해하기위해 만들어졌다."[9]

비논리적 논증

2020년 2월 27일 트럼프 대통령은 불명예스럽게도 코로나19가 "곧 사라질 것이다. 언젠가 기적처럼 사라질 것이다"라고 단언했다.[10] 그는 2020년 여름까지만 해도 미국에 확진자가 많은 이유는 검사자 수가 많기 때문이라는 입장을 고수했다. 이 말은 곧 거짓으로 판명되었는데, 그것이 사실이었다면 확진율이 급증하지 않았어야 한다.[11]

과학이 완벽해야 한다는 주장

"과학자들은 왜 마스크 착용에 대한 입장을 바꿨을까?" "백신이 왜 아직도 안 나올까?" "공중보건 당국자들은 왜 최선의 공중보건 조치에 대한 권고 사항을 계속 변경할까?" 이에 대한 대답은 물론, 과학자들도 시간이 지나면서 새로운 내용을 배우고 그에 따라 견해를 수정한다는 것이다. 과학은 불확실성을 줄이겠다는 희망을 품고 증거에 대한 가설을 입증하는 고된 과정을 통해 작동한다. 과학자들이 더 많이 연구할수록 그들의 신념은 바뀐다. 하지만 부정론자는 전문가가 드러내는 불확실성을 대안적 견해를 믿을 만하다는 근거로 받아들인다. 그것이 증거에 의해 뒷받침되는지 여부와는 상관없이 말이다.

물론 잘못된 정보와 허위 정보가 얼마나 많이 나와 있는지를 보면 우울하고, 그 모든 일이 너무 빨리 일어났다. 그러나 가장 충격적인 사실은 그 대부분이 우리의 정치 지도자들과 동맹국들에서 나왔다는 점이다.[12] 트럼프 행정부 치하 연방정부의 코로나19 대응은 다음과 같았다.

- 오바마 정부에서 마련한 팬데믹 지침을 버리고 팬데믹 사무국을 폐쇄함[13]
- 바이러스가 처음 출현했을 때 그 심각성을 무시함
- 검사와 추적 등 국가 차원 대응체계 마련의 필요성에 대한 과학계의 조언을 무시함
- 입증되지 않은 의학 지침과 치료법을 홍보함
- 마스크 착용은 개인의 선택이어야 한다고 주장함
- 주 정부가 봉쇄에서 '해방'되어야 한다고 부추김
- CDC 방침을 충족하기도 전에 주 정부에 봉쇄 해제를 요구함
- 학교들에 수업 재개를 독려함(요구를 묵살할 경우 연방기금 지원 중단)
- FDA를 통해 최종 테스트 전인 백신을 승인하도록 요구함[14]

결론은 무엇이었을까? 과학 부정론의 다른 사례들과 마찬가지로 코로나19 부정론도 과학자들의 주장이 옳다면 손해를 보는 사람들의 이해관계를 충족하도록 만들어졌다. 트럼프의 바이러스 부정론은 팬데믹으로 더 많은 인명 손실의 위험이 있음에도 불구하고 선거에서 승리할 가능성을 높이기 위해 경제를 계속 개방해두려 한 공화당 계획의 일부였다.

어떤 면에서 이는 전혀 놀라운 일이 아니었다. 코로나19는 팬데믹이 도래하기 전에도 존재했던 미국 정치의 가장 취약한 지점에 타격을 가했다. 반(反)제약 회사, 반(反)정부, 엘리트에 대한 포퓰리즘적 거부가 모두 이슈가 되고 있었다. 개인의 자유 대 정부의 통제. 자본

주의경제에서 개인적 돌봄보다는 재정적 이익 우선시. 코로나19 팬데믹은 정치적 이해관계를 가진 사람들이 착취를 실행하는 데 매우 유리한 기회였다. 그럼에도 불구하고 백악관이 전반적으로 지휘하는 과학 부정론 캠페인을 목격하는 것은 매우 충격적이었다. 기후변화 부정론 같은 예전 사례에서는 특수 이익단체가 나중에 정치화되어 관련되었다. 코로나19 부정론의 경우에는 특수 이익단체가 처음부터 정치색을 드러냈다.

그런데 자신들의 의제를 위해 팬데믹을 악용한 다른 이해관계 당사자들도 있다는 사실을 깨닫는 것이 중요하다. 그들의 일부는 다른 과학 부정론자들처럼 예측 가능하다. 하지만 다른 나라의 영향도 무시할 수 없다.

외부 간섭

~~~~~~~~~~~~~~~~~~

봉쇄 반대 집회가 시작된 바로 그 시점부터 백신 거부자들의 이익이 위태로워졌다는 것은 분명한 사실이었다. 공중보건 조치에 대한 정부의 지시는 하나의 기폭제가 될 수밖에 없었다. 한편으로 전문가 의견에 대한 비과학적 불신, 음모론 추종, 개인의 선택을 존중해야 한다는 주장 또한 제기되었다. 이런 상황이 되자 "여러 집단들이 서로 알게 되는 과정에서 각자의 주장이 타가수분(cross-pollinization)하듯 융합되었고" 코로나19 부정론이 강화되고 있다는 우려마저 나타났다.[15] 또 다른 염려는 백신 거부자들이 이런 시위를 자신들의 과학 부정론의 형태에 "새롭게 페인트칠을 하고" 세력을 유지하는 기회로

삼고 있다는 점이다.[16]

하지만 이런 상황이 추후 어떻게 전개될지는 전혀 예측할 수 없다. 전 세계 수백만 명이 백신을 원하고 있기 때문에 팬데믹이 백신 거부자들의 위상을 오히려 약화할 수 있다는 추측도 제기된다. 실제로 백신 거부자들이 위기 대처 국면에서 마음을 바꿔, 사스코로나바이러스2 백신이 사용 가능해지면 예방접종을 하겠다고 발표했다는 이야기도 보고되었다.[17] 그런데 시간이 촉박한 상황에서 개발을 서두르면서 백신(특히 테스트를 성급하게 시행한 백신)이 안전할 것인가에 대한 의문이 제기되었다. 2020년 8월, 러시아는 같은 해 10월이 되면 사실상 임상 3상 시험 없이 백신 프로그램을 진행하겠다고 밝혔다.[18] 트럼프는 대통령 선거 전에 백신을 개발하라고 압박했다(물론 성공하지 못했다). 이런 행위는 경각심을 불러일으켰고, 심지어 이전에 백신 거부를 주장하며 내세운 의문점들 가운데 일부를 신뢰할 만한 것으로 보이도록 만들었다. 2020년 봄에 시행된 AP 여론조사에 따르면 미국인의 50퍼센트만이 코로나바이러스 백신이 제공될 경우 접종을 하겠다고 답했다.[19] 공화당원은 43퍼센트가 백신접종에 동의한 반면 민주당원은 62퍼센트가 동의했다. ABC 뉴스와 〈워싱턴포스트〉 합동 여론조사에서는 성인의 27퍼센트가 백신접종을 하지 않겠다고 단언했고 절반은 대체로 백신을 신뢰하지 않는다고 답했다.[20] 만일 이탈하는 사람들의 수가 지나치게 많아지면 집단면역에 필요한 수준에 도달할 수 없고 코로나19가 무기한 이어질 수 있다.[21]

그런데 코로나19 부정론은 다른 이념의 영향도 받았다. 봉쇄 반대 집회에 극우 성향의 사람들이 등장했다는 보도가 나오기 시작했다.[22]

조직의 정체성이 위태로워지고 반대 세력이 확산될 조짐이 보이면 마구잡이식 동맹이 결성되곤 한다. 실제로 어떤 측면에서 코로나19 부정론은 우리가 과학의 정치화를 막지 못할 경우 미래에 벌어질 일들에 대한 전형적 사례라고 할 수 있다. 불만이 있는 사람은 누구나 뭐가 됐든 실증적 논쟁이 자신에게 도움이 되는 쪽에 편승할 것이다. 불신은 전염된다. 다음 차례는 기후변화일까?

하지만 지금까지는 좌파-우파 정치가 코로나19 부정론의 원동력이었다. 미국 전역에서 '마스크 옹호자'와 '마스크 거부자'의 구분이 당파적 노선에 따라 나뉘었다. NBC 뉴스와 〈월스트리트저널〉의 공동 여론조사에 따르면 공공장소에서 마스크를 착용하라고 한 결정은 2020년 대선에서 대통령 선호도를 나타내는 매우 좋은 지표가 되었다. 이 조사에 따르면 등록 유권자의 63퍼센트가 공공장소에서 항상 마스크를 쓴다고 답했는데, 이 집단에서 바이든이 트럼프를 40퍼센트포인트 차이로 앞섰다. 가끔 마스크를 쓴다고 답한 21퍼센트 가운데서는 트럼프가 32퍼센트포인트 차이로 앞섰다. 그리고 아마 예상했겠지만, 마스크를 쓰지 않는다고 답한 15퍼센트의 경우, 트럼프가 76퍼센트포인트 차이로 압도적으로 앞섰다.[23] 일부 지역에서 고객에게 마스크 착용을 요구한 사업주를 둘러싸고 폭력을 행사하는 사태가 벌어져도 이상할 것이 전혀 없는 설문 결과 아닌가?[24] 과학 부정론과 정치적 정체성이 작은 천 조각 하나로 수렴되는 양상이다.

코로나19가 정치화된 또 다른 경로는 외국의 영향이다. 우리는 이미 이전 연구를 통해 기후변화,[25] 백신,[26] GMO[27] 관련 부정론을 유포하는 선전 활동에 러시아의 책임이 크다는 사실을 알게 되었다. 코로나19에 대해서도 같은 일이 벌어졌다는 사실에 놀라야 할까?[28] 카네기멜런대학교 연구원들에 따르면 코로나바이러스에 대한 잘못된 정보를 퍼뜨리는 트위터 계정의 거의 절반이 봇(bot, 로봇의 줄임말로 방문, 검색, 저장의 역할을 스스로 수행하는 소프트웨어 도구—옮긴이)일 가능성이 높다. 봉쇄 해제와 코로나바이러스 관련 음모론을 유포한 영향력 있는 트윗 가운데 82퍼센트는 봇이었다.[29] 이는 미국의 취약한 지점을 이용해 더 많은 불화와 분열의 씨앗을 뿌리려는 러시아의 허위 정보 활동과 완전히 일치한다. 이런 활동의 일부를 거슬러 추적하면 곧바로 러시아 군사 정보기관이 나오는데, 그들은 팬데믹 기간 동안 "헛소문을 유포하고 혼란을 부채질하기 위한 지속적이고 항구적인 작전의 일환으로" 세 개의 영어 웹사이트를 사용했다.[30] 분명한 것은 중국도 이런 행위에 동참했고 미국을 공황 상태로 몰아가고자 했다.[31] 과학 부정론, 허위 정보, 정치의 결합은 국경 안에서 그치지 않는다는 사실을 기억하는 것이 중요하다.

페이스북, 트위터, 유튜브 같은 소셜 미디어 회사들도 당연히 코로나19 관련 허위 정보 확산에 어느 정도 책임이 있다. 그들은 코로나바이러스에 대한 해외 선전에 활용되는 플랫폼일 뿐 아니라 몇 년 동안 여러 과학적 주제에 대한 부정론자들의 잘못된 정보를 확산시킨 책임이 있다. 2020년 2월 발표된 브라운대학교의 한 연구에 따르면 기후변화 부정론을 조장하는 모든 트윗의 25퍼센트가 봇에서 나온다.[32] 우리는 이미 수많은 사람들이 유튜브 동영상을 통해 평평한 지구론자와 백신 거부자로 전향하는 모습을 확인했다. 그런데 소셜 미디어를 통해 과학 부정론이 확산되는 현상과 관련해 무슨 일을 할 수 있을까?

팬데믹 기간 동안 일부 소셜 미디어 회사는 코로나19와 관련된 잘 못된 정보와 음모론을 퇴치하려는 노력을 기울이기도 했다. 팬데믹 전에 CEO 마크 저커버그(Mark Zuckerberg)는 페이스북에서 공유된 일종의 잘못된 정보들을 감시하는게 자신들의 일인지 고민했다.[33] 그는 2019년에 유명한 발언을 남겼는데, 자신도 진실이 침식되는 현실을 우려하고 있지만 "사람들은 테크 기업들이 결정한 것만이 100퍼센트 진실이라 말할 수 있는 세상에서 살고 싶어 하지 않는다고 생각한다"라고 했다.[34] 당시 오갔던 대화의 주제는 (그가 허용하기로 결정한) 오해의 소지가 있는 정치광고였다.[35] 전염병이 유행하기 시작하자, 적어도 코로나바이러스에 대한 잘못된 정보와 관련해 저커버그는 입장을 바꿨다. 코로나19에 관한 대부분의 잘못된 정보가 페이스북에서 나왔다는 의혹이 제기된 가운데, 페이스북은 "잘못된 치료법, 사회적 거리두기 조치는 효과가 없고 5G가 코로나바이러스를 유발했다는 주장을 담은 게시물 등 즉각적인 해를 끼칠" 수 있는 내용을 포함하는 "수십만 개의 코로나19 관련 잘못된 정보"를 삭제했다고 밝히며 대응했다.[36] 2020년 8월 5일에 페이스북은 아이들이 코로나19에 "거의 면역되어 있다"라는 잘못된 주장을 펼치는 트럼프의 영상이 포함된 선거운동 게시물을 삭제하기까지 했다.[37] 물론 페이스북이 기후변화 부정론이나 백신 거부와 관련된 잘못된 정보에 대해 유사한 정책을 시행하지 않는 이유를 두고 의문이 제기되는 것도 사실이지만 적어도 올바른 방향으로 나아가고 있는 단계다.[38]

트위터와 유튜브 등 다른 기업들도 이에 보조를 맞추기 시작했다.

트위터는 2020년 5월에 코로나19 관련 잘못된 정보에 표시를 하기 시작했다.[39] 또한 트럼프 선거운동의 아동 관련 게시물을 제재하고, 코로나19 관련 잘못된 정보가 포함된 트럼프의 개인 트윗 일부에 깃발 표시를 달았다. 유튜브는 이용자들을 신뢰할 수 있는 뉴스 출처로 안내하기 시작했다.[40] 또다시, 진실 자체에 대한 더 큰 이슈는 논외로 한다 해도, 일반적으로 과학 부정론을 악화할 수 있는 소셜 미디어의 역할을 걱정하는 사람들에게는 이런 회사들이 불가피하게 해를 끼칠 수 있는 잘못된 정보와 허위 정보를 퇴치하려는 노력에 좀 더 적극적인 태도를 보이지 않는 것이 매우 실망스러울 터다. 어쩌면 팬데믹은 미래에 모습을 드러낼 또 다른 부정론자들의 주제에 대처하기 위한 더 많은 노력의 기회를 마련해줄 것이다.

코로나바이러스의 교훈: 동맹과 정복

코로나19 팬데믹의 가장 흥미로운 측면은 부정론 캠페인이 어떻게 이루어지는지 실시간으로 확인할 수 있는 기회가 되었고 아울러 일반적으로 과학 부정론에 대항하는 방법을 배울 수 있는 시간이었다는 점이다. 예를 들어 많은 사람들이 코로나19 부정론과 기후변화 부정론 사이의 놀라운 유사점에 주목했다.[41] 코로나바이러스 팬데믹 기간에 우리는 지구온난화 위협의 축소판을 경험했다. 상당히 급격한 경제적 충격을 예고하고 이를 해결하기 위해 전 세계적인 협력이 요구된, 지구 전체에 대한 실존적 위협을 체험한 것이다. 만일 전 세계가 팬데믹에 어떻게 대응하는지 살펴본다면 기후변화에 대처하는 방법에 대한 통찰 또한 얻을 수 있지 않을까?

설사 그렇다 해도 그 이야기의 교훈이 마냥 희망을 주지는 않는다. 우리는 어떤 일이 '진짜' 일어나고 있다는 생각은 물론 그것을 위해서라면 뭐든 희생할 가치가 있다는 주장마저도 거부하고 저항하는 모습을 지켜봐 왔다. 코로나19가 우리 삶에 즉각적인 위협이 된다는 사실에도 불구하고 이런 일이 벌어진다. 만일 우리가 지금 당장 각자에게 영향을 미치고 있는 문제에 대해 사람들을 불러 조치를 취하도록 할 수 없다면, 어쩌면 수십 년 후 미래에 멀리 떨어진 곳에서 다른 사람들에게만 발생하는 것으로 (잘못) 인식된 위협에 대해 그들이 어떤 조치를 취하도록 할 수 있을까?

코로나19 위기는 또한 돈의 엄청난 중요성을 매우 뚜렷하게 보여주었다. 경제적 고려는 100년 만에 인류의 건강을 가장 심각하게 위협한 대상에 맞서 공중보건상의 결정을 내릴 때 중차대한 영향을 미쳤다. 경기둔화가 예방 가능한 수십만 명의 사망보다 더 나쁜 것이 되는 현실에서 우리는 "치료제가 질병보다 나쁠 수는 없다"라는 구호를 듣는다. 트럼프가 '미국 재개방(reopen America)'을 자꾸만 외치는 것은 사람들이 너무 오랫동안 집에 머무르고 경기가 둔화된다면 자신의 정치적 기반은 물론 자신이 대표하는 부유층의 이익에도 좋지 않으리라는 생각에서 나온 노골적 대응이라 볼 수 있다. 트럼프의 측근인 댄 패트릭(Dan Patrick) 텍사스 부지사는 나이 든 미국인들이 국가 경제를 위해 자원해서 죽는 것도 용인될 수 있다고 생각한다고 말했다.[42] 만일 우리가 기꺼이 그렇게 한다면, 경제적 고통과 실직과 낮은 GDP를 견디는 것보다 수십만 명의 목숨을 희생하는 쪽을 택하기로 결정한다면, 나는 미국인들이 IPCC의 1.5도 목표 달성을 위해 탄소 배출량을 낮추는 데 필요한 생활 방식과 소비 습관을 바꾸는 일종의 최소한의 자기희생을 기꺼이 감내하리라는 희망을 버릴 것이다.[43]

게다가 코로나19 부정론 캠페인과 기후변화 부정론 캠페인 사이에는, 진행 속도 차이가 매우 두드러지는데도 불구하고, 강력한 유사점이 있다.[44] 코로나바이러스와 지구온난화 모두에 대해 부정론은 다음의 단계들에 따라 입장을 취했다.

- 발생하고 있는 일이 아니다.
- 인간의 잘못이 아니다.
- 모두가 말하는 것만큼 심각하지 않다.
- 해결하는 데 엄청난 비용이 든다.
- 어쨌든 우리는 그와 관련해 할 수 있는 일이 아무것도 없다.[45]

좀 더 긍정적인 측면에서, 팬데믹은 앞으로 기후변화 부정론에 더욱 효과적으로 대처할 교훈을 제공할까? 〈예일 환경 360(Yale Environment 360)〉의 한 기사에 따르면 그 대답은 '그렇다'이지만 질문은 남아 있다: 우리가 그것을 배울 수 있을까?

바이러스는 우리가 그 영향을 목격할 수 있는 순간까지 기다리면 이미 되돌리기엔 너무 늦는다는 사실을 보여주었다. (중략) 기하급수적 확산이 우리를 위협하는 수준에 맞춰 대응해야 하기 때문에 현실에서 지금 나타나는 현상과는 차원이 다른 형태로 행동해야 한다. (중략)

코로나19는 가공할 속도로 진행되는 기후변화다.[46]

그런데 미리 계획을 세우거나 과학자들의 말에 귀 기울이는 미덕에 대한 통찰도 갖추지 못한다면 우리는 항상 머물던 곳에 갇히게 되는 듯하다. 이슈가 뭐든 과학 부정론자들에 대항할 효과적인 장기 전략이 필요하다. 그래서 우리는 어떻게 하면 좋을까?

역설적이게도 우리가 과학 부정론자와 만나 얼굴을 맞대고 대화하는 게 효과적이라는 내용의 책을 집필하는 도중에 코로나19가 닥치는 바람에, 집에 갇힌 채 엄청난 양의 잘못된 정보와 당파 논리가 가득한 디지털 사일로에서 나온 정보를 소비하는 상황에 처했다. 그리고 이 모든 일이 엄청난 속도로 벌어지고 있다. 하지만 온갖 미디어, 웨비나(webinar, 웹 세미나─옮긴이), 팟캐스트, 줌(Zoom) 회의, 사회적 거리두기 속의 왕래, 가족 토론 등을 통해 사람들은 여전히 정확하고 진실한 정보를 갈망하고 있음을 보여주었다. 팬데믹이라는 특별한 도전에도 불구하고, 미래에 이 주제나 다른 주제들에 대한 과학 부정론에 더욱 효과적으로 맞설 방법을 모색하자는 마음으로 코로나19 부정론과의 싸움에서 유효했던 몇 가지를 살펴보는 과정은 유익할 것이다.

이제 나열할 항목들은 이 책에서 지금까지 우리가 발견한 것들과 일치하는 몇 가지 도구다.

1. 그래프, 차트, 도표를 활용하라

사람들이 마스크 착용, 사회적 거리두기, 손 씻기, 기타 공중보건 조치들을 준수하도록 만든 가장 강력한 수단 가운데 하나는 존스홉킨스대학교와 CDC의 통계를 광범위하게 활용하는 것이었다. 이 자료는 미국에서 방송되는 거의 모든 뉴스(심지어 폭스 뉴스도 포함)의 오른쪽 상단 코너에 눈에 띄게 표시된다. 이를 통해 우리의 행동에 따른 대가가 얼마나 비싼지 분명히 알게 된다. 의사와 공중보건 공무원이 보건 관련 조치를 따르라고 일반 지침을 내리는 것도 어느 정도 효과가 있었다. 하지만 진짜로 흐름을 바꿔놓은 것은 뭐였을까? 미국 지도를 보여주고 자신의 주, 카운티, 혹은 도시가 코로나19 위험 지역이라는 사실을 확인시켜주는 것이었다.

처음에 확진자가 주로 뉴욕과 뉴저지 같은 민주당이 우세한 '파란색' 주에서 발견되었기 때문에, 텍사스와 플로리다 같은 공화당 지역 주지사들은 코로나19를 '푸른 독감(blue flu)'이라고 부르며 만만하게 여겼다. 실제로 트럼프 행정부가 초기에 국가 검사 계획 발표를 거부한 이유 중 하나가 초창기 확진자가 민주당 주에서 나왔기 때문이라는 증거도 있다.[47] 남부와 중서부 주들은 마스크를 거부하고 군중을 모으고 경제를 다시 정상화하기 위해 더 많은 '개인의 자유'를 주장하면서 초기 봉쇄 제한에 불만을 터뜨리기 시작했고 트럼프의 성급한 '재개방 계획'을 수용했다. 그러면서 뉴욕이나 다른 주들이 "확진자 추이 곡선을 평평하게 만들고" 바이러스 확산 속도를 늦추기 위해 준수했던 국가 최고 공중보건 기관의 충고들을 무시했다.

그 결과 예측했던 대로 비극적인 상황이 벌어졌다. 재개방 이후 몇 주가 지나자 플로리다와 텍사스에서 코로나19 확진자가 급증했다. 이 두 곳은 곧바로 코로나19 전염 위험이 큰 지역이 되었다. 주지사들이 늑장을 부리며 사실을 부정했지만 그래프의 수치는 더 이상 부인할 수 없었다. 시민들은 분노하기 시작했고 주지사에 대한 신뢰는 곤두박질쳤다. 그 덕분에 마침내 (많은 이들에게는 다소 늦은 감이 있지만) 공중보건 표준 지침을 더 잘 준수하게 되었다. '빨간색'(공화당) 주들도 바이러스의 영향을 피할 수 없다는 사실이 분명해지자 (전국의 모든 뉴스 방송에서 차트와 지도를 통해 확인할 수 있듯이) 심지어 트럼프 대통령과 펜스(Mike Pence) 부통령도 마스크를 쓰기로 결정했다.[48]

2. 과학적 합의를 강조하라

스테판 레반도프스키와 존 쿡, 샌더 반 데어 린덴 등이 참여한 실증적 연구에 따르면 과학적으로 합의된 사실을 활용해 호소하는 것은 누군가가 고수하고 있는 잘못된 경험적 신념을 바꾸게 만드는 가장 강력한 방법 가운데 하나다.[49] 물론, 합의가 존재한다는 사실을 부정하는 사람도 있을 것이다. 하지만 연구에 따르면 부정론자들은 물론이고 특히 보수주의 성향을 가진 사람들도 과학적 합의에는 설득될 수 있다.[50] 이 책에서 인용하는 연구들은 코로나바이러스 팬데믹 이전에 수행되었으며 대부분 기후변화에 대한 합의를 수용한 내용을 담고 있지만, 그렇다고 해서 코로나19나 다른 형태의 과학 부정론에 적용되지 않으리라고 생각할 이유는 없다.

코로나19와 관련해, 우리는 바이러스 퇴치를 위한 가장 효과적인 공중보건 조치 가운데 하나인 마스크 착용에 대해 트럼프의 견해가 실시간으로 진화하는 모습을 지켜보았다. 2020년 4월 3일 CDC는 공공장소에서 천 마스크를 착용할 것을 처음으로 권고했다. 트럼프는 몇 달 동안 마스크 착용을 거부했다. 이는 나쁜 본보기가 되었을 뿐 아니라, 앤서니 파우치 박사와 데버라 버크스(Deborah Birx) 박사 같은 공중보건 당국자들이 바이러스 통제에 마스크 착용이 필요하다고 조언한 것이 과연 옳은 판단인지를 두고 대중 사이에서 혼란을 일으켰다. 2020년 6월 20일 오클라호마주 털사에서 열린 대규모 정치 유세에서 트럼프는 마스크 착용이 개인의 선택이라고 주장했다. 몇 주 뒤인 7월 11일, 오클라호마 보건당국은 신규 코로나19 확진자가 급증했다는 사실을 발표했다.[51] 7월 12일 트럼프는 월터 리드 병원을 방문하기 위해 처음으로 공식석상에서 마스크를 썼고 "나는 적절한 장소에서의 마스크 착용은 적극 지지한다"라고 발언했다.[52] 7월 말에 트럼프의 주요 정치적 지지자 중 한 명이었던 허먼 케인(Herman Cain)이 오클라호마 유세에 참석한 후 코로나19로 사망했다는 소식이 전해졌다.[53] 그리고 유세장에서 마스크를 쓰지 않은 채 군중 한가운데 앉아 있는 그의 사진이 인터넷에 널리 퍼졌다. 공중보건 당국자들은 어떤 특정인이 코로나19에 감염되는 원인을 정확히 확인할 수는 없지만 마스크가 최선의 방어 수단이라는 견해에는 모두 동의했다. 트럼프는 나중에 마스크를 착용하는 행위가 "애국적"이라고 말했다.

3. 개인적인 만남이 가장 효과적이다

신뢰하는 사람과 공감하는 대화를 나눈 후에 생각을 바꾼 과학 부정론자들의 일화적 사례를 소개하는 것은 매우 설득력 있다. 현시점에서 얼굴을 맞대고 나누는 대화는 불가능할 수도 있지만, 중요한 점은 개인적인 경험을 나누는 것이 신뢰를 구축하는 데 도움이 되며, 사적인 것을 많이 나눌수록 더욱 효과가 있다는 사실이다. 쉽게 말해서 누군가가 코로나19에 걸려본 사람과 아는 사이라면 그 사람이 코로나19 부정론자가 될 가능성은 희박하다.[54] 결정적으로 본인이 실제로 코로나19 확진자가 된다면 그 효과는 훨씬 강력할 것이다.[55]

가장 충격적인 사례 가운데 하나는 오하이오주에 사는 37세 남성 리처드 로즈(Richard Rose)의 이야기였다. 그는 페이스북에 코로나바이러스가 사기라는 주장을 반복해서 게시했다. 2020년 4월 28일에 그는 다음과 같은 글을 올렸다. "분명히 말해둔다. 나는 마스크 따위는 사지 않을 것이다. 저 빌어먹을 과대광고에도 마스크를 사지 않고 여기까지 왔다." 7월 2일에는 이런 글을 올렸다. "이 빌어먹을 코로나! 그냥 앉아만 있는데도 숨이 가쁘다." 이틀 뒤인 7월 4일에 그는 숨을 거두었는데, 그 전에 마지막으로 이런 게시물을 남겼다. "천국에서 날 만나도 잔소리하지 마라, 함부로 판단하는 놈들아." 그다음 주가 되자 로즈의 친구들이 그의 죽음에 충격과 애도를 표하며 글을 올리기 시작했다. 7월 10일, 낯선 이름의 방문자가 다음과 같은 글을 남겼다. "그는 아직도 코로나19가 사기라고 생각할까?"[56]

또 다른 사례를 살펴보면, 애리조나주에 사는 크리스틴 어퀴자(Kristin Urquiza)는 〈워싱턴포스트〉에 '주지사, 아버지의 죽음이 당신 손에 달려 있다'라는 글을 투고했다. 그녀는 열렬한 공화당원이자 폭스 뉴스 애청자인 아버지 마크 앤서니 어퀴자(Mark Anthony Urquiza)가 더그 듀시(Doug Ducey) 주지사와 트럼프 대통령이 두려움에 떨면서 살 필요가 없다고 한 말을 믿었다고 했다. 주지사가 제한 조치를 해제했을 때 아버지는 몇 달 만에 처음으로 친구들과 외출하여 노래방에서 노래를 부르고 싶어 했고 딸은 이를 말렸다. 하지만 아버지는 이렇게 말했다. "주지사가 안전하다고 했잖아. (중략) 그 사람이 왜 거짓말을 하겠어?" 딸은 다음과 같이 썼다. "몇 주 후에 그는 숨을 헐떡이며 죽음의 공포와 싸우면서 내게 배신당한 기분이라고 말했다."[57]

4. 내용 반박과 기술 반박을 효과적인 도구로 활용할 수 있다

우리는 이미 슈미트와 베슈의 연구를 토대로 과학 부정론자들에게 그들의 생각을 바꿀 만한 정보를 제시하는 일이 가능하다는 사실을 알고 있다. 코로나19 부정론자의 경우에는 어떤 정보가 좋을까? 내용 반박을 통해 마스크가 효과적이라는 연구 결과를 공유할 수 있다. 기술 반박을 통해 그들이 과학적 오류가 담긴 정보를 듣기 직전이나 직후에 우리가 음모론 논증에 나타난 문제를 지적할 수도 있다. 혹시 그래도 설득이 안 된다면 그들의 편향을 음모론적 사고와 결부할 수도 있다. 당신이 코로나19 부정론자(이는 그가 이미 음모론을 믿는 경향이 있음을 의미한다)와 대화하고 있고, 러시아와 중국이 코로나 바이러스가 '사기'이고 우리 스스로 봉쇄 제한에서 '해방'되어야 한다는 생각을 퍼뜨리기 위해 소셜 미디어에서 대규모 허위 정보 캠페인을 벌이고 있다는 사실을 공유하는 대화를 한다고 상상해보자. 이것은 음모론이 아니라 실제로 진행 중인 음모다! 이런 내용이 그들의 관심을 끌지 않을까? 나는 8장 앞부분에서 인쇄하여 배포할 수도 있는 몇 가지 자료도 인용했다. 거기에는 그래프와 차트도 포함되어 있다. 미국의 분열과 양극화로 인해 이득을 보는 이들이 누구인지 생각하도록 대화 상대를 독려할 수 있다. 이를 통해 그들은 자신들의 신념을 조금이나마 의심하게 되지 않을까? 다른 방법들이 모두 실패할 경우 직접 사실관계를 조사해보게 하자. 다소 과격한 방법이기는 하지만 효과를 볼 수 있다!

그런 방법까지는 필요하지 않았으면 좋겠다. 주와 연방정부 차원에서 더 나은 정치적 리더십이 있었다면 과학 부정론이 그토록 큰 문제가 되지 않았을지도 모른다. 하지만 우리 자신에게도 약간의 책임이 있지 않을까? 우리에게 동의하지 않는 사람들을 외면하고 그들을 어리석은 자들로 치부하는 일은 얼마나 솔깃한가. 혹은 그들이 어디서 정보를 얻는지 관심조차 두지 않고 화제를 바꿔버리는 일은 또 어떤가. 왜냐하면 우리는 의견이 일치하는 사람들과 대화하는 것을 선호하기 때문이다. 이 책이 전하고자 하는 메시지는 간단하다. 우리는 특히 다른 의견을 가진 사람들과 다시 대화를 시작해야 한다. 그러나 그 방법에 대해서는 현명해져야 한다. 단순히 정보를 공유하는 것은 효과가 없다. 또한 상대방을 모욕하거나 그들의 신념에 대해 창피를 주는 일은 확실히 무익하다. 목표가 실제로 누군가의 부정론 신념을 포기하도록 설득하는 것이라면 우리는 그 사람이 진심으로 귀를 기울이도록 신뢰와 친밀한 관계 구축에 전념하면서 최대한 공감과 존중의 자세를 가지고 대화에 나서야 한다.

나는 (사스코로나바이러스2에 노출될 경우 위험할 수 있는 기저질환을 가진 사람인 관계로) 집에서 이 책을 썼는데, 밖으로 나가 마스크 거부자와 코로나19 부정론자를 만나 직접 더 많은 조사를 할 수 없다는 사실이 애석했다. 그러던 2020년 7월 〈뉴욕타임스〉에 '마스크 반대파와 실제로 대화하는 방법'이라는 도발적인 제목의 기사가 실렸다.[58] 누군가가 내 마음을 들여다본 느낌이었다.

기사를 쓴 찰리 와젤(Charlie Warzel)은 이미 불신을 한가득 받고 있는 마스크 거부자나 코로나19 부정론자에게 신념이나 행동을 바꾸도록 창피 주고 오명을 선사하는 일은 매우 잘못된 방법이라는 도발적인 주장을 펼쳤다. 관련 지식이 빠르게 진화하는 코로나바이러스 같은 이슈에 대해서는 특히 그러하다. 와젤은 에볼라바이러스 위기와의 유사성을 설명하며 이야기를 시작한다.

2014년 에볼라 전염병이 맹위를 떨쳤을 때 일부 서아프리카인들은 공중보건 지침에 저항했다. 일부는 감염 위험에도 불구하고 증상을 숨기거나 (사랑하는 사람이 사망한 경우 시신을 씻는) 장례 의식을 계속했다. 어떤 이들은 서양인들이 바이러스를 퍼뜨렸다거나 모든 것이 사기라고 주장하며 음모론을 유포했다. (중략) 그래서 WHO는 무슨 일이 벌어지고 있는지 알아보라고 세네갈 사람인 의료인류학자 샤이크 니앙(Cheikh Niang) 박사와 그의 팀을 보냈다. 니앙 박사는 여섯 시간 동안 각 가정을 직접 방문해 (중략) 사람들을 만났다. 강의를 하기 위해 그곳에 간 것은 아니었다. 주민들은 자신들의 이야기를 기록해달라고 그에게 요청했다. 그들의 말이 끝났을 때 니앙 박사는 마침내 이렇게 말했다. "나는 최근 세네갈에서 전화를 걸었던 남자에게 '당신 이야기를 들었어요'라고 말했습니다. 그리고 '난 돕고 싶어요. 하지만 전염병이 여전히 퍼지고 있고 여러분도 저희를 도와주셔야 합니다. 체온도 재야 하고 바이러스도 추적해야 해요'라고 덧붙였죠. 그러자 그들도 동의했고, 우리를 믿어주었어요."[59]

와젤이 지적했듯이, 사람들이 무조건 이기적이거나 반과학적인 것은 아니다. 그들은 두려움을 느끼고 있고 존엄성을 박탈당했다. 그들은 자신들을 존중하고 경청해줄 누군가가 필요했으며 이를 통해 신뢰가 형성되었고 결과적으로 상호 존중하는 관계로 발전했다.

이 사례를 미국에서 코로나바이러스 팬데믹을 둘러싸고 마스크 거부자들이나 다른 부정론자들이 연루된 상황들과 대조해보자. 정치적 분열과 당파적 맥락은 적절히 통제하기 힘들다고 하지만, 정말로 그럴까? 와젤이 지적한 것처럼 대부분의 사람들, 특히 공화당원들도 여전히 과학을 신뢰한다.[60] 그렇다면 뭐가 문제일까? 어쩌면 코로나19 부정론자들뿐 아니라 우리가 소통하는 방식을 돌아보아야 할지도 모른다. 이것이 신종 코로나바이러스라는 사실을 고려하자. 우리는 전에 그것을 경험한 적이 없고, 그래서 그것에 대해 전부 다 알지 못한다. 이는 과학자들이 시간이 지나면서 더 많은 것을 배우고 있다는 사실을 확실히 설명해주며, 그들의 조언과 권고가 가끔 변하고 때로는 근본적으로 바뀌어야 한다는 것을 의미한다. 2020년 4월 중순까지만 해도 WHO와 여러 전문가들이 공공장소에서 마스크 착용은 불필요하다는 입장을 밝혔음을 기억할 필요가 있다. 그러다가 갑자기 권고를 변경했다. 그것이 마스크를 쓰고 싶어 하지 않았던 모든 사람을 갑자기 비이성적으로 만드는 걸까?

문제는 이런 종류의 전환이 신뢰를 잃게 만드는 구실이 된다는 점이다. 소통이 정확히 이루어지지 않으면 사람들은 메시지가 바뀐 이유에 의구심을 품는다. 과학이 작동하는 방식을 인지하는 사람은 과학적 선언 이면에 언제나 부분적인 불확실성이 있다는 사실을 이해한다. 사실 과학의 특징은 오랜 시간에 걸쳐 증거에 관심을 두고 이를 축적한다는 점이고, 이를 토대로 하나의 이론이 다른 이론을 완전히 뒤집을 수 있다는 점이다. 하지만 대중이 이런 특성을 이해할까? 꼭 그렇지는 않을 것이다. 그리고 불신이 퍼지는 분위기에서 과학자들과 공중보건 당국자들은 이런 현실을 받아들이고 과학이 요구하는 겸손과 투명성을 가지고 문제에 접근하기를 망설였던 듯하다.

비논리적으로 들릴 수도 있지만 불확실성을 인정하면 실제로 신뢰를 **높일** 수 있다. 당신이 뭔가를 잘 알지 못하고 그 이유도 모른다고 고백한다면 의심을 잠재울 수 있을 뿐만 아니라 나중에 또 그런 일이 있을 때도 신뢰를 쌓을 수 있다. 그리고 누군가에게 거짓말하는 것, 예를 들어 마스크가 100퍼센트 효과적이라고 말하거나 모든 백신이 안전하다고 단언하는 것은 명백히 잘못된 전술이다. 과학자들이 그런 태도를 보인다면 나중에 갑옷에 있는 어떤 틈도 구실로 삼아 부정론자들이 더 이상 믿지 않기 위한 핑계로 활용할 것이다.

코로나 위기 초기에 공중보건 명령을 둘러싸고 이런 일이 실제로 일어났던가? 와젤이 지적했듯 거의 확실히 그랬다. 이 부분에서 그는 에볼라 위기 당시 기니공화국 대통령에게 조언했던 하버드 의대 의사 라누 딜런(Ranu Dhillon)의 말을 인용했다. "모든 조언은 이진법으로 귀결된다. (중략) 그것이 회색인 경우에도 이쪽 아니면 저쪽 방향을 확실히 가리켜야 한다. WHO에서도 이런 일이 벌어졌는데 초기에 무증상 감염을 부인했을 때 그랬다. 마스크 사태 때도 그랬고, 미국의 주들이 재개방을 할 때도 마찬가지였다."

와젤은 설명을 이어갔다.

이것이 신종 코로나바이러스라는 점을 감안할 때 우리는 시시각각 배우고 있다. 어느 날 사실이었던 것이 다음 날 수정될 수 있다. 딜런 박사에 따르면 공중보건 전문가들은 권위를 지키고 싶은 욕심에 확실하지 않은 사항들을 정확히 밝히지 않았고, 대중의 지식 수준이 높아졌음에도 기존의 이론을 수정하기보다는 고수하는 데 급급하며 스스로의 신뢰를 훼손했다. (중략) "내 생각에 공중보건 당국자들이 야외활동의 안전성에 대해 목소리 높이기를 주저했다"라고 딜런 박사는 말했다. 이것은 대중이 과잉 또는 과소 반응하지 않도록 발언을 회피했던 전문가들의 사례였다. 하지만 그것은 다른 사람들이 당신의 메시지를 받는 방식을 통제하려는 도박이다. 딜런 박사는 마스크를 두고도 같은 일이 벌어졌다며, 공무원들과 기관들이 공급망 이슈 때문에 초기에 마스크 착용 권고를 주저했다고 주장했다. 이런 입장 전환이 지금 우리가 마스크를 둘러싸고 겪는 문화전쟁의 포문을 열었을 가능성이 있다.[61]

확신에 찬 선언을 한 뒤에 이를 번복하면 너무 늦다. 신뢰가 사라지기 때문이다. 당신의 의도가 순수하고 사람들을 최대한 안전하게 보호하기 위한 것이었다 해도, 사실을 정확히 밝히거나 불확실성을 표하는 시점은 발생 초기여야 한다.

우리가 과학 부정론에 대항하는 과정에서 **불확실성을 포용하는 일**이야말로 가장 좋은 필수 무기 중 하나이며, 그것은 약점이 아닌 강점으로 작용한다고 나는 오랫동안 주장해왔다.[62] 만일 과학자들이 (심지어 잘 모를 때도) 정답을 아는 척한다면 부정론자들이 의심과 불신의 눈으로 허점을 찾아 나서는 것은 당연한 일 아닐까? 와젤은 자신의 글에서 이렇게 말했다. "대중의 신뢰를 강요할 수는 없다. 겸손하고 투명하고 경청하는 자세를 통해 믿음을 얻어야 한다."

그리고 어쩌면 이런 요소들이 지금까지 코로나19 부정론자와의 싸움에서 무엇이 잘못되었는지 보여주는 핵심일 것이다. 물론, 과학 정보를 과장하거나 경시한 (그리고 과학자들이 스스로 말하도록 두지 않은) 언론매체, 분열을 조장하고 허위 정보를 유포한 정치인들도 비난을 피하기 어렵다. 심지어 대중에게도 책임이 있는데, 그들은 너무 잘 속아 넘어간 나머지, 일단 가장 선호하는 언론매체로부터 행동 명령을 하달받고 자신들이 믿어야 '하는' 것을 들으면 소통 상대에 변화를 주지도 않았고 다른 사람의 말에 귀 기울이지도 않았다. 그러나 지난 시절의 권위와 무오류성에 대한 기대를 바탕으로 그 이면의 증거나 논증 과정을 설명하기보다는 무엇을 해야 하는지 지시하는 데 급급했던 과학자, 의사, 공중보건 공무원의 의사소통 실패에도 일부 비난의 책임이 있다. 이러한 배경을 감안할 때, 공중보건 권고 지침이 때로는 날마다 바뀌면서 몇몇 인물이 의혹의 눈초리를 받은 것도 이상한 일이 아니다. 거듭 말하지만 과학자들이나 관계자들이 그냥 더 많은 생명을 구하기 위해 무엇을 해야 하는지 말해주기가 훨씬 쉬운 상황에서, 정확하고 진실된 최신 정보를 공유해야 하는 일

(그러면서 자신들의 발언을 한결같은 선의와 겸손으로 다듬기까지 해야 한다)이 얼마나 어려울지 헤아리기란 거의 불가능하다. 설상가상으로, 흔히 그러하듯 당파적 논란을 부각하려 애쓰는 언론이 가세하면서 비방과 정치적 왜곡이 끊임없이 난무하여 과학자들에게까지 공격이 쏟아지는 환경에서, 일부 공중보건 공무원들이 불확실성은 자신들이 떠맡고 대중은 최신 권고만 따르도록 하는 상황을 기대했다는 것이 놀랍지 않은가? 하지만 그것은 과학자들뿐 아니라 과학에 관심을 갖고 있는 우리 모두에게 효과적인 과학 커뮤니케이션에 대한 도전이다. 우리는 우리가 희망하는 싸움이 아니라 실제로 벌어진 싸움에 응해야 한다. 오늘날 과학은 정당성의 위기에 빠졌다. 이는 과학자들의 잘못이 아니라 미디어, 정치, 교육, 그리고 광범위한 불신 문화의 잘못이다. 그러나 과학자들이 연구 성과를 공유하고, 핵심 가치인 개방성과 투명성과 겸손을 실천하며, 자신의 결론을 부풀리는 일을 경계함으로써 과학을 수호할 준비가 되어 있지 않다면, 누가 그렇게 할 것인가?

코로나 팬데믹과 관련해 와젤이 도달한 결론은 평평한 지구론, 기후변화 부정론, GMO 반대, 백신 거부와 싸우기 위해 이 책 전반에서 내가 추천한 내용과 일치한다. 과학 부정론자와 대화하는 가장 효과적인 방법은 과학이 어떻게 작동하는지와 관련해 투명성과 개방성을 입증하면서, 겸손과 존중의 자세를 보여주고, 직접적이고 개인적인 관계를 통해 신뢰를 구축하는 노력을 기울이는 것이다. 만일 사람들이 최신 공중보건 조치에 대해 교육받을 수 있다면 과학의 성립 과정에 대해서도 그럴 수 있지 않을까? 만일 우리가 이렇게 하지 않는다면 다음 위기는 코로나바이러스 백신을 믿을 수 있느냐에 대한 것일 수도 있다.[63] 와젤은 전염병 전문가이자 전 CDC 소장이었던 토머스 프리든(Tomas Frieden)의 말을 다음과 같이 인용했다.

지금 당장 가장 걱정되는 부분은 오늘날 우리가 마주하고 있는 불신이 백신과 함께 번져갈 수 있다는 점이다. 백신과 관련해 이미 상당한 불신이 쌓여 있다. 백신을 위해 우리는 이름이 다소 공격적인 초고속작전(Operation Warp Speed, 미국 정부의 신속한 코로나19 백신 개발, 배포, 접종 사업—옮긴이)을 펼칠 예정이다. 이런 종류의 이름은 누군가의 팔에 바늘을 꽂도록 설득하는 방법이 아니다. 정부가 백신을 개발하는 과정에서 정공법으로 대처하지 않는다면 실질적인 위기가 계속될 것이며, 우리가 그에 대해 매우 개방적이고 투명한 의사소통을 이행하지 않을 경우 깨닫는 뭔가가 있을 것이다.[64]

(확실히 '기적처럼'은 아니겠지만) 사스코로나바이러스2가 사라지는 날이 오기를, 동시에 코로나19 부정론도 사라지는 날이 오기를 고대한다. 나는 우리가 다른 형태의 과학 부정론에 대해서도 모두 말할 기회가 주어지길 바란다. 아마도 한동안은 우리와 함께할 기후변화 부정론에 대한 이야기가 가장 중요한 주제가 될 것이다. 심지어 팬데믹 이후에도 우리는 여전히 배워야 할 것들이 많다. 하지만 남아 있는 과학 부정론자들에게 맞설 수 있는 가장 효과적인 접근 방법과 도구들에 대해 내가 조금이나마 통찰과 경험을 제공했기를 바란다.[65]

탈진실 치료하기

《포스트트루스》에서 나는 지금의 "현실의 정치적 종속" 현상이 담배와 폐암 사이의 연관성에 대한 의심을 만들어냈던 담배 회사들로부터 시작된 이래 60년 동안 대부분 방치된 과학 부정론에 튼튼한 뿌리를 두고 있다고 주장했다. 지구온난화 현상 또한 마찬가지다. 그런데 지난 몇 년 동안 믿을 수 없는 일이 벌어졌다. 정치적 양극화가 과학 부정론 문제를 더욱 악화한 것이다. 탈진실과 과학 부정론은 이제 스스로를 부추기는 피드백 루프에 갇힌 것 같다. 심지어 경험적 사실과 정치적 가치에 대한 의견 불일치가 일부 사례에서는 한 몸이 되었다.

어쩌면 이는 과학 부정론에 대한 해결책과 정치적 신념에 의한 현실 부정의 해결책이 같을 수 있다는 뜻이다. 우리는 다시 대화를 시작해야 한다. 누군가가 가진 정치적이거나 이념적인 믿음을 바꾸도록 설득하고자 한다면 어떻게 해야 할까? 아마도 그들에게 부족한 정보를 채워주는 방식만으로는 어려울 것이다. (물론 소리를 지르거나 모욕하는 방식으로는 더욱 어려울 것이다.) 몇 가지 사실을 언급할 수도 있겠지만(그것이 무엇이었는지에 대한 동의를 얻어낼 수 있다면), 대부분은 가치를 공유하는 집단의 상식에 호소하려 할 것이다. 정체성을 공유하는 일. 그것을 해낼 수 있는 유일한 방법은 신뢰를 높이는 개인적 관계를 구축하려 노력하는 것이다.

과학을 매개로 이런 일을 해내지 못할 이유가 없다. 우리는 사람들에게 과학의 사실들뿐 아니라 그것의 가치도 가르쳐야 하며, 그런 가치가 과학이 발견을 해나가는 과정에서 어떤 영향을 미치는지도 알려야 한다. 과학 커뮤니케이션의 주요 문제 중 하나는 과학 교육에서 시작된다. 내가 초등학생 때 과학자는 실수하지 않는 천재라고 배웠는데, 지금 우리가 마침내 모든 진실이 밝혀지는 시대를 살아가고 있는 것은 행운이 아닐까? 그렇다면 오늘날에는 예전에 비해 정말 많이 달라졌을까? 과학자들이 발견한 것들뿐 아니라 그 과정에서 했던 추측, 실패, 불확실성, 시도를 가르치면 어떨까? 물론 과학자들도 실수를 하지만, 그들의 특별한 점은 증거로부터 배우는 방식과 같은 증거에 의지하는 삶의 태도를 몸으로 익혔다는 것이다. 만약 우리가 개방성, 겸손, 불확실성에 대한 존중, 정직, 투명성, 자신의 연구를 엄격한 시험대에 올려놓는 용기 같은 과학자의 신념이 얼마나 중요한지 입증하는 식으로 과학의 가치에 대해 교육하면 어떨까? 나는 이런 종류의 과학 교육이 우리가 할 수 있는 그 무엇보다 과학 부정론을 이겨내는 데 큰 역할을 해주리라 믿는다.[66] 이는 아이들에게 과학자처럼 사고하는 법을 일깨워주고, 무언가를 모른다는 것이 무슨 의미인지 알려주고, 그러고 나서 답을 찾기 위해 경험적 증거를 추구하도록 만든다. 즉 모델의 예측을 계산하고 나서 그 예측이 틀릴 경우 결과를 받아들이도록 가르친다. 이런 방식으로 우리는 과학적 불확실성의 가치를 좀 더 빨리 이해시켜줄 수 있고, 실패로부터 배울 수 있다는 사실에 고마워할 수 있다. 이런 맥락 안에서 과학의 사실은 더 합리적일 수 있고 과학자들에 대한 신뢰도 그에 비례하여 커질 것이다. 더 많은 사람들이 과학적 가치를 체득하도록 장려하는 방법이라면 뭐가 됐든 우리가 올바른 방향으로 나아가는 첫걸음이 되어줄 것이다.

우리의 정치적 신념들 가운데 존재하는 캐즘(chasm, 훌륭한 제품이 다수의 대중에게 받아들여지기까지의 침체기를 가리키는 용어—옮긴이)에 대해서도, 결국 그것을 극복할 방법을 찾지 않을까? 과학을 가르치는 것이 정치와 어떤 관련이 있을까? 나는 탈진실이 과학 부정론에서 시작되었듯, 어쩌면 과학 부정론 문제의 해결책도 탈진실 정치를 치유하는 데 유용할 수 있다고 주장하고자 한다. 만일 사람들이 과학적 가치를 포용하는 법을 배울 수 있다면 마찬가지로 다른 영역에서도 자신의 가치를 새로 정립할 수 있다. 관심사를 넓히기 위해서. 결코 만날 수 없는 사람들의 삶에 좀 더 관심을 갖기 위해서.

지금 우리 사회에는 과학 부정론 문제가 만연해 있다. 그렇다면 이 문제를 해결하기 위해 군대를 일으키지 않는 이유는 뭘까? 세상에는 과학을 믿는 사람들이 많고 기후변화에 관심을 기울이는 사람들도 많다. 그리고 이제, 슈미트와 베슈의 연구를 통해 우리 모두가 변화를 일으킬 방법이 있다는 사실을 알았다. 과학 부정론자들과 어울리려 하지 않거나 그들에게서 등을 돌리는 것은 당신이 할 수 있는 최악의 선택이다. 대화 상대가 잘못된 정보를 알고 있다면 대화를 계속하는 것이 그들의 생각을 바꾸기 위해 시도할 수 있는 최선의 방법이다. 그러니 밖으로 나가서 과학 부정론자들과 대화해야 하지 않을까? 그들의 정체성을 바꾸고 과학자들처럼 생각하는 법을 알려주기 위해 노력해야 하지 않을까? 내가 평평한 지구 국제 학회에 갈 수 있다면, 당신은 백신 거부에 대해 조카나 처남과 이야기를 나눌 수 있을 것이다.

물론 이것은 엄청나게 힘든 일이고, 아무것도 하지 않는 편이 더 쉬울 것이다. 사람들이 이미 과학자들처럼 사고하고 있으며 우리가 해야 할 일은 그들에게 증거를 제공하는 것뿐이라면 얼마나 좋을까!

하지만 그런 일은 우리가 살아가는 현실 세계에서 일어나지 않는다. 과학을 신뢰하는 사람들조차도 그 이면의 사고 과정을 전부 이해하지 못할 수 있다. 그렇지만 그것이야말로 진정한 이해의 문을 여는 열쇠다. 또한 그들의 정체성을 바꾸는 데 도움이 되는 열쇠이기도 하다. 많은 사람들은 냉소주의를 편안해하고 대부분의 경우 이런 접근법이 효과가 없으리라는 짐작을 위안으로 삼는다. 하지만 그것은 슈미트와 베슈가 발견한 내용과 전적으로 일치한다. 그들은 내용 반박과 기술 반박이 언제나 통할 것이라고 약속하지 않았다. 그 대신 우리에게 어떤 일이 벌어져도 작동이 되는 방법을 알려주었다. 물론, 과학을 부정하는 사람들을 무시하고 그들과 교류하기를 거부하는 사람들을 상대하는 편이 좀 더 쉽다. 과학 부정론자들과 어울리기 위해 여러 차례 여행을 다녀온 후 나는 이런 좌절감을 이해하게 되었다. 하지만 우리가 여기에 매몰되어 있으면 전부를 잃고 말 것이다.

한편 강경한 과학 부정론자들은 지금도 잘못된 정보를 퍼뜨리며 새로운 구성원들을 모집하고 있다. 사리사욕만을 취하려는 자들이 어디든 달려가 잘못된 정보를 쏟아내고 기존의 혼란과 회의론을 악용하며 희희낙락하고 있다. 그러는 동안에도 경험적 진실을 찾고자 하는 사람이라면 누구나 거기에 접근할 수 있다. 그런데 왜 더 많은 사람들이 찾아보려 하지 않는 걸까? 우리는 사람들이 더 많은 관심을 갖도록 노력할 의향이 있지만 어떤 이들은 그렇지 않을 것이다. 그들은 이미 정답을 알고 있다고 주장하며 당파성, 선전, 고의적인 무지라는 고치 속에 머무는 것을 기쁘게 생각한다. 그들 중 일부는 심지어 진실이 눈앞에 있어도 그것을 부정할 준비가 되어 있다는 뜻이다. 과학 부정론자와 대화하면서 매우 실망하는 이유가 바로 이것이다. 당신이 다가갔을 때는 이미 그들의 믿음뿐 아니라 반과학적 가치관이 단단하게 굳어가기 시작하고 나서다. 물론 그들 스스로는 그렇게 생각하지 않을 것이다. 자기 자신을 과학 부정론자라고 생각하는 사람은 아무도 없다. 때로는 자신이 과학자들보다 더 과학적인 사고를 한다고 생각한다. 당신이 생각하는 그들의 모습은 그들이 생각하는 당신의 모습일 수 있다. 과학 부정론자와 어울릴 때는 모든 소설가들이 지켜야 하는 규칙, 즉 악당도 자신의 이야기 속에선 영웅이라는 규칙을 기억하는 편이 좋다.

어떤 면에서 우리가 하려는 일은 상상했던 것보다 어렵기도 하고 쉽기도 하다. 우리 앞에 놓인 도전 과제는 사람들이 어떤 사실을 받아들이거나 신념을 바꾸도록 설득하는 것이 아니라, 과학자들이 엄격한 조사와 공동 테스트와 불확실성이라는 허용오차의 과정을 거쳐 어렵게 얻은 지식을 이해하고 체득하도록 하는 일이며, 이를 통해 과학 부정론자들이 과학자들의 가치(와 논증 과정)에 동질감을 갖도록 하는 일이다.

물론 우리는 다음 세대를 교육하는 일에도 주력해야 하지만 주어진 시간이 많지 않다. 우리 아이들은 기후변화 문제를 물려받을 것이고, 그들이 이를 해결할 수도 있겠지만, 아직은 그들의 책임이 아니다. 오늘날을 책임지고 있는 사람들 가운데 다수가 과학 부정론자이며, 그들은 우리의 미래에 대해 터무니없을 정도로 커다란 권력을 손에 쥐고 있다. 즉 과학 부정론자들을 다루는 문제는 발등에 떨어진 불이다. 지금 당장 말이다. 당신은 누군가의 신념을 그 사람의 의지에 반하여 바꿀 수 없으며, 보통은 그들이 알지 못하는 뭔가가 있다는 사실을 인정하게 할 수도 없다. 급기야 그들의 가치관이나 정체성을 바꾸는 일은 더욱 어려울 수 있다. 하지만 과학 부정론자를 다룰 때 더 쉬운 길은 없다. 우리는 그들을 이해시키려 노력해야 한다. 그들에게 관심을 기울이도록 노력해야 한다. 하지만 가장 먼저 우리는 밖으로 나가 그들의 얼굴을 마주하고 대화를 시작해야 한다.

맺음말

이 책을 집필하던 당시 도널드 트럼프는 여전히 대통령 자리에 있었고 우리는 팬데믹의 한가운데 있었다. 책이 출간되기를 기다리는 동안 미국의 새로운 대통령으로 조 바이든이 선출되었으며 두 가지 종류의 코로나바이러스 백신이 개발되어 승인을 받았다.

이제는 상황이 좀 나아질까?

부디 그렇게 되기를 바란다. 바이든은 이미 파리 협정에 복귀했고 지구온난화에 지대한 영향을 미치는 자동차 배기가스 기준과 기타 환경 규제에 대한 트럼프 행정부의 심각한 예산 삭감을 철회하겠다고 약속했다. 그 밖에도 코로나19를 포함한 여러 사안에 대해 과학자들의 의견을 경청하는 데 있어서 트럼프보다 훨씬 강한 의지를 보여주었다.

하지만 주의해야 할 이유가 있다.

우리는 여전히 코로나바이러스 백신이 폭넓게 공급되기를 기다리고 있는 상태이며, 그것이 가능해진다 해도 모든 사람이 백신을 접종하도록 설득할 수 있을지는 확실하지 않다. 음모론과 뿌리 깊은 회의론도 여전히 위력을 발휘하고 있다. 코로나 백신은 안전할까? 그렇지 않았다면 FDA와 여러 정부 기관이 승인하지 않았을 것이라고 기대하는 사람들이 많다. 이는 과학뿐 아니라 과학 정책 수호자들에 대한 신뢰의 문제인데, 그들 중 일부가 트럼프 행정부에서 정치적 압력에 굴복했다. 지난 4년 동안 두드러진 하나의 현실은 진보와 보수를 막론하고 이러한 신뢰를 상당 부분 잃어버렸다는 것이다.

트럼프는 퇴임했지만 트럼프주의는 여전히 남아 있다. 2021년 1월 6일 미국 국회의사당에서 일어난 난동은 '사실무근'인 이념이 이 나라에 얼마나 깊이 뿌리내리고 있는지, 그로 인한 결과가 얼마나 끔찍할 수 있는지 보여준 사건이었다. 워싱턴 D.C.에서의 폭력 사태로 마무리된 이 사건은 사실상 1953년 뉴욕 플라자 호텔에서 시작되었다. 이곳에 모인 소수의 경영진은 사업의 이익에 해를 끼칠 만한 사실에 대항하는 허위 정보 캠페인을 모의했고, 어쩌면 무의식중에 누군가가 선호하지 않는 현실에 부합하지 않는 모든 사실을 부정하는 미래의 청사진을 만들어내며 "과학과 싸우기로" 결정했다. 기후변화 같은 과학적 사안부터 부정선거 같은 정치적 사안에 이르기까지 부정론 문제는 이제 기업에서 이념의 영역으로, 과학에서 우리의 드넓은 문화로 전이된 것 같다. 그렇긴 하지만 석탄과 석유는 물론 다른 자원들을 둘러싸고 뿌리 깊게 자리 잡은 이해관계도 여전하며, 그 분야에서 몇몇은 의심을 제조하여 이익을 취하려 한다. 당연한 이야기지만 무지, 인지편향, 그리고 소셜 미디어를 통한 잘못된 생각의 증폭도 당분간 계속될 것이다.

과학 부정론이 트럼프에게서 비롯된 것은 아니지만 그가 상황을 악화한 것만은 분명하다. 과학 부정론은 최소한 갈릴레오 시대 이후에 존재해왔고 아마 그 전에도 있었을 것이다. 그러니 만약 트럼프 이전에 과학 부정론이 존재했다면 이후에도 마찬가지로 존재할 가능성이 높다. 물론 그렇다고 해서 상황이 나아질 수 없다는 이야기는 아니다. 우리가 대화를 재개하기 시작하고 도덕과 가치뿐만 아니라 경험적 질문들을 통해 우리를 양극화시킨 당파적 분열을 치유하고자 할 때 나는 과학이 그 대화의 일부 소재가 되기를 바란다. 과학 부정론은 오랫동안 존재해왔지만, 허리케인의 경로(기상 담당자가 트럼프의 트윗 내용과 다른 경로를 예보했다가 해고 위기에 몰렸다─옮긴이)부터 캘리포니아 산불 예방(트럼프는 핀란드에서는 갈퀴로 산불을 예방한다고 주장했다─옮긴이), 표백제와 빛으로 코로나바이러스를 살균할 가능성(트럼프는 가능하다고 주장했다─옮긴이), 팬데믹 기간 동안 유용한 예방책으로서의 마스크에 이르기까지 모든 사안을 둘러싼 사실에 의문을 제기했던 트럼프 행정부 기간 동안 상황이 악화된 것은 확실하다.

그런데 우리가 6장에서 살펴보았듯 과학 부정론이 특정 정당이나 당파적 관점을 중심으로 나타나는 현상은 아니라는 점을 기억해야 한다. 사람들로 하여금 과학적 합의가 권고하는 것이 아닌 다른 뭔가를 믿도록 부추기는 곳이라면 어디든 다섯 가지 전략이 작동한다. 이것은 과학과 이성을 지향하는 기나긴 싸움이다. 만일 우리가 '승리'를 선언한 뒤 더 이상 관심을 쏟지 않는다면 미래에 어떤 일이 벌어질까? 우리의 인식론적 기준에 대해서라면 조금의 방심도 영원히 허용되지 않는다.

과학 부정론은 여전히 전 세계적인 현상이라는 사실도 기억해야 한다. 트럼프는 퇴임했지만 저마다의 문제들을 안고 있는 다른 나라들에서도 과학에 대한 이념적 거부가 뿌리를 내렸다. 백신 거부는 이탈리아에 만연하다. 코로나바이러스 음모론은 영국의 5G 기지국을 무너뜨렸다. 평평한 지구론자는 브라질 인구 가운데 무시할 수 없는 비중을 차지한다. 그리고 러시아와 중국은 서구 민주주의를 약화하기 위해 더욱 다양한 이념적 분열을 찾아 자신들의 선전 기계들을 활용해 허위 정보를 유포하면서 과학 부정론을 독려하는 핵심 역할을 하고 있다는 사실도 기억해야 한다.

그렇다면 우리는 어떻게 다시 서로와 대화하는 법을 배울 수 있을까? 과학 부정론은 미국을 비롯한 전 세계에서 질질 끌고 있는 문제다. 오랜 시간 동안 우리를 분열시켰던 상처들을 치유하는 방법을 찾는 것은 도전이 될 것이며, 그 상처들 가운데 일부는 과학적 주제를 둘러싼 것이다. 그렇다면 우리는 무엇을 해야 할까?

여전히 나는 대화가 해법이라고 생각한다. 이 책에서 추천한 과학 부정론자들과의 대화 전략은 신념이 편중되어 전문가의 판단과 어긋나는 많은 영역에서 사람들이 이성과 과학과 논리에 귀 기울이도록 돕는 데 일반적으로 활용할 수 있다. 만일 우리가 계속해서 서로를 악마화하거나 다수의 말을 무시한다면 또다시 양극화의 위험을 무릅써야 할 것이다. 개인적인 생각에 더 좋은 방법은, 과학 부정론자들을 우리 쪽으로 끌어들여 과학이 얼마나 유용한지 보여주는 것이다. 그리고 전문 지식이 다시 중요한 의미를 갖게 된다면 얼마나 좋을까?

앞서 논의했듯이 과학 부정론의 상당 부분은 두려움, 소외, 이념, 정체성에 의해 그 동기가 부여된다. 백악관에 누가 있는지와 상관없이 우리는 그 일을 할 수 있고 또한 해야만 한다. 무사안일은 우리의 적이다. 그리고 과학 부정론은 타인의 문제가 아니다. 특히 지구온난화와 관련해 허비해온 시간들을 만회하기 위해서라도 우리에겐 낭비할 시간이 없다. 미국에서 리더십의 변화가 생겼다고 해서 모든 일이 잘되리라 마냥 낙관할 수도 없다. 이 책 전반에 걸쳐 주장했듯 기후변화 부정론은 현재 전 세계에서 가장 시급하고 위험한 과학 부정론의 사례이며, 이를 해결하기 위해서는 우리 모두의 참여가 필요하다. 일단 코로나19를 물리친다고 해도 기후위기는 여전히 우리와 함께하고 있다. 그리고 시계는 째깍째깍 돌아가고 있다.

몰디브의 어부들을 기억하는가? 지금 공공 정책에서 그 어느 때보다 과학적 사실과 합리적 주장이 중요한 역할을 할 것이라는 공감대가 형성되었다고 해도 (따라서 정보 부족이 상당 부분 해소되었다고 해도) 그만큼 심각한 또 다른 부족한 부분이 보인다. 이 문제들에 대해 우리는 얼마나 관심을 가지고 있는가? 소비를 줄일 수 있을 정도인가? 대체 연료에 많은 돈을 투자하고 있는가? 우리의 신념뿐 아니라 행동에도 변화를 주고자 하는가?

과학 부정론자와 대화하는 법을 배우는 과정에서 우리는 누군가의 신념을 바꾸는 데 그치지 않고 그가 가치 있다고 정의하는 관심사의 폭을 넓히는 경지까지 도전해야 한다. 그리고 우리는 보편적 인간성을 지향해야만 목표한 바를 달성할 수 있을 것이다. 의견이 다른 사람과도 여전히 대화할 가치가 있다고 생각하는 것은 우리의 동료 인류와 우리의 미래 모두에 투자하는 일이다. 우리는 과학 부정론자들의 관심사를 넓혀주고자 노력하는 한편으로 그들을 포용할 수 있도록 우리 자신의 범위도 확대해나가야 한다. 누군가와 편하지 않은 대화를 나눈다는 것은 그 사람이 틀렸음을 납득시키기 위해 노력할 만큼 충분히 그를 존중한다는 뜻이다. 나는 그런 만남을 피하거나 무시하지 않고 대화를 나누는 것이야말로 인식론적이고 사회적인 변화를 가져올 수 있는, 새로운 신뢰와 공감에 이르는 가장 좋은 수단이라고 믿는다.

그리고 그것은 백신 거부자, 반진화론자, 평평한 지구론자, 기후변화 부정론자 등에게 과학을 칭송하는 모임에 그들 모두의 자리가 있다는 사실을 확신시켜줄 뿐 아니라, 마침내 우리가 세상을 더 나은 곳으로 만들고자 하는 한 모두가 중요한 사회 구성원이라는 결론을 공유하는 매우 바람직한 일이다. 몰디브의 어부와 펜실베이니아의 석탄 광부, 백신을 불안해하는 부모와 코로나 위기를 헤쳐가는 의료 최전선 노동자 모두에게 해당되는 이야기다. "아무도 신경 쓰지 않죠." 몰디브의 보트 위에서 소년은 나에게 말했다. 나는 동의하지 않는다. 만일 우리가 지금까지 구상한 활동 계획을 실천하여 신뢰를 다시 구축할 수 있다면 믿음과 돌봄과 실천의 문제를 한꺼번에 해결할 수 있을 것이다.

우리가 직면한 도전은 거대하지만 과학의 특별한 힘은 아마도 미래를 위한 희망의 가장 위대한 수단이 될 것이다. 그리고 다른 하나는 우리의 보편적 인간성에 대한 인식이다. 지구온난화나 치명적인 전염병의 결과에 관한 한, 궁극적으로 우리는 모두 같은 배를 타고 있다.

감사의 말

언제나 그랬듯 이 책을 MIT출판사와 함께 출간한 것을 영광으로 생각한다. 여러 해 동안 나를 위해 노고를 마다하지 않은 직원 모두에게 고맙다. 특히 진심 어린 조언과 지도를 아끼지 않은 편집자 필 로플린에게 특별히 감사의 마음을 전한다. 제작(production) 편집자 주디스 펠드먼과 나를 여러 차례 위기에서 구해준 카피(copy) 편집자 레이철 퍼지에게도 고맙다.

대화에 활력을 불어넣고 연구 사례들을 제공하며 이 책의 내용을 풍성하게 해준 친구와 동료 연구자들에게도 고맙다. 콰심 카삼, 애슐리 랜드럼, 스테판 레반도프스키, 마이클 린치, 리처드 프라이스, 데릭 로프, 마이클 셔머, 브루스 셔우드가 그들이다. 단 한 차례 짧은 대화를 나누었지만 과학 부정론자들을 설득할 가치가 있음을 보여주는 경험적 증거들이 가득한 획기적 연구를 해낸 코넬리아 베슈와 그녀의 동료 필리프 슈미트에게 마음 깊은 감사의 말을 전한다.

이 책을 집필하면서, 가명으로만 표기한 많은 사람들과 일련의 인터뷰를 진행했다. 그들 모두에게 고마운 마음을 전한다. 아울러 린다 폭스, 앨릭스 미드, 데이비드와 에린 나인하우저 등 이름을 표기할 수 있는 사람들에게도 같은 마음을 전한다. 이 프로젝트를 수행하는 과정에서 정신적 지원을 아끼지 않은 친구 로빈 로즌펠드와 샘 섑슨의 격려와 조언이 없었다면 지금의 성과를 낼 수 없었을 것이다. 과학 부정론의 위험성을 더 많이 밝혀내기 위해 헌신하고 있는 애스펀 연구소(Aspen Institute)의 에린 머츠에게도 진심 어린 감사의 마음을 전한다. 지난 20년 동안 보스턴대학교 철학과 과학사 센터에서 나에게 지적인 고향을 제공해준 알리사 보쿠리치에게 가장 고맙다.

언제나 그랬듯 철학적 친구인 앤디 노먼과 존 하버는 초고에 대해 훌륭한 논평을 해주었고, 원고가 완성되는 과정에서 그들과 대화를 나누며 많은 것들을 생각할 수 있었다. 친구 루이 쿠슈너는 2018년 11월 평평한 지구 국제 학회에 참석하기 위해 덴버에 머무르던 나를 방문해 내가 정신을 차리고 버틸 수 있도록 도와주었기에 특별한 감사를 받을 자격이 있다. 찾아보기 목록을 정리해준 친구 로리 프렌더개스트에게도 고맙다.

생애 최악의 나날을 보내며 이 책을 쓰는 동안 침묵과 격려의 섬을 제공해준 아내 조세핀에게 온전한 감사의 마음을 전한다. 철학, 논리, 이성, 과학은 내 인생에서 가장 중요한 일들을 설명해왔다. 하지만 그 무엇도 사랑에는 비할 바가 못 된다.

후주

머리말

1 Lee McIntyre, *Post-Truth* (Cambridge, MA: MIT Press, 2018); 리 매킨타이어, 김재경 옮김, 《포스트트루스》(두리반, 2019).

2 이 부분에 대해서는 다음의 책에 잘 설명되어 있다. Naomi Oreskes and Erik Conway, *Merchants of Doubt: How a Handful of Scientists Obscured the Truth on Issues from Tobacco Smoke to Global Warming* (New York: Bloomsbury, 2010); 에릭 M. 콘웨이, 나오미 오레스케스, 유강은 옮김, 《의혹을 팝니다》(미지북스, 2012).

3 Tara Palmeri, "Trump Fumes over Inaugural Crowd Size," *Politico*, January 22, 2017, https://www.politico.com/story/2017/01/donald-trump-protesters-inauguration-233986.

4 IPCC, "Special Report: Global Warming of 1.5 degree C" (2018), https://www.ipcc.ch/sr15/.

5 Chris Mooney and Brady Dennis, "The World Has Just over a Decade to Get Climate Change under Control, UN Scientist Says," *Washington Post*, October 7, 2018, https://www.washingtonpost.com/energy-environment/2018/10/08/world-has-only-years-get-climate-change-under-control-un-scientists-say/; "Arctic Ice Could Be Gone by 2030," *Telegraph*, September 16, 2010, https://www.telegraph.co.uk/news/earth/earthnews/8005620/Arctic-ice-could-be-gone-by-2030.html; Coral Davenport, "Major Climate Report Describes a Strong Risk of Crisis as Early as 2040," *New York Times*, October 7, 2018, https://www.nytimes.com/2018/10/07/climate/ipcc-climate-report-2040.html; Mark Fischetti, "Sea Level Could Rise 5 Feet in New York City by 2100," *Scientific American*, June 1, 2013, https://www.scientificamerican.com/article/fischetti-sea-level-could-rise-five-feet-new-york-city-nyc-2100/; Mary Caperton Morton, "With Nowhere to Hide from Rising Seas, Boston Prepares for a Wetter Future," *Science News*, August

6, 2019, https://www.sciencenews.org/article/boston-adapting-rising-sea-level-coastal-flooding.

6 Somini Sengupta, "U.N. Chief Warns of a Dangerous Tipping Point on Climate Change," *New York Times*, September 10, 2018, https://www.nytimes.com/2018/09/10/climate/united-nations-climate-change.html.

7 Lisa Friedman, "'I Don't Know That It's Man-Made,' Trump Says of Climate Change. It Is," *New York Times*, October 15, 2018, https://www.nytimes.com/2018/10/15/climate/trump-climate-change-fact-check.html.

8 Joe Keohane, "How Facts Backfire," *Boston.com*, July 11, 2010, http://archive.boston.com/news/science/articles/2010/07/11/how_facts_backfire/.

9 Julie Beck, "This Article Won't Change Your Mind," *Atlantic*, December 11, 2019, https://www.theatlantic.com/science/archive/2017/03/this-article-wont-change-your-mind/519093/; Elizabeth Kolbert, "Why Facts Don't Change Our Mind," *New Yorker*, February 27, 2017, https://www.newyorker.com/magazine/2017/02/27/why-facts-dont-change-our-minds.

10 Alexios Mantzarlis, "Fact-Checking Doesn't 'Backfire,' New Study Suggests," Poynter, November 2, 2016, https://www.poynter.org/fact-checking/2016/fact-checking-doesnt-backfire-new-study-suggests/.

11 Philipp Schmid and Cornelia Betsch, "Effective Strategies for Rebutting Science Denialism in Public Discussions," *Nature Human Behaviour* 3 (September 2019): 931–939, https://www.nature.com/articles/s41562-019-0632-4.epdf.

12 슈미트와 베슈의 실험은 3장에서 자세히 기술했다. 실험 결과와 관련해 언론에서 다뤄진 내용들은 다음 웹사이트에서 참고할 수 있다: Diana Kwon, "How to Debate a Science Denier," *Scientific American*, June 25, 2019, https://www.scientificamerican.com/article/how-to-debate-a-science-denier/; Laura Hazard Owen, "Yes, It's Worth Arguing with Science Deniers—and here Are Some Techniques You Can Use," Nieman Lab, June 28, 2019, https://www.niemanlab.org/2019/06/yes-its-worth-arguing-with-science-deniers-and-here-are-some-techniques-you-can-use/; Cathleen O'Grady, "Two Tactics Effectively Limit the Spread of Science Denialism," *Ars Technica*, June 27, 2019, https://arstechnica.com/science/2019/06/debunking-science-denialism-does-work-but-not-perfectly/; Susan Perry, "Science Deniers Can Be Effectively Rebutted, Study Finds," *MinnPost*, July 26, 2019, https://www.minnpost.com/second-opinion/2019/07/science-deniers-can-be-effectively-rebutted-study-finds/.

13 의견이 나뉠 수 있지만 그들은 두 번째 단계에 집중하고 있다. 자세한 내용은 다음 참조. Sander van der Linden, "Countering Science Denial," *Nature Human Behaviour* 3 (June 24, 2019): 889 – 890, https://www.nature.com/articles/s41562-019-0631-5.

14 Michael Shermer, "How to Convince Someone When Facts Fail," *Scientific American*, January 1, 2017, https://www.scientificamerican.com/article/how-to-convince-someone-when-facts-fail/.

15 Lena H. Sun and Maureen O'Hagen, "'It Will Take Off Like Wildfire': The Unique Dangers of the Washington State Measles Outbreak," *Washington Post*, February 6, 2019, https://www.washingtonpost.com/national/health-science/it-will-take-off-like-a-wildfire-the-unique-dangers-of-the-washington-state-measles-outbreak/2019/02/06/cfd5088a-28fa-11e9-b011-d8500644dc98_story.html.

16 Rose Branigin, "I Used to Be Opposed to Vaccines. This Is How I Changed My Mind," *Washington Post*, February 11, 2019, https://www.washingtonpost.com/opin ions/i-used-to-be-opposed-to-vaccines-this-is-how-i-changed-my-mind/2019/02/11/20fca654-2e24-11e9-86ab-5d02109aeb01_story.html.

17 Aris Folley, "NASA Chief Says He Changed Mind about Climate Change becauseHe 'Read a Lot,'" *The Hill*, June 6, 2018, https://thehill.com/blogs/blog-briefing-room/news/391050-nasa-chief-on-changing-view-of-climate-change-i-heard-a-lot-of.

1장

1 Meghan Bartels, "Is the Earth Flat? Why Rapper B.o.B. and Other Celebrities Are So Wrong," *Newsweek*, September 26, 2017, https://www.newsweek.com/bob-rapper-flat-earth-earth-round-nasa-671140.

2 어빙은 이후 이 견해를 철회했다. Des Bieler, "Kyrie Irving Sorry for Saying Earth Is Flat, Blames It on a YouTube 'Rabbit Hole,'" *Washington Post*, October 1, 2018, https://www.washingtonpost.com/sports/2018/10/02/kyrie-irving-sorry-saying-earth-is-flat-blames-it-youtube-rabbit-hole/.

3 2018년 데이터 분석 기업 유고브(YouGov)의 설문조사 결과, 미국인의 5퍼센트는 지구의 모양에 대해 확신할 수 없다고 답했으며, 2퍼센트는 평평한 지구론을 신뢰하는 것으로 나타났다. Hoang Nguyen, "Most Flat Earthers Consider

Themselves Very Religious," YouGov, April 2, 2018, https://today.yougov.com/
topics/philosophy/articles-reports/2018/04/02/most-flat-earthers-consider-
themselves-religious.

4 물론 참가자들의 다수는 백인이었다.

5 나중에 안 사실이지만 평평한 지구 국제 학회에서 만난 많은 사람들은 평평한
지구 협회가 평평한 지구론을 희화화하기 위해 만들어진 야바위꾼 집단이라고
믿고 있었다. 몬티 파이톤(Monty Python, 영국의 전설적인 코미디 그룹—옮긴이)
의 영화 〈라이프 오브 브라이언(Life of Brian)〉에도 이름이 비슷한 두 집단인 유
대인 인민 전선(Judean People's Front)과 유대 인민 전선(People's Front of Judea)이
치열하게 경쟁하는 모습이 나온다.

6 나중에 생각해보니 결과적으로 나는 누구도 속이지 않았다. 로비에서 다시 마주
쳤을 때 그는 "리 선생님, 어떻게 여기에 오셨어요?"라고 물었다. 첫날에는 정체
를 숨기고 싶은 마음이 있었지만 그렇다고 거짓말하고 싶지는 않았다. 그래서
솔직하게 나는 평평한 지구론을 믿지 않으며 철학자로서 그들의 신념에 대해 알
고 싶어서 여기 왔다고 말했다. 그는 이에 대해 언짢아하지 않는 것 같았고 적도
이남을 횡단하는 비행기를 추적할 수 없는 이유를 설명해주었다.

7 놀랍게도 여기에는 트럼프 대통령도 포함되어 있었다. 주변의 평평한 지구론
자들에게 물어보니 하나같이 트럼프를 싫어했으며, 트럼프가 단지 '세계의 지
도자'이기 때문에 이 음모론에 동조하고 있다고 믿었다. 누군가는 발표에서 트
럼프가 유리로 만든 지구를 만지는 사진을 보여주며, 이것이 그가 '둥근 지구
론자'임을 드러내는 증거라고 주장했다. "What Was That Glowing Orb Trump
Touched in Saudi Arabia?" *New York Times*, May 22, 2017, https://www.nytimes.
com/2017/05/22/world/middleeast/trump-glowing-orb-saudi.html.

8 나는 물도 중력의 영향을 받지 않겠느냐는 반문은 하지 않았다. 하지만 내가 더
욱 의아했던 것은 노아의 홍수가 실제로 일어났는지에 대한 고민이 그에게 없어
보였다는 점이다. 그것은 당연한 일이었고, 나는 그가 자신의 우주론과 종교적
신념을 조화시키기 위해 노력한 점을 감안하여 그는 적어도 부분적으로 평평한
지구론자라고 생각하기로 했다. 뉴턴의 물리학은 당연히 지구의 표면에 물이 덮
여 있는 현상을 온전히 설명하고 있지만 그가 그런 이론을 알고 있다고 생각하
지 않았다.

9 비록 극소수의 기독교인이 평평한 지구론을 믿는다고 해도 내가 만난 거의 모든
평평한 지구론자들은 (일부 예외적인 경우를 제외하고는) 기독교 근본주의자
였다. 그들의 신앙이 과학적 증거에 기반하지 않는데도 그들은 자신들의 신앙을
영적으로도 세속적으로도 공고히 할 실증적 증거들을 찾는 데 몰두하고 있었다.

그리고 평평한 지구론자의 대다수는 종교적 신념에 버금가는 열정으로 자신들의 이론을 수호하고 있었다.

10 가장 흥미로웠던 것은 작업대에 측량 도구를 그대로 둔 채 덴버로 날아왔다는 어느 목수 사내의 이야기였다. 그는 거품이 움직이지 않았다는 점을 평평한 지구론의 증거로 제시했다.

11 또한 그들은 자신이 틀렸음을 증명하는 사람이 나타나지 않는 것을 자신이 옳다는 증거로 받아들였다. 당시 학회 안에서는, 같은 시기에 덴버에서 물리학자들의 모임도 열렸다는 소문이 돌았다. 그런데 왜 그들 가운데 누구도 평평한 지구 국제 학회에 나타나 논박하지 않았을까? 누워서 떡 먹기처럼 쉬운 일인데 왜 머리카락 하나 보이지 않았을까? 평평한 지구론이 옳다는 것을 알았기 때문에 겁을 먹고 그렇게 하지 못했다는 것이 그들의 생각이었다.

12 David Gee, "Almost All Flat Earthers Say YouTube Videos Convinced Them, Study Says," *Friendly Atheist*, February 20, 2019, https://friendlyatheist.patheos.com/2019/02/20/almost-all-flat-earthers-say-youtube-videos-convinced-them-study-says/https://www.tandfonline.com/doi/full/10.1080/15213269.2019.1669461.

13 기본적인 평평한 지구론에 대한 가장 좋은 초급 자료를 찾는다면 다음 참조. Mark Sargent, "Flat Earth Clues Introduction," YouTube, February 10, 2015, https://youtu.be/T8-YdgU-CF4.

14 Tom Coomes, "Mirage of Chicago Skyline Seen from Michigan Shoreline," *ABC 57*, April 29, 2015, https://www.abc57.com/news/mirage-of-chicago-skyline-seen-from-michigan-shoreline.

15 스키바의 강연에 관심 있는 독자는 다음 인터넷 사이트 참조. https://www.youtube.com/watch?v=oz35aaxJTik.

16 이런 이미지는 때때로 거꾸로 나타나기도 한다! 다음 자료 참고. Allison Eck, "The Perfectly Scientific Explanation for Why Chicago Appeared Upside Down in Michigan," *PBS*, May 8, 2015, https://www.pbs.org/wgbh/nova/article/the-perfectly-scientific-explanation-for-why-chicago-appeared-upside-down-in-michigan/.

17 Alan Burdick, "Looking for Life on a Flat Earth," *New Yorker*, May 30, 2018, https://www.newyorker.com/science/elements/looking-for-life-on-a-flat-earth. 평평한 지구론자들은 에라토스테네스의 실험에 대해서도 자신들의 입장에서 설명하고 있다.

18 평평한 지구론자들의 이론을 뒷받침하는 증거 가운데 일부는 기초 물리학으로

도 쉽게 반증 가능하지만 그들은 여전히 의문을 그치지 않는다. 지구가 둥글다면 왜 하늘에서 해와 달이 동시에 관측될까? 만일 월식이 지구의 그림자에 의해 생긴다면 지구가 태양과 달 사이에 존재한다는 의미 아닐까? 무지는 의심의 근거가 될 수 없다. 그들은 왜 증거를 찾으려 하지 않을까?

19 Lee McIntyre, *The Scientific Attitude: Defending Science from Denial, Fraud, and Pseudoscience* (Cambridge, MA: MIT Press, 2019).

20 왜 그렇게 높이 올라가야 할까? 지구가 거대하기 때문이다.

21 Alex Horton, "'Mad' Mike Huges, Who Wanted to Prove the Flat-Earth Theory, Dies in Homemade-Rocket Disaster," *Washington Post*, February 23, 2020, https://www.washingtonpost.com/science/2020/02/23/mad-mike-hughes-dead/.

22 Andrew Whalen, "'Behind the Curve' Ending: Flat Earthers Disprove Themselves with Own Experiments in Netflix Documentary," *Newsweek*, February 25, 2019, https://www.newsweek.com/behind-curve-netflix-ending-light-experiment-mark-sargent-documentary-movie-1343362.

23 만일 그렇다면 사기 혐의의 유력한 증거가 될 수 있다. 졸저《과학적 태도》7장 참조.

24 안타깝게도 이 사건은 비극으로 끝났다. 평평한 지구론자는 인정하기를 거부했을 뿐 아니라, 이후 20년 동안 월리스를 농락했다. Esther InglisArkell, "A Historic Experiment Shows Why We Might Not Want to Debate Fanatics," *Gizmodo*, August 27, 2014, https://io9.gizmodo.com/a-historic-experiment-shows-why-we-might-not-want-to-de-1627339811 이와 유사한 더욱 최근 사례를 참고하고자 한다면 다음 참조. Jim Underdown, "The Salton Sea Flat Earth Test: When Skeptics Meet Deniers," *Skeptical Inquirer* 42, no. 6 (November/December 2018), https://skepticalinquirer.org/2018/11/the-salton-sea-flat-earth-test-when-skeptics-meet-deniers/.

25 과학 부정론자들이 가진 잘못된 과학 개념에 대한 자세한 내용은 졸저《과학적 태도》2장 참조.

26 이 점은 노벨상을 수상한 물리학자 리처드 파인먼(Richard Feynman)이 '과학의 본질(The Essence of Science)' 강의 중 하나에서 설득력 있게 언급한 바 있다. https://www.youtube.com/watch?v=LIxvQMhttq4.

27 마지막에 언급한 도넛 모양 지구론 가설도 존재한다. 평평한 지구론의 경쟁 이론이자 더욱 우스꽝스러운 주장이다. Beckett Mufson, "Apparently, Some People Think the Earth Is Shaped Like a Donut," *Vice*, November 13, 2018, https://www.vice.com/en_us/article/mbyak8/apparently-some-people-believe-the-earth-isshaped-like-a-donut-1.

28 Lee McIntyre, "The Price of Denialism," *New York Times*, November 7, 2015, https://opinionator.blogs.nytimes.com/2015/11/07/the-rules-of-denialism/. 또한《과학적 태도》, pp. 41~46 참조.

29 Mick West, *Escaping the Rabbit Hole* (New York: Skyhorse Publishing, 2018).

30 사람들은 평평한 지구론자들이라면 비슷한 형태의 과학 부정론들을 쉽게 받아들일 것이라고 생각하겠지만, 사실은 그렇지 않다. 그들 상당수가 백신 거부자이기는 했지만 내가 만난 대부분의 사람들이 기후변화 부정론자는 아니었다. 그들은 인류가 돔형 울타리 공간(일종의 유리 용기 같은 곳)에 살고 있다고 믿기 때문에 지구온난화가 심각한 문제라고 확신했다. 다만 탄소 오염보다는 정부가 날씨를 엉망으로 만들고 있다고 믿는 경향이 있었다.

31 이러한 결론은 경험적 연구에서도 입증되었다. 2019년 연구에서 애슐리 랜드럼은 평평한 지구론자들이 두 가지 면에서 구별된다고 결론지었다. 그들은 과학 지식의 수준이 낮고 음모론에 쉽게 빠져드는 성향을 가지고 있다. Asheley Landrum, Alex Olshansky, and Othello Richards, "Differential Suspectibililty to Misleading Flat Earth Arguments on YouTube," *Media Psychology*, September 29, 2019, https://www.tandfonline.com/doi/full/10.1080/15213269.2019.1669461.

32 John Ingold, "We Went to a Flat-Earth Convention and Found a Lesson about the Future of Post-Truth Life," *Colorado Sun*, November 20, 2018, https://coloradosun.com/2018/11/20/flat-earth-convention-denver-post-truth/.

33 평평한 지구론을 믿는 행위의 동기와 전향의 인과관계에 대한 훌륭한 심리학 연구는 다음 참조. Alex Olshansky, Robert M. Peaslee, and Ashley Landrum, "Flat-Smacked! Converting to Flat-Eartherism," *Journal of Media and Religion*, July 2, 2020, https://www.tandfonline.com/doi/full/10.1080/15348423.2020.1774257?scroll=top&needAccess=true.

34 인지부조화 개념을 가장 잘 설명한 책은 다음과 같다. 레온 페스팅거의 고전《예언이 끝났을 때(When Prophecy Fails)》(New York: Harper Torchbooks, 1964; 김승진 옮김, 이후, 2020)는 1950년대 특정 날짜에 지구의 종말이 찾아올 것이라고 믿었던 UFO 숭배 집단에 관한 이야기다. 신도들은 산꼭대기에서 우주선이 나타나 그들을 데려가기를 기다렸다. 기다렸던 날짜가 되어도 아무런 일이 일어나지 않자 그들은 신앙을 버리는 대신 자신들의 믿음이 너무도 훌륭하여 인류가 멸망하지 않고 구원받았다고 생각을 바꿨다.

35 Karl Popper, *The Logic of Scientific Discovery* (New York: Basic Books, 1959).

36 그의 이름은 공개된 명단에 명시되지 않았기 때문에 여기서도 이름을 거론하지

않기로 결정했다.

37 사실 이 생각은 겉보기처럼 허황된 망상은 아니다. 2019년 〈뉴욕타임스〉 기사에 따르면 나사는 향후 몇 년 안에 국제우주정거장을 관광업을 포함한 상업 비즈니스 용도로 활용할 계획이다. Kenneth Chang, "Want to Buy a Ticket to the Space Station? NASA Says Soon You Can," *New York Times*, June 7, 2019, https://www.nytimes.com/2019/06/07/science/space-station-nasa.html. 실제로 버진갤럭틱(Virgin Galactic) 같은 회사는 '우주 관광'을 계획하고 있기도 하다. Michael Sheetz, "Virgin Galactic Flies Its First Astronauts to the Edge of Space, Taking One Step Closer to Space Tourism," *CNBC*, December 13, 2018, https://www.cnbc.com/2018/12/13/virgin-galactic-flight-could-send-first-astronauts-to-edge-of-space.html. 시험비행에서는 약 83킬로미터 고도까지 올라갔다.

38 내 생각에 72킬로미터 거리까지 나아갈 경우 시어스 타워 꼭대기가 사라지지만 지평선에 여전히 신기루가 보인다고 했을 때, 아마 그보다 멀리 나아간다면 신기루에서도 시어스 타워 꼭대기가 사라질 것이다. 그렇다면 평평한 지구론은 틀린 셈이다.

39 Hugh Morris, "The Trouble with Flying to Antarctica—and the Airline That's Planning to Start," *Telegraph*, April 17, 2019, https://www.telegraph.co.uk/travel/travel-truths/do-planes-fly-over-antarctica/.

40 지금은 일정표를 가지고 있지 않지만 라탐 항공 801편이었던 것 같다. 그런데 돌이켜 생각해보면 이 항공편이 남극대륙을 곧바로 가로지르는지는 확실하지 않다. 하지만 전혀 문제가 되지 않는 것이, 코로나19 팬데믹 이후 호주인들은 세계 어느 곳으로도 비행이 허락되지 않고 있지만 콴타스 항공은 자남극점(south magnetic pole) 위를 가로질러 남극대륙을 지나가는 전세 관광 항공편을 제공하고 있다. Allie Godfrey, "Antarctica Flights and Qantas Plan to Fly Travellers over the Frozen Continent from November," *7news Australia*, August 7, 2020, https://7news.com.au/news/travel/antarctica-flights-and-qantas-plan-to-fly-travellers-over-the-frozen-continent-from-november—c-1224156; 또한 다음 참조: https://www.antarcticaflights.com.au/the-worlds-most-unique-scenic-flight.

41 다음 참조. Nick Marshall, "The Longest Flight Time for a Commerical Airline, *USA Today*, last updated March 21, 2018, https://traveltips.usatoday.com/longest-flight-time-commercial-airline-109284.html; David Slotnick, "I Flew on Qantas' 'Project Sunrise,' a Nonstop Flight from New York to Sydney, Australia, That Took Almost 20 Hours and Covered Nearly 10,000 Miles—Here's What It Was Like,"

Business Insider, October 21, 2019, https://www.businessinsider.com/qantas-longest-flight-new-york-sydney-project-sunrise-review-pictures-2019-10#-and-a-light-monitor-23.

42 만일 이런 일이 오늘 벌어졌다면 내가 할 말은 하나가 더 있었을 것이다. 2018 평평한 지구 국제 학회가 끝나고 나서 한 달 뒤, 콜린 오브래디(Colin O'Brady)라는 모험가가 인류 역사상 처음으로 외부의 도움 없이 남극대륙을 가로질러 1482킬로미터를 걸었다. Adam Skolnick, "Colin O'Brady Completes Crossing of Antarctica with Final 32-Hour Push," *New York Times*, December 26, 2018, https://www.nytimes.com/2018/12/26/sports/antarctica-race-colin-obrady.html. 아마도 그가 직선 경로를 통과했는지 확인할 수 있는 방법이 있다면 이 것은 평평한 지구론에 대한 증거로 간주될 수 있지 않을까? Karen Gilchrist, "This 33-Year-Old Just Completed an Incredible World First. Here's How He Stayed Motivated along the Way," *CNBC*, December 14, 2018, https://www.cnbc.com/2018/12/14/how-to-stay-motivated-advice-from-colin-obrady-antarctic-crossing.html.

43 돌이켜 생각해보면 나는 이렇게 말했어야 했다. "당신의 견해가 틀렸다는 것을 입증할 증거는 없습니다. 그래서 결국은 모두 믿음에 달린 것 같아요."

44 행사장에서 나눠 준 프로그램에 이름이 언급되지 않았기 때문에 여기서도 이름 을 적시하지 않으려 한다.

45 이는 엄청난 적신호였다. 바로 사이비 집단의 전술이기 때문이다.

46 그럴 수도 있다. 다음을 참조하기 바란다. Tara Westover, *Educated* (New York: Random House, 2018); 타라 웨스트오버, 김희정 옮김, 《배움의 발견》(열린책들, 2020).

47 Sam Cowie, "Brazil's Flat Earthers to Get Their Day in the Sun," *Guardian*, November 6, 2019, https://www.theguardian.com/world/2019/nov/06/brazil-flat-earth-conference-terra-plana.

48 나중에 그는 이메일을 보내서, 지구본을 보면 알 수 있지만 상업적으로 성공할 수 없는 항로 하나를 제외하고는 남극대륙을 가로지르는 것이 말도 안 되기 때 문이라고 명확히 설명했다.

49 Lee McIntyre, "The Earth Is Round," *Newsweek*, June 14, 2019, https://pocketmags.com/us/newsweek-europe-magazine/14th-june-2019/articles/590932/the-earth-is-round.

50 Lee McIntyre, "Call All Physicists," *American Journal of Physics* 87, no. 9 (September 2019), https://aapt.scitation.org/doi/pdf/10.1119/1.5117828.

51 Article: https://brucesherwood.net/?p=420. Model: tinyurl.com/FEmodel.

52 평평한 지구론자들이 이것을 허용할까? 그들은 그렇게 해야 한다. 로비 데이비드슨은 연설 중에 더 많은 물리학자들이 평평한 지구 학회에 참석하면 좋겠다고 말했다. 그런데 CNN 기사에 따르면 그는 사람들이 "너희는 바보야"라고 비난만 하기 때문에 그런 일을 벌이지 않겠다는 의견을 표명한 것으로 알려졌다. Robert Pichetta, "The Flat-Earth Conspiracy Is Spreading Around the Globe. Does It Hide a Darker Core?" *CNN*, November 18, 2019, https://www.cnn.com/2019/11/16/us/flat-earth-conference-conspiracy-theories-scli-intl/index.html

2장

1 도널드 프로세로(Donald Prothero)는 《현실 확인(Reality Check: How Science Deniers Threaten Our Future)》(Bloomington: Indiana University Press, 2013)에서 한 걸음 더 나아가 과학 부정론자들이 사용하는 전술들에는 "공통분모"가 존재할 뿐 아니라 홀로코스트 부정론자들을 양산한 책임이 있다고까지 주장했다.

2 후프네이글 형제는 2007년 블로그 게시물에 일반적인 과학 부정론의 다섯 가지 주요 특징을 게시했고 다른 학자들이 이를 연구하여 확장했다. (다음 사이트 참조) https://scienceblogs.com/denialism/about); Pascal Diethelm and Martin McKee, "Denialism: What Is It and How Should Scientists Respond?" *European Journal of Public Health* 19, no. 1 (January 2009), https://academic.oup.com/eurpub/article/19/1/2/463780; John Cook, "5 Characteristics of Scientific Denialism," Skeptical Science, March 17, 2010, https://skepticalscience.com/5-characteristics-of-scientific-denialism.html; "A History of FLICC: The 5 Techniques of Science Denial," Skeptical Science, March 31, 2010, https://skepticalscience.com/history-FLICC-5-techniques-science-denial.html; Stephan Lewandowsky, Michael E. Mann, Nicholas J. L. Brown, and Harris Friedman, "Science and the Public: Debate, Denial, and Skepticism," *Journal of Social and Political Psychology* 4, no. 2 (2016), https://jspp.psychopen.eu/article/view/604/html.

3 다음에서 인용. Diethelm and McKee, "Denialism."

4 과학적 사고방식에서 '인증'이라는 까다로운 개념에 대한 자세한 내용은 《과학적 태도》 41~46쪽 참조. 이 부분에서 나는 흄(David Hume)의 귀납 문제를 거론하며 과학이 확실성에 의존할 수 없는 기술적 이유를 설명했다. 또한 오류가능주의의 중요한 원리에 대해서도 논했다.

5 Daniel Kahneman, *Thinking Fast and Slow* (New York: Farrar, Straus & Giroux, 2011); 대니얼 카너먼, 이창신 옮김,《생각에 관한 생각》(김영사, 2018).

6 Naveena Sadasivam, "New Data Proves Cruz Wrong on Climate Change, Again," *Texas Observer*, January 22, 2016, https://www.texasobserver.org/new-temperature-data-proves-ted-cruz-is-still-wrong-about-climate-change/.

7 과학이 반증을 위한 노력을 우선시한다는 고전적 설명은 칼 포퍼가 훌륭히 수행했다.《과학적 태도》의 30~35쪽에서 나는 포퍼의 연구와 그 과정에 직면한 여러 문제들에 대해 논했다.

8 내 경험에 따르면 자신의 신념에 부합하지 않는 모든 과학적 설명과 증거를 편견에 의거하여 가짜나 음모의 일부로 무시하기 때문에 처음 몇 개의 증거에 대해 논박하다가 중단될 가능성이 크다.

9 음모론과 관련된 문제점들을 다룬 뛰어난 저서들은 매우 많다. 입문용으로 가장 좋은 책은 콰심 카삼의《음모론(Conspiracy Theories)》(Cambridge: Polity Press, 2019)이다. 카삼이 제기한 문제들에 대해 많은 사람들이 참고한 간단한 자료를 원한다면 다음 참조. Quassim Cassam, "Why Conspiracy Theories Are Deeply Dangerous," *New Statesman*, October 7, 2019, https://www.newstatesman.com/world/north-america/2019/10/why-conspiracy-theories-are-deeply-dangerous. 다른 훌륭한 자료들을 들자면 다음 참조. Brian Keeley, "Of Conspiracy Theories," *Journal of Philosophy* 96, no. 3 (March 1999): 109 – 126. 이하의 책들도 유용하다. Mick West, *Escaping the Rabbit Hole* (New York: Skyhorse, 2018); Michael Shermer, *The Believing Brain* (New York: Holt, 2011) 마이클 셔머, 김소희 옮김,《믿음의 탄생》(지식갤러리, 2012); Donald Prothero, *Reality Check* (Bloomington: Indiana University Press, 2013); Sara and Jack Gorman, *Denying to the Grave* (New York: Oxford University Press, 2017).

10 '진짜' 음모와 음모론을 구별하는 방법을 논한 다음 책 참조. West, *Escaping the Rabbit Hole*, xii. 그리고 Stephan Lewandowsky and John Cook, *The Conspiracy Theory Handbook* (2020) https://www.climatechangecommunication.org/conspiracy-theory-handbook/.

11 웨스트는 자신의 책에서 이 '가짜' 음모론의 문제에 대해 논했다.

12 이 개념 규정은 에릭 올리버와 토머스 우드가 〈워싱턴포스트〉 인터뷰에서 밝힌 내용이다. John Sides, "Fifty Percent of Americans Believe in Some Conspiracy Theory. Here's Why," *Washington Post*, February 19, 2015, https://www.washingtonpost.com/news/monkey-cage/wp/2015/02/19/fifty-percent-of-americans-believe-in-some-conspiracy-theory-heres-why/.

13 Cassam, "Why Conspiracy Theories Are Deeply Dangerous."

14 음모론자들은 "하지만 그게 사실일지도 모른다"라고 말한다. 하지만 핵심은 그것이 아니다. 증거가 없는 경우 어떤 믿음이 다른 믿음보다 참일 가능성이 더 높다고 어떻게 판단할 수 있을까? 맹신과 풍자 사이에서 어떻게 판단할 수 있을까? 그렇다, 새들은 50년 전에 전부 죽었고 정부가 국민을 감시하기 위해 교묘하게 만든 새 모양의 감시 드론이 있을 뿐이다. 하지만 그 증거는 어디에 있는가? Fernando Alfonso III, "Are Birds Actually Government-Issued Drones? So Says a New Conspiracy Theory Making Waves (and Money)," *Audubon*, November 16, 2018, https://www.audubon.org/news/are-birds-actually-government-issued-drones-so-says-new-conspiracy-theory-making. 여기서 우리는 음모론 이론가들이 과학의 태생적 불확실성을 이용해 자신의 주장에 신뢰를 부여하려고 노력한다는 사실을 알 수 있다. (이에 대한 자세한 설명은 앞에서 논한 다섯 가지 수사 참조.)

15 J. Eric Oliver and Thomas J. Wood, "Conspiracy Theories and the Paranoid Style(s) of Mass Opinion," *American Journal of Political Science*, March 5, 2014, https://onlinelibrary.wiley.com/doi/abs/10.1111/ajps.12084.

16 올리버와 우드의 연구 결과에 대한 유명한 설명은 다음 참조. Sides, "Fifty-Percent of Americans Believe in Some Conspiracy Theories."

17 Kim Komando, "The Great 5G Coronavirus Conspiracy," *USA Today*, April 20, 2020, https://www.usatoday.com/story/tech/columnist/2020/04/20/dispelling-belief-5-g-networks-spreading-coronavirus/5148961002/. 이런 것들이 나쁘다고 생각한다면 영국 왕실 사람들이 파충류라고 주장하는 음모론도 있음을 기억하라. "The Reptilian Elite," *Time*, http://content.time.com/time/specials/packages/article/0,28804,1860871_1860876_1861029,00.html.

18 Jan-Willem van Prooijen and Karen M. Douglas, "Conspiracy Theories as Part of History: The Role of Societal Crisis Situations," *Memory Studies*, June 29, 2017, https://journals.sagepub.com/doi/10.1177/1750698017701615.

19 Jeremy Schulman, "Every Insane Thing Donald Trump Has Said about Global Warming," *Mother Jones*, December 12, 2018, https://www.motherjones.com/environment/2016/12/trump-climate-timeline/.

20 그렇다면 음모론과 과학 부정론 사이에 인과관계가 있다는 뜻일까? 한 연구자에 의하면 답은 그렇다이다. BBC가 2018년에 보도한 바와 같이 스테판 레반도프스키는 다음과 같이 주장했다. "음모론에 대한 믿음이 강한 사람일수록 과학적 사실을 신뢰할 가능성이 낮아진다. 그들은 음모론에 의문을 제기하

는 사람들이 자신들의 손바닥 안에 있다고 생각할 가능성이 더 크다." Melissa Hoogenboom, "The Enduring Appeal of Conspiracy Theories," *BBC*, January 24, 2018, https://www.bbc.com/future/article/20180124-the-enduring-appeal-of-conspiracy-theories.

21 이와 관련된 중요한 질문은 사람들이 믿든 안 믿든 왜 누군가는 음모론을 만들어 퍼뜨리는가이다. 콰심 카삼은 "음모론은 정치적 선전의 우선적이고도 중요한 행태"라고 주장했다. 다음 참조. Cassam, "Why Conspiracy Theories Are Deeply Dangerous." 더 많은 자료는 그의 또 다른 훌륭한 저서 참조. *Conspiracy Theories* (Cambridge: Polity, 2019).

22 Aleksandra Cichocka, Marta Marchlewska, and Golec de Zavala, "Does Self-Love or Self-Hate Predict Conspiracy Beliefs? Narcissism, Self-Esteem, and the Endorsement of Conspiracy Theories," *Social Psychological and Personality Science*, November 13, 2015, https://journals.sagepub.com/doi/abs/10.1177/1948550615616170; Joseph Vitriol and Jessecae K. Marsh, "The Illusion of Explanatory Depth and Endorsement of Conspiracy Beliefs," *European Journal of Social Psychology*, May 12, 2018, https://onlinelibrary.wiley.com/doi/abs/10.1002/ejsp.2504; Christopher M. Federico, Allison L. Williams, and Joseph A. Vitriol, "The Role of System Identity Threat in Conspiracy Theory Endorsement," *European Journal of Social Psychology*, April 18, 2018, https://onlinelibrary.wiley.com/doi/abs/10.1002/ejsp.2495.

23 음모론의 원인과 대처 방안을 이해하기 위한 탁월하고도 유용한 자료 중 하나는 레반도프스키와 쿡의 책《음모론 안내서》다.

24 Anthony Lantian, Dominique Muller, Cecile Nurra, and Karen M. Douglas, "'I Know Things They Don't Know': The Role of Need for Uniqueness in Belief in Conspiracy Theories," *Social Psychology*, July 10, 2017, https://econtent.hogrefe.com/doi/10.1027/1864-9335/a000306.

25 Roland Imhoff and Pia Karoline Lamberty, "Too Special to Be Duped: Need for Uniqueness Motivates Conspiracy Beliefs," *European Journal of Social Psychology*, May 23, 2017, https://onlinelibrary.wiley.com/doi/abs/10.1002/ejsp.2265; Roland Imhoff, "How to Think Like a Conspiracy Theorist," *Aeon*, May 5, 2018, https://theweek.com/articles/769349/how-think-like-conspiracy-theorist; Jon Stock, "Why We Can Believe in Almost Anything in This Age of Paranoia," *Telegraph*, June 4, 2018, https://www.telegraph.co.uk/property/smart-living/age-of-paranoia/.

26 다음 참조. Oreskes and Conway, *Merchants of Doubt*.

27 Tom Nichols, *The Death of Expertise: The Campaign against Established Knowledge and Why It Matters* (Oxford: Oxford University Press, 2017); 톰 니컬스, 정혜윤 옮김,《전문가와 강적들》(오르마, 2017).

28 그런데 이것이 과학 부정론이 선택적인 이유다. 경험적 문제가 이념의 영역을 짓밟지 않는다면 누구도 불평하지 않는다. 평평한 지구론자들도 비행기를 타고 휴대전화를 사용한다. 이러한 과학기술은 그들의 신념과 충돌하지 않기 때문이다. 하지만 신념에 반할 경우 과학자들은 갑자기 악마가 된다.

29 D. Piepgrass, "Climate Science Denial Explained: Tactics of Denial," *Skeptical Science*, April 17, 2018, https://skepticalscience.com/agw-denial-explained-2. html; https://skepticalscience.com/graphics.php?g=227.

30 John Cook, "The 5 Characteristics of Science Denialism," *Skeptical Science*, March 17, 2010, https://skepticalscience.com/5-characteristics-of-scientific-denialism. html.

31 비형식 논리의 오류에 대해 논한 훌륭한 책은 다음과 같다. Douglas Walton, *Informal Logic* (Cambridge: Cambridge University Press, 1989).

32 기후변화 부정론에 대한 훌륭한 자료는 다음 자료에서 찾을 수 있다. Piepgrass, "Climate Science Denial Explained," https://skepticalscience.com/agw-denial-explained.html.

33 이런 내용에 대한 정교하지만 이해하기 쉬운 설명은 다음 참조. Hugh Mellor's outstanding lecture, "The Warrant of Induction," https://www.repository.cam.ac.uk/bitstream/handle/1810/3475/InauguralText.html?sequence=5&isAllowed=y.

34 이 문제와 관련해, 그들 다수는 사탄이 주도하는 세계적인 음모의 일부를 담당하는 조종사가 조종한다고 생각했으면서도 왜 자신들이 타고 온 비행기를 믿었을까?

35 Theodosius Dobzhansky, "Nothing in Biology Makes Sense Except in Light of Evolution," *American Biology Teacher*, March 1973, https://www.pbs.org/wgbh/evolution/library/10/2/text_pop/l_102_01.html.

36 물론 그들은 그랬다. 하지만 적절한 증거에 의거해 한 행동이었다. 매킨타이어,《과학적 태도》, 65쪽 참조.

37 Alister Doyle, "Evidence for Man-Made Global Warming Hits 'Gold Standard': Scientists," *Reuters*, February 25, 2019, https://www.reuters.com/article/us-climatechange-temperatures/evidence-for-man-made-global-warming-hits-gold-standard-scientists-idUSKCN1QE1ZU.

38 이 지점에서 우리는 음모론자들이 내세우는 이중 잣대에 주목해야 한다. 그들은

불리한 믿음에 대해서는 "그것이 사실임을 증명할 수 없다"라고 주장하지만, 유리한 믿음에 대해서는 "그것이 사실이 아님을 증명할 수 없다"라고 한다.

39 다음 참조. Stephan Lewandowsky and Karl Oberauer, "Motivated Rejection of Science," *Current Directions in Psychological Science* 25, no. 4 (2016): 217 – 222; and Brendan Nyhan and Jason Reifler, "When Corrections Fail," *Political Behavior* 32 (2010): 303 – 330.

40 그런데 이런 이유 때문에 모든 과학 부정론이 비판받아야 한다는 점을 받아들일 수 없는 사람도 있을 것이다. 만일 그렇다면 평평한 지구론으로부터 수혜를 받는 특별한 집단은 어디인가?

41 이 사건의 자세한 경과를 알고자 한다면 다음 참조. Oreskes and Conway, *Merchants of Doubt*. 또한 Mike Stobbe, "Historic Smoking Report Marks 50th Anniversary," *USA Today*, January 5, 2014, https://www.usatoday.com/story/money/business/2014/01/05/historic-smoking-report-marks-50th-anniversary/4318233/

42 Oreskes and Conway, *Merchants of Doubt*.

43 Graham Readfern, "Doubt over Climate Science Is a Product with an Industry Behind It," *Guardian*, March 5, 2015, https://www.theguardian.com/environment/planet-oz/2015/mar/05/doubt-over-climate-science-is-a-product-with-an-industry-behind-it.

44 Oreskes and Conway, *Merchants of Doubt*, 34 – 35.

45 1990년대 소송 당시 담배 회사들은 자사 제품이 인체에 얼마나 해로운지 정확히 알고 있었다는 사실이 추후 밝혀지기도 했다. 놀랍게도 40년 후에 같은 일이 반복되었다. 대형 석유 회사들이 같은 전략을 사용했는데, 심지어 어떤 회사는 같은 연구원까지 고용하여 기후변화에 대한 의심을 만들어냈다. Benjamin Hulac, "Tobacco and Oil Industries Used Same Researchers to Sway Public," *Scientific American*, July 20, 2016, https://www.scientificamerican.com/article/tobacco-and-oil-industries-used-same-researchers-to-sway-public1/.

46 Shannon Hall, "Exxon Knew about Climate Change Almost 40 Years Ago," *Scientific American*, October 26, 2015, https://www.scientificamerican.com/article/exxon-knew-about-climate-change-almost-40-years-ago/.

47 거짓말쟁이가 때때로 자신의 거짓말을 믿게 되는 경우가 있음을 생각해야 한다.《우리는 왜 자신을 속이도록 진화했을까?(The Folly of Fools)》(New York: Basic Books, 2011; 이한음 옮김, 살림, 2013)라는 책에서 로버트 트리버스(Robert Trivers)는 망상으로까지 진행될 수 있는 인지 및 심리 과정에 대해 자세히 기술

했다. 거짓말을 반복하는 것도 하나의 도구이며, 거짓말을 너무 많이 하는 바람에 믿기 위해 거짓말을 하는 사람도 만난 적이 있다. 그리고 실제로 이는 그들을 미끄러운 비탈로 내몰 수 있어, 심지어 무지로(혹은 거짓말쟁이로) 시작한 사람도 의도적으로 무지해질 수 있고 결국은 전면적인 부정론자가 되고 만다. 이런 현상에 대한 나의 견해를 다음 책과 비교해보길 바란다. *Respecting Truth*, 79 – 80.

48 Richard Nisbett and Timothy Wilson, "Telling More Than We Can Know," *Psychological Review 84*, no. 3 (1977), http://people.virginia.edu/~tdw/ nisbett&wilson.pdf.

49 다음 참조. Trivers, *The Folly of Fools*. 그리고 Keith Kahn-Harris, *Denial: The Unspeakable Truth* (London: Notting Hill Editions, 2018).

50 Darren Schrieber et al., "Red Brain, Blue Brain: Evaluative Processes Differ in Democrats and Republicans," *PLoS One*, February 13, 2013, https://www.ncbi. nlm.nih.gov/pmc/articles/PMC3572122/. 조나스 캐플런(Jonas Kaplan)의 저서들도 참조하기 바란다. 그는 fMRI 장치를 극단주의자들에게 연결하고 그들의 신념에 반감을 불러일으키는 주장이 담긴 글을 읽었다. 그러자 기본 신념과 개인의 정체성과 관련된 뇌의 부위에 더 많은 피가 흘러들어 가는 현상을 목격했다. "The Partisan Brain," *Economist*, December 8, 2018, https://www.economist.com/ united-states/2018/12/08/what-psychology-experiments-tell-you-about-why-people-deny-facts; Jonas T. Kaplan, Sarah I. Gimbel, and Sam Harris, "Neural Correlates of Maintaining One's Political Beliefs in the Face of Counterevidence," *Scientific Reports*, December 23, 2016, https://www.ncbi.nlm.nih.gov/pmc/articles/ PMC5180221/.

51 John Ridgway, "The Neurobiology of Climate Denial," *The Global Warming Policy Forum*, August 6, 2018, https://www.thegwpf.com/the-neurobiology-of-climate-change-denial/.

52 Anna Merlan, "Everything I Learned While Getting Kicked Out of America's Biggest Anti-Vaccine Conference," *Jezebel*, June 20, 2019, https://jezebel.com/ everything-i-learned-while-getting-kicked-out-of-americ-1834992879.

53 이런 이유로 일부에서는 '과학 부정론자'라는 용어를 사용하지 말 것을 주장한다. 혹은 백신 거부자 대신 '백신 신중론자(vaccine-hesitant)'라는 용어로 대체하라고 권한다. 나는 동료 연구원들과 이 문제를 논의할 때 더 강력한 용어를 쓰는 편이지만, 과학을 부정하는 사람들과 직접 대면할 때는 그러지 않으려 한다.

54 개인의 정체성에 대한 몇 가지 분석을 포함하여 평평한 지구론자가 되는 전향 과정에 대한 매우 흥미로운 심리학적 분석은 다음 참조. Alex Olshansky,

Robert M. Peaslee, and Asheley R. Landrum, "Flat-Smacked! Converting to Flat Eartherism," *Journal of Media & Religion* 19, no. 2 (in press), 46–59, doi:10.1080/1 5348423.2020.1774257.

55 McIntyre, *Post-Truth*, 2장 참조.

56 2019년 퓨 리서치 센터에서 수행한 설문조사에 따르면, 민주당원의 96퍼센트가 인간 활동이 기후변화에 최소한 일정 수준 이상으로 영향을 미쳤다고 답한 반면 보수파인 공화당원들은 53퍼센트만이 그렇다고 답했다. Cary Funk and Meg Hefferson, "U.S. Public Views on Climate and Energy," Pew Research Center, November 25, 2019, https://www.pewresearch.org/science/2019/11/25/u-s-public-views-on-climate-and-energy/.

57 Lewandowsky and Oberauer, "Motivated Rejection of Science," 2016.

58 Kahneman, *Thinking Fast and Slow* 참조.

59 Michael Lynch, *Know-It-All Society: Truth and Arrogance in Political Culture* (New York: Liveright, 2019, 6; 마이클 린치, 황성원 옮김, 《우리는 맞고 너희는 틀렸다》(메디치미디어, 2020).

60 Dan Kahan et al., "Motivated Numeracy and Enlightened Self-Government," *Behavioural Public Policy* (preprint, 2013), https://pdfs.semanticscholar.org/2125/a9 ade77f4d1143c4f5b15a534386e72e3aea.pdf.

61 "The Case for a 'Deficit Model' of Science Communication," *Sci Dev Net*, June 27, 2005, https://bit.ly/2AQ7mT1.

62 Kahan et al., "Motivated Numeracy and Enlightened Self-Government."

63 Ezra Klein, "How Politics Makes Us Stupid," *Vox*, April 6, 2014, https://www.vox.com/2014/4/6/5556462/brain-dead-how-politics-makes-us-stupid.

64 Kahan et al., "Motivated Numeracy."

65 Klein, "How Politics Makes Us Stupid."

66 Lilliana Mason, "Ideologues without Issues: The Polarizing Consequences of Ideological Identities," *Public Opinion Quarterly*, March 21, 2018, https://academic.oup.com/poq/article/82/S1/866/4951269.

67 보수주의자들은 '옆집에 진보주의자가 산다면 어떤가?'라는 질문에 '옆집에 여성의 낙태권을 지지하는 사람이 산다면 어떤가?'라는 질문보다 불편한 반응을 보였다. 진보주의자들이 보수주의자들에 대해 어떻게 느끼는지 물었을 때와 마찬가지였다.

68 Tom Jacobs, "Ideology Isn't Really about Issues," *Pacific Standard*, April 30, 2018, https://psmag.com/news/turns-out-its-all-identity-politics; Zaid Jilani, "A New

Study Shows How American Polarization Is Driven by Team Sports Mentality, Not by Disagreement on Issues," *Intercept*, April 3, 2018, https://theintercept. com/2018/04/03/politics-liberal-democrat-conservative-republican/; Cameron Brick and Sander van der Linden, "How Identity, Not Issues, Explains the Partisan Divide," *Scientific American*, June 19, 2018, https://www.scientificamerican.com/ article/how-identity-not-issues-explains-the-partisan-divide/.

69 Kwame Anthony Appiah, "People Don't Vote for What They Want. They Vote for Who They Are," *Washington Post*, August 30, 2018, https://www.washingtonpost. com/outlook/people-dont-vote-for-want-they-want-they-vote-for-who-they-are/2018/08/30/fb5b7e44-abd7-11e8-8a0c-70b618c98d3c_story.html.

70 또한 그들의 정체성에 미칠 수 있는 영향을 고려하지 않고, 단지 과학적 증거에 기초하여 그들이 마음을 돌이키도록 설득하기가 얼마나 어려운가?

71 Solomon Asch, "Opinions and Social Pressure," *Scientific American*, November 1955, https://www.lucs.lu.se/wp-content/uploads/2015/02/Asch-1955-Opinions-and-Social-Pressure.pdf.

72 Peter Boghossian and James Lindsay, *How to Have Impossible Conversations* (New York: Lifelong Books, 2019), 99-100; 피터 버고지언, 제임스 린지, 홍한결 옮김, 《어른의 문답법》(윌북, 2021).

73 Boghossian and Lindsay, *How to Have Impossible Conversations*, 103.

74 다음 참조. Karl Popper, *Conjectures and Refutations* (New York: Harper Torchbooks, 1965), ch. 1; 칼 포퍼, 이한구 옮김, 《추측과 논박》(민음사, 2001).

75 이를 두고 린치도 다음과 같이 언급했다. "우리의 신념에 대한 공격은 우리의 정체성에 대한 공격처럼 보인다. 왜냐하면 실제로 그렇기 때문이다." (*Know-It-All Society*, 6).

76 Dan Kahan, "What People 'Believe' About Global Warming Doesn't Reflect What They Know; It Expresses Who They Are," The Cultural Cognition Project at Yale Law School, April 23, 2014, http://www.culturalcognition.net/blog/2014/4/23/ what-you-believe-about-climate-change-doesnt-reflect-what-yo.html.

77 과학 부정론이 특정 과학 지식이나 합의를 거부하는 것 이상인 이유가 바로 이 것이다. 그것은 근본적으로 과학자들의 신념을 거부하는 일 이상이다. 실증적 질문은 증거를 토대로 결정되어야 한다. 어떤 이념이나 이론이 사실이기를 바라는 개인의 욕망은 이론 자체와 아무런 관련이 없어야 한다. 왜냐하면 과학적 합의는 과학자들이 믿고 싶어 하는 이론이 아니라 그런 결론에 이르기까지 엄정한 검증과 분석의 과정을 통해 신뢰를 획득한 이론이다. 매킨타이어, 《과학적 태

도》, 47~52쪽 참조.

3장

1   James H. Kuklinski et al., "Misinformation and the Currency of Democratic Citizenship," *Journal of Politics* 62, no. 3 (August 2000), https://www.uvm.edu/~dguber/POLS234/articles/kuklinski.pdf.

2   이것을 더닝 크루거 효과(Dunning-Kruger effect, 무능한 사람이 자신의 능력을 실제보다 과대평가하는 현상—옮긴이)라고 하는데 《포스트트루스》 51~58쪽에서 언급했다.

3   전화 설문조사가 대면 설문조사만큼 효과적이지는 않지만 온라인으로 시행하는 경우보다는 효과적이다. 커클린스키의 설문조사에서는 각 참가자와 30분 동안 전화 통화가 이루어졌다. 이는 전화를 통한 조사로는 긴 시간이다.

4   비록 당파적 정체성의 문제를 명시적으로 다루지는 않았지만, 커클린스키가 연구를 통해 인지부조화와 양극화의 잠재적 문제를 다룬 것은 주목할 만하다. 연구자들은 피험자들의 마음이 바뀌었다는 사실이 드러나지 않는 장치를 두어 그들의 자아를 왜곡하지 않도록 주의를 기울였다. 그래서 "그런데, 몇 분 전만 해도 우리는 당신이 복지에 완전히 반대할 거라고 생각했습니다"라고 하는 대신, 질문의 표현을 바꾸어 적절한 복지 수준은 어느 정도라고 생각하는지 물었다.

5   Kuklinski et al., "Misinformation and the Currency of Democratic Citizenship."

6   David Redlawsk et al., "The Affective Tipping Point: Do Motivated Reasoners Ever 'Get It'?," *Political Psychology*, July 12, 2010, https://onlinelibrary.wiley.com/doi/10.1111/j.1467-9221.2010.00772.x.

7   실제로 연구자들은 피험자들이 처음에는 정보에 대해 감정적인 반응을 먼저 보이고 그 이후에 내용에 주목한다는 사실을 알았다. 물론, 가지고 있던 믿음이 확인되는 경우에도 감정적으로 반응했다. 확증편향이라는 잘 알려진 개념을 주목할 필요가 있다.

8   Michael Lynch, *Know-It-All Society* (New York: Liveright, 2019) 참조.

9   Redlawsk et al., "The Affective Tipping Point," 589. 피험자들이 원래의 선택을 고수하는 것에 대해 무안을 주지 않았는지와 관련한 사회적 요인도 여기에 포함된다고 생각할 수 있다. 만일 동료압력(peer pressure)이나 정체성 같은 사회적 요인이 신념 형성에 영향을 줄 수 있다면 신념을 변화시키는 데에도 확실히 영향을 미칠 수 있다.

10 Redlawsk et al., "The Affective Tipping Point," 590.

11 Brendan Nyhan and Jason Reifler, "When Corrrections Fail: The Persistence of Political Misperceptions," *Political Behavior (preprint)*, 2010, https://www.dartmouth.edu/~nyhan/nyhan-reifler.pdf.

12 Julie Beck, "This Article Won't Change Your Mind," *Atlantic*, March 13, 2017, https://www.theatlantic.com/science/archive/2017/03/this-article-wont-change-your-mind/519093/; Elizabeth Kolbert, "Why Facts Don't Change Our Minds," *New Yorker*, February 27, 2017, https://www.newyorker.com/magazine/2017/02/27/why-facts-dont-change-our-minds.

13 Thomas Wood and Ethan Porter, "The Elusive Backfire Effect: Mass Attitudes' Steadfast Factual Adherence," *Political Behavior*, January 6, 2018, http://dx.doi.org/10.2139/ssrn.2819073.

14 Eileen Dombrowski, "Facts Matter After All: Rejecting the Backfire Effect," Oxford Education Blog, March 12, 2018, https://educationblog.oup.com/theory-of-knowledge/facts-matter-after-all-rejecting-the-backfire-effect.

15 Ethan Porter and Thomas Wood, "No, We're Not Living in a Post-Fact World," *Politico*, January 4, 2020, https://www.politico.com/news/magazine/2020/01/04/some-good-news-for-2020-facts-still-matter-092771; Alexios Mantzarlis, "Fact Checking Doesn't 'Backfire,'" *Poynter*, November 2, 2016, https://www.poynter.org/fact-checking/2016/fact-checking-doesnt-backfire-new-study-suggests/.

16 Brendan Nyhan and Jason Reifler, "The Role of Information Deficits and Identity Threat in the Prevalence of Misperceptions," *Journal of Elections, Public Opinions and Parties*, May 6, 2018, https://www.dartmouth.edu/~nyhan/opening-political-mind.pdf.

17 Quoted from the abstract of Nyhan and Reifler, "The Role of Information Deficits and Identity Threat."

18 다음 참조. Lynch, *Know-It-All Society*.

19 Michael Shermer, "How to Convince Someone When Facts Fail," *Scientific American*, January 1, 2017, https://www.scientificamerican.com/article/how-to-convince-someone-when-facts-fail/.

20 레온 페스팅거의 고전 《예언이 끝났을 때》(New York: Harper, 1964)를 떠올려보기 바란다. 1장 주석 34에서 언급했는데, 저자는 세상이 종말을 맞이하기 전에 모든 소유물을 처분하고 외계에서 오는 우주선에 의해 구출되기만을 기다리며 산꼭대기에 앉아 있는 장면을 통해 종말론적 광신교도들을 이야기했다. 아무 일도 일어나지 않았을 때 그들은 신념을 바꾸는 대신 자신들의 믿음이 세상을 구

했다는 식으로 생각을 바꿨다.

21 머리말 주석 14의 인용구 참조. Shermer, "How to Convince Someone When Facts Fail."

22 Philipp Schmid and Cornelia Betsch, "Effective Strategies for Rebutting Science Denialism in Public Discussions," *Nature Human Behaviour*, June 24, 2019, https://www.nature.com/articles/s41562-019-0632-4.

23 Cathleen O'Grady, "Two Tactics Effectively Limit the Spread of Science Denialism," *Ars Technica*, June 27, 2019, https://arstechnica.com/science/2019/06/debunking-science-denialism-does-work-but-not-perfectly/.

24 O'Grady, "Two Tactics."

25 Diana Kwon, "How to Debate a Science Denier," *Scientific American*, June 25, 2019, https://www.scientificamerican.com/article/how-to-debate-a-science-denier/.

26 Schmid and Betsch, "Effective Strategies," 5.

27 확실히 확증편향은 과학을 부정하는 사람뿐 아니라 그것을 연구하는 사람에게도 강력한 힘이 된다.

28 한 가지 문제는 많은 과학자들이 자신의 연구를 일반 대중과 공유하는 방법에 대해 교육받은 적이 없다는 사실이다. 스토니브룩(Stonybrook)에 있는 앨런 알다 센터(Alan Alda Center)는 과학자와 일반인이 과학의 대중적인 소통에 대해 더 많이 배울 수 있도록 돕는 곳이다(https://www.aldacenter.org). 물론 과학자들은 때때로 2017년 과학을 위한 행진(March for Science)처럼 과학에 대한 관심을 촉구하는 시위와 공개 행사를 열기도 한다. 하지만 일각에서는 이것이 학계의 양극화를 가져올 수 있고 과학자들이 또 다른 특수 이익집단처럼 보이게 할 수 있기 때문에 바람직하지 않다고 주장해왔다. 이에 대해 한 논평가는 다음과 같이 주장했다. "워싱턴이나 전국 각지에 모여 행진을 하기보다는 동료 과학자들이 지역 시민 단체, 교회, 학교, 카운티 박람회, 혹은 개인 단위로, 선출된 정치인들의 사무실로 행진하는 편이 바람직하다고 생각한다. 아예 과학자들을 모르는 미국의 곳곳을 다녀보라. 토론에 얼굴을 들이밀라. 우리가 뭘 하는지, 어떻게 하는지 이해시켜보라. 이메일 주소를 알려주고, 아니면 전화번호를 주면 더 좋다." Robert S. Young, "A Scientists' March on Washington Is a Bad Idea," *New York Times*, January 31, 2017, https://www.nytimes.com/2017/01/31/opinion/a-scientists-march-on-washington-is-a-bad-idea.html.

29 Young, "A Scientists' March on Washington."

30 슈미트와 베슈는 과학 부정론자들이 사용하는 대략적인 언어 구사 기법들

을 노출하며 '기술 반박'(사실 이후)과 '예방접종'(사실 이전)의 효과를 비교하지는 않고 있다. 이전 연구에서 샌더 밴 더 린든은 예방접종 이론의 효과에 대한 추가 증거를 내놓기도 했다. Sander van der Linden, "Inoculating against Misinformation," *Science*, December 1, 2017, https://science.sciencemag.org/content/358/6367/1141.2. 좀 더 최근 연구에서 그는 허위 과학 정보에 대한 '사전예방' 측면에서 약간의 성공을 거둔 온라인 '가짜 뉴스 게임'을 발명했다. Sander van der Linden, "Fake News 'Vaccine' Works: 'Pre-bunking Game Reduces Susceptibility to Disinformation," *Science Daily*, June 24, 2019, https://www.sciencedaily.com/releases/2019/06/190624204800.htm.

31 이는 슈미트와 베슈의 연구에 대해 잠재적으로 중요한 비판을 불러일으키는데, 샌더 밴 더 린든은 〈네이처 인간 행동〉 같은 호에서 그들의 연구를 논하며 그들의 접근 방식이 완전히 반응적이라고 지적했다. 밴 더 린든은 '사전예방'이라는 접근 방식을 연구했는데, 여기서 그는 잘못된 과학 정보를 듣기도 전에 해당 주제에 대해 '예방접종' 조치를 취하고자 한다. 이는 슈미트와 베슈가 관여하는 일종의 폭로보다 더 효과적일까? 정답은 아무도 알 수 없다. 밴 더 린든의 논문은 매우 훌륭하다. Sander van der Linden, "Countering Science Denial," *Nature Human Behaviour* 3 (2019): 889–890, https://www.nature.com/articles/s41562-019-0631-5. 그의 '나쁜 뉴스' 게임에서는 피험자들이 그런 오류들에 노출되기도 전에 그들에게 다섯 가지 일반적인 오류가 포함된 대본을 미리 보여줬다. Sander van der Linden, "Bad News: A Psychological 'Vaccine' against Fake News," *Inforrm*, September 7, 2019, https://inforrm.org/2019/09/07/bad-news-a-psychological-vaccine-against-fake-news-sander-van-der-linden-and-jon-rozenbeek/. 잘못된 과학 정보에 대한 예방접종과 관련된 아이디어를 다룬 좋은 연구는 다음 참조. John Cook, Stephan Lewandowsky, and Ulrich Ecker, "Neutralizing Misinformation through Inoculation," *PLoS One*, May 5, 2017, https://journals.plos.org/plosone/article?id=10.1371/journal.pone.0175799.

32 설사 그렇다고 해도 그것을 저울질해보는 행위는 중요하다는 점을 유의하라. 모든 거짓말에는 청중이 있고, 과학 부정론자들이 새로운 회원을 모집할 때 이에 제동을 걸지 않으면 그들이 유포하는 잘못된 정보가 확산될 것이다.

33 《과학적 태도》에서 나는 과학에서 가장 본질적인 요소는 그것의 가치라는 이론을 발전시켰다. 이런 가치를 가르치는 것이 과학 부정론자들을 전향시키는 데 도움이 되지 않을까?

34 다음에서 인용. Adrian Bardon, *The Truth about Denial* (Oxford: Oxford University Press, 2020), 86.

35 《부인(否認)에 대한 진실(The Truth about Denial)》에서 에이드리언 바던(Adrian Bardon)은 대중에게 과학적 사실뿐 아니라 과학이 실제로 작동하는 방식에 대해 교육해야 한다는 헤더 더글러스(Heather Douglas)의 생각에 대해 논한다. 그것은 학문 특유의 문화와 일련의 가치를 담은 엄격한 과정이다. 우리가 이것을 공유한다면 사람들이 과학자들에 좀 더 공감할 수 있지 않을까?(바던,《부인에 대한 진실》300쪽 참조) 세라 고먼(Sara Gorman)과 잭 고먼(Jack Gorman)은《무덤까지 부정하기(Denying to the Grave)》(Oxford: Oxford University Press, 2017, 22)에서 어린이를 교육하는 방식과 관련해 매우 유사한 논지를 펼쳤다.

36 Mick West, *Escaping the Rabbit Hole: How to Debunk Conspiracy Theories Using Facts, Logic, and Respect* (New York: Skyhorse, 2018), 60.

37 Peter Boghossian and James Lindsay, *How to Have Impossible Conversations* (New York: Lifelong Books, 2019), 50 – 51.

38 Boghossian and Lidsay, *How to Have Impossible Conversations*, 12.

39 내가 찾을 수 있었던 가장 근접한 연구자들은《음모론 안내서》라는 책에서 음모론자들에 대한 조언을 제시한 존 쿡과 스테판 레반도프스키다. https://www.climatechangecommunication.org/conspiracy-theory-handbook/. 앞서 인용한 마이클 셔머의 〈사이언티픽 아메리칸〉 소논문 '잘못된 사실을 믿는 이들을 설득하는 방법(How to Convince Someone When Facts Fail)'에 언급된 통상적인 조언들을 상기할 필요가 있다. https://www.scientificamerican.com/article/how-to-convince-someone-when-facts-fail/.

40 왜 없을까? 이런 상황들이야말로 더 풍부한 연구를 위한 무르익은 토양일 수도 있다.

41 Jonathan Berman, *Anti-Vaxxers* (Cambridge, MA: MIT Press, 2020); 조너선 버먼, 전방욱 옮김,《백신 거부자들》(이상북스, 2021). 또한 다음 참조. Seth Mnookin, *The Panic Virus* (New York: Simon and Schuster, 2011).

42 *The Scientific Attitude*, 143 – 147; *Respecting Truth*, 46 – 47; "Could a Booster Shot of Truth Help Scientists Fight the Anti-vaccine Crisis?" *The Conversation*, March 8, 2019, https://theconversation.com/could-a-booster-shot-of-truth-help-scientists-fight-the-anti-vaccine-crisis-111154; "Public Belief Formation and the Politicization of Vaccine Science," *The Critique*, September 10, 2015, http://www.thecritique.com/articles/public-belief-formation-the-politicization-of-vaccine-science-a-case-study-in-respecting-truth/.

43 《과학적 태도》143~147쪽 참조. 백신 거부 현상이 백신이 처음 만들어질 당시부터 존재했다는 사실뿐만 아니라 웨이크필드의 연구 이후 매우 광범위하게 확산

되었다는 사실을 아는 것도 중요하다. 이 사건의 전체 역사를 알고자 한다면 다음 참조. Berman, *Anti-vaxxers*.

44 Associated Press, "Clark County Keeps 800 Students Out of School Due to Measles Outbreak," *NBC News*, March 7, 2019, https://www.nbcnews.com/storyline/measles-outbreak/clark-county-keeps-800-students-out-school-due-measles-outbreak-n980491.

45 Lena Sun and Maureen O'Hagen, "'It Will Take Off Like Wildfire': The Unique Dangers of the Washington State Measles Outbreak," *Washington Post*, February 6, 2019, https://www.washingtonpost.com/national/health-science/it-will-take-off-like-a-wildfire-the-unique-dangers-of-the-washington-state-measles-outbreak/2019/02/06/cfd5088a-28fa-11e9-b011-d8500644dc98_story.html?utm_term=.5b65964ef193.

46 Rose Branigin, "I Used to Be Opposed to Vaccines," *Washington Post*, February 11, 2019, https://www.washingtonpost.com/opinions/i-used-to-be-opposed-to-vaccines-this-is-how-i-changed-my-mind/2019/02/11/20fca654-2e24-11e9-86ab-5d02109aeb01_story.html?utm_term=.089a62aac347.

47 Vanessa Milne et al., "Seven Ways to Talk to Anti-vaxxers (That Actually Might Change Their Minds)," *Healthy Debate*, August 31, 2017, https://healthydebate.ca/2017/08/topic/vaccine-safety-hesitancy. 조너선 버먼은 자신의 책《백신 거부자들》을 통해 비슷한 상황에서 마음을 바꾼 일고여덟 명의 이야기를 들려준다 (205~209쪽).

48 Marina Koren, "Trump's NASA Chief: 'I Fully Believe and Know the Climate Is Changing,'" *Atlantic*, May 17, 2018, https://www.theatlantic.com/science/archive/2018/05/trump-nasa-climate-change-bridenstine/560642/.

49 Terry Gross, "How a Rising Star of White Nationalism Broke Free from the Movement," *NPR*, September 24, 2018, https://www.npr.org/2018/09/24/651052970/how-a-rising-star-of-white-nationalism-broke-free-from-the-movement.

50 이와 유사한 다른 전향 사례도 보고되었다. 아프리카계 미국인 블루스 음악가 대릴 데이비스(Daryl Davis)가 300명이 넘는 KKK(백인우월주의 비밀 결사 단체) 단원들을 진심 어린 대화를 통해 개인적으로 전향시킨 이야기가 흥미롭다. Mark Segraves, "'How Can You Hate Me?' Maryland Musician Converts White Supremacists," *NBC Washington*, February 14, 2020, https://www.nbcwashington.com/news/local/musician-fights-racism-by-speaking-to-whitesupremacists/2216483/. 데이비스의 인터뷰 영상은 다음 참조. http://www.pbs.org/wnet/amanpour-and-company/video/daryl-davis-on-befriending-members-of-the-kkk/.

51 Eli Saslow, *Rising Out of Hatred: The Awakening of a Former White Nationalist* (New York: Anchor, 2018), 225.

52 Charles Monroe-Kane, "Can You Change the Mind of a White Supremacist?" *To the Best of Our Knowledge*, March 12, 2019, https://www.ttbook.org/interview/can-you-change-mind-white-supremacist.

53 David Weissman, "I Used to Be a Trump Troll—Until Sarah Silverman Engaged with Me," *Forward*, June 5, 2018, https://forward.com/scribe/402478/i-was-a-trump-troll/; "Former Twitter Troll Credits Sarah Silverman with Helping Him to See 'How Important Talking Is,'" *CBC Radio*, April 12, 2019, https://www.cbc.ca/radio/outintheopen/switching-sides-1.5084481/former-twitter-troll-credits-sarah-silverman-with-helping-him-see-how-important-talking-is-1.5094232; Jessica Kwong, "Former Trump Supporter Says MAGA 'Insults' Snapped Him Out of 'Trance' of Supporting President," *Newsweek*, October 3, 2019, https://www.newsweek.com/former-trump-supporter-snapped-out-maga-1463021.

54 Michael B. Kelley, "STUDY: Watching Only Fox News Makes You Less Informed Than Watching No News At All," *Business Insider*, May 22, 2012, https://www.businessinsider.com/study-watching-fox-news-makes-you-less-informed-than-watching-no-news-at-all-2012-5.

55 Vanessa Milne, "Seven Ways to Talk to Anti-vaxxers (That Might Actually Change Their Minds)," *Healthy Debate*, August 31, 2017, https://healthydebate.ca/2017/08/topic/vaccine-safety-hesitancy.

56 Karin Kirk, "How to Identity People Open to Evidence about Climate Change," *Yale Climate Connection*, November 9, 2018, https://www.yaleclimateconnections.org/2018/11/focus-on-those-with-an-open-mind/.

57 John M. Glionna, "The Real-Life Conversion of a Former Anti-Vaxxer," *California Healthline*, August 2, 2019, https://californiahealthline.org/news/the-real-life-conversion-of-a-former-anti-vaxxer/.

58 Lewandowsky and Cook, *The Conspiracy Theory Handbook*.

59 Rene Chun, "Scientists Are Trying to Figure Out Why People Are OK With Trump's Endless Supply of Lies," *Los Angeles Magazine*, November 14, 2019, https://www.lamag.com/citythinkblog/trump-lies-research/.

60 Christopher Joyce, "Rising Seas Made This Republican Mayor a Climate Change Believer," *NPR*, May 17, 2016, https://www.npr.org/2016/05/17/477014145/rising-seas-made-this-republican-mayor-a-climate-change-believer.

61 Fred Grimm, "Florida's Mayors Face Reality of Rising Seas and Climate Change," *Miami Herald*, March 14, 2016, https://www.miamiherald.com/news/local/news-columns-blogs/fred-grimm/article68092452.html.

62 Sarah Ann Wheeler and Celine Nauges, "Farmers' Climate Denial Begins to Wane as Reality Bites," *The Conversation*, October 11, 2018, https://theconversation.com/farmers-climate-denial-begins-to-wane-as-reality-bites-103906; Helena Bottemiller Evich, "'I'm Standing Right Here in the Middle of Climate Change': How USDA Is Failing Farmers," *Politico*, October 15, 2019, https://www.politico.com/news/2019/10/15/im-standing-here-in-the-middle-of-climate-change-how-usda-fails-farmers-043615; "Stories from the Sea: Fishermen Confront Climate Change," *Washington Nature*, https://www.washingtonnature.org/fishermen-climate-change.

63 Emma Reynolds, "Some Anti-vaxxers Are Changing Their Minds Because of the Coronavirus Pandemic," *CNN*, April 20, 2020, https://www.cnn.com/2020/04/20/health/anti-vaxxers-coronavirus-intl/index.html; Jon Henley, "Coronavirus Causing Some Anti-vaxxers to Waver, Experts Say," *Guardian*, April 21, 2020, https://www.theguardian.com/world/2020/apr/21/anti-vaccination-community-divided-how-respond-to-coronavirus-pandemic; Victoria Waldersee, "Could the New Coronavirus Weaken 'Anti-vaxxers'?" *Reuters*, April 11, 2020, https://www.reuters.com/article/us-health-coronavirus-antivax/could-the-new-coronavirus-weaken-anti-vaxxers-idUSKCN21T089.

4장

1 Chris Mooney and Brady Dennis, "The World Has Just Over a Decade to Get Climate Change under Control," *Washington Post*, October 7, 2018, https://www.washingtonpost.com/energy-environment/2018/10/08/world-has-only-years-get-climate-change-under-control-un-scientists-say/; Nina Chestney, "Global Carbon Emissions Hit Record High in 2017," *Reuters*, March 22, 2018, https://www.reuters.com/article/us-energy-carbon-iea/global-carbon-emissions-hit-record-high-in-2017-idUSKBN1GY0RB.

2 Brady Dennis and Chris Mooney, "'We Are in Trouble': Global Carbon Emissions Reached a Record High in 2018," *Washington Post*, December 5, 2018, https://www.washingtonpost.com/energy-environment/2018/12/05/we-are-trouble-global-carbon-emissions-reached-new-record-high/; Damian Carrington, "'Brutal News': Global Carbon Emissions Jump to All Time High in 2018," *Guardian*, December 5, 2018, https://www.theguardian.com/environment/2018/dec/05/brutal-news-global-carbon-emissions-jump-to-all-time-high-in-2018; Brad Plumer, "U.S. Carbons Emissions Surged in 2018, Even as Coal Plants Closed," *New York Times*, January 8, 2019, https://www.nytimes.com/2019/01/08/climate/greenhouse-gas-emissions-increase.html.

3 Chelsea Harvey and Nathanial Gronewold, "CO2 Emissions Will Break Another Record in 2019," *Scientific American*, December 4, 2019, https://www.scientificamerican.com/article/co2-emissions-will-break-another-record-in-2019/. 하지만 두 가지 좋은 소식이 있다. 2019년에 전 세계 배출가스는 역대 최고 수준일 것으로 예상되지만 상승률은 감소하고 있는 것으로 나타난다. Chelsea Harvey and Nathanial Gronewold, "Greenhouse Gas Emissions to Set New Record This Year, but Rate of Growth Shrinks," *Science*, December 4, 2019, https://www.sciencemag.org/news/2019/12/greenhouse-gas-emissions-year-set-new-record-rate-growth-shrinks. 미국의 경우 온실가스 배출량이 2019년에 2.1퍼센트 감소했다. 대부분 석탄 소비가 줄어든 영향으로 추정되었다. 하지만 안타깝게도 이 수치는 파리 협정을 통해 달성하고자 했던 속도에 한참 못 미친다. Steve Mufson, "U.S. Greenhouse Gas Emissions Fell Slightly in 2019," *Washington Post*, January 7, 2020, https://www.washingtonpost.com/climate-environment/us-greenhouse-gas-emissions-fell-slightly-in-2019/2020/01/06/568f0a82-309e-11ea-a053-dc6d944ba776_story.html.

4 Dennis and Mooney, "We Are in Trouble."

5 Coral Davenport, "Major Climate Report Describes a Strong Risk of Crisis as Early as 2040," *New York Times*, October 7, 2018, https://www.nytimes.com/2018/10/07/climate/ipcc-climate-report-2040.html; Dennis and Mooney, "We Are in Trouble"; Emily Holden, "'It'll Change Back': Trump Says Climate Change Not a Hoax, but Denies Lasting Impact," *Guardian*, October 15, 2018, https://www.theguardian.com/us-news/2018/oct/15/itll-change-back-trump-says-climate-change-not-a-hoax-but-denies-lasting-impact.

6 Brady Dennis, "In Bleak Report, UN Says Drastic Action Is Only Way to Avoid

Worst Impacts of Climate Change," *Washington Post*, November 26, 2019, https://www.washingtonpost.com/climate-environment/2019/11/26/bleak-report-un-says-drastic-action-is-only-way-avoid-worst-impacts-climate-change/; Alister Doyle, "Global Warming May Be More Severe Than Expected by 2100: Study," *Reuters*, December 6, 2017, https://www.reuters.com/article/us-climatechange-temperatures/global-warming-may-be-more-severe-than-expected-by-2100-study-idUSKBN1E02J6; Dave Mosher and Aylin Woodward, "What Earth Might Look Like in 80 Years if We're Lucky—and if We're Not," *Business Insider*, October 17, 2019, https://www.businessinsider.com/paris-climate-change-limits-100-years-2017-6; Jen Christensen and Michael Nedelman, "Climate Change Will Shrink U.S. Economy and Kill Thousands, Government Report Warns," *CNN*, November 26, 2018, https://www.cnn.com/2018/11/23/health/climate-change-report-bn/index.html.

7 Coral Davenport, "Major Climate Report Describes a Strong Risk of Crisis," *New York Times*, October 7, 2018, https://www.nytimes.com/2018/10/07/climate/ipcc-climate-report-2040.html.

8 Davenport, "Major Climate Report"; Ron Meador, "New Outlook on Global Warming: Best Prepare for Social Collapse, and Soon," *Minnpost*, October 15, 2018, https://www.minnpost.com/earth-journal/2018/10/new-outlook-on-global-warming-best-prepare-for-social-collapse-and-soon/.

9 Paul Bledsoe, "Going Nowhere Fast and Climate Change, Year After Year," *New York Times*, December 19, 2018, https://www.nytimes.com/2018/12/29/opinion/climate-change-global-warming-history.html; Dennis and Mooney, "We Are in Trouble."

10 Mooney and Dennis, "The World Has Just Over a Decade to Get Climate Change under Control."

11 Dennis and Mooney, "We Are in Trouble"; Mooney and Dennis, "The World Has Just Over a Decade to Get Climate Change under Control."

12 Steven Mufson, "'A Kind of Dark Realism': Why the Climate Change Problem Is Starting to Look Too Big to Solve," *Washington Post*, December 4, 2018, https://www.washingtonpost.com/national/health-science/a-kind-of-dark-realism-why-the-climate-change-problem-is-starting-to-look-too-big-to-solve/2018/12/03/378e49e4-e75d-11e8-a939-9469f1166f9d_story.html.

13 Doyle Rice, "Coal Is the Main Offender for Global Warming, and Yet the World

Is Using It More Than Ever," *USA Today*, March 26, 2019, https://www.usatoday.com/story/news/nation/2019/03/26/climate-change-coal-still-king-global-carbon-emissions-soar/3276401002/.

14 Dennis and Mooney, "We Are in Trouble."

15 Simon Carraud and Michel Rose, "Macron Makes U-turn on Fuel Tax Increase, in Face of 'Yellow Vest' Protests," *Reuters*, December 4, 2018, https://www.reuters.com/article/us-france-protests/macron-makes-u-turn-on-fuel-tax-increases-in-face-of-yellow-vest-protests-idUSKBN1O30MX.

16 Mufson, "A Kind of Dark Realism."

17 Brady Dennis, "Trump Makes It Official: U.S. Will Withdraw from Paris Climate Accords," *Washington Post*, November 4, 2019, https://www.washingtonpost.com/climate-environment/2019/11/04/trump-makes-it-official-us-will-withdraw-paris-climate-accord/.

18 David Roberts, "The Trump Administration Just Snuck through Its Most Devious Coal Subsidy Yet," *Vox*, December 23, 2019, https://www.vox.com/energy-and-environment/2019/12/23/21031112/trump-coal-ferc-energy-subsidy-mopr.

19 Nathan Rott and Jennifer Ludden, "Trump Administration Weakens Auto Emissions Standards," *NPR*, March 31, 2020, https://www.npr.org/2020/03/31/824431240/trump-administration-weakens-auto-emissions-rolling-back-key-climate-policy.

20 Patrick Kingsley, "Trump Says California Can Learn from Finland on Fires. Is He Right?" *New York Times*, November 18, 2018, https://www.nytimes.com/2018/11/18/world/europe/finland-california-wildfires-trump-raking.html.

21 Jennifer Rubin, "Trump Shows the Rank Dishonesty of Climate-Change Deniers," *Washington Post*, October 15, 2018, https://www.washingtonpost.com/news/opinions/wp/2018/10/15/trump-shows-the-rank-dishonesty-of-climate-change-deniers/.

22 Josh Dawsey et al, "Trump on Climate Change: 'People Like Myself, We Have Very High Levels of Intelligence but We're Not Necessarily Such Believers,'" *Washington Post*, November 27, 2018, https://www.washingtonpost.com/politics/trump-on-climate-change-people-like-myself-we-have-very-high-levels-of-intelligence-but-were-not-necessarily-such-believers/2018/11/27/722f0184-f27e-11e8-aeea-b85fd44449f5_story.html; Matt Viser, "'Just a Lot of Alarmism': Trump's Skepticism of Climate Science Is Echoed across GOP," *Washington Post*, December

2, 2018, https://www.washingtonpost.com/politics/just-a-lot-of-alarmism-trumps-skepticism-of-climate-science-is-echoed-across-gop/2018/12/02/f6ee9ca6-f4de-11e8-bc79-68604ed88993_story.html.

23 Brady Dennis and Chris Mooney, "Major Trump Administration Climate Report Says Damage Is 'Intensifying across the Country,'" *Washington Post*, November 23, 2018, https://www.washingtonpost.com/energy-environment/2018/11/23/major-trump-administration-climate-report-says-damages-are-intensifying-across-country/; Jen Christensen and Michael Nedelman, "Climate Change Will Shrink U.S. Economy and Kill Thousands," *CNN*, November 23, 2018, https://www.cnn.com/2018/11/23/health/climate-change-report-bn/index.html.

24 지구온난화 때문에 지구가 인간이 살 수 없는 곳이 된다거나 인간이라는 종이 멸종할 것이라거나 하는 대담한 주장에 대해 일부 논란이 있다. 하지만 그로 인해 지구에서 살아가는 인간의 삶이 극적으로 달라져 엄청난 불행과 수백만 명의 죽음이 발생하리라는 견해에는 의심의 여지가 없다. 여러 생물 종의 대량 멸종과 다양성 손실의 문제는 말할 것도 없다. Robert Watson, "Loss of Biodiversity Is Just as Catastrophic as Climate Change," *Guardian*, May 6, 2019, https://www.theguardian.com/commentisfree/2019/may/06/biodiversity-climate-change-mass-extinctions; Michael Shellenberger, "Why Apocalyptic Claims About Climate Change Are Wrong," *Forbes*, November 25, 2019, https://www.forbes.com/sites/michaelshellenberger/2019/11/25/why-everything-they-say-about-climate-change-is-wrong/#5cea81cb12d6; Chris Mooney, "Scientists Challenge Magazine Story about 'Uninhabitable Earth,'" *Washington Post*, July 12, 2017, https://www.washingtonpost.com/news /energy-environment/wp/2017/07/12/scientists-challenge-magazine-story-about-uninhabitable-earth/; Jen Christensen, "250,000 Deaths a Year from Climate Change Is a 'Conservative Estimate,' Research Says," *CNN*, January 16, 2019, https://www.cnn.com/2019/01/16/health/climate-change-health-emergency-study/index.html; "The Impact of Global Warming on Human Fatality Rates," *Scientific American*, June 7, 2009, https://www.scientificamerican.com/article/global-warming-and-health/.

25 "Climate Concerns Increase: Most Republicans Now Acknowledge Change," *Monmouth*, November 29, 2018, https://www.monmouth.edu/polling-institute/reports/monmouthpoll_us_112918/. 다수의 최근 여론조사에서도 이런 결과가 확인된다: John Schwartz, "Global Warming Concerns Rise Among Americans in New Poll," *New York Times*, January 22, 2019, https://www.nytimes.

com/2019/01/22/climate/americans-global-warming-poll.html; Robinson Meyer, "Voters Really Care about Climate Change," *Atlantic*, February 21, 2020, https://www.theatlantic.com/science/archive/2020/02/poll-us-voters-really-do-care-about-climate-change/606907/; Brady Dennis et al., "Americans Increasingly See Climate Change as a Crisis, Poll Shows," *Washington Post*, September 13, 2019, https://www.washingtonpost.com/climate-environment/americans-increasingly-see-climate-change-as-a-crisis-poll-shows/2019/09/12/74234db0-cd2a-11e9-87fa-8501a456c003_story.html; "Scientific Consensus: Earth's Climate Is Warming," NASA, https://climate.nasa.gov/scientific-consensus/.

26 다음 참조. Chris Mooney, *The Republican War on Science* (New York: Basic Books, 2005).

27 그런 자료 가운데 두 가지 자료만 언급한다면 다음과 같다. James Hansen, *Storms of My Grandchildren* (New York: Bloomsbury, 2009) 그리고 James Hoggan, *Climate Cover-Up: The Crusade to Deny Global Warming* (Vancouver: Greystone, 2009).

28 Mooney, *The Republican War on Science*, 81; 크리스 무니, 심재관 옮김, 《과학전쟁》 (한얼미디어, 2006).

29 James Lawrence Powell, "Why Climate Deniers Have No Scientific Credibility— in One Pie Chart," *Desmog*, November 15, 2012, https://www.desmogblog.com/2012/11/15/why-climate-deniers-have-no-credibility-science-one-pie-chart.

30 James Lawrence Powell: "Why Climate Deniers Have No Scientific Credibility: Only 1 of 9,136 Recent Peer-Reviewed Authors Rejects Global Warming," *Desmog*, January 8, 2014, https://www.desmogblog.com/2014/01/08/why-climate-deniers-have-no-scientific-credibility-only-1-9136-study-authors-rejects-global-warming.

31 Peter T. Doran and Maggie Kendall Zimmerman, "Examining the Scientific Consensus on Climate Change," *Eos: Transactions of the American Geophysical Union* 90, no. 3 (2009): 22-23.

32 John Cook et al., "Quantifying the Consensus on Anthropogenic Global Warming in the Scientific Literature," *Environmental Research Letters*, May 15, 2013, https://iopscience.iop.org/article/10.1088/1748-9326/8/2/024024/pdf; "The 97 Consensus on Global Warming," *Skeptical Science*, https://www.skepticalscience.com/global-warming-scientific-consensus-intermediate.htm.

33 Katherine Ellen Foley, "Those 3 of Scientific Papers That Deny Climate Change?

A Review Found Them All Flawed," *Quartz*, September 5, 2017, https://qz.com/1069298/the-3-of-scientific-papers-that-deny-climate-change-are-all-flawed/; Dana Nuccitelli, "Millions of Times Later, 97 Percent Climate Consensus Still Faces Denial," *Bulletin of the Atomic Scientists*, August 15, 2019, https://thebulletin.org/2019/08/millions-of-times-later-97-percent-climate-consensus-still-faces-denial/; Dana Nuccitelli, "Here's What Happens When You Try to Replicate Climate Contrarian Papers," *Guardian*, August 25, 2015, https://www.theguardian.com/environment/climate-consensus-97-per-cent/2015/aug/25/heres-what-happens-when-you-try-to-replicate-climate-contrarian-papers; Rasmus E. Benstead et al., "Learning from Mistakes in Climate Research," *Theoretical and Applied Climatology* 126 (2016): 699–703, https://link.springer.com/article/10.1007/s00704-015-1597-5.

34 다윈이 (모든 생물학적 설명의 근간이 되는) 자연선택에 의한 진화라는 혁명적인 발견을 한 지 150년이 지난 오늘날에도 여전히 과학자들 사이에서 98퍼센트만이 합의했다는 점은 놀라운 일이다. David Masci, "For Darwin Day, 6 Facts about the Evolution Debate," Pew Research Center's Fact Tank, February 11, 2019, https://www.pewresearch.org/fact-tank/2019/02/11/darwin-day/.

35 Dana Nuccitelli, "Trump Thinks Scientists Are Split on Climate Change. So Do Most Americans," *Guardian*, October 22, 2018, https://www.theguardian.com/environment/climate-consensus-97-per-cent/2018/oct/22/trump-thinks-scientists-are-split-on-climate-change-so-do-most-americans.

36 이 계획은 1997년 12월 교토의정서 직후에 만들어졌고 1998년 4월에 유출되었다. "1998 American Petroleum Institute Global Climate Science Communications Team Action Plan," *Climate Files*, http://www.climatefiles.com/trade-group/american-petroleum-institute/1998-global-climate-science-communications-team-action-plan/.

37 "Climate Science vs. Fossil Fuel Fiction," Union of Concerned Scientists, March 2015, https://www.ucsusa.org/sites/default/files/attach/2015/03/APIquote1998_1.pdf.

38 Shannon Hall, "Exxon Knew about Climate Change almost 40 Years Ago," *Scientific American*, October 26, 2015, https://www.scientificamerican.com/article/exxon-knew-about-climate-change-almost-40-years-ago/; Suzanne Goldenberg, "Exxon Knew of Climate Change in 1981, Email Says—But It Funded Deniers for 27 More Years," *Guardian*, July 8, 2015, https://www.theguardian.com/

environment/2015/jul/08/exxon-climate-change-1981-climate-denier-funding.

39 음모론을 지지하는 사람들이 이런 사실들, 즉 진짜 음모에 더 관심이 없다
    는 사실이 나는 늘 혼란스럽다. 관련 정보는 다음 참조. Steve Coll, *Private
    Empire:ExxonMobil and American Power* (New York: Penguin Press, 2012);
    "ExxonMobil: A 'Private Empire' on the World Stage," *NPR*, May 2, 2012, http://
    www.npr.org/2012/05/02/151842205/exxonmobil-a-private-empire-on-the-
    world-stage.

40 Naomi Oreskes and Erik Conway, *Merchants of Doubt* (New York: Bloomsbury,
    2011), 183.

41 "Nancy Pelosi and Newt Gingrich Commercial on Climate Change," YouTube,
    uploaded April 17, 2008, https://www.youtube.com/watch?v=qi6n_-wB154.

42 오레스케스와 콘웨이는 《의혹을 팝니다》에서 다음과 같이 주장했다. "[1989년
    에] 부정론에 대한 조직적 캠페인이 시작되었고 곧 기후과학 커뮤니티 전체를
    함정에 빠뜨렸다."(183쪽) 이런 상황이 되자 지구온난화의 현실에 대한 대중 여
    론은 시간이 지날수록 위축되었다. 특히 언론인들이 기후변화 "논쟁"의 "반대편"
    에 동등한 시간을 줘야 한다고 압박하는 캠페인을 벌인 후에 과학자들이 더 확
    고한 입장을 취했는데도 말이다(169~170쪽, 214~215쪽). 이런 여론이 의회에
    도달한 순간 기후변화와 싸울 진정한 희망은 죽었다. 1997년에 상원은 미국의
    교토의정서 채택을 저지하기로 결의했다(215쪽).

43 Jane Mayer, *Dark Money: The Hidden History of the Billionaires behind the Rise of the
    Radical Right* (New York: Doubleday, 2016); 제인 메이어, 우진하 옮김, 《다크 머
    니》(책담, 2017).

44 Mayer, *Dark Money*, 204.

45 Jane Mayer, "'Kochland' Examines the Koch Brothers' Early, Crucial Role in
    Climate-Change Denial," *New Yorker*, August 13, 2019, https://www.newyorker.
    com/news/daily-comment/kochland-examines-how-the-koch-brothers-
    made-their-fortune-and-the-influence-it-bought. 또한 다음 참조. Christopher
    Leonard, *Kochland: The Secret History of Koch Industries and Corporate Power in
    America* (New York: Simon and Schuster, 2019).

46 Emily Atkin, "How David Koch Change the World," *New Republic*, August 23,
    2019, https://newrepublic.com/article/154836/david-koch-changed-world.

47 Niall McCarthy, "Oil and Gas Giants Spend Millions Lobbying to Block Climate
    Change Policies," *Forbes*, March 25, 2019, https://www.forbes.com/sites/

niallmccarthy/2019/03/25/oil-and-gas-giants-spend-millions-lobbying-to-block-climate-change-policies-infographic/#5c28b08c7c4f.

48 Colin Schultz, "Meet the Money Behind the Climate Denial Movement," *Smithsonian*, December 23, 2013, https://www.smithsonianmag.com/smart-news/meet-the-money-behind-the-climate-denial-movement-180948204/.

49 Justin Gillis and Leslie Kaufman, "Leaks Offer Glimpse of Campaign Against Climate Change," *New York Times*, February 15, 2012, https://www.nytimes.com/2012/02/16/science/earth/in-heartland-institute-leak-a-plan-to-discredit-climate-teaching.html; Gayathri Vaidyanathan, "Think Tank That Cast Doubt on Climate Change Science Morphs into Smaller One," *E&E News*, December 10, 2015, https://www.eenews.net/stories/1060029290.

50 Brendan Montague, "I Crashed a Climate Change Denial Conference in Las Vegas," *Vice*, July 22, 2014, https://www.vice.com/da/article/7bap4x/las-vegas-climate-change-denial-brendan-montague-101; Brian Palmer, "What It's Like to Attend a Climate Denial Conference," *Pacific Standard*, December 16, 2015, https://psmag.com/environment/what-its-like-to-attend-a-climate-denial-conference.

51 Mayer, *Dark Money*, 213.

52 *Dark Money*, 214. 또한 다음 참조. Oreskes and Conway, *Merchants of Doubt*, 169–170. 기후변화에 대한 여론조사에서 수년 동안 서서히 높아지던 우려의 목소리가 급격히 하락하기 시작했다.

53 *Dark Money*, 211.

54 Atkin, "How David Koch Changed the World."

55 상원의원 제임스 인호프(James Inhofe, 오클라호마)의 대변인 마크 모라노(Marc Morano)는 이렇게 말했다: "교착상태는 지구온난화 회의론자들의 가장 좋은 친구다. 그것이야말로 당신이 정말로 원하는 모든 것이기 때문이다. (중략) 우리가 옹호하는 법안이란 없다. 우리는 부정적인 힘이다. 우리는 단지 일이 되는 것을 막으려 할 뿐이다." (Mayer, *Dark Money*, 224–225)

56 David Roberts, "Why Conservatives Keep Gaslighting the Nation about Climate Change," *Vox*, October 31, 2018, https://www.vox.com/energy-and-environment/2018/10/22/18007922/climate-change-republicans-denial-marco-rubio-trump.

57 Nadja Popovich, "Climate Change Rises as a Public Priority, but It's More Partisan Than Ever," *New York Tiimes*, February 20, 2020, https://www.nytimes.com/

interactive/2020/02/20/climate/climate-change-polls.html; Brian Kennedy, "U.S. Concern about Climate Change Is Rising, but Mainly among Democrats," Pew Research, April 16, 2020, https://www.pewresearch.org/fact-tank/2020/04/16/u-s-concern-about-climate-change-is-rising-but-mainly-among-democrats/.

58 2020년 지구의 날에 실시된 또 다른 퓨 리서치 센터 여론조사에서는 "기후변화에 대한 사람들의 믿음에는 과학에 대한 지식과 이해의 수준이 아니라 당파성이 더욱 강력한 영향을 미친다"라는 결과도 나타났다. Gary Funk and Brian Kennedy, "How Americans Sees Climate Change and the Environment in 7 Charts," Pew Research, April 21, 2020, https://www.pewresearch.org/fact-tank/2020/04/21/how-americans-see-climate-change-and-the-environment-in-7-charts/.

59 Alister Doyle, "Evidence for Man-Made Global Warming Hits Gold Standard," *Reuters*, February 25, 2019, https://www.reuters.com/article/us-climatechange-temperatures/evidence-for-man-made-global-warming-hits-gold-standard-scientists-idUSKCN1QE1ZU.

60 Atkin, "How David Koch Changed the World."

61 Chris Mooney, "Ted Cruz Keeps Saying That Satellites Don't Show Global Warming. Here's the Problem," *Washington Post*, January 29, 2016, https://www.washingtonpost.com/news/energy-environment/wp/2016/01/29/ted-cruz-keeps-saying-that-satellites-dont-show-warming-heres-the-problem/; Lauren Carroll, "Ted Cruz's World's on Fire, but Not for the Last 17 Years," *Politifact*, March 20, 2015, https://www.politifact.com/factchecks/2015/mar/20/ted-cruz/ted-cruzs-worlds-fire-not-last-17-years/.

62 Jeremy Schulman, "Every Insane Thing Donald Trump Has Said about Global Warming," *Mother Jones*, December 12, 2018, https://www.motherjones.com/environment/2016/12/trump-climate-timeline/.

63 Kate Sheppard, "Climategate: What Really Happened?" *Mother Jones*, April 21, 2011, https://www.motherjones.com/environment/2011/04/history-of-climategate/.

64 "What If You Held a Conference, and No (Real) Scientists Came?" *RealClimate*, January 30, 2008, http://www.realclimate.org/index.php/archives/2008/01/what-if-you-held-a-conference-and-no-real-scientists-came/comment-page-8/; Brendan Montague, "I Crashed a Climate Change Denial Conference in Last Vegas," *Vice*, July 22, 2014, https://www.vice.com/en/article/7bap4x/las-vegas-climate-change-denial-brendan-montague-101; https://climateconference. heartland.org/. 기후변화에 대한 나의 논의는 다음 참조. *Respecting Truth* (72 – 80).

65 "How Do We Know That Humans Are the Major Cause of Global Warming?" Union of Concerned Scientists, July 14, 2009 (updated August 1, 2017), https:// www.ucsusa.org/resources/are-humans-major-cause-global-warming; "CO2 Is Main Driver of Climate Change," *Skeptical Science*, July 15, 2015, https://www. skepticalscience.com/CO2-is-not-the-only-driver-of-climate.htm.

66 Chris Mooney and Elise Viebeck, "Trump's Economic Advisor and Marco Rubio Question Extent of Human Contribution to Climate Change," *Washington Post*, October 14, 2018, https://www.washingtonpost.com/powerpost/larry-kudlow-marco-rubio-question-extent-of-human-contribution-to-climate-change/2018/10/14/c8606ae2-cfcf-11e8-b2d2-f397227b43f0_story.html; Alan Yuhas, "Republicans Reject Climate Change Fears Despite Rebukes from Scientists," *Guardian*, February 1, 2016, https://www.theguardian.com/us-news/2016/feb/01/republicans-ted-cruz-marco-rubio-climate-change-scientists.

67 Alister Doyle and Bruce Wallace, "U.N. Climate Deal in Paris May Be Graveyard for 2C Goal," Reuters, June 1, 2015, https://www.reuters.com/article/us-climatechange-paris-insight/u-n-climate-deal-in-paris-may-be-graveyard-for-2c-goal-idUSKBN0OH1G820150601.

68 Jon Henley, "The Last Days of Paradise," *Guardian*, November 10, 2008, https:// www.theguardian.com/environment/2008/nov/11/climatechange-endangered-habitats-maldives.

69 몰디브에서는 과도한 노출이나 포교 행위가 단속 대상이 될 수 있다. 음란물과 우상 숭배는 모두 금지된다.

70 이런 일이 2004년에 실제로 벌어진 적이 있다. 1미터 높이의 파도가 1미터 높이의 말레를 강타하여 여든두 명이 사망하고 1만 2000명의 이재민이 발생했다.

71 이미 언급한 내용 가운데 실제로 세 번째 위험이 있다. 하지만 이는 섬 자체가 아니라 섬에서 번성할 수 있는 인간의 능력에 대한 것이다. 침수 현상이 점점 흔해지면서 섬에 공급되는 담수 자체가 오염된다. 폭풍이 더 자주 발생하고 평소보다 일찍 발생하면 주민들이 사용할 담수가 부족해진다. Josh Gabbatiss, "Rising Sea Levels Could Make Thousands of Islands from the Maldives to Hawaii 'Uninhabitable within Decades,'" *Independent*, April 25, 2018, https://www.

independent.co.uk/environment/islands-sea-level-rise-flooding-uninhabitable-climate-change-maldives-seychelles-hawaii-a8321876.html.

72 소수에게만 알려진 사실이지만 미국 체서피크만(Chesapeake Bay)에도 탕혜르섬(Tangier Island)이라는 몰디브와 상황이 비슷한 섬이 있다. 해수면이 상승하면서 습지가 가라앉고 결국 물로 덮일 것이다. 역설적이게도 탕혜르섬 주민들은 대체로 기후변화 부정론자이거나 트럼프 지지자다. 그들은 마침내 미국 최초의 기후난민이 될 수도 있다. David J. Unger, "On a Sinking Island, Climate Science Takes a Back Seat to the Bible," *Grist*, September 3, 2018, https://grist.org/article/on-a-sinking-island-climate-science-takes-a-back-seat-to-the-bible/; Simon Worrall, "Tiny U.S. Island Is Drowning. Residents Deny the Reason," *National Geographic*, September 7, 2018, https://www.nationalgeographic.com/environment/2018/09/climate-change-rising-seas-tangier-island-chesapeake-book-talk/.

73 이것이야말로 평평한 지구론자들이 요구했던 '지상 검증(ground truth, 불확실한 대상을 현지에서 직접 측정하고 확인하는 일—옮긴이)'의 경험이다. "우주선을 타본 적이 있나요?" "남극대륙 위를 날아본 적이 있습니까?" "시카고에서 100킬로미터 떨어진 곳까지 배를 타본 적이 있습니까?" 이런 질문에 이제 나는 이렇게 말할 수 있다. "아니요, 하지만 저는 지구 반대편으로 날아가 기후변화의 영향을 목도했습니다. (중략) 그리고 몇몇 다른 별들이 보이더군요."

74 몰디브에서 돌아온 직후 산호가 죽어도 인공 구조물을 통해 섬을 지탱할 수 있다는 희망적인 기사를 읽었다. MIT 과학자들은 모래 유실을 막기 위해 수중에 주머니를 쌓고 섬이 분리되지 않도록 인공 산호초를 건설하려는 계획을 세우고 있다. Courtney Linder, "The Extraordinary Way We'll Rebuild Our Shrinking Islands," *Popular Mechanics*, May 25, 2020, https://www.popularmechanics.com/science/green-tech/a32643071/rebuilding-islands-ocean-waves/.

5장

1 Calvin Woodward and Seth Borenstein, "Unraveling the Mystery of whether Cows Fart," *AP*, April 28, 2019, https://apnews.com/9791f1f85808409e93a1abc8b98531d5.

2 "Sources of Greenhouse Gas Emissions," EPA, https://www.epa.gov/ghgemissions/sources-greenhouse-gas-emissions.

3 Tess Riley, "Just 100 Companies Responsible for 71 of Global Emissions, Study

Says," *Guardian*, July 10, 2017, https://www.theguardian.com/sustainable-business/2017/jul/10/100-fossil-fuel-companies-investors-responsible-71-global-emissions-cdp-study-climate-change.

4 다음 참조. "The Origins and Causes of Climate Denial" in chapter 4.

5 Robinson Meyer, "America's Coal Consumption Entered Free Fall in 2019," *Atlantic*, January 7, 2020, https://www.theatlantic.com/science/archive/2020/01/americas-coal-consumption-entered-free-fall-2019/604543/#:~:text=American 20coal20use20fell2018,is20remarkable2CE2809D20Houser20said.

6 안타깝게도 이는 미국 배출량이 비례적으로 감소했다는 뜻은 아니다. 미국은 석탄을 또 다른 화석연료인 천연가스로 대체했고, 그리하여 전 세계 두 번째로 많은 이산화탄소 배출국이 되었다. 여전히 파리 협정에 명시되어 있는, 2025년까지 배출량을 26퍼센트 감축한다는 목표는 달성하기 힘들 것으로 전망된다.

7 Somini Sengupta, "The World Needs to Quit Coal. Why Is It So Hard?" *New York Times*, November 24, 2018, https://www.nytimes.com/2018/11/24/climate/coal-global-warming.html.

8 "The Road to a Paris Climate Deal," *New York Times*, December 11, 2015, https://www.nytimes.com/interactive/projects/cp/climate/2015-paris-climate-talks/where-in-the-world-is-climate-denial-most-prevalent.

9 좀 더 최근에 이루어진 조사에 따르면 23개 주요 국가들 가운데 미국보다 기후변화 부정론자의 비율이 높은 것으로 나타난 나라는 사우디아라비아와 인도네시아뿐이었다. Oliver Milman and Fiona Harvey, "US Is Hotbed of Climate Change Denial, Major Global Survey Finds," *Guardian*, May 8, 2019, https://www.theguardian.com/environment/2019/may/07/us-hotbed-climate-change-denial-international-poll.

10 Chris Mooney, "The Strange Relationship between Global Warming Denial and . . . Speaking English," *Guardian*, July 23, 2014, https://www.theguardian.com/environment/2014/jul/23/the-strange-relationship-between-global-warming-denial-and-speaking-english After the US, the next worst were the UK and Australia.

11 탐욕? 자기 연민? 무관심? 어쩌면 몰디브 보트 위에서 만난 젊은이의 말이 옳았을지도 모른다. 그것은 믿음에 관한 것이 아니라 관심의 문제인 것이다.

12 Brad Plumer, "Carbon Dioxide Emissions Hit a Record in 2019, Even as Coal Fades," *New York Times*, December 3, 2019, https://www.nytimes.com/2019/12/03/climate/carbon-dioxide-emissions.html.

13 "Energy and the Environment Explained," US Energy Information Administration, last updated August 11, 2020, https://www.eia.gov/energyexplained/energy-and-the-environment/where-greenhouse-gases-come-from.php.

14 "Salem-Style Mass Hysteria Animates Trump Movement at Moon Twp., PA Rally—Nov. 6, 2016," https://www.youtube.com/watch?v=BQNmjpXBanc&t=4s; "Creating Breakthrough Moments," https://www.youtube.com/watch?v=OOfV4ZkmjlM; "Trump Voter Breakthrough—May 2017," https://www.youtube.com/watch?v=7V8JZXx_hUs.

15 안타깝게도 일정상 문제로 NPR은 모임이 끝난 후까지 방송을 내보내지 못했다. 하지만 기후변화 부정론에 대해 진행자와 이야기를 나눈 일은 매우 즐거웠다. Kara Holsopple, "The Philosophy of Climate Denial," *Allegheny Front*, September 18, 2019, https://www.alleghenyfront.org/the-philosophy-of-climate-denial/.

16 https://quoteinvestigator.com/2017/11/30/salary/.

17 Eliza Griswold, "People in Coal Country Worry about the Climate, Too," *New York Times*, July 13, 2019, https://www.nytimes.com/2019/07/13/opinion/sunday/jobs-climate-green-new-deal.html.

18 2019년 석탄 생산량이 18퍼센트 감소한 것을 기억하는가? 이것이 바로 그가 말하려던 내용이다.

19 Jane Mayer, *Dark Money: The Hidden History of the Billionaires Behind the Rise of the Radical Right* (New York: Anchor, 2017).

20 Andrew Norman, *Mental Immunity: Infectious Ideas, Mind-Parasites, and the Search for a Better Way to Think* (New York: Harper Wave, 2021).

21 표기된 이름은 모두 가명이다.

22 Griswold, "People in Coal Country Worry about the Climate, Too."

23 Jake Johnson, "'We Are in a Climate Emergency, America': Anchorage Hits 90 Degrees for the First Time in Recorded History," *Common Dreams*, July 5, 2019, https://www.commondreams.org/news/2019/07/05/we-are-climate-emergency-america-anchorage-hits-90-degrees-first-time-recorded.

24 Alejandra Borunda, "What a 100-Degree Day in Siberia Really Means," *National Geographic*, June 23, 2020, https://www.nationalgeographic.com/science/2020/06/what-100-degree-day-siberia-means-climate-change/.

25 물론 여기서 명백한 유사점들을 알아차린 사람이 내가 첫 번째는 아니다. 실제로 모든 과학 부정론은 기본적으로 동일하기 때문에 코로나바이러스에 대한 부정론 유형이 기후변화나 기타 이슈들에 대한 부정론과 놀라울 정도로 비슷하다

는 점은 주목할 만하다. 잘못된 정보, 막연한 낙관, 비난, 부정, 사실을 조장하는 것, 이를 해결하는 데 너무나 많은 비용이 든다는 주장도 바로 과학 부정론자들의 전략에서 나온 것이다. Katelyn Weisbrod, "6 Ways Trump's Denial of Science Has Delayed the Response to COVID-19 (and Climate Change)," *Inside Climate News*, March 19, 2020, https://insideclimatenews.org/news/19032020/denial-climate-change-coronavirus-donald-trump?gclid=EAIaIQobChMIsan_qduf6gIVDo3ICh1XPAIuEAAYASAAEgID0_D_BwE; Gilad Edelman, "The Analogy between COVID-19 and Climate Change Is Eerily Precise," *Wired*, March 25, 2020, https://www.wired.com/story/the-analogy-between-covid-19-and-climate-change-is-eerily-precise/.

26 안타깝지만 기후변화 문제를 해결하는 백신은 존재하지 않는다.

27 Chris Mooney, Brady Dennis, and John Muyskens, "Global Emissions Plunged an Unprecedented 17 during the Coronavirus Pandemic," *Washington Post*, May 19, 2020, https://www.washingtonpost.com/climate-environment/2020/05/19/greenhouse-emissions-coronavirus.

28 Brad Plumber, "Emissions Declines Will Set Records This Year. But It's Not Good News," *New York Times*, April 30, 2020, https://www.nytimes.com/2020/04/30/climate/global-emissions-decline.html.

29 Maggie Haberman and David Sanger, "Trump Says Coronavirus Cure 'Cannot Be Worse Than the Problem Itself,'" *New York Tiimes*, March 23, 2020, https://www.nytimes.com/2020/03/23/us/politics/trump-coronavirus-restrictions.html.

30 Lois Beckett, "Older People Would Rather Die Than Let Covid-19 Harm the US Economy—Texas Official," *Guardian*, March 24, 2020, https://www.theguardian.com/world/2020/mar/24/older-people-would-rather-die-than-let-covid-19-lockdown-harm-us-economy-texas-official-dan-patrick; Sally Jenkins, "Some May Have to Die to Save the Economy? How about Offering Testing and Basic Protections?" *Washington Post*, April 18, 2020, https://www.washingtonpost.com/sports/2020/04/18/sally-jenkins-trump-coronavirus-testing-economy/.

31 실제로 2016년 대통령 선거 직후에 실시된 여론조사에서는 트럼프 지지자의 62퍼센트가 탄소 오염 관련 세금을 지지했다! 유권자가 있는 곳에 정치인이 없을 이유가 없지 않을까? Dana Nuccitelli, "Trump Can Save His Presidency with a Great Deal to Save the Climate," *Guardian*, February 22, 2017, https://www.theguardian.com/environment/climate-consensus-97-per-cent/2017/feb/22/trump-can-save-his-presidency-with-a-great-deal-to-save-the-climate.

32   Laurie Goodstein, "Evolution Slate Outpolls Rivals," *New York Times*, November 9, 2005, https://www.nytimes.com/2005/11/09/us/evolution-slate-outpolls-rivals.html.

33   Ellen Cranley, "These Are the 130 Members of Congress Who Have Doubted or Denied Climate Change," *Business Insider*, April 29, 2019, https://www.businessinsider.com/climate-change-and-republicans-congress-global-warming-2019-2#kentucky-14.

34   다른 공화당 시장들도 여기에 포함된다. Liz Enochs, "Spotted at the Climate Summit: Republican Mayors," *Bloomberg News*, September 19, 2018, https://www.bloomberg.com/news/articles/2018-09-19/the-republican-mayors-who-have-broken-ranks-on-climate.

35   Christopher Wolsko et al., "Red, White, and Blue Enough to Be Green: Effects of Moral Framing on Climate Change Attitudes and Conservaation Behaviors," *Journal of Experimental Social Psychology* 65 (2016), https://www.sciencedirect.com/science/article/abs/pii/S0022103116301056.

36   Dana Nuccitelli, "Trump Thinks Scientists Are Split on Climate Change. So Do Most Americans," *Guardian*, October 22, 2018, https://www.theguardian.com/environment/climate-consensus-97-per-cent/2018/oct/22/trump-thinks-scientists-are-split-on-climate-change-so-do-most-americans; Dana Nuccitelli, "Research Shows That Facts Can Still Change Conservatives' Minds," *Guardian*, December 14, 2017, https://www.theguardian.com/environment/climate-consensus-97-per-cent/2017/dec/14/research-shows-that-certain-facts-can-still-change-conservatives-minds; Sander van der Linden et al., "Scientific Agreement Can Neutralize Politicization of Facts," *Nature Human Behaviour* 2 (January 2018), https://www.nature.com/articles/s41562-017-0259-2; Sander van der Linden et al., "Gateway Illusion or Cultural Cognition Confusion," *Journal of Science Communication* 16, no. 5 (2017), https://jcom.sissa.it/archive/16/05/JCOM_1605_2017_A04.

37   Umair Irfan, "Report: We Have Just 12 Years to Limit Devastating Global Warming," *Vox*, October 8, 2018, https://www.vox.com/2018/10/8/17948832/climate-change-global-warming-un-ipcc-report.

38   Matt McGrath, "Climate Change: 12 Years to Save the Planet? Make That 18 Months," *BBC News*, July 24, 2019, https://www.bbc.com/news/science-environment-48964736.

39 Sarah Finnie Robinson, "How Do Americans Think about Global Warming?" Boston University: Institute for Sustainable Energy, August 9, 2018, https://www. bu.edu/ise/2018/08/09/the-51-percent-a-climate-communications-project-to-accelerate-the-transition-to-a-zero-carbon-economy/.

6장

1 팬데믹과 물류 문제가 불거진 가운데, 2020년 공화당 강령은 2016년과 동일하게 인간에 의한 지구온난화에 대한 진실을 인정하지 않았다. Zoya Teirstein, "The 2020 Republican Platform: Make America 2016 Again," *Grist*, June 17, 2020, https://grist.org/politics/the-2020-republican-platform-make-america-2016-again/.

2 이 이슈에 대한 나의 논의는 다음 참조. *Respecting Truth* (64-71).

3 Matt Keeley, "Only 27 of Republicans Think Climate Change Is a 'Major Threat' to the United States," *Newsweek*, August 2, 2019, https://www.newsweek.com/republicans-climate-change-threat-1452157.

4 Cary Funk, "Republicans' Views on Evolution," Pew Research, January 3, 2014, https://www.pewresearch.org/fact-tank/2014/01/03/republican-views-on-evolution-tracking-how-its-changed/.

5 마이클 셔머가 지적했듯이, 당파에 따른 의견 차이에도 불구하고, 이런 수치들이 진보주의자들이 심지어 이런 주제들에 대해 과학을 부정한 적이 없다는 생각을 확실히 강력하게 지지한다는 뜻은 아니다. 기후변화에 대한 과학적 합의가 98퍼센트이고 진화론에 대한 합의가 97퍼센트인데도, 민주당원의 16퍼센트가 기후변화를 중대한 위협으로 생각하지 않고 33퍼센트가 진화론에 의구심을 갖는 이유는 무엇일까? Michael Shermer, "The Liberals' War on Science," *Scientific American*, February 1, 2013, https://www.scientificamerican.com/article/the-liberals-war-on-science/.

6 Stephan Lewandowsky, Jan K. Woike, and Klaus Oberauer, "Genesis or Evolution of Gender Differences? Worldview-Based Dilemmas in the Processing of Scientific Information," *Journal of Cognition* 31, no. 1 (2020), https://www.journalofcognition.org/articles/10.5334/joc.99/.

7 하지만 이 가설은 사람들이 종종 자신의 기존 가치 혹은 뇌의 화학적 성향에 맞는 정치적 정체성에 끌린다는 사실을 보여주는 연구와 함께 고려되어야 한다. 과학적 신념의 구체적인 내용이 바뀔 수 있다곤 해도, 그들을 더 보수적이거나

진보적으로 이끄는 인지적이고 성격적 특성들은 그렇지 않을 수도 있다. 다음 참조. Chris Mooney, *The Republican Brain: The Science of Why They Deny Science—and Reality* (Hoboken, NJ: Wiley, 2012), 111 – 126; 크리스 무니, 이지연 옮김,《똑똑한 바보들》(동녘사이언스, 2012).

8 다음 참조. Michael Shermer, "The Liberals' War on Science: How Politics Distorts Science on Both Ends of the Spectrum," *Scientific American*, February 1, 2013, https://www.scientificamerican.com/article/the-liberals-war-on-science/; Chris Mooney, "The Science of Why We Don't Believe Science," *Mother Jones*, May/June 2011, https://www.motherjones.com/politics/2011/04/denial-science-chris-mooney/; Keith Kloor, "GMO Opponents Are the Climate Skeptics of the Left," *Slate*, September 26, 2012, https://slate.com/technology/2012/09/are-gmo-foods-safe-opponents-are-skewing-the-science-to-scare-people.html. 또한 다음 참조. Jon Stewart, "An Outbreak of Liberal Idiocy," *The Daily Show*, June 2, 2014, http://www.cc.com/video-clips/g1lev1/the-daily-show-with-jon-stewart-an-outbreak-of-liberal-idiocy.

9 Shermer, "The Liberals' War on Science."

10 Michael Shermer, "Science Denial versus Science Pleasure," *Scientific American*, January 1, 2018, https://www.scientificamerican.com/article/science-denial-versus-science-pleasure/.

11 Shermer, "Science Denial versus Science Pleasure."

12 Lewandowsky, Woike, and laus Oberauer, "Genesis of Evolution of Gender Differences."

13 Stephan Lewandowsky and Klaus Oberauer, "Motivated Rejection of Science," *APS: Current Direction in Psychological Science*, August 10, 2016, https://journals.sagepub.com/doi/abs/10.1177/0963721416654436?journalCode=cdpa.

14 Shermer, "The Liberals' War on Science." 2013년 에세이에서 셔머는 다소 오래된 설문조사 데이터를 인용했는데, 민주당원 19퍼센트가 지구온난화를 의심했고 41퍼센트는 젊은 지구 창조론(young Earth creationism, 성경의 내용을 바탕으로 지구가 엿새 만에 창조되었으며 지구의 나이가 6000년 정도라고 주장하는 입장—옮긴이)을 믿는 것으로 나타났다.

15 그렇다고 해서 이것이 무의미한 질문이라는 뜻은 아니다. 태라 하엘이 지적한 것처럼 실제로 '진보주의자가 벌이는 과학과의 전쟁'이 존재하지 않는다 하더라도 좌익 과학 부정론자가 없는 것 또한 문제다. 그녀가 언급했듯이 "문제는 공화당원들이 보이는 반과학적 광기에 필적할 만큼 민주당원들이 반과학적인지

의 여부가 아니다. 핵심은 좌파에 과학 부정론이 존재하기는 한다는 사실이다." Tara Haelle, "Democrats Have a Problem with Science Too," *Politico*, June 1, 2014, https://www.politico.com/magazine/story/2014/06/democrats-have-a-problem-with-science-too-107270

16 Mooney, "The Science of Why We Don't Believe Science"; Chris Mooney, "Diagnosing the Republican Brain," *Mother Jones*, March 30, 2012, https://www.motherjones.com/politics/2012/03/chris-mooney-republican-brain-science-denial/; Chris Mooney, "There's No Such Thing as the Liberal War on Science," *Mother Jones*, March 4, 2013, https://www.motherjones.com/politics/2013/03/theres-no-such-thing-liberal-war-science/; Chris Mooney, "If You Distrust Vaccines, You're More Likely to Think NASA Faked the Moon Landings," *Mother Jones*, October 2, 2013, https://www.motherjones.com/environment/2013/10/vaccine-denial-conspiracy-theories-gmos-climate/; Chris Mooney, "Stop Pretending that Liberals Are Just as Anti-Science as Conservatives," *Mother Jones*, September 11, 2014, https://www.motherjones.com/environment/2014/09/left-science-gmo-vaccines/.

17 하지만 과학 부정론이 정치로 완전히 설명될 수 있는지에 대한 가설을 재고하는 것이 현명하다는 의미일 수도 있다. Cf. Lilliana Mason, "Ideologues without Issues: The Polarizing Consequences of Ideological Identities," *Public Opinion Quarterly*, March 21, 2018, https://academic.oup.com/poq/article/82/S1/866/4951269

18 그럼에도 불구하고 무니가 지적한 바와 같이 진보주의자 사이에서 백신 거부자와 GMO 반대자 같은 사례가 발견되는 경우와, 공화당처럼 기후변화 부정론이 민주당에서도 강령 일부로 명시되어 있는 경우 사이에는 차이가 있을 수 있다.

19 무니는 당파적 차이의 어떤 부분은 실제로 뇌과학 수준에서 검증될 수 있다며 다음과 같이 주장하고 있다. "정치적 보수주의자는 정치적 진보주의자와 심리학적, 성격적 차원에서 큰 차이를 보인다. 그리고 불가피하게 이는 두 집단이 논쟁하고 정보를 처리하는 방식에 영향을 준다." 다음 참조. Mooney, "Diagnosing the Republican Brain."

20 Mooney, "The Science of Why We Don't Believe in Science."

21 무니의 다음 글도 참조. Chris Mooney, "Liberals Deny Science Too" (*Washington Post*, October 28, 2014). 이 글에서 그는 과학 부정론의 좋은 예로 진화심리학에 대한 좌파 계열 학자들의 반응을 보여주었다. https://www.washingtonpost.com/news/wonk/wp/2014/10/28/liberals-deny-science-too/. 무니는 특히 백신 거

부가 좌파 계열 과학 부정론의 예라는 이전의 견해를 명백히 포기했다. 다음 참조. Mooney, "More Polling Data on the Politics of Vaccine Resistance," *Discover Magazine*, April 27, 2011, https://www.discovermagazine.com/the-sciences/more-polling-data-on-the-politics-of-vaccine-resistance; Mooney, "The Biggest Myth about Vaccine Deniers: That They're All a Bunch of Hippie Liberals," *Washington Post*, January 26, 2015, https://www.washingtonpost.com/news/energy-environment/wp/2015/01/26/the-biggest-myth-about-vaccine-deniers-that-theyre-all-a-bunch-of-hippie-liberals/.

22 설사 그렇지 않더라도 우리는 여전히 수많은 백신 거부자들이 진보주의자라는 사실과 맞서 싸워야 할 것이다.

23 Jamelle Bouie, "Anti-Science Views Are a Bipartisan Problem," *Slate*, February 4, 2015, https://slate.com/news-and-politics/2015/02/conservatives-and-liberals-hold-anti-science-views-anti-vaxxers-are-a-bipartisan-problem.html.

24 Ross Pomeroy, "Where Conservatives and Liberals Stand on Science," *Real Clear Science*, June 30, 2015, https://www.realclearscience.com/journal_club/2015/07/01/where_conservatives__liberals_stand_on_science.html.

25 그러나 스테판 레반도프스키는 백신 거부가 초당적이라는 생각에 이의를 제기하고 오히려 정치 우파 계열에서 두드러진다고 믿는다는 점에 주목해야 한다. 이는 진보와 보수 양측이 백신 거부를 지지하는 이유가 동일한 것인지에 대한 흥미로운 질문을 남긴다. 다음 참조. Lewandowsky, "Genesis or Evolution of Gender Differences? Worldview-Based Dilemmas in the Processing of Scientific Information," *Journal of Cognition* (2020). 백신 거부가 초당적인가라는 질문에 아직 전혀 당파적이지 않다는 데 동의한다면, 코로나19 팬데믹 이후의 변화상이 궁금하다.

26 Joan Conrow, "Anti-vaccine Movement Embraced at Extremes of Political Spectrum, Study Finds," Cornell Alliance for Science, June 14, 2018, https://allianceforscience.cornell.edu/blog/2018/06/anti-vaccine-movement-embraced-extremes-political-spectrumstudy-finds/. 이 부분에서 사람들이 백신을 반대하는 이유가 백신이 안전하지 않다고 느꼈기 때문인지 혹은 정부의 강제 정책에 반대했기 때문인지에 대해서는 흥미로운 상반된 의견이 존재한다. Charles McCoy, "Anti-vaccination Beliefs Don't Follow the Usual Political Polarization," *The Conversation*, August 23, 2017, https://theconversation.com/anti-vaccination-beliefs-dont-follow-the-usual-political-polarization-81001. 여기에 당파적 분열이 나타난다. "Polls Show Emerging Ideological Divide over Childhood

Vaccinations," *The Hill*, March 14, 2019, https://thehill.com/hilltv/what-americas-thinking/434107-polls-show-emerging-ideological-divide-over-childhood. 흥미로운 점은 진보주의 이데올로기로서 시작된 것이 보수주의자들에게 확산되어 왔는데 각기 이유는 다르다. Arthur Allen, "How the Anti-vaccine Movement Crept into the GOP Mainstream," *Politico*, May 27, 2019, https://www.politico.com/story/2019/05/27/anti-vaccine-republican-mainstream-1344955.

27 Charles McCoy, "Anti-vaccination Beliefs," *The Conversation*, August 23, 2017, https://theconversation.com/anti-vaccination-beliefs-dont-follow-the-usual-political-polarization-81001.

28 무니는 스테판 레반도프스키의 연구를 참고해 진보와 보수가 서로 다른 이유로 백신 거부자가 되는지에 대한 흥미로운 주제를 탐구한다. 아마도 우파는 정부의 사생활 개입에 반대하고 좌파는 대형 제약 회사들을 불신하기 때문일 것이다. Chris Mooney, "The Biggest Myth about Vaccine Deniers," *Washington Post*, January 26, 2015, https://www.washingtonpost.com/news/energy-environment/wp/2015/01/26/the-biggest-myth-about-vaccine-deniers-that-theyre-all-a-bunch-of-hippie-liberals/.

29 봉쇄 반대 집회에 백신 거부자들은 물론 백인민족주의자들이 참여했다는 점이 주목할 만하다. Adam Bloodworth, "What Draws the Far Right and Anti-Vaxxers to Lockdown Protests," *Huffington Post*, May 17, 2020, https://www.huffingtonpost.co.uk/entry/anti-lockdown-protests-far-right-extremist-groups_uk_5ebe761ec5b65715386cb20d.

30 Jonathan Berman, *Anti-vaxxers: How to Challenge a Misinformed Movement* (Cambridge, MA: MIT Press, 2020).

31 Roni Caryn Rabin, "What Foods Are Banned in Europe But Not Banned in the US?" *New York Times*, December 28, 2018, https://www.nytimes.com/2018/12/28/well/eat/food-additives-banned-europe-united-states.html.

32 Keith Kloor, "GMO Opponents Are the Climate Skeptics of the Left," *Slate*, September 26, 2012, https://slate.com/technology/2012/09/are-gmo-foods-safe-opponents-are-skewing-the-science-to-scare-people.html; Pamela Ronald, "Genetically Engineer Crops—What, How and Why," *Scientific American*, August 11, 2011, https://blogs.scientificamerican.com/guest-blog/genetically-engineered-crops/; Michael Gerson, "Are You Anti-GMO? Then You're Anti-science, Too," *Washington Post*, May 3, 2018, https://www.washingtonpost.com/opinions/are-you-anti-gmo-then-youre-anti-science-too/2018/05/03/

cb42c3ba-4ef4-11e8-af46-b1d6dc0d9bfe_story.html; Committee on Genetically Engineered Crops et al., *Genetically Engineered Crops: Experiences and Prospects* (2016) (Washington, DC: The National Academies Press, 2016), https://www.nap.edu/catalog/23395/genetically-engineered-crops-experiences-and-prospects; Ross Pomeroy, "Massive Review Reveals Consensus on GMO Safety," *Real Clear Science*, September 30, 2013, https://www.realclearscience.com/blog/2013/10/massive-review-reveals-consensus-on-gmo-safety.html; Jane E. Brody, "Are G.M.O. Foods Safe?" *New York Times*, April 23, 2018, https://www.nytimes.com/2018/04/23/well/eat/are-gmo-foods-safe.html.

33 사전예방의 원칙은 결론, 특히 불필요한 위험을 초래할 수 있는 결론을 성급하게 내리지 않도록 주의해야 한다고 말한다. 우리는 GMO를 피하는 선택이 이 원칙에 의존할 수 있다고 생각하지만, 아마도 그것은 식품이 비교적 저렴하고 구하기도 쉬운 국가에 사는 사람들에게만 가능한 사치일 수 있다. 전 세계 수백만 명이 기아에 고통받고 있는데 GMO가 "안전하다는 것이 입증되어야 한다"(결코 일어날 수 없는 일이다)라고 주장하는 것이 타당할까? 가장 신중한 입장은 둘 사이의 균형을 맞추는 일일 것이다. GMO가 안전하지 않다는 증거는 없고 그사이에 기아에 죽어가는 사람들이 존재한다면 '위험'을 감수할 가치가 있지 않을까? 이 논리는 백신에도 분명히 적용된다. 다음 반세기 안에 지구의 인구는 90억 명에 도달할 것이다. 식량 기술의 발전 없이 그들을 부양할 수 있을까? 다음 참조. Mitch Daniels, "Avoiding GMOs Isn't Just Anti-Science. It's Immoral," *Washington Post*, December 27, 2017, https://www.washingtonpost.com/opinions/avoiding-gmos-isnt-just-anti-science-its-immoral/2017/12/27/fc773022-ea83-11e7-b698-91d4e35920a3_story.html; "The World Population Prospects: 2015 Revision," UN Department of Economic and Social Affairs, July 29, 2015, https://www.un.org/en/development/desa/publications/world-population-prospects-2015-revision.html; Mark Lynas, "Time to Call Out the Anti-GMO Conspiracy," April 29, 2013, https://www.marklynas.org/2013/04/time-to-call-out-the-anti-gmo-conspiracy-theory/.

34 '기후변화 음모론(Climate Change Conspiracy Theories)'이라는 글에서 조지프 우신스키와 캐런 더글러스와 스테판 레반도프스키는 다음과 같이 기술했다. "GMO에 대한 음모론은 일반적으로 몬산토라는 생명공학 기업이 독성 식품으로 농업 산업을 지배하려는 음모를 꾸미고 있다는 내용이다." *Oxford Research Encyclopedia of Climate Science*, September 26, 2017, https://oxfordre.com/climatescience/view/10.1093/acrefore/9780190228620.001.0001/acrefore-

9780190228620-e-328.

35 그가 '유기농 페티시(organic fetish)'라고 부르는 것과 세계 인구 증가, 빈곤, 기아라는 현실 사이의 충돌에 대한 감동적이고 설득력 있는 토론은 다음 책의 3장을 참조하기 바란다. Michael Specter, *Denialism* (New York: Penguin Press, 2009).

36 엄밀히 말하자면 GMO는 식물이나 동물 모두 될 수 있다. 그리고 유전자변형이라는 용어가 명확히 규정되어야 한다. 어느 농부가 다른 종류가 아닌 특정 종류의 식물을 선택할 때마다 그는 인공선택(artificial selection)에 참여하고 있는 셈이고 이는 미래의 유전자풀(gene pool)에 영향을 미친다. 더 많은 직접적 변형이 번식(breeding)을 통해 이루어지며 여기에는 접목이나 새로운 조직 이식 등의 전통적 방식이 포함될 수 있다. 이 과정에서 외래 유전자가 게놈 자체로 전달이 된다. 후자는 직접적인 유전자변형이라 할 수 있다. Sheldon Krimsky, *GMOs Decoded: A Skeptic's View of Genetically Modified Foods* (Cambridge, MA: MIT Press, 2019), xxi.

37 Shahla Wunderlich and Kelsey G. Gatto, "Consumer Perception of Genetically Modified Organisms and Sources of Information," *Advances in Nutrition*, November 10, 2015, https://www.ncbi.nlm.nih.gov/pmc/articles/PMC4642419/.

38 물론 그것은 우리가 유전자변형을 어떻게 생각하느냐에 달려 있다. 선택적 번식(인공선택)은 괜찮은가? 접목은 어떠한가? 이종교배는? 유전자 편집은? 다음 참조. Keith Weller, "What You Need to Know about Genetically Modified Organisms," *IFL Science*, accessed September 1, 2020, https://www.iflscience.com/environment/myths-and-controversies-gmos-0/; Laura Parker, "The GMO Labeling Battle Is Heating Up—Here's Why," *National Geographic*, January 12, 2014, https://www.nationalgeographic.com/news/2014/1/140111-genetically-modified-organisms-gmo-food-label-cheerios-nutrition-science/#close; Elizabeth Weise, "Q&A: What You Need to Know about Genetically Engineered Foods," *USA Today*, November 19, 2015, https://www.usatoday.com/story/news/2015/11/19/what-you-need-know-genetically-engineered-foods/76059166/.

39 Weller, "What You Need to Know."

40 Anastasia Bodnar, "The Scary Truth behind Fear of GMOs," *Biology Fortified*, February 27, 2018, https://biofortified.org/2018/02/scary-truth-gmo-fear/.

41 Shahla Wunderlilch and Kelsey A. Gatto, "Consumer Perception of Genetically Modified Organisms and Sources of Information," *Advances in Nutrition* 6, no. 6 (2015), https://www.ncbi.nlm.nih.gov/pmc/articles/PMC4642419/.

42 Michael Shermer, "Are Paleo Diets More Natural Than GMOs?" *Scientific*

American, April 1, 2015, https://www.scientificamerican.com/article/are-paleo-diets-more-natural-than-gmos/

43 Weller, "What You Need to Know."

44 Weller, "What You Need to Know"; Lynas, "Time to Call Out the Anti-GMO Conspiracy." GMO의 다양한 특성들에 대해 의문을 제기한 환경 단체 성격의 다른 비영리조직에는 지구의 벗(Friends of the Earth)이나 참여 과학자 모임(Union of Concerned Scientists) 등이 포함된다. https://foe.org/news/2015-02-are-gmos-safe-no-consensus-in-the-science-scientists/; Doug Gurian-Sherman, "Do We Need GMOs?" Union of Concerned Scientists, November 23, 2015, https://blog.ucsusa.org/doug-gurian-sherman/do-we-need-gmos-322; Keith Kloor, "On Double Standards and the Union of Concerned Scientists," *Discovery Magazine*, August 22, 2014, https://www.discovermagazine.com/environment/on-double-standards-and-the-union-of-concerned-scientists.

45 Patricia Cohen, "Roundup Weedkiller Is Blamed for Cancers, but Farmers Say It's Not Going Away," *New York Times*, September 20, 2019, https://www.nytimes.com/2019/09/20/business/bayer-roundup.html; Hilary Brueck, "The EPA Says a Chemical in Monsanto's Weed Killer Doesn't Cause Cancer—but There's Compelling Evidence That the Agency Is Wrong," *Business Insider*, June 17, 2019, https://www.businessinsider.com/glyphosate-cancer-dangers-roundup-epa-2019-5.

46 많은 환경주의자들은 '불임 종자'가 재생산되지 않도록 씨앗의 유전자를 변형하는 몬산토의 사업 관행 일부를 반대한다. 이로 인해 농민들이 매년 씨앗들을 (더 많은 제초제와 함께) 다시 구매해야 하기 때문이다. Mark Lynas, *Seeds of Science: Why We Go It So Wrong on GMOs* (London: Bloomsbury Sigma, 2018), 110; 마크 라이너스, 조형택 옮김, 《과학의 씨앗》(스누북스, 2020).

47 Weller, "What You Need to Know."

48 Lynas, "Time to Call Out the Anti-GMO Conspiracy."

49 Weller, "What You Need to Know"; Gerson, "Are You Anti-GMO?"

50 "Statement by the AAAS Board of Directors on the Labeling of Genetically Modified Foods," American Association for the Advancement of Science, https://www.aaas.org/sites/default/files/AAAS_GM_statement.pdf.

51 무엇이 GMO로 인정받는가는 국가에 따라 다르다. 미국 농무부는 유전자 편집이 농작물의 번식과 유사하기 때문에 유전자변형으로 간주하지 않는다고 말한다. 하지만 유럽에서는 대부분 확실히 GMO로 인정된다. Emma Sarappo,

"The Less People Understand Science, The More Afraid of GMOs They Are,"
Pacific Standard, November 19, 2018, https://psmag.com/news/the-less-people-
understand-science-the-more-afraid-of-gmos-they-are; Wunderlich and
Gatto, "Consumer Perception of Genetically Modified Organisms and Sources of
Information."

52 미국에서는 식품 라벨에 '비GMO'라는 용어를 표기해서는 안 된다. 유전자변
형 성분이 어느 정도 낮은지를 검증하는 일도 불가능하고, 연방정부에서 설정
한 최소 기준치가 없기 때문이다. 제품이 유전공학 과정을 통해 만들어지지
않았음을 주장할 수는 있을 것이다. 곳곳에서 볼 수 있는 '비GMO 제품 인증
(NonGMO Project Verified)' 표시는 비영리 그룹 비GMO 프로젝트가 유럽 기
준인 GMO 성분 0.9퍼센트 이하의 제품들을 알려주는 장치다. Wunderlich and
Gatto, "Consumer Perception of Genetically Modified Organisms and Sources of
Information."

53 Roberto A. Ferdman, "Why We're So Scared of GMOs, According to Someone
Who Has Studied Them Since the Start," *Washington Post*, July 6, 2015, https://
www.washingtonpost.com/news/wonk/wp/2015/07/06/why-people-are-so-
scared-of-gmos-according-to-someone-who-has-studied-the-fear-since-the-
start/.

54 Brian Kennedy et al., "Americans Are Narrowly Divided over Health Effects of
Genetically Modified Foods," Pew Research, November 19, 2018, https://www.
pewresearch.org/fact-tank/2018/11/19/americans-are-narrowly-divided-over-
health-effects-of-genetically-modified-foods/. 이 입장은 이후 2년 동안 바뀌
지 않았다. Cary Funk, "About Half of U.S. Adults Are Wary of Health Effects of
Genetically Modified Foods, but Many Also See Advantages," Pew Research, March
18, 2020, https://www.pewresearch.org/fact-tank/2020/03/18/about-half-of-u-
s-adults-are-wary-of-health-effects-of-genetically-modified-foods-but-many-
also-see-advantages/.

55 Brad Plumer, "Poll: Scientists Overwhelmingly Think GMOS Are Safe to Eat.
The Public Doesn't," *Vox*, January 29, 2015, https://www.vox.com/2015/1/29
/7947695/gmos-safety-poll; "Public and Scientists' Views on Science and
Society," Pew Research Center, January 29, 2015, https://www.pewresearch.org/
science/2015/01/29/public-and-scientists-views-on-science-and-society/#_
Chapter_3:_Attitudes. 다른 두 조사 결과도 주목할 만하다. 2013년에는 54퍼센트
가 유전자변형식품에 대해 거의 혹은 전혀 모른다고 답했으며 25퍼센트는 들

어본 적이 없다고 답했다. 2016년에는 응답자 79퍼센트가 GMO가 위험하다고 답했다. William K. Hallman et al., "Public Perceptions of Labeling Genetically Modified Foods," Rutgers Working Paper, November 1, 2013, http://humeco. rutgers.edu/documents_PDF/news/GMlabelingperceptions.pdf; Anastasia Bodnar, "The Scary Truth behind Fear of GMOs," *Biology Fortified*, February 27, 2018, https://biofortified.org/2018/02/scary-truth-gmo-fear/.

56 Quotation from Shawn Otto, *The War on Science: Who's Waging It, Why It Matters, What We Can Do about It* (Minneapolis: Milkweed, 2016), 135.

57 이 경우에는 차이가 37퍼센트다. "Public and Scientists' Views on Science and Society," Pew Research, https://www.pewresearch.org/science/2015/01/29/public-and-scientists-views-on-science-and-society/.

58 일부 가설에서는 '자연스러운' 것이 무조건 좋은 것이기 때문에 자연스럽지 않은 것은 모두 나쁜 것임이 틀림없다는 유추를 하는 듯하다. 하지만 포름알데히드는 우유, 육류, 일부 농산물에서 자연적으로 생성되며 우리 몸에서도 생산되고 대사 작용을 하는 것으로 알려진 발암물질이다. 다른 가설에서는 (1) 유전자변형식품이 인간에게 해롭다고 생각하는 것이 '이해가 된다'고 한다. 혹은 (2) GMO가 어떻게든 우리의 '도덕적' 감수성을 훼손하고 '혐오감'을 유발한다는 견해도 존재한다. Sarappo, "The Less People Understand Science the More Afraid of GMOs They Are"; Roberto Ferdman, "Why We're So Scared of GMOs," *Washington Post*, July 6, 2015, https://www.washingtonpost.com/news/wonk/wp/2015/07/06/why-people-are-so-scared-of-gmos-according-to-someone-who-has-studied-the-fear-since-the-start/; Shermer, "Are Paleo Diets More Natural Than GMOs?"; Jesse Singal, "Why Many GMO Opponents Will Never Be Convinced Otherwise," *The Cut*, May 24, 2016, https://www.thecut.com/2016/05/why-many-gmo-opponents-will-never-be-convinced-otherwise.html; Stefaan Blancke, "Why People Oppose GMOs Even Though Science Says They Are Safe," *Scientific American*, August 18, 2015, https://www.scientificamerican.com/article/why-people-oppose-gmos-even-though-science-says-they-are-safe.

59 Sarappo, "The Less People Understand Science the More Afraid of GMOs They Are"; John Timmer, "On GMO Safety, the Fiercest Opponents Understand the Least," *Ars Technica*, January 15, 2019, https://arstechnica.com/science/2019/01/on-gmo-safety-the-fiercest-opponents-understand-the-least/.

60 같은 연구의 또 다른 결과에서 응답자의 33퍼센트는 비GMO 토마토에는 유

전자가 아예 없다고 믿는 것으로 나타났다. Ilya Semin, "New Study Confirms That 80 Percent of Americans Support Labeling of Foods Containing DNA," *Washington Post*, March 27, 2016, https://www.washingtonpost.com/news/volokh-conspiracy/wp/2016/05/27/new-study-confirms-that-80-percent-of-americans-support-mandatory-labeling-of-foods-containing-dna/.

61 Sarappo, "The Less People Understand Science the More Afraid of GMOs They Are."

62 Gilles-Éric Séralini et al., "RETRACTED: Long-Term Toxicity of a Roundup Herbicide and Roundup-Tolerant Modified Maize," *Food and Chemical Toxicology* 50, no. 11 (November 2012): 4221–4231.

63 Weller, "What You Need To Know." 세랄리니 연구의 또 다른 문제는 기자들에게 비밀 유지 계약에 서명하게 하고 다른 과학자들이 자신의 연구에 대해 언급하기 전에 외부 의견을 구하는 것을 금지했다는 점이다. 이것은 학계에서 매우 이례적인 일이다. Kloor, "GMO Opponents Are the Climate Skeptics of the Left." 하지만 앤드루 웨이크필드의 신뢰할 수 없었던 백신과 자폐증의 관련성 연구와 마찬가지로 세랄리니의 연구는 (다른 곳에서 재출간된 후) 여전히 유통되고 있으며 GMO의 안전성에 대한 과학적 증거를 제공하는 연구 중 하나로 자주 인용된다. Lynas, *Seeds of Science*, 236–237.

64 Lynas, "Time to Call Out the Anti-GMO Conspiracy."

65 Lynas, *Seeds of Science*. 〈빌 아저씨의 과학 이야기(Bill Nye the Science Guy)〉에서도 그 가치를 감안하여 최근 몇 년 동안 GMO를 주제로 다루었다. Ross Pomeroy, "Why Bill Nye Changed His Mind on GMOs," *Real Clear Science*, October 16, 2016, https://www.realclearscience.com/blog/2016/10/why_bill_nye_changed_his_mind_on_gmos_109763.html.

66 Lynas, *Seeds of Science*, 44.

67 "Mark Lynas on His Conversion to Supporting GMOs—Oxford Lecture on Farming," YouTube, January 22, 2013, https://www.youtube.com/watch?v=vf86QYf4Suo.

68 Lynas, *Seeds of Science*, 251–252.

69 Jonathan Haidt, *The Righteous Mind: Why Good People Are Divided by Politics and Religion* (New York: Vintage, 2012), 59; 조너선 하이트, 왕수민 옮김, 《바른 마음》 (웅진지식하우스, 2014).

70 Lynas, *Seeds of Science*, 248.

71 "과학계가 DNA 재조합과 관련한 전문가들의 초창기 우려가 과장되었을 가능성

이 크다는 것을 깨닫기 시작한 바로 그때, 환경 운동이 그에 대한 완강한 반대 입장을 고수했다는 것은 아이러니했다." Lynas, *Seeds of Science*, 172.

72 어스퍼스트의 활동가 인용문, 다음에서 인용. Lynas, *Seeds of Science*, 183.

73 Lynas, *Seeds of Science*, 191.

74 Lynas, *Seeds of Science*, 188.

75 담배 회사와 석유 회사의 초창기 부정론 캠페인이 이곳에서 메아리치는 것이 들린다. 비록 이 경우 GMO 반대 캠페인은 기업에 단호하게 반대하는 입장이지만 말이다.

76 Lynas, *Seeds of Science*, 237.

77 Lynas, *Seeds of Science*, 211.

78 Lynas, *Seeds of Science*, 189.

79 Lynas, *Seeds of Science*, 257.

80 Lynas, *Seeds of Science*, 266 – 269.

81 Lynas, "Time to Call Out the Anti-GMO Conspiracy."

82 Lynas, "Time to Call Out the Anti-GMO Conspiracy." 여기서 불가피하게 비교되는 사례가 있는데, 전 남아프리카공화국 대통령 타보 음베키가 에이즈 치료법이 30만 명 이상의 사망자를 초래한 서구의 음모 중 하나라고 주장한 바 있다. 다음 참조. Michael Specter, *Denialism: How Irrational Thinking Hinders Scientific Progress, Harms the Planet, and Threatens Our Lives* (New York: Penguin, 2009), 184, 그리고 8장에서 나의 논의 참조. Henri E. Cauvin, "Zambian Leader Defends Ban on Genetically Altered Foods," *New York Times*, September 4, 2002, https://www.nytimes.com/2002/09/04/world/zambian-leader-defends-ban-on-genetically-altered-foods.html.

83 GMO와 관련한 우려에는 일부 법률적 영역이 존재한다. 제초제에 내성을 가진 슈퍼잡초의 진화, 꽃가루 오염(생물 다양성 감소로 이어질 수 있다), 유전자 기반 알레르겐(allergen, 알레르기 반응을 유도할 수 있는 항원—옮긴이)이 새로운 식품에 주입될 가능성, 수확 후 오랫동안 토양에 잔류하는 살충제, 항생제 내성이 강해질 가능성 등이 그 예다. 과학자들은 이 모든 것을 연구하고 있다. 이러한 문제에도 불구하고 GMO 식품이 섭취하면 해롭다는 것을 보여주는 과학적 연구는 존재하지 않는다. 새로운 기술에는 잠재적인 위험이 있다. 백신의 경우에서 살펴본 것처럼 그 위험성은 희박하지만 그렇다고 0은 아니다. 요컨대 결론은, 우리가 과학적 증거를 기반으로 위험 요소들 간의 균형을 유지할 것인가 아니면 부정론적 의심에 의존할 것인가다.

84 음모론과 과학 부정론 사이의 관계에 대해서는 스테판 레반도프스키의 연구들

을 참고하기 바란다. 다음에서 인용. Mark Lynas, "Time to Call Out the Anti-GMO Conspiracy"; https://en.wikipedia.org/wiki/GMO_conspiracy_theories; Ross Pomeroy, "Why Bill Nye Changed His Mind."

85 Greenpeace, "Twenty Years of Failure: Why GM Crops Have Failed to Deliver on Their Promises," November 2015, https://storage.googleapis.com/planet4-international-stateless/2015/11/7cc5259f-twenty-years-of-failure.pdf; Lynas, *Seeds of Science*, 264.

86 Joseph E. Uscinski et al., "Climate Change Conspiracy Theories," in *Climate Science*, https://oxfordre.com/climatescience/view/10.1093/acrefore/9780190228620.001.0001/acrefore-9780190228620-e-328.

87 Lynas, "Time to Call Out the Anti-GMO Conspiracy."

88 Ivan Oransky, "Controversial Seralini GMO-Rats Paper to Be Retracted," *Retraction Watch*, November 28, 2013, https://retractionwatch.com/2013/11/28/controversial-seralini-gmo-rats-paper-to-be-retracted/.

89 Steven Novella, "Golden Rice Finally Released in Bangladesh," *Neurologica* (blog), March 8, 2019, https://theness.com/neurologicablog/index.php/golden-rice-finally-released-in-bangladesh/

90 Sheldon Krimsky, *GMOs Decoded: A Skeptic's View of Genetically Modified Foods* (Cambridge, MA: MIT Press, 2019).

91 Krimsky, *GMOs Decoded*, xviii.

92 예를 들어 자연적으로 재배된 일부 감자는 높은 수준의 글리코알칼로이드로 인해 독성을 가졌다. Krimsky, *GMOs Decoded*, 73, 107.

93 Krimsky, *GMOs Decoded*, 74–75.

94 Kriimsky, *GMOs Decoded*, 75.

95 Krimsky, *GMOs Decoded*, 79.

96 (GMO에 대한) 12퍼센트의 반대는 (기후변화에 대한) 1퍼센트의 반대와 같지 않다. 합의의 문제는 단지 대중의 지식 격차와 관련된 문제가 아니다. 만약 과학자의 12퍼센트가 GMO의 안전성을 의심한다면 정말로 합의가 가능할까? 하고 궁금해하는 사람이 실제로 있을 것이다. 하지만 이런 경우에도 좁은 나머지 영역에 대한 회의론은 허용되지만 부정론은 그렇지 않다.

97 H. J. Mai, "U.N. Warns Number of People Starving to Death Could Double Amid Pandemic," *NPR*, May 5, 2020, https://www.npr.org/sections/coronavirus-live-updates/2020/05/05/850470436/u-n-warns-number-of-people-starving-to-death-could-double-amid-pandemic.

98 Krimsky, *GMOs Decoded*, 124, 149.

99 Krimsky, *GMOs Decoded*, 87.

100 다음의 책에 언급된 나의 주장 참조. *The Scientific Attitude*, 29–34.

101 하지만 합의에는 100퍼센트 동의가 필요하지 않다. Lynas, *Seeds of Science*, 260.

102 Krimsky, *GMOs Decoded*, 104.

103 Krimsky, *GMOs Decoded*, 115. 백신 성분 가운데 하나인 티메로살(thimerosal)이 자폐증을 유발했는지에 대한 유사한 유형의 비교연구(티메로살은 미국보다 유럽에서 먼저 금지되었다)가 백신이 자폐증을 유발한다는 주장의 결정적인 증거로 간주되었음을 참조.

7장

1 H. Claire Brown and Joe Fassler, "Whole Foods Quietly Pauses Its GMO Labeling Requirements," *The Counter*, May 21, 2018, https://thecounter.org/whole-foods-gmo-labeling-requirements/.

2 "GMO Labeling," Whole Foods Market, accessed September 1, 2020, https://www.wholefoodsmarket.com/quality-standards/gmo-labeling.

3 Adam Campbell-Schmitt, "Whole Foods Pauses GMO Labeling Deadline for Suppliers," *Food and Wine*, May 22, 2018, https://www.foodandwine.com/news/whole-foods-gmo-labeling-policy.

4 Michael Schulson, "Whole Foods: America's Temple of Pseudoscience," *Daily Beast*, May 20, 2019, https://www.thedailybeast.com/whole-foods-americas-temple-of-pseudoscience.

5 Michael Shermer, "The Liberals' War on Science," *Scientific American*, Feburary 1, 2013, https://www.scientificamerican.com/article/the-liberals-war-on-science/.

6 내가 그다음 주에 전화해서 몇 가지 후속 질문을 하자 그녀는 매우 어려운 이슈라고 말했지만, 그렇다면 GMO 산업을 지원하는 대신 다른 방식으로 식품에 영양분을 넣으려는 시도를 왜 하지 않을까?

7 솔직히 말하면 나는 호기심이 동했고, 그래서 조사를 해보니 약 5퍼센트의 밀 농부가 수확 직전에 밀 줄기를 죽이는 건조제로 라운드업을 사용하는데 그 덕분에 밀이 메말라 수확하기가 한층 쉬워진다. 이런 방식에 안전상 위험이 있는지에 대해서는 다음 참조. David Mikkelson and Alex Kasprak, "The Real Reason Wheat Is Toxic," *Snopes*, December 25, 2014 (updated July 26, 2017), https://www.snopes.com/fact-check/wheat-toxic/.

8 두 번째 통화에서 그녀는 식품 안전과 환경에 대한 자신의 우려가 연관되어 있음을 분명히 했다. 우리가 토양을 오염시키면 미래의 식량 공급에도 잠재적으로 해가 되지 않을까? 또한 그녀는 GMO 식품의 안전성에 대한 과학적 합의가 이런 종류의 후속 효과(downstream effects)를 측정하는 데 크게 도움이 되지 않았다고 말했다.

9 나는 나무를 심는 것이 기후변화의 영향을 완화하는 가장 좋은 방법 가운데 하나라는 이야기를 읽은 적이 있었다. 그래서 그에게 얼마나 많은 나무가 필요한지 계산하도록 했다. Mark Tutton, "The Most Effective Way to Tackle Climate Change? Plant 1 Trillion Trees," *CNN*, April 17, 2019, https://www.cnn.com/2019/04/17/world/trillion-trees-climate-change-intl-scn/index.html.

10 영화 〈나는 전설이다〉의 줄거리가 실제로 이 문제를 그리고 있다. 테드는 이 영화를 본 적이 없다.

11 당신의 회의론이 거짓이나 꾸며낸 증거에 의존하는 것(혹은 우려를 뒷받침하는 증거를 전혀 제시하지 못하는 것)도 부정론이라고 할 수 있다.

12 Stephan Lewandowsky, Jan K. Woke, and Klaus Oberauer, "Genesis or Evolution of Gender Differences," *Journal of Cognition* 31, no. 1 (2020): 1–25, https://www.journalofcognition.org/articles/10.5334/joc.99/.

13 Stephan Lewandowsky and Klaus Oberauer, "Motivated Rejection of Science," *Current Directions in Psychological Science* 25, no. 4 (2016): 217–222.

14 Lawrence Hamilton, "Conservative and Liberal Views of Science," *Carsey Research Regional Issue Brief* 45 (Summer 2015), https://scholars.unh.edu/cgi/viewcontent.cgi?article=1251&context=carsey.

15 해밀턴은 "이런 질문들에 대한 진보와 보수의 차이는 24점(원자력)부터 55점(기후변화)까지 다양했지만 항상 방향은 같았다"라고 밝혔다. 요컨대 보수주의자들보다 진보주의자들이 과학자를 덜 신뢰하는 영역은 없었다.

16 Brian Kennedy and Cary Funk, "Many Americans Are Skeptical about Scientific Research on Climate and GM Foods," Pew Research, December 5, 2016, https://www.pewresearch.org/fact-tank/2016/12/05/many-americans-are-skeptical-about-scientific-research-on-climate-and-gm-foods/.

17 하지만 물론 그렇다면 GMO 반대는 보수적 과학 부정론 사례라고 볼 수 있다. 따라서 이는 질문의 틀을 어떻게 짜고 싶으냐에 달려 있다. 기술적으로, 초당적 설문 결과를 감안할 때, 백신 거부나 GMO 반대 모두 진보적 과학 부정론의 역할을 떠맡을 좋은 후보라고 볼 수 없다. 하지만 그렇다고 해서 일부 과학 주제에 대한 진보 진영의 견해에 문제가 없다는 뜻은 아니다. 여기서 한 가

지 흥미로운 질문 가운데 하나는 이 두 가지 주제가 모두 진보 진영에서 시작해 초당적으로 변해갔는가 하는 것이다. Langer (2001) 참조. 다음에서 인용됨. Joseph E. Uscinski, Karen Douglas, and Stephan Lewandowsky, "Climate Change Conspiracy Theories," *Climate Science*, September 26, 2017, https://oxfordre.com/climatescience/view/10.1093/acrefore/9780190228620.001.0001/acrefore-9780190228620-e-328.

18 Stephan Lewandowsky, G. E. Gignac, and K. Oberauer, "The Role of Conspiracist Ideation and Worldviews in Predicting Rejection of Science," *PLoS ONE* 10, no. 8 (2015), https://journals.plos.org/plosone/article?id=10.1371/journal.pone.0075637.

19 Lewandowsky, Gignac, and Oberauer, "The Role of Conspiracist Ideation and Worldviews." 명확하게 정리하자면, 우리는 사람들이 보수적 세계관에 동의하는지 여부에 따라 그 사람의 정치적 이념을 측정할 수 있다. 자유시장 이념에 대해서도 마찬가지다. 백신 거부를 둘러싸고 이런 세계관의 서로 다른 원자가의 예측력에 대한 설명은 다음 참조. Lewandowsky et al.'s "Conspiracist Ideation." 그런데 GMO에 대한 입장은 어떤 식으로든 그 사람의 세계관과 전혀 상관관계가 없었다.

20 이는 해밀턴의 경우처럼 특정 과학적 합의에 동의하거나 동의하지 않는다고 답한 당원의 수를 세는 것보다 질문을 분석하는 편이 더 나은 방법일 것이다. GMO를 부정하는 보수주의자보다 진보주의자가 더 많다고 해도 이 사실만으로 GMO 반대가 진보적 과학 부정론의 사례임이 증명되었을까? 아마도 그렇지 않을 것이다. 레반도프스키의 연구가 보여줬듯이 당파라는 꼬리표 뒤에 있는 이념에 대해서도 설명을 해야 하기 때문이다.

21 Lewandowsky, Gignac, and Oberauer, "The Role of Conspiracist Ideation and Worldviews."

22 Charles McCoy, "Anti-vaccination Beliefs Don't Follow the Usual Political Polarization," *The Conversation*, August 23, 2017, https://theconversation.com/anti-vaccination-beliefs-dont-follow-the-usual-political-polarization-81001; Joan Conrow, "Anti-vaccine Movement Embraced at Extremes of Political Spectrum, Study Finds," Cornell Alliance for Science, June 14, 2018, https://allianceforscience.cornell.edu/blog/2018/06/anti-vaccine-movement-embraced-extremes-political-spectrumstudy-finds/; Matthew Sheffield, "Polls Show Emerging Ideological Divide Over Childhood Vaccinations," *The Hill*, March 14, 2019, https://thehill.com/hilltv/what-americas-thinking/434107-polls-show-emerging-ideological-divide-over-childhood.

23 백신 거부에서도 정부 반대 이념과 대형 제약 회사 반대 이념 사이에 당파적 분열이 있었다는 점을 감안할 때 이것이 사실일 수 있다고 생각할 여지가 있음을 알아야 한다. GMO의 경우에도 반정부 대 반기업 대결 구도가 나타난다. 이들은 매우 유사하다. 다음 참조. Dan Kahan, "We Aren't Polarized on GM Foods—No Matter What the Result in Washington State," Cultural Cognition Project, November 5, 2013, http://www.culturalcognition.net/blog/2013/11/5/we-arent-polarized-on-gm-foods-no-matter-what-the-result-in.html; and also Dan Kahan, "Trust in Science & Perceptions of GM Food Risks—Does the GSS Have Something to Say on This?" Cultural Cognition Project, March 16, 2017, http://www.culturalcognition.net/blog/2017/3/16/trust-in-science-perceptions-of-gm-food-risks-does-the-gss-h.html.

24 Lewandowsky and Oberauer, "Motivated Rejection of Science."

25 다음 글에 설명된, 크리스 무니의 진화심리학에 대한 논의 참조. "Liberals Deny Science, Too," *Washington Post*, October 28, 2014, https://www.washingtonpost.com/news/wonk/wp/2014/10/28/liberals-deny-science-too/ 또한 다음 참조. Michael Shermer's "Science Denial versus Science Pleasure," *Scientific American*, January 1, 2018, https://www.scientificamerican.com/article/science-denial-versus-science-pleasure/ and Sherman, "The Liberals' War on Science."

26 Uscinki et al., "Climate Change Conspiracy Theories."

27 하지만 그렇다고 해서 모든 과학 부정론이 우파에서 나왔다는 의미일까? 그렇지 않다. GMO 반대가 좌파에서 나왔다는 결론을 내릴 만큼의 충분한 증거를 찾지 못했다고 해서 당연히 우파에서 나왔다는 이야기는 성립되지 않는다. 사실 레반도프스키가 GMO 반대가 좌파에서 나온 것이 아니라는 사실을 보여주기 위해 인용한 바로 그 증거가 우파에서 나온 것이 아니라는 사실을 보여주는 데 사용될 수 있다. '상관관계 없음'은 양쪽으로 모두 방향을 바꿀 수 있다.

28 Lewandowsky et al., "The Role of Conspiracist Ideation."

29 앤서니 워시번(Anthony Washburn)과 린다 스킷카(Linda Skitka)의 중요한 2017년 연구도 바로 이 문제를 다루었고, 과학적 연구의 결과가 기존 신념과 충돌할 때 의도적 논증을 활용할 가능성이 진보와 보수 모두 비슷하다는 사실을 확인했다. Anthony N. Washburn and Linda J. Skitka, "Science Denial Across the Political Divide: Liberals and Conservatives and Similarly Motivated to Deny Attitude-Inconsistent Science," *Social Psychology and Personality Science* 9, no. 9 (2018), https://lskitka.people.uic.edu/WashburnSkitka2017_SPPS.pdf.

30 Tara Haelle, "Democrats Have a Problem with Science, Too," *Politico*, June 1 2014, https://www.politico.com/magazine/story/2014/06/democrats-have-a-problem-with-science-too-107270. 또한 다음 참조. Eric Armstrong, "Are Democrats the Party of Science? Not Really," *New Republic*, January 10, 2017, https://newrepublic.com/article/139700/democrats-party-science-not-really.

31 Donnelle Eller, "Anti-GMO Articles Tied to Russian Sites, ISU Research Shows," *Des Moines Register*, February 25, 2018, https://www.desmoinesregister.com/story/money/agriculture/2018/02/25/russia-seeks-influence-usa-opinion-gmos-iowa-state-research/308338002/; Justin Cremer, "Russia Uses 'Information Warfare' to Portray GMOs Negatively," Cornell Alliance for Science, February 28, 2018, https://allianceforscience.cornell.edu/blog/2018/02/russia-uses-information-warfare-portray-gmos-negatively/. 〈뉴욕타임스〉에 따르면 러시아 정부는 1980년대 에이즈 위기 이후 에볼라를 거쳐 코로나바이러스의 원인에 이르기까지 수많은 음모론을 유포했으며, 오늘날에도 과학 부정론과 관련한 선전 활동을 펼치고 있다. William J. Broad, "Putin's Long War Against American Science," *New York Times*, April 13, 2020, https://www.nytimes.com/2020/04/13/science/putin-russia-disinformation-health-coronavirus.html; Julian E. Barnes and David E. Sanger, "Russian Intelligence Agencies Push Disinformation on Pandemic," *New York Times*, July 28, 2020, https://www.nytimes.com/2020/07/28/us/politics/russia-disinformation-coronavirus.html. 러시아의 선전 활동과 관련한 사항들에 대해서 더 많은 정보와 인용을 원하면 8장 참조.

8장

1 Sarah Boseley, "Mbeki AIDS Denial 'Caused 300,000 Deaths,'" *Guardian*, November 26, 2008, https://www.theguardian.com/world/2008/nov/26/aids-south-africa.

2 전염병학자들은 코로나바이러스로 인한 미국인 사망자의 약 90퍼센트가 트럼프 정부의 3월 2일과 3월 16일 사이의 정책 집행 지연에 기인한 것으로 추정했다. Eugene Jarecki, "Trump's Covid-19 Inaction Killed Americans. Here's a Counter that Shows How Many," *Washington Post*, May 6, 2020, https://www.washingtonpost.com/outlook/2020/05/06/trump-covid-death-counter/.

3 Joseph Uscinski et al., "Why Do People Believe COVID-19 Conspiracy

Theories?," *Misinformation Review*, April 28, 2020, https://misinforeview.hks. harvard.edu/article/why-do-people-believe-covid-19-conspiracy-theories/.

4 Stephan Lewandowsky and John Cook, "Coronavirus Conspiracy Theories Are Dangerous—Here's How to Stop Them Spreading," *The Conversation*, April 20, 2020, https://theconversation.com/coronavirus-conspiracy-theories-are-dangerous-heres-how-to-stop-them-spreading-136564; Adam Satariano and Davey Alba, "Burning Cell Towers, Out of Baseless Fear They Spread the Virus," *New York Times*, April 10, 2020, https://www.nytimes.com/2020/04/10/technology/coronavirus-5g-uk.html; Travis M. Andrews, "Why Dangerous Conspiracy Theories about the Virus Spread So Fast—and How They Can Be Stopped," *Washington Post*, May 1, 2020, https://www.washingtonpost.com/technology/2020/05/01/5g-conspiracy-theory-coronavirus-misinformation/.

5 Matthew Rozsa, "We Asked Experts to Respond to the Most Common COVID-19 Conspiracy Theories and Misinformation," *Salon*, July 18, 2020, https://www.salon.com/2020/07/18/we-asked-experts-to-respond-to-the-most-common-covid-19-conspiracy-theories/; Quassim Cassam, "Covid Conspiracies," *ABC Saturday Extra*, May 16, 2020, https://www.abc.net.au/radionational/programs/saturdayextra/covid-conspiracies/12252406.

6 William J. Broad and Dan Levin, "Trump Muses about Light as Remedy, but Also Disinfectant, Which Is Dangerous," *New York Times*, April 24, 2020, https://www.nytimes.com/2020/04/24/health/sunlight-coronavirus-trump.html.

7 Mayla Gabriela Silva Borba et al., "Chloroquine Diphosphate in Two Different Dosages As Adjunctive Therapy of Hospitalized Patients with Severe Respiratory Syndrome in the Context of Coronavirus (SARS-CoV-2) infection: Preliminary Safety Results of a Randomized, Double-Blinded, Phase IIb Clinical Trial (CloroCovid-19 Study)," *medRxiv* (preprint), April 7, 2020, https://www.medrxiv.org/content/10.1101/2020.04.07.20056424v2; Christian Funke-Brentano et al., "Retraction and Republication: Cardiac Toxicity of Hydroxychloroquine in COVID-19," *Lancet*, July 9, 2020, https://www.ncbi.nlm.nih.gov/pmc/articles/PMC7347305/; Katie Thomas and Knvul Sheikh, "Small Chloroquine Study Halted over Risk of Fatal Heart Complications," *New York Times*, April 12, 2020, https://www.nytimes.com/2020/04/12/health/chloroquine-coronavirus-trump.html; Elyse Samuels and Meg Kelly, "How False Hope Spread about Hydroxychloroquine to Treat COVID-19—and the Consequences That

Followed," *Washington Post*, April 13, 2020, https://www.washingtonpost.com/politics/2020/04/13/how-false-hope-spread-about-hydroxychloroquine-its-consequences/; Paul Farhi and Elahe Izadi, "Fox News Goes Mum on the COVID-19 Drug They Spent Weeks Promoting," *Washington Post*, April 23, 2020, https://www.washingtonpost.com/lifestyle/media/fox-news-hosts-go-mum-on-hydroxychloroquine-the-covid-19-drug-they-spent-weeks-promoting/2020/04/22/eeaf90c2-84ac-11ea-ae26-989cfce1c7c7_story.html.

8 Dickens Olewe, "Stella Immanuel—the Doctor behind Unproven Coronavirus Cure Claim," *BBC News*, July 29, 2020, https://www.bbc.com/news/world-africa-53579773.

9 Margaret Sullivan, "This Was the Week America Lost the War on Misinformation," *Washington Post*, July 30, 2020, https://www.washingtonpost.com/lifestyle/media/this-was-the-week-america-lost-the-war-on-misinformation/2020/07/30/d8359e2e-d257-11ea-9038-af089b63ac21_story.html.

10 Stephen Collinson, "Trump Seeks a 'Miracle' as Virus Fears Mount," *CNN*, February 28, 2020, https://www.cnn.com/2020/02/28/politics/donald-trump-coronavirus-miracle-stock-markets/index.html.

11 한 가지 비유를 생각해보자. 만일 우리가 그물을 두 배로 던져서 더 많은 물고기를 잡았다면, 총 어획량은 늘었더라도 각 그물에 있는 물고기의 수는 증가하지 않았을 것이다. 하지만 그런 상황은 아니다. 각 그물에는 더 많은 물고기가 있고 우리는 더 많은 그물을 던지고 있다.

12 우익 언론도 코로나바이러스에 대한 잘못된 정보를 유포하는 데 중요한 역할을 했다. 하버드대학교 케네디스쿨의 한 연구에 따르면 인기 있는 폭스 뉴스 쇼 진행자들이 코로나바이러스의 위협을 경시했기 때문에 폭스 뉴스 시청자들도 그럴 가능성이 훨씬 더 높았다. Margaret Sullivan, "The Data Is In: Fox News May Have Kept Millions from Taking the Coronavirus Threat Seriously," *Washington Post*, June 28, 2020, https://www.washingtonpost.com/lifestyle/media/the-data-is-in-fox-news-may-have-kept-millions-from-taking-the-coronavirus-threat-seriously/2020/06/26/60d88aa2-b7c3-11ea-a8da-693df3d7674a_story.html. 심지어 더욱 깊이 파고든 분석은 폭스 뉴스 프로그램과 코로나바이러스 사례 및 사망의 확산 사이에 상관관계가 나타난 사실을 보여주었다. Zack Beauchamp, "A Disturbing New Study Suggests Sean Hannity's Show Helped Spread the Coronavirus," *Vox*, April 22, 2020, https://www.vox.com/policy-and-politics/2020/4/22/21229360/coronavirus-covid-19-fox-news-sean-hannitymisinformation-death.

13 Dan Diamond and Nahal Toosi, "Trump Team Failed to Follow NSC's Pandemic Playbook," *Politico*, March 25, 2020, https://www.politico.com/news/2020/03/25/trump-coronavirus-national-security-council-149285.

14 Sharon LaFraniere et al., "Scientists Worry About Political Influence over Coronavirus Vaccine Project," *New York Times*, August 2, 2020, https://www.nytimes.com/2020/08/02/us/politics/coronavirus-vaccine.html

15 Nicholas Bogel-Burroughs, "Antivaccination Activists Are Growing Force at Virus Protests," *New York Times*, May 2, 2020, https://www.nytimes.com/2020/05/02/us/anti-vaxxers-coronavirus-protests.html.

16 Liz Szabo, "The Anti-vaccine and Anti-lockdown Movements Are Converging, Refusing to Be 'Enslaved,'" *Los Angeles Times*, April 24, 2020, https://www.latimes.com/california/story/2020-04-24/anti-vaccine-activists-latch-onto-coronavirus-to-bolster-their-movement.

17 Emma Reynolds, "Some Anti-vaxxers Are Changing Their Minds because of the Coronavirus Pandemic," *CNN*, April 20, 2020, https://www.cnn.com/2020/04/20/health/anti-vaxxers-coronavirus-intl/index.html; Jon Henley, "Coronavirus Causing Some Anti-vaxxers to Waver, Experts Say," *Guardian*, April 21, 2020, https://www.theguardian.com/world/2020/apr/21/anti-vaccination-community-divided-how-respond-to-coronavirus-pandemic; Victoria Waldersee, "Could the New Coronavirus Weaken 'Anti-vaxxers'?" Reuters, April 11, 2020, https://www.reuters.com/article/us-health-coronavirus-antivax/could-the-new-coronavirus-weaken-anti-vaxxers-idUSKCN21T089.

18 Andrew E. Kramer, "Russia Sets Mass Vaccinations for October After Shortened Trial," *New York Times*, August 2, 2020, https://www.nytimes.com/2020/08/02/world/europe/russia-trials-vaccine-October.html.

19 Lauren Neergaard and Hananah Fingerhut, "AP-NORC Poll: Half of Americans Would Get a COVID-19 Vaccine," *AP News*, May 27, 2020, https://apnews.com/dacdc8bc428dd4df6511bfa259cfec44.

20 Steven Sparks and Gary Langer, "27 Unlikely to Be Vaccinated against the Coronavirus; Republicans, Conservatives Especially: POLL," *ABC News*, June 2, 2020, https://abcnews.go.com/Politics/27-vaccinated-coronavirus-republicans-conservatives-poll/story?id=70962377.

21 Rebecca Falconer, "Fauci: Coronavirus Vaccine May Not Be Enough to Achieve

Herd Immunity in the U.S.," *Axios*, June 29, 2020, https://www.axios.com/fauci-coronavirus-vaccine-herd-immunity-unlikely-023151cc-086d-400b-a416-2f561eb9a7fa.html.

22 Manny Fernandez, "Conservatives Fuel Protests Against Coronavirus Lockdowns," *New York Times*, April 18, 2020, https://www.nytimes.com/2020/04/18/us/texas-protests-stay-at-home.html; Jason Wilson and Robert Evans, "Revealed: Major Anti-lockdown Group's Links to America's Far Right," *Guardian*, May 8, 2020, https://www.theguardian.com/world/2020/may/08/lockdown-groups-far-right-links-coronavirus-protests-american-revolution.

23 Chuck Todd et al., "The Gender Gap between Trump and Biden Has Turned into a Gender Canyon," *NBC News*, June 8, 2020, https://www.nbcnews.com/politics/meet-the-press/gender-gap-between-trump-biden-has-turned-gender-canyon-n1227261.

24 Neil MacFarquhar, "Who's Enforcing Mask Rules? Often Retail Workers, and They're Getting Hurt," *New York Times*, May 15, 2020, https://www.nytimes.com/2020/05/15/us/coronavirus-masks-violence.html; Bill Hutchinson, "'Incomprehensible': Confrontations over Masks Erupt amid COVID-19 Crisis," *ABC News*, May 7, 2020, https://abcnews.go.com/US/incomprehensible-confrontations-masks-erupt-amid-covid-19-crisis/story?id=70494577.

25 Kate Yoder, "Russian Trolls Shared Some Truly Terrible Climate Change Memes," *Grist*, May 1, 2018, https://grist.org/article/russian-trolls-shared-some-truly-terrible-climate-change-memes/; Craig Timberg and Tony Romm, "These Provocative Images Show Russian Trolls Sought to Inflame Debate over Climate Change, Fracking and Dakota Pipeline," *Washington Post*, March 1, 2018, https://www.washingtonpost.com/news/the-switch/wp/2018/03/01/congress-russians-trolls-sought-to-inflame-u-s-debate-on-climate-change-fracking-and-dakota-pipeline/; Rebecca Leber and A.J. Vicens, "7 Years Before Russia Hacked the Election, Someone Did the Same Thing to Climate Scientists," *Mother Jones*, January/February 2018, https://www.motherjones.com/politics/2017/12/climategate-wikileaks-russia-trump-hacking/.

26 Carolyn Y. Johnson, "Russian Trolls and Twitter Bots Exploit Vaccine Controversy," *Washington Post*, August 23, 2018, https://www.washingtonpost.com/science/2018/08/23/russian-trolls-twitter-bots-exploit-vaccine-controversy/; Jessica Glenza, "Russian Trolls 'Spreading Discord' over Vaccine Safety Online,"

Guardian, August 23, 2018, https://www.theguardian.com/society/2018/aug/23/russian-trolls-spread-vaccine-misinformation-on-twitter.

27 Donnelle Eller, "Anti-GMO Articles Tied to Russian Sites," *Des Moines Register*, Feburary 25, 2018, https://www.desmoinesregister.com/story/money/agriculture/2018/02/25/russia-seeks-influence-usa-opinion-gmos-iowa-state-research/308338002/; Justin Cremer, "Russia Uses 'Information Warfare' to Portray GMOs Negatively," Alliance for Science, February 2018, https://allianceforscience.cornell.edu/blog/2018/02/russia-uses-information-warfare-portray-gmos-negatively/.

28 Robin Emmott, "Russia Deploying Coronavirus Disinformation to Sow Panic in West, EU Document Shows," Reuters, March 18, 2020, https://www.reuters.com/article/us-health-coronavirus-disinformation/russia-deploying-coronavirus-disinformation-to-sow-panic-in-west-eu-document-says-idUSKBN21518F.

29 Allen Kim, "Nearly Half of the Twitter Accounts Discussing 'Reopening America' May Be Bots, Researchers Say," *CNN*, May 22, 2020, https://www.cnn.com/2020/05/22/tech/twitter-bots-trnd/index.html.

30 Eric Tucker, "US Officials: Russia behind Spread of Virus Disinformation," *AP News*, July 28, 2020, https://apnews.com/3acb089e6a333e051dbc4a465cb68ee1.

31 "The Coronavirus Gives Russia and China Another Opportunity to Spread Their Disinformation," *Washington Post*, March 29, 2020, https://www.washingtonpost.com/opinions/the-coronavirus-gives-russia-and-china-another-opportunity-to-spread-their-disinformation/2020/03/29/8423a0f8-6d4c-11ea-a3ec-70d7479d83f0_story.html; Edward Wong et al., "Chinese Agents Spread Messages That Sowed Virus Panic in U.S., Officials Say," *New York Times*, April 22, 2020, https://www.nytimes.com/2020/04/22/us/politics/coronavirus-china-disinformation.html.

32 Oliver Milman, "Revealed: Quarter of All Tweets about Climate Crisis Produced by Bots," *Guardian*, February 21, 2020, https://www.theguardian.com/technology/2020/feb/21/climate-tweets-twitter-bots-analysis; Ryan Bort, "Study: Bots Are Fueling Online Climate Denialism," *Rolling Stone*, February 21, 2020, https://www.rollingstone.com/politics/politics-news/bots-fueling-climate-science-denialism-twitter-956335/.

33 저커버그가 페이스북이 '진실의 중재자'가 되기를 원하는지와 상관없이 많은 사람들은 그 웹사이트에서 많은 뉴스를 접하고 있고 과거에도 그랬다. Steven Levy,

"Mark Zuckerberg Is an Arbiter of Truth—Whether He Likes It or Not," *Wired*, June 5, 2020, https://www.wired.com/story/mark-zuckerberg-is-an-arbiter-of-truth-whether-he-likes-it-or-not/.

34 Tony Romm, "Facebook CEO Mark Zuckerberg Says in Interview He Fears 'Erosion of Truth' but Defends Allowing Politicians to Lie in Ads," *Washington Post*, October 17, 2019, https://www.washingtonpost.com/technology/2019/10/17/facebook-ceo-mark-zuckerberg-says-interview-he-fears-erosion-truth-defends-allowing-politicians-lie-ads/.

35 Craig Timberg and Andrew Ba Tran, "Facebook's Fact-Checkers Have Ruled Claims in Trump's Ads Are False—but No One Is Telling Facebook's Users," *Washington Post*, August 5, 2020, https://www.washingtonpost.com/technology/2020/08/05/trump-facebook-ads-false/.

36 Jason Murdock, "Most COVID-19 Misinformation Originates on Facebook, Research Suggests," *Newsweek*, July 6, 2020, https://www.newsweek.com/facebook-covid19-coronavirus-misinformation-twitter-youtube-whatsapp-1515642.

37 Heather Kelly, "Facebook, Twitter Penalize Trump for Posts Containing Coronavirus Misinformation," *Washington Post*, August 7, 2020, https://www.washingtonpost.com/technology/2020/08/05/trump-post-removed-facebook/.

38 Alex Kantrowitz, "Facebook Is Taking Down Posts That Cause Imminent Harm—but Not Posts That Cause Inevitable Harm," *BuzzFeed News*, May 3, 2020, https://www.buzzfeednews.com/article/alexkantrowitz/facebook-coronavirus-misinformation-takedowns.

39 "Twitter to Label Misinformation about Coronavirus amid Flood of False Claims and Conspiracy Theories," *CBS News*, May 13, 2020, https://www.cbsnews.com/news/twitter-misinformation-disputed-tweets-claims-coronavirus/.

40 Craig Timberg et al., "Tech Firms Take a Hard Line against Coronavirus Myths. But What about Other Types of Misinformation?" *Washington Post*, February 28, 2020, https://www.washingtonpost.com/technology/2020/02/28/facebook-twitter-amazon-misinformation-coronavirus/.

41 Michael Segalov, "The Parallels between Corornavirus and Climate Crisis Are Obvious," *Guardian*, May 4, 2020, https://www.theguardian.com/environment/2020/may/04/parallels-climate-coronavirus-obvious-emily-atkin-pandemic; Beth Gardner, "Coronavirus Holds Key Lessons on How to Fight Climate Change," *Yale Environment 360*, March 23, 2020, https://e360.yale.edu/

features/coronavirus-holds-key-lessons-on-how-to-fight-climate-change.

42 Bess Levin, "Texas Lt. Governor: Old People Should Volunteer to Die to Save the Economy," *Washington Post*, March 24, 2020, https://www.washingtonpost.com/sports/2020/04/18/sally-jenkins-trump-coronavirus-testing-economy/https://www.vanityfair.com/news/2020/03/dan-patrick-coronavirus-grandparents.

43 존 케리(John Kerry)는 기후변화에 대응하기 위해서는 경제를 폐쇄할 것이 아니라 청정에너지 이슈를 중심으로 새로운 경제를 일구기 위해 일자리와 기반 시설을 만들어야 한다는 전혀 다른 주장을 펼치고 있다. Rachel Koning Beals, "COVID-19 and Climate Change: 'The Parallels Are Screaming at Us,' Says John Kerry," *Market Watch*, April 22, 2020, https://www.marketwatch.com/story/covid-19-and-climate-change-the-parallels-are-screaming-at-us-says-john-kerry-2020-04-22.

44 Paul Krugman, "COVID-19 Brings Out All the Usual Zombies," *New York Times*, March 28, 2020, https://www.nytimes.com/2020/03/28/opinion/coronavirus-trump-response.html.

45 이 다섯 단계에서 평행선이 어떻게 나타나는지 자세히 알아보고자 한다면 레반도프스키와 쿡이 사용한 예일기후대응모임(Yale Climate Connections)의 이미지들을 참고하기 바란다. "Coronavirus Conspiracy Theories Are Dangerous," *The Conversation*, April 20, 2020, https://theconversation.com/coronavirus-conspiracy-theories-are-dangerous-heres-how-to-stop-them-spreading-136564.

46 Beth Gardiner, "Coronavirus Holds Key Lessons," *Yale Environment 360*, March 23, 2020, https://e360.yale.edu/features/coronavirus-holds-key-lessons-on-how-to-fight-climate-change.

47 Charlie Sykes, "Did Trump and Kushner Ignore Blue State COVID-19 Testing as Deaths Spiked?," *NBC News*, August 4, 2020, https://www.nbcnews.com/think/opinion/did-trump-kushner-ignore-blue-state-covid-19-testing-deaths-ncna1235707.

48 Bill Barrow et al., "Coronavirus' Spread in GOP Territory, Explained in Six Charts," *AP News*, June 30, 2020, https://apnews.com/7aa2fcf7955333834e01a7f9217c77d2.

49 Lewandowsky and Oberauer, "Motivated Rejection of Science"; Sander van der Linden, Anthony Leiserorwitz, and Edward Maibach, "Gateway Illusion or Cultural Cognition Confusion?," *Journal of Science Communication* 16, no. 5 (2017), https://

jcom.sissa.it/archive/16/05/JCOM_1605_2017_A04.

50 Dana Nuccitelli, "Research Shows That Certain Facts Can Still Change Conservatives' Minds," *Guardian*, December 14, 2017, https://www.theguardian.com/environment/climate-consensus-97-per-cent/2017/dec/14/research-shows-that-certain-facts-can-still-change-conservatives-minds.

51 Madeleine Carlisle, "Three Weeks After Trump's Tulsa Rally, Oklahoma Reports Record High COVID-19 Numbers," *Time*, July 11, 2020, https://time.com/5865890/oklahoma-covid-19-trump-tulsa-rally/.

52 "Coronavirus: Donald Trump Wears Face Mask for the First Time," *BBC*, July 12, 2020, https://www.bbc.com/news/world-us-canada-53378439.

53 John Wagner et al., "Herman Cain, Former Republican Presidential Hopeful, Has Died of Coronavirus, His Website Says," *Washington Post*, July 30, 2020, https://www.washingtonpost.com/politics/herman-cain-former-republican-presidential-hopeful-has-died-of-the-coronavirus-statement-on-his-website-says/2020/07/30/4ac62a10-d273-11ea-9038-af089b63ac21_story.html.

54 Ashley Collman, "A Man Who Thought the Coronavirus Was a 'Scamdemic' Wrote a Powerful Essay Warning against Virus Deniers after He Hosted a Party and Got His Entire Family Sick," *Business Insider*, July 28, 2020, https://www.businessinsider.com/coronavirus-texas-conservative-thought-hoax-before-infection-2020-7.

55 Janelle Griffith, "He Thought the Coronavirus Was 'a Fake Crisis.' Then He Contracted It and Changed His Mind," *NBC News*, May 18, 2020, https://www.nbcnews.com/news/us-news/he-thought-coronavirus-was-fake-crisis-then-he-contracted-it-n1209246.

56 Kim LaCapria, "Richard Rose Dies of COVID-19, After Repeated 'Covid Denier' Posts," *Truth or Fiction*, July 10, 2020, https://www.truthorfiction.com/richard-rose-dies-of-covid-19-after-repeated-covid-denier-posts/.

57 Kristin Urquiza, "Governor, My Father's Death Is on Your Hands," *Washington Post*, July 27, 2020, https://www.washingtonpost.com/outlook/governor-my-fathers-death-is-on-your-hands/2020/07/26/55a43bec-cd15-11ea-bc6a-6841b28d9093_story.html.

58 Charlie Warzel, "How to Actually Talk to Anti-Maskers," *New York Times*, July 22, 2020, https://www.nytimes.com/2020/07/22/opinion/coronavirus-health-experts.html.

59 Warzel, "How to Actually Talk to Anti-Maskers."

60 그는 2020년 6월 〈뉴욕타임스〉와 시에나칼리지의 조사를 인용해, 민주당원의 90퍼센트와 공화당원의 75퍼센트가 코로나19에 대한 믿을 만한 정보를 제공하는 의학자들을 믿는다는 사실을 보여주었다.

61 Warzel, "How to Actually Talk to Anti-Maskers."

62 졸저《과학적 태도》참조.

63 여기에서도 어느 정도의 불확실성을 인정하고 조금이라도 겸손을 보이는 편이 효과적일 수 있다. Mark Honigsbaum, "Anti-vaxxers: Admitting That Vaccinology Is an Imperfect Science May Be a Better Way to Defeat Sceptics," *The Conversation*, February 15, 2019, https://theconversation.com/anti-vaxxers-admitting-that-vaccinology-is-an-imperfect-science-may-be-a-better-way-to-defeat-sceptics-111794?utm_medium=Social&utm_source=Twitter#Echobox=1550235443.

64 Charlie Warzel, "How to Actually Talk to Anti-Maskers."

65 과학 주제에 대한 음모론을 믿는 사람들과 효과적인 대화를 나누는 방법과 관련해 실용적인 팁을 제공하는 훌륭한 짤막한 자료는 다음을 참조. Tanya Basu, "How to Talk to Conspiracy Theorists—and Still Be Kind," *MIT Technology Review*, July 15, 2020, https://www.technologyreview.com/2020/07/15/1004950/how-to-talk-to-conspiracy-theorists-and-still-be-kind/.

66 이런 생각을 논한 여러 사람들에 대한 인용은 이 책 3장의 주석 35 참조.

참고문헌

Appiah, Kwame Anthony. "People Don't Vote for What They Want: They Vote for Who They Are." *Washington Post*, August 30, 2018. https://www.washingtonpost.com/outlook/people-dont-vote-for-want-they-want-they-vote-for-who-they-are/2018/08/30/fb5b7e44-abd7-11e8-8a0c-70b618c98d3c_story.html.

Asch, Solomon. "Opinions and Social Pressure." *Scientific American* 193 (November 1955): 31–35.

Bardon, Adrian. *The Truth about Denial: Bias and Self-Deception in Science, Politics, and Religion*. Oxford: Oxford University Press, 2020.

Beck, Julie. "This Article Won't Change Your Mind." Atlantic, March 13, 2017.

Berman, Jonathan. *Anti-Vaxxers: How to Challenge a Misinformed Movement*. Cambridge, MA: MIT Press, 2020.

Berman, Mark. "More Than 100 Confirmed Cases of Measles in the U.S." *Washington Post*, February 2, 2015. https://www.washingtonpost.com/news/to-your-health/wp/2015/02/02/more-than-100-confirmed-cases-of-measles-in-the-u-s-cdc-says.

Boghossian, Peter, and James Lindsay. *How to Have Impossible Conversations: A Very Practical Guide*. New York: Lifelong Books, 2019.

Boseley, Sarah. "Mbeki Aids Denial 'Caused 300,000 Deaths.'" *Guardian*, November

26, 2008.

Branigin, Rose. "I Used to Be Opposed to Vaccines. This Is How I Changed My Mind." *Washington Post*, February 11, 2019. https://www.washingtonpost.com/opinions/i-used-to-be-opposed-to-vaccines-this-is-how-i-changed-my-mind/2019/02/11/20fca654-2e24-11e9-86ab-5d02109aeb01_story.html.

Cassam, Quassim. *Conspiracy Theories*. Cambridge: Polity, 2019.

Clark, Daniel, dir. *Behind the Curve*. 2018; Delta-V Productions. https://www.behindthecurvefilm.com/.

Coll, Steve. *Private Empire: ExxonMobil and American Power*. New York: Penguin, 2012.

Cook, John. "A History of FLICC: The Five Techniques of Science Denial." *Skeptical Science*, March 31, 2020. https://skepticalscience.com/history-FLICC-5-techniques-science-denial.html.

Crease, Robert P. *The Workshop and the World: What Ten Thinkers Can Teach Us about the Authority of Science*. New York: Norton, 2019.

Dean, Cornelia. *Making Sense of Science: Separating Substance from Spin*. Cambridge, MA: Harvard University Press, 2017.

Deer, Brian. "British Doctor Who Kicked-Off Vaccines-Autism Scare May Have Lied, Newspaper Says." *Los Angeles Times*, February 9, 2009.

Deer, Brian. "How the Case against the MMR Vaccine Was Fixed." *British Medical Journal* 342 (2011): case 5347.

Diethelm, Pascal, and Martin McKee. "Denialism: What Is It and How Should Scientists Respond?" *European Journal of Public Health* 19, no. 1 (January 2009): 2–4. https://academic.oup.com/eurpub/article/19/1/2/463780.

Doyle, Alister. "Evidence for Man-Made Global Warming Hits Gold Standard." Reuters, February 25, 2019. https://www.reuters.com/article/us-climatechange-temperatures/evidence-for-man-made-global-warming-hits-gold-standard-scientists-idUSKCN1QE1ZU.

Festinger, Leon, Henry Ricken, and Stanley Schachter. *When Prophecy Fails.* New York: Harper and Row, 1964.

Folley, Aris. "NASA Chief Says He Changed Mind about Climate Change because He 'Read a Lot.'" *The Hill*, June 6, 2018. https://thehill.com/blogs/blog-briefing-room/news/391050-nasa-chief-on-changing-view-of-climate-change-i-heard-a-lot-of.

Foran, Clare. "Ted Cruz Turns Up the Heat on Climate Change." *Atlantic*, December 9, 2015.

Gee, David. "Almost All Flat Earthers Say YouTube Videos Convinced Them, Study Says." *Friendly Atheist*, February 20, 2019. https://friendlyatheist.patheos.com/2019/02/20/almost-all-flat-earthers-say-youtube-videos-convinced-them-study-says/.

Gillis, Justin. "Scientists Warn of Perilous Climate Shift within Decades, Not Centuries." *New York Times*, March 22, 2016.

Godlee, Fiona. "Wakefield Article Linking MMR Vaccine and Autism Was Fraudulent." *British Medical Journal* 342 (2011): case 7452.

Gorman, Sara, and Jack Gorman. *Denying to the Grave: Why We Ignore the Facts That Will Save Us.* Oxford: Oxford University Press, 2017.

Griswold, Eliza. "People in Coal Country Worry about the Climate, Too." *New York Times*, July 13, 2019. https://www.nytimes.com/2019/07/13/opinion/sunday/jobs-climate-green-new-deal.html.

Haidt, Jonathan. *The Righteous Mind: Why Good People Are Divided by Politics and Religion.*

New York: Vintage, 2012.

Hall, Shannon. "Exxon Knew about Climate Change Almost 40 Years Ago." *Scientific American*, October 26, 2015.

Hamilton, Lawrence. "Conservative and Liberal Views of Science: Does Trust Depend on Topic?" *Carsey Research, Regional Issue Brief* 45 (Summer 2015). https://scholars.unh.edu/cgi/viewcontent.cgi?article=1251&context=carsey.

Hansen, James. *Storms of My Grandchildren*. New York: Bloomsbury, 2010.

Harris, Paul. "Four US States Considering Laws That Challenge Teaching of Evolution." *Guardian*, January 31, 2013.

Hoggan, James, and Richard Littlemore. *Climate Cover-Up: The Crusade to Deny Global Warming*. Vancouver: Greystone, 2009.

Hoofnagle, Mark. "About." *ScienceBlogs*, April 30, 2007. https://scienceblogs.com/denialism/about.

Huber, Rose. "Scientists Seen as Competent but Not Trusted by Americans." *Woodrow Wilson School* (September 22, 2014), https://publicaffairs.princeton.edu/news/scientists-seen-competent-not-trusted-americans.

Joyce, Christopher. "Rising Sea Levels Made This Republican Mayor a Climate Change Believer." *NPR*, May 17, 2016. https://www.npr.org/2016/05/17/477014145/rising-seas-made-this-republican-mayor-a-climate-change-believer.

Kahan, Dan, E. Peters, E. Dawson, and P. Slovic. "Motivated Numeracy and Enlightened Self-Government." *Behavioural Public Policy*, preprint. Accessed October 25, 2020. https://pdfs.semanticscholar.org/2125/a9ade77f4d1143c4f5b15a534386e72e3aea.pdf.

Kahn, Brian. "No Pause in Global Warming." *Scientific American*, June 4, 2015.

Kahneman, Daniel. *Thinking Fast and Slow*. New York: Farrar, Straus and Giroux, 2011.

Kahn-Harris, Keith. *Denial: The Unspeakable Truth*. London: Notting Hill Editions, 2018.

Keeley, Brian. "Of Conspiracy Theories." *Journal of Philosophy* 96, no. 3 (March 1999): 109–126.

Kolbert, Elizabeth. "Why Facts Don't Change Our Minds." *New Yorker*, February 27, 2017. https://www.newyorker.com/magazine/2017/02/27/why-facts-dont-change-our-minds.

Krimsky, Sheldon. *GMOs Decoded: A Skeptic's View of Genetically Modified Foods*. Cambridge, MA: MIT Press, 2019.

Kruger, Justin, and David Dunning. "Unskilled and Unaware of It: How Difficulties in Recognizing One's Own Incompetence Lead to Inflated Self-Assessments." *Journal of Personality and Social Psychology* 77, no. 6 (1999): 1121–1134.

Kuklinski, James, et al. "Misinformation and the Currency of Democratic Citizenship." *Journal of Politics* 62, no. 3 (August 2000): 790–816.

Landrum, Asheley, Alex Olshansky, and Othello Richards. "Differential Susceptibility to Misleading Flat Earth Arguments on YouTube." *Media Psychology*, September 29, 2019. https://www.tandfonline.com/doi/full/10.1080/15213269.2019.1669461.

Leonard, Christopher. *Kochland: The Secret History of Koch Industries and Corporate Power in America*. New York: Simon and Schuster, 2019.

Lewandowky, Stephan, and John Cook. *The Conspiracy Theory Handbook*. 2020. https://www.climatechangecommunication.org/conspiracy-theory-handbook/.

Lewandowsky, Stephan, Gilles E. Gignac, and Klaus Oberauer. "Correction: The Role of Conspiracist Ideation and Worldviews in Predicting Rejection of Science." *PLoS*

ONE 10, no. 8 (2015): e0134773.

Lewandowsky, Stephan, and Klaus Oberauer. "Motivated Rejection of Science." *Current Directions in Psychological Science* 25, no. 4 (2016): 217 – 222.

Lewandowsky, Stephan, Jan K. Woike, and Klaus Oberauer. "Genesis or Evolution of Gender Differences? Worldview–Based Dilemmas in the Processing of Scientific Information." *Journal of Cognition* 3, no. 1 (2020): 9.

Longino, Helen. *Science as Social Knowledge: Values and Objectivity in Scientific Inquiry.* Princeton: Princeton University Press, 1990.

Lynas, Mark. *Seeds of Science: Why We Got It So Wrong on GMOs.* London: Bloomsbury, 2018.

Lynch, Michael Patrick. *Know-It-All Society: Truth and Arrogance in Political Culture.* New York: Liveright, 2019.

Mason, Lilliana. "Ideologues without Issues: The Polarizing Consequences of Ideological Identities." *Public Opinion Quarterly* 82, no. S1 (March 21, 2018): 866 – 887.

Mayer, Jane. *Dark Money: The Hidden History of the Billionaires Behind the Rise of the Radical Right.* New York: Anchor, 2017.

McIntyre, Lee. "Flat Earthers, and the Rise of Science Denial in America." Newsweek, May 14, 2019. https://www.newsweek.com/flat-earth-science-denial-america-1421936.

McIntyre, Lee. "How to Talk to COVID-19 Deniers." *Newsweek,* August 18, 2020. https://www.newsweek.com/how-talk-covid-deniers-1525496.

McIntyre, Lee. *Post-Truth.* Cambridge, MA: MIT Press, 2018.

McIntyre, Lee. "The Price of Denialism." *New York Times,* November 7, 2015.

McIntyre, Lee. *Respecting Truth: Willful Ignorance in the Internet Age*. New York: Routledge, 2015.

McIntyre, Lee. *The Scientific Attitude: Defending Science from Denial, Fraud, and Pseudoscience*. Cambridge, MA: MIT Press, 2019.

Meikle, James, and Boseley, Sarah. "MMR Row Doctor Andrew Wakefield Struck Off Register." *Guardian*, May 24, 2010.

Mellor, D. H. "The Warrant of Induction." In *Matters of Metaphysics*. Cambridge: Cambridge University Press, 1991.

Mnookin, Seth. *The Panic Virus: The True Story Behind the Vaccine-Autism Controversy*. New York: Simon and Schuster, 2011.

Mooney, Chris. *The Republican Brain: The Science of Why They Deny Science—and Reality*. Hoboken, NJ: Wiley, 2012.

Mooney, Chris. *The Republican War on Science*. New York: Basic Books, 2005.

Moser, Laura. "Another Year, Another Anti-Evolution Bill in Oklahoma." *Slate*, January 25, 2016. http://www.slate.com/blogs/schooled/2016/01/25/oklahoma_evolution_controversy_two_new_bills_present_alternatives_to_evolution.html.

Nahigyan, Pierce. "Global Warming Never Stopped." *Huffington Post*, December 3, 2015, https://www.huffpost.com/entry/global-warming-never-stopped_b_8704128.

Nichols, Tom. *The Death of Expertise: The Campaign against Established Knowledge and Why It Matters*. Oxford: Oxford University Press, 2017.

NPR News. "Scientific Evidence Doesn't Support Global Warming, Sen. Ted Cruz Says." *NPR*, December 9, 2015. http://www.npr.org/2015/12/09/459026242/scientific-evidence-doesn-t-support-global-warming-sen-ted-cruz-says.

Nuccitelli, Dana. "Here's What Happens When You Try to Replicate Climate Contrarian Papers." *Guardian*, August 25, 2015.

Nyhan, Brendan, and Jason Reifler. "The Roles of Information Deficits and Identity Threat in the Prevalence of Misperceptions." *Journal of Elections, Public Opinion and Parties* 29, no. 2 (2019): 222–244.

Nyhan, Brendan, and Jason Reifler. "When Corrections Fail: The Persistence of Political Misperceptions." *Political Behavior* 32 (2010): 303–330.

O'Connor, Cailin, and James Weatherall. *The Misinformation Age: How False Beliefs Spread*. New Haven: Yale University Press, 2017.

Offit, Paul. *Deadly Choices: How the Anti-Vaccine Movement Threatens Us All*. New York: Basic Books, 2015.

Oreskes, Naomi, and Erik Conway. *Merchants of Doubts: How a Handful of Scientists Obscured the Truth on Issues from Tobacco Smoke to Global Warming*. New York: Bloomsbury, 2010.

Otto, Shawn. *The War on Science: Who's Waging It, Why It Matters, What We Can Do about It*. Minneapolis: Milkweed, 2016.

Pappas, Stephanie. "Climate Change Disbelief Rises in America" *LiveScience*, January 16, 2014. http://www.livescience.com/42633-climate-change-disbelief-rises.html.

Pigliucci, Massimo. *Denying Evolution: Creationism, Scientism and the Nature of Science*. Oxford: Sinauer Associates, 2002.

Pinker, Steven. *Enlightenment Now: The Case for Reason, Science, Humanism, and Progress*. New York: Penguin, 2019.

Plait, Phil. "Scientists Explain Why Ted Cruz Is Wrong about the Climate." *Mother Jones*, January 19, 2016.

Prothero, Donald. *Reality Check: How Science Deniers Threaten Our Future*. Bloomington: Indiana University Press, 2013.

Redlawsk, David, et al. "The Affective Tipping Point: Do Motivated Reasoners Ever 'Get It'?" *Political Psychology* 31, no. 4 (2010): 563–593.

Saslow, Eli. *Rising Out of Hatred: The Awakening of a Former White Nationalist*. New York: Anchor, 2018.

Schmid, Phillip, and Cornelia Betsch. "Effective Strategies for Rebutting Science Denialism in Public Discussions." *Nature Human Behaviour* 3 (2019): 931–939.

Shepphard, Kate. "Ted Cruz: 'Global Warming Alarmists Are the Equivalent of the Flat-Earthers.'" *Huffington Post*, March 25, 2015, https://www.huffpost.com/entry/ted-cruz-global-warming_n_6940188.

Shermer, Michael. *The Believing Brain*. New York: Times Books, 2011.

Shermer, Michael. "How to Convince Someone When Facts Fail: Why Worldview Threats Undermine Evidence." *Scientific American*, January 1, 2017. https://www.scientificamerican.com/article/how-to-convince-someone-when-facts-fail/.

Specter, Michael. *Denialism: How Irrational Thinking Hinders Scientific Progress, Harms the Planet, and Threatens Our Lives*. New York: Penguin, 2009.

Steinhauser, Jennifer. "Rising Public Health Risk Seen as More Parents Reject Vaccines." *New York Times*, March 21, 2008.

Storr, Will. *The Heretics: Adventures with the Enemies of Science*. New York: Picador, 2013.

Sun, Lena, and Maureen O'Hagan. "'It Will Take Off Like Wildfire': The Unique Dangers of the Washington State Measles Outbreak." *Washington Post*, February 6, 2019. https://www.washingtonpost.com/national/health-science/it-will-take-off-like-a-wildfire-the-unique-dangers-of-the-washington-state-measles-outbreak/2019/02/06/cfd5088a-28fa-11e9-b011-d8500644dc98_story.html.

Trivers, Robert. *The Folly of Fools: The Logic of Deceit and Self-Deception in Human Life*. New York: Basic Books, 2011.

van der Linden, Sander. "Countering Science Denial." *Nature Human Behaviour* 3 (2019): 889–890. https://www.nature.com/articles/s41562-019-0631-5.

Warzel, Charlie. "How to Actually Talk to Anti-Maskers." *New York Times*, July 22, 2020. https://www.nytimes.com/2020/07/22/opinion/coronavirus-health-experts.html.

West, Mick. *Escaping the Rabbit Hole: How to Debunk Conspiracy Theories Using Facts, Logic, and Respect*. New York: Skyhorse, 2018.

Wood, Thomas, and Ethan Porter. "The Elusive Backfire Effect." August 5, 2016. https://djflynn.org/wp-content/uploads/2016/08/elusive-backfire-effect-wood-porter.pdf.

Zimring, James. *What Science Is and How It Really Works*. Cambridge: Cambridge University Press, 2019.

찾아보기

310~316, 339, 375, 376~378, 380, 382, 387, 390, 407, 408, 410~412, 418, 421, 422, 423, 425, 431, 438, 439

옮긴이 | **노윤기**

건국대학교 철학과를 졸업하고 공기업에 근무하며 국제관계와 기업홍보 업무를 보았다. 지식을 익히고 전달하는 번역가의 업에 매료되어 바른번역 글밥 아카데미를 수료한 후 바른번역 소속 번역가가 되었다. 옮긴 책으로는《구글은 어떻게 여성을 차별하는가》《옥스퍼드 튜토리얼》《단순한 삶의 철학》《남자의 미래》등이 있다.

**지구가 평평하다고 믿는 사람과
즐겁고 생산적인 대화를 나누는 법**

초판 1쇄 발행 2022년 11월 16일
초판 7쇄 발행 2024년 12월 17일

지은이 리 매킨타이어
옮긴이 노윤기
펴낸이 최순영

출판2 본부장 박태근
경제경영 팀장 류혜정
편집 남은경
디자인 이세호

펴낸곳 ㈜위즈덤하우스 **출판등록** 2000년 5월 23일 제13-1071호
주소 서울특별시 마포구 양화로 19 합정오피스빌딩 17층
전화 02) 2179-5600 **홈페이지** www.wisdomhouse.co.kr

ISBN 979-11-6812-500-1 03190